教育部全国高校思想政治课教师择优计划项目基金资助

安徽省高校思想政治理论课“质量工程”项目基金资助

中国特色社会主义理论与实践若干专题研究

高正礼◎主编

安徽师范大学出版社

责任编辑:郭行洲
装帧设计:丁奕奕

图书在版编目(CIP)数据

中国特色社会主义理论与实践若干专题研究 / 高正礼主编. -芜湖 : 安徽师范大学出版社，2013.7
ISBN 978-7-5676-0816-0
Ⅰ.①中… Ⅱ.①高… Ⅲ.①中国特色社会主义-理论研究 Ⅳ.①D616

中国版本图书馆CIP数据核字(2013)第152105号

中国特色社会主义理论与实践若干专题研究
高正礼 主编

出版发行:安徽师范大学出版社
芜湖市九华南路189号安徽师范大学花津校区 邮政编码:241002
网 址:http://www.ahnupress.com/
发 行 部:0553-3883578 5910327 5910310(传真) E-mail:asdcbsfxb@126.com
经 销:全国新华书店
印 刷:安徽芜湖新华印务有限责任公司
版 次:2013年7月第1版
印 次:2013年7月第1次印刷
规 格:700×1000 1/16
印 张:22
字 数:338千
书 号:ISBN 978-7-5676-0816-0
定 价:40.00元

序

社会主义是思想理论、实践运动和社会制度的统一。社会主义作为反对个人主义、资本主义而产生的社会思潮和学术思想已有五百余年的历史，最早以思想理论形态而出现，以空想社会主义为代表。在社会主义思想理论的鼓舞和引导下，一些社会主义思想者开始向民众传播社会主义，实验社会主义，并指导民众成立团体、政党等组织为实现社会主义学说所描绘的理想目标、为建立社会主义社会而斗争，社会主义实现了从思想理论向实践运动的飞跃，且理论在实践中不断得到丰富和发展，实践在理论指导下不断扩大和深入，社会主义以思想理论和实践运动两种形态存在。马克思主义的科学社会主义诞生后，在世界范围内得到广泛传播，推动社会主义在实践中获得巨大成功，一些民族和国家的工人、农民、知识分子等被压迫阶级阶层在以马克思主义为指导的工人阶级政党——共产党的领导下，通过社会主义实践运动，推翻了资本帝国主义、封建主义等反动统治，建立了人民当家作主的社会主义社会，并逐步建立、完善和发展社会主义社会的各项具体制度和体制，形成社会主义制度，其标志是1917年俄国十月革命的胜利及之后苏联社会主义社会的建立。社会主义又实现了从思想理论、实践运动向社会制度的飞跃，社会主义以思想理论、实践运动和社会制度三种形态并存。

中国特色社会主义内在地包涵着中国特色社会主义道路、中国特色社会主义理论体系和中国特色社会主义制度。2012年11月，中共十八大报告指出："中国特色社会主义道路，中国特色社会主义理论体系，中国特色社会主义制度，是党和人民九十多年奋斗、创造、积累的根本成就，必须倍加珍惜、始终坚持、不断发展。"在全党全国各族人民深入学习贯彻落实中共十八大精神、为全面建成小康社会而奋斗的形势下，广大从事马克思主义理论教学和研究的工作者，应责无旁贷地加强对中国特色社会主义道路、理论体系和制度的研究，积极探讨中国特色社会主义道路的规律性，不断推进中国特色社会主义理论体系的大众化，大力宣传中国特色社会主义制度的优越性，敢于直面党员群众关心的社会热点问题，善于剖解建设和发展中国特色社会主义事业所遇到的挑战和难题，努力发挥以史鉴今、资政育人和服务社会的作用。因此，深化中国特色社会主义理论和实践研究，对于全党全国各族人民继续解放思想、凝心聚力、深化改革、攻坚克难，贯彻落实中共十八大精神，为全面建成小康社会宏伟目标而奋斗具有重大的理论价值和现实意义。

《中国特色社会主义理论与实践若干专题研究》书稿（以下简称“书稿”）是一批在高校从事中国特色社会主义理论体系教学和研究工作的中青年学者贯彻落实中共十八大精神，总结教学经验、借鉴学界观点、开展理论研究的成果。我读后，有以下几点看法。

第一，理论与实践相统一。实践性是马克思主义的显著特征，也是中国特色社会主义的生命力。深刻的理论来源于鲜活的实践，又可以用于指导生动的实践。书稿对中国特色社会主义理论体系的特定范畴、基本原理、主要内容和内在结构等界定、梳理和概括，紧紧结合党和人民探索中国特色社会主义道路、推进社会主义现代化、全面建设小康社会等实践活动而阐释，尤其是对当今中国继续建设和发展中国特色社会主义伟大实践所面临的机遇和挑战等展开了深入探讨，体现了理论与实践的统一，也体现了理论研究服务于社会实践的要求。

第二，政治与科学相统一。作为马克思主义理论工作者，对马克思主义必须做到真信、真懂、真传和真行。中国特色社会主义道路、理论体系和制度的传授和研究是一项严肃而神圣的事业，必须立场鲜明，观点明确，具有很强的政治性。书稿对中国特色社会主义探索历程、理论体系、历史地位、伟大成就和基本经验等方面的解读都坚持以马克思主义唯物史观为指导，同党和国家的主流意识形态保持高度一致。同时，书稿对中国特色社会主义相关范畴和原理的概述均依据马克思主义的经典文本、党和国家的重要文献和学术界的权威成果，且所有引文、数据和重要观点等都注明了出处，体现了作者们治学的严谨性，也展现了书稿的科学性。

第三，历史与逻辑相统一。马克思主义认为：“历史从哪里开始，思想进程也应当从哪里开始”，“思想进程的进一步发展不过是历史过程在抽象的、理论上前后一贯的形式上的反映。”[①]书稿不仅对中国特色社会主义理论体系特定范畴、基本原理和中国特色社会主义基本制度、具体体制等作出了理论诠释，而且紧紧结合国际社会主义运动的历史进程追溯了马克思主义经典作家的探索过程，紧紧结合中国特色社会主义道路的探索历程揭示了中国共产党人的思维进程。2013年1月，习近平总书记指出：“中国特色社会主义，是科学社会主义理论逻辑和中国社会发展历史逻辑的辩证统一，是根植于中国大地、反映中国人民意愿、适应中国和时代发展进步要求的科学社会主义，是全面建成小康社会、加快推进社会主义现代化、实现中华民族伟大复兴的必由之路。”书稿较好地响应了这一指示精神，全文撰写严格遵循历史与逻辑相统一的原则。

第四，系统与深入相统一。书稿对建设和发展中国特色社会主义的国际环境、国内条件、经济建设、政治建设、文化建设、社会建设和生态建设，以及中国共产党的自身建设等展开了系统的研究，对中国特色社会主义道路探索的历史进程、曲折教训、成功经验，中国特色社会主义理论体系的核心范畴、基本原理、历史地位，中国特色社会主义制度的形成过程、基本内涵和内在关系等作出了全面的梳理，体现了研究的系统性和完整性。同时，书稿以专题研究的形式对建设和发展中国特色社会主义的内外形势、经济建设、政治建设、文化建设、社会建设和生态建设等进行了深入研究，在众多领域提出了自己的独到见解，如关于当代中国历史主题、主线、主流和本质的论述，关于中国特色社会主义“特”和“质”的认识，关于当代中国能否跳出“中等收入陷阱”的判断，关于当今中国所面临历史机遇期的概括，等等。这些都体现了书稿研究的深入性和创新性。

第五，溯源与时代相统一。如前所述，书稿对中国特色社会主义道路、理论体系和制度的研究，追溯了马克思主义经典作家的探索历程，梳理了党和国家重要文献的论述进展，并紧紧结合国际社会主义运动史、当代中国社会主义革命建设改革史而展开，体现了书稿的厚重度和学术性。同时，书稿紧随时代潮流，不仅关注学术前沿问题，

① 《马克思恩格斯选集》第2卷，人民出版社1995年版，第43页。

大胆借鉴学术研究的最新成果，而且明确地把科学发展观解读为中国共产党的指导思想、全党全国人民现阶段的奋斗目标由“全面建设小康社会”发展为“全面建成小康社会”、中国特色社会主义事业的总体布局由经济政治文化社会建设“四位一体”扩展为经济政治文化社会生态建设“五位一体”、认为近代以来实现国家富强民族振兴人民幸福是中华民族的“中国梦”，等等，这些新论断都是对中共十八大精神和以习近平为总书记的新一届中共中央领导集体治国理政新理念的深入贯彻落实，彰显了中国特色社会主义学术研究的时代性。

当然，中国特色社会主义理论与实践研究是一项浩瀚而复杂的系统工程，中国特色社会主义道路、理论体系和制度还将随着建设中国特色社会主义实践的发展而不断发展。因此，实践永无止境，理论之树常青。书稿对中国特色社会主义理论与实践若干问题的研究还要在理论深度、现实关照、实证探究等方面作进一步的努力，期盼马克思主义理论教学和研究的中青年学者推出质量更高、数量更多的成果。

黄志斌

2013年4月于合肥

目　录

第一专题　中国特色社会主义的基本理论

新中国成立以来，特别是改革开放以来，中国共产党领导中国人民坚持把马克思主义基本原理同中国具体实际相结合，不断推进马克思主义中国化，在建设和发展中国特色社会主义事业的道路上取得了巨大成就。当代中国为什么选择了中国特色社会主义，中国特色社会主义的内涵和本质是什么，新世纪新阶段怎样进一步发展中国特色社会主义。本专题将通过对这些问题的解读，深化中国特色社会主义基本理论研究，帮助人们坚定中国特色社会主义的信念，推进中国特色社会主义事业的发展。

一、当代中国的主题和主线

（一）当代中国的历史任务

任何一个民族和国家在某一特定历史阶段都有需要解答的课题，需要完成的任务，这就是时代任务，从历史视阈看就是历史任务。当代中国的历史任务同近代中国的历史任务相承接，要认清当代中国的历史任务，必须回望近代中国所走过的历程。

1. 近代以来中华民族面临的历史任务

中华民族是一个有着五千多年文明史的伟大民族，是世界上少有的历史文明从未间断、一直延续至今的民族，曾创造辉煌灿烂的古代文明。古代中国的科学技术和生产力发展水平长期处于世界领先地位，封建社会鼎盛时期的工农业生产总值接近世界总量的三分之一。然而，封建中央集权君主制度同以个体家庭为单位的自给自足小农经济的紧密结合，在推进封建社会经济发展、社会稳定和多民族国家繁荣达到一定程度后，开始严重抑制、束缚经济社会发展的生机和活力，到清王朝后期，中国封建社会日渐衰败。与此同时，西方资本主义通过资产阶级革命、工业革命和殖民主义掠夺等得以迅猛发展，并把美洲、非洲、亚洲和大洋洲等广大国家和地区征服为掠夺原料和劳动力、推销商品的殖民地或半殖民地。

1840年鸦片战争爆发到1949年中华人民共和国成立的历史被称为中国近代史，这一历史时期的中国简称近代中国。1840年以后，英国、法国、美国和日本等资本主义列强先后对中国发动第一次鸦片战争、第二次鸦片战争、甲午战争和八国联军侵华等战争，大肆屠杀中国人民，强迫中国签订一千余不平等条约，侵占中国领土，控制内政外交，划分势力范围，抢掠资源财富，镇压人民反抗，实施文化渗透。中国由一个独立自主的封建国家逐步沦陷为半殖民地半封建国家。资本帝国主义侵略势力渐渐成为掌控中国一切的决定性力量，封建势力不断衰败并成为资本帝国主义奴役中国人民的社会基础和统治工具；自给自足的自然经济基础虽然遭破坏，但作为封建剥削制度根基的地主土地所有制依然在广大地区占优势，而民族资本主义经济虽然已产生，但力量十分软弱；各地经济、政治、文化和社会发展极不平衡，加上地方封建势力的割据和资本帝国主义的分割统治，中国处于不统一状态，在资本帝国主义、封建主义和官僚资本主义的三重压迫下，广大人民尤其是农民日益贫困化直至破产，过着饥寒交迫和毫无政治权利的生活。中华民族面临着亡国灭种的危险。

近代中国社会的经济、政治、文化、社会和内外矛盾错综复杂，其中表现在阶级关系上的矛盾主要有：中华民族与资本帝国主义的矛盾，农民与地主阶级的矛盾，资产阶级与地主阶级的矛盾，无产阶级与资产阶级的矛盾，资产阶级内部的矛盾，地主阶级内部的矛盾，资本帝国主义国家在华的矛盾，等等。这其中，贯穿近代中国始终、对近代中国社会发展起决定和支配地位的主要矛盾是帝国主义与中华民族的矛盾、封建主义与人民大众的矛盾，而帝国主义与中华民族的矛盾又是最主要的矛盾。

资本帝国主义的侵略和封建主义的腐朽统治是近代中国积贫积弱的总根源。抗日战争之前，中国抵制西方资本帝国主义侵略的战争屡告失败，究其原因，“一是社会制度腐败，二是经济技术落后”[①]。正因如此，近代以来中华民族面临的两大历史任务是推翻资本帝国主义、封建主义联合统治的半殖民地半封建社会，争取民族独立和人民解放；改变中国经济技术落后面貌，实现国家富强和人民富裕。

近代以来中华民族面临的两大历史任务既相互区别又紧密联系，二者践行的基本途径和形式分别是革命和建设。其中，争取民族独立和人民解放是实现国家富强和人民富裕的基础和前提，实现国家富强和人民富裕又是争取民族独立和人民解放的目的和归宿。因为只有争取了民族独立和人民解放，才能废除西方资本帝国主义的特权，为中国民族工商业的发展创造和平的环境和必要的保护；推翻封建地主土地所有制和专制政治，解放生产力，扩大内需，提高人民生活；保持民族团结和社会稳定，集中力量推进现代化。近代中国历史上，一些爱国人士曾提出并尝试实业救国、教育救国和科学救国等主张，但都以失败而告终；中国民族资本主义的发展困难重重，步履艰难，始终没有成为近代中国经济的主要形式；新中国成立后仅三年，经济社会就恢复并超过历史上最高年份，后来即便历经曲折也很快建立起比较完整的国民经济体系和工业体系，等等。这些都充分地、正反地说明，只有争取民族独立和人民解放，才能为实现国家富强和人民富裕扫清障碍、创造条件。一些人鼓吹“告别革命”、所谓革命干扰了现代化等论调都违背历史事实。同时，从长远看，争取民族独立和人民解放只是阶段性目标，或者说主要是手段，其最终目标是要实现国家富强和人民富裕，并且只有实现国家富强和人民富裕，才能巩固民族独立和人民解放。所以，民族独立和人民解放后实现国家富强和人民富裕的基本途径和形式是建设，不能误读、误解“不断革命论”，把阶级斗争扩大化，搞所谓“无产阶级专政下继续革命”。

2. 当代中国的历史任务

1949年中华人民共和国成立以来的中国被称作当代中国，这一时期的历史被称作当代中国史。当代中国是近代中国的延续和发展，其历史任务同样是近代中国历史任务的延续和发展。

以1919年五四爱国运动为标志，中国民主革命进入以工人阶级为

① 《毛泽东文集》第8卷，人民出版社1999年版，第340页。

领导、以马克思主义为指导、以建立人民当家作主国家为目标的新时期，即新民主主义革命时期。在中国工人阶级政党——中国共产党的领导下，中国人民经过殊死斗争，推翻了帝国主义、封建主义和官僚资本主义的压迫，完成了新民主主义革命的任务，缔造了中华人民共和国，实现了民族独立和人民解放。新中国成立后，中国共产党领导中国人民，经过三年的努力，完成了土地改革、镇压反革命、抗美援朝和没收官僚资本等民主革命遗留的任务，同时兴修水利、修复交通和创办企业等，恢复了因长期内忧外患所破坏的国民经济。从1953年到1956年，中国共产党领导中国人民一方面实施以优先发展重工业的第一个五年国民经济建设计划，推进国家工业化；另一方面实行国家对农业、手工业和民族资本主义工商业的社会主义改造。同时，政治领域完成了由政治协商会议代行人民代表大会职权向各级人民代表大会召开并运行的过渡，思想文化领域完成了文化事业改革和知识分子思想改造，确立了马克思主义的指导地位，等等。到1956年底，中国消灭了私有制和剥削阶级，确立了社会主义基本经济、政治、文化和社会制度，实现了历史上最伟大、最深刻的社会变革，为当代中国的发展进步奠定了制度基础。1956年以来，中国共产党领导中国人民努力探索中国特色的社会主义道路，虽历经曲折，但仍然取得了巨大成就，尤其是1978年中共十一届三中全会以来，进行了改革开放新的伟大革命，开创、坚持和发展了中国特色社会主义，推动当代中国发生了翻天覆地的变化。新民主主义革命、社会主义革命和改革开放是中国共产党紧紧依靠中国人民为完成近代以来中华民族面临的两大历史任务而实现和推进的三件大事。“这三件大事，从根本上改变了中国人民和中华民族的前途命运，不可逆转地结束了近代以后中国内忧外患、积贫积弱的悲惨命运，不可逆转地开启了中华民族不断发展壮大、走向伟大复兴的历史进军，使具有五千多年文明历史的中国面貌焕然一新，中华民族伟大复兴展现出前所未有的光明前景。”近代以来中华民族面临的两大历史任务催生了这三件大事，也把近代中国同当代中国连接起来。当代中国的历史任务就是在近代中国完成民族独立和人民解放的基础上，建立、完善和发展中国特色社会主义，继续书写中华民族伟大复兴的辉煌篇章。

实现社会主义现代化和中华民族伟大复兴是一项长期的历史任

务，为了完成这一远大历史任务，中国共产党又为全党全国各族人民制定了各个历史阶段的基本任务和奋斗目标，如1953年制定的实现社会主义工业化和完成社会主义改造的任务，1958年制定的建设社会主义伟大国家的任务，等等。经过曲折和反复，1987年10月，中共十三大确定了党和人民在社会主义初级阶段把我国建设成为富强、民主、文明的社会主义现代化国家的艰巨任务，并制定了分“三步走”的战略步骤。到上个世纪末，经过全党全国各族人民的共同努力，先后完成了解决温饱、达到小康的头两步任务和目标。在此基础上，2002年11月的中共十六大和2007年10月的中共十七大提出：全党全国各族人民新世纪头二十年的历史任务是全面建设小康社会，即建设惠及十几亿人口的经济更加发展、民主更加健全、科教更加进步、文化更加繁荣、社会更加和谐、生态更加良好、人民生活更加殷实的全面小康社会，到本世纪中叶基本实现现代化，建成富强民主文明和谐的社会主义现代化国家。2012年11月，中共十八大进一步明确了到2020年“全面建成小康社会”的奋斗目标及其“新的要求”[①]，即经济持续健康发展、人民民主不断扩大、文化软实力显著增强、人民生活水平全面提高和资源节约型、环境友好型社会建设取得重大进展。全面建成小康社会的当今任务和目标是近代以来中华民族两大历史任务的继续和发展，是当代中国历史任务在现阶段的具体体现。

（二）当代中国的主题和主线

1. 当代中国历史的主流和本质

同“主流”相对的概念是“支流”，辞书对“主流”的解释是“干流”、“比喻事情发展的主要方面”[②]。本质是指一事物同他事物区别开来的内部规定性，其相对的概念是“现象”、“数量”。

学术界普遍认为，从1949年新中国成立到1978年中共十一届三中全会召开，中国共产党这29年历史是党在马克思列宁主义、毛泽东思想的指导下，领导中国人民进行社会主义革命和社会主义建设并取得伟大成就的历史，是党探索适合中国国情的建设社会主义道路、继续

① 胡锦涛：《坚定不移沿着中国特色社会主义道路前进，为全面建成小康社会而奋斗》，人民出版社2012年版，第17页。

② 中国社会科学院语言所：《现代汉语词典》，商务印书馆2005年第5版，第1779页。

推进马克思主义中国化并取得重要思想成果的历史，是党加强自身建设、经受各种考验而不断发展壮大的历史。这就是中国共产党29年历史的主流和本质。[①]也就是说，新中国成立以来，中国共产党领导中国人民在进行社会主义革命和社会主义建设的过程中，尽管存在着社会主义改造要求过急、步子过快、工作过粗和形式过于单一等问题，发生了反右扩大化、“大跃进”、人民公社化和“文化大革命”等失误，但中国走上社会主义道路是历史和人民的选择，党及其领导的社会主义建设取得伟大成就、积累丰富经验是历史发展的主要方面和本质规定。1978年底中共十一届三中全会以来，中国共产党领导中国人民实行改革开放，为把中国建设成为富强民主文明和谐的社会主义现代化国家而奋斗。这期间，尽管出现了收入分配差距扩大、区域发展不平衡、腐败势头蔓延等现象，但党及其领导的民族、国家和人民事业不断取得胜利，党的面貌、社会主义中国的面貌发生翻天覆地变化是历史发展的主要方面和本质规定。概言之，新中国成立后，中国共产党历史的主流和本质是党的自身建设，以及党领导的社会主义革命、建设和改革事业取得巨大胜利并以新的认识成果丰富了马克思主义，等等。

上述主流和本质，虽然是学术界就中国共产党历史而言的，中国共产党历史同中华人民共和国史、当代中国史属于不同学科，有各自特定的研究对象和领域，但三者又有着紧密的关联性，主要人物、重大事件等往往是同一的。因此，从中国共产党历史的主流和本质，可以推断出当代中国历史的主流和本质是中国人民在中国共产党的领导下，继续推进和完成近代以来中华民族所面临的历史任务，积极开展社会主义革命、建设和改革，把中国由一个新民主主义国家改造成为社会主义国家，在建立社会主义基本制度的基础上，努力探索中国自己的社会主义建设道路，实行改革开放，在中国特色社会主义理论建设、经济建设、政治建设、文化建设、社会建设和生态文明建设等各方面取得巨大进步和成就，继夺取解决温饱、实现小康的伟大胜利后，为全面建成小康社会而奋斗。

2. 当代中国的主题和主线

“主题”是指文学、艺术作品等所表现出的中心思想和核心内容，

① 欧阳淞：《准确把握党的历史的主流和本质——写在〈中国共产党历史〉第二卷出版之际》，《求是》2011年第2期。

或泛指谈话、文件、会议等主要内容。当代中国60余年的历史大致可分为三个历史时期，1949年至1956年是实现从新民主主义社会向社会主义社会转变的时期，即社会主义革命时期。1956年至1978年是中国自己社会主义建设道路的曲折探索时期。1978年以来是改革开放和中国特色社会主义的开创、坚持和发展时期。其中，社会主义革命确立了社会主义基本制度，为中国自己社会主义建设道路的探索、中国特色社会主义的建设和发展奠定了政治前提和制度基础。1956年至1978年中国自己社会主义建设道路的曲折探索是社会主义革命的继承发展，又是建设和发展中国特色社会主义的早期准备，为改革开放后中国特色社会主义的开创、坚持和发展提供了经验教训、理论成果和物质基础。因此，新中国成立以来，中国共产党和中国人民的中心任务是建立、建设和发展中国特色社会主义，中国特色社会主义是当代中国的主题，是当代中国共产党人和中国人民所作这篇大文章的中心思想。

"主线"是指贯穿于事物发展过程的主要线索。为了作好中国特色社会主义这篇大文章，中国共产党领导中国人民坚持把马克思主义基本原理同中国具体实际和时代特征相结合，不断推进马克思主义中国化，一方面以马克思主义基本原理指导中国社会主义革命、建设和改革的实践，取得了社会主义现代化建设的物质文明、制度文明和生态文明等成果；另一方面把中国社会主义革命、建设、改革经验教训和方针政策等进行理论概括，并紧紧植根于中国优秀传统文化，实现了中国经验的马克思主义化，丰富和发展了马克思主义。这期间，既克服了把马克思主义和苏联经验神圣化、教条化的倾向，也战胜了推行"大跃进"、"无产阶级专政下继续革命"的经验主义倾向。因此，在当代中国，党和人民紧紧围绕建立、建设和发展中国特色社会主义的主题而不断推进着马克思主义中国化，马克思主义中国化贯穿于当代中国历史发展过程的始终，是当代中国的主线。

二、中国特色社会主义的主要内容

（一）中国特色社会主义的基本理论问题

中国特色社会主义理论是由一系列基本范畴、基本原理和思想精髓等构成的理论体系，系统地回答了建设和发展中国特色社会主义的领导核心、依靠力量、根本任务、战略步骤和奋斗目标等问题，其中“什么是马克思主义、怎样对待马克思主义”，“什么是社会主义、怎样建设社会主义”，“建设什么样的党、怎样建设党”，“实现什么样的发展、怎样发展”，这四个问题是其紧紧围绕、深刻回答的基本问题。

1. 什么是马克思主义、怎样对待马克思主义

马克思主义由哲学、政治经济学、科学社会主义理论等部分组成，是一个博大精深、结构严密的科学理论体系，同时又是一个发展的、开放的理论体系，与时俱进是其鲜明的理论品质。因此，坚持马克思主义，重在坚持马克思主义基本立场、观点和方法，并根据不同时代条件和基本国情，创造性地加以运用和发展，切忌把经典作家们在特定历史条件下做出的具体结论僵死化、凝固化和教条化。

“什么是马克思主义、怎样对待马克思主义”问题的讨论在中国已经持续一个多世纪。早在19世纪末，一些外国传教士开始在中国零星介绍马克思、恩格斯的生平及主张。20世纪初，中国一些知识分子把马克思主义当做社会主义学说之一在中国介绍，甚至有人在中国误解、误用马克思主义。例如，无政府主义者曾把《共产党宣言》当做无政府主义的文献而摘译和宣传，1914年7月和8月，先后发表《无政府共产主义同志社宣言书》和《无政府共产党之目的与手段》等，把马克思主义同无政府主义相混淆。新文化运动兴起后，尤其是俄国十月革命爆发后，随着马克思主义在中国的广泛传播，思想文化界发生了“问题与主义”，马克思主义同无政府主义、基尔特社会主义、民主社会主义等论争。经过反复鉴别、比较和论争，中国先进知识分子选择了马克思主义，并在共产国际的帮助下成立了以马克思主义为指导的中国共产党。

中国共产党成立后，一方面努力学习、传播马克思主义，运用马克思主义指导中国革命；另一方面为了捍卫马克思主义在中国的传播和运用，同种种反马克思主义思潮和势力，如中国青年党、戴季陶主义等展开了激烈的论战和斗争。与此同时，以毛泽东为代表的中国共产党人还多次克服了党内“左”倾教条主义、右倾机会主义的干扰，自觉地、明确地提出了“马克思主义中国化”的命题，尤其是经过延安整风，不仅全党的马克思主义理论水平大大提高，而且确立了党的实事求是思想路线，树立了科学对待马克思主义的学风，初步弄清了"什么是马克思主义、怎样对待马克思主义"的问题，或者说基本弄清了什么是马克思主义关于无产阶级革命的基本理论、在半殖民地半封建中国进行民族民主革命应怎样对待马克思主义的问题。

新中国成立后，以毛泽东为代表的中国共产党人坚持把马克思主义基本原理同中国社会主义革命具体实际相结合，借鉴苏联等国的经验，领导中国人民成功地实现了从新民主主义向社会主义的过渡。这期间，认识和处理"什么是马克思主义、怎样对待马克思主义"的问题总体上积极稳妥。1956年中共八大召开前后，毛泽东等提出了实现马克思主义基本原理同中国具体实际"第二次结合"的命题①，并取得了超额完成"一五"建设计划和概括正确处理社会主义社会十大关系、两类矛盾学说等成果，但由于种种原因，"第二次结合"的探索后来发生严重曲折，以致背弃了实事求是思想路线，把马克思主义教条化，把毛泽东思想庸俗化，认识和处理"什么是马克思主义、怎样对待马克思主义"的问题出现严重失误。

改革开放以来，面对国际国内形势的风云变幻，尤其是东欧剧变、苏联解体的冲击，以及马克思主义过时论、共产主义失败论等思潮的干扰，中国共产党领导中国人民通过理论建设、学术研究、媒体传播、学校教育等途径，特别是实施"马克思主义理论研究和建设工程"，深入、系统地揭示了马克思主义基本原理和精神实质，比较彻底地认清了"什么是马克思主义"的问题。正是理论上的成熟和清晰，推动着中国共产党人自觉地、科学地对待马克思主义。30多年来，中国共产党人坚信马克思主义是颠扑不破的科学真理，始终坚持以马克思主义为指导思想。同时，又坚持把马克思主义基本原理同当代中国具体实际和时代特征相结合，不断推进马克思主义中国化，用发展着的马克思主义指导中国改革开放和社会主义现代化建设的实践，相继形成了邓小平理论、"三个代表"重要思想和科学发展观等阶段性理论成果，这就是中国特色社会主义理论体系。可见，中国特色社会主义理论体系是在科学回答、正确处理"什么是马克思主义、怎样对待马克思主义"基本理论问题的过程中形成和发展的。

① 逄先知、金冲及：《毛泽东传（1949—1976）》（上），中央文献出版社2003年版，第506页。

2. 什么是社会主义、怎样建设社会主义

社会主义是相对于个人主义、资本主义而产生的一个概念。作为社会思潮，一直以来流派众多。如前述及，五四时期，中国思想界经过“社会主义之争”，先进知识分子选择了马克思主义的科学社会主义。新中国成立后，以毛泽东为代表的中国共产党人领导中国人民在中国建立了社会主义基本制度，接着努力探索中国自己的社会主义建设道路，并建立起独立的比较完整的国民经济和工业体系，认识到要区分社会主义社会的建立与建成、社会主义社会可划分为不发达和比较发达两个阶段、社会主义社会仍然要发展商品生产和利用价值规律等。但是，由于时代的局限和经验的不足，中国自己的社会主义建设道路的探索没有能够摆脱苏联传统社会主义模式的束缚，甚至发生了“大跃进”、“文化大革命”等失误。

改革开放以来，邓小平总结历史经验指出：“社会主义是个好制度，必须坚持……但问题是什么是社会主义，如何建设社会主义。我们的经验教训有许多条，最重要的一条，就是要搞清楚这个问题。”[①] 江泽民也强调：“坚持社会主义，首先要搞清楚什么是社会主义、怎样建设社会主义这个基本的理论问题。我国社会主义在改革开放前所经历的曲折和失误，归根到底就在于对这个问题没有完全搞清楚；改革开放以来在前进中遇到的一些犹豫和困惑，归根到底也在于对这个问题没有完全搞清楚。”[②]30多年来，中国共产党人紧紧抓住“什么是社会主义、怎样建设社会主义”这一基本理论问题进行深入探索，明确了我国正处于并将长期处于社会主义初级阶段的基本国情，认识到社会主义的本质是解放生产力，发展生产力，消灭剥削，消除两极分化，最终达到共同富裕；制定了“一个中心，两个基本点”的基本路线，即以经济建设为中心，坚持四项基本原则、坚持改革开放，为把我国建设成为富强民主文明和谐的社会主义现代化国家而奋斗；提出了社会和谐是中国特色社会主义的本质属性，促进人的全面发展是社会主义的根本要求等。这些新思想新观点新论断既坚持科学社会主义基本原理，又顺应时代潮流、契合中国实际、尊重人民意愿，比较系统地回答了在中国这样一个经济文化相对落后的国家建立社会主义基

① 《邓小平文选》第3卷，人民出版社1993年版，第116页。

② 中共中央文献研究室：《十四大以来重要文献选编》上，人民出版社1996年版，第447页。

本制度后，如何建设、巩固和发展社会主义这一关键问题，丰富发展了科学社会主义理论，深化了对社会主义建设规律的认识。

3. 建设什么样的党、怎样建设党

早在五四新文化运动时期，中国先进知识分子之间，包括早期马克思主义者内部，曾就改造中国所要建立的政党应仿照俄国共产党还是德国社会党、实行中央集权制还是地方分权制等问题产生过激烈论争。中国共产党成立后，如何加强自身建设和发展一直是党的中心工作之一。正如1965年邓小平曾说："建立一个什么样的党的问题，这不仅是我们这一代的问题，也是下一代、再下一代的问题。"[①]民主革命时期，以毛泽东为代表的中国共产党人经过艰辛探索，成功地把中国共产党建设成"一个全国范围的、广大群众性的、思想上政治上组织上完全巩固的布尔什维克化"[②]的党，解决了主要党员来自农民、长期被敌人分割包围在农村环境下如何建设马克思主义政党的问题。新中国成立后，中国共产党在加强执政党建设方面尽管发生众多失误，但也取得了一定的成绩。如中共八大提出加强集体领导，防止个人崇拜和专断；"文革"时期粉碎了林彪、江青两大集团的阴谋夺权活动等。

改革开放以来，尤其是建立和发展社会主义市场经济以来，世情、党情、国情持续发生广泛而深刻的变化。"建设什么样的党、怎样建设党"成为邓小平、江泽民和胡锦涛等历届中央领导人着力解答和应对的课题。经过探索，邓小平提出了必须围绕党的基本路线把党建设成为领导全国人民实现中国特色社会主义现代化的坚强核心、加强党的领导要求改善党的领导、制度建设带有根本性必须引起全党高度重视等理论；江泽民提出了中国共产党必须始终代表中国先进生产力的发展要求、先进文化的前进方向、最广大人民的根本利益，党的历史方位已经实现了从领导人民为夺取全国政权而奋斗向领导人民掌握全国政权并长期执政、从受到外部封锁和实行计划经济条件下领导国家建设向对外开放和发展社会主义市场经济条件下领导国家建设的转变，提高领导水平和执政能力、增强拒腐防变和抵御风险能力是加强执政党建设的两大历史性课题等思想；胡锦涛提出了执政能力、先进性和纯洁性建设是党的建设的主线，提高党的建设科学化水平，建设

---

① 《邓小平文选》第1卷，人民出版社1994年版，第348页。

② 《毛泽东选集》第2卷，人民出版社1991年版，第602页。

学习型、服务性、创新型的马克思主义执政党，党的建设必须坚持思想建设、组织建设、作风建设、反腐倡廉建设和制度建设“五位一体”全面推进等观点。这一系列加强党的建设的独创性理论观点，丰富和发展了马克思主义党建学说，深化了对共产党执政规律的认识。

4. 实现什么样的发展、怎样发展

新中国成立后，鉴于当时的国际国内形势，我国现代化建设选择了优先发展重工业的道路，并实施了“赶超”英美、苏联等国家的战略，虽然取得了较大的建设成就，也提出了坚持工业与农业并举、遵循价值规律等思想，但发生了“大跃进”、以钢为纲等违背经济社会发展规律的失误，后来搞“抓革命，促生产”也以失败而告终。

改革开放后的20多年里，邓小平、江泽民等先后提出了社会主义的根本任务是发展生产力、发展是硬道理、发展是党执政兴国的第一要务、分“三步走”基本实现现代化、科学技术是第一生产力、实施科教兴国战略、走新型工业化道路等理论，并指导我国社会主义现代化建设取得了举世瞩目的成就。但是，长期以来，我国社会主义现代化建设片面追求经济总量、高能耗、高污染、低水平、低效率等问题并没有得到有效解决。中共十六大以来，胡锦涛等紧紧围绕“实现什么样的发展、怎样发展”的主题，继承党的三代中央领导集体关于发展的重要思想，提出了发展的核心是以人为本、第一要义是发展、基本要求是全面协调可持续、根本方法是统筹兼顾；必须转变以往那种比较粗放、单一的发展方式，统筹解决城乡、区域、经济与社会、人和自然、内部发展和对外发展等关系；按照经济、政治、文化、社会和生态建设“五位一体”的总体布局，全面推进中国特色社会主义现代化建设，坚持走生产发展、生活富裕、生态良好的文明发展道路；坚持发展为了人民、发展依靠人民、发展成果由人民共享，等等。这些重大论断，解决了中国特色社会主义的发展目的、发展方式、发展动力等问题，使中国共产党对发展问题的认识达到了新的高度，深化了对人类社会发展规律的认识。

（二）中国特色社会主义的主要内容

1. 中国共产党人对中国特色社会主义的认识发展

作为反对个人主义、资本主义而产生的社会思潮和学术思想，社

会主义最早以思想理论形态而存在。在社会主义思想的鼓舞和引领下，一些知识分子开始向青年学生、工人和农民等传播社会主义，实验社会主义，直至指导这些阶级阶层成立团体、政党等组织为实现社会主义学说所描绘的目标、为建立社会主义制度而斗争，社会主义以实践运动形态而存在。工人、农民和知识分子等阶级阶层在以马克思主义为指导的工人阶级政党——共产党的领导下，通过社会主义实践运动，推翻了资本帝国主义、封建主义等反动统治，建立了人民当家作主的社会主义社会，并逐步完善和发展社会主义社会的各项具体制度和体制，社会主义又以社会制度形态而存在。进行社会主义革命和建设、完善和发展社会主义制度所选择的路径、所总结的规律等往往被称作社会主义道路。因此，社会主义是思想理论、实践运动或道路和社会制度的统一。

当然，社会主义的诞生、壮大和发展，经历先思想，后运动，再制度，这一历史进程的概括只是相对的。思想理论、实践运动或道路、社会制度三种形态社会主义的发展既有各自的逻辑，又相互交织，相辅相成。思想理论形态的社会主义，流派众多，主流思潮经历了从空想到科学，科学社会主义既继承了历史上社会主义理论的合理成分，对国际共产主义运动发挥了指导作用，又在不断总结国际共产主义运动实践经验教训中得以持续发展，在中国形成了毛泽东思想和中国特色社会主义理论体系。世界社会主义运动是践行社会主义理论的行动，又不断以新鲜经验补充、修正和完善着社会主义理论。中国社会主义革命、建设和改革是马克思主义的科学社会主义指导下的实践运动，创立了具有中国特色的社会主义革命、建设和改革道路，并以新鲜经验教训丰富和发展了科学社会主义的理论宝库。社会主义制度是社会主义理论指导社会主义实践、探寻社会主义道路的成果，而建立、完善和发展社会主义制度的过程就是实现社会主义理论所描绘未来美好社会的实践运动和道路探索，其实践经验教训的总结和概括就是社会主义理论的新成果。

中国共产党人对中国特色社会主义的认识经历了一个漫长的过程。1956年初，在调研我国“一五计划”建设情况、借鉴苏联社会主义建设经验的基础上，毛泽东发表《论十大关系》一文，提出了建设中国自己的社会主义的任务。1982年9月，在总结中外社会主义建设正反两方面历史经验教训的基础上，邓小平在中共十二大的开幕词中首次明确提出了“建设有中国特色社会主义”[①]的命题。1987年10月，中共十三大报告从马克思主义基本原理同中国实际相结合实现“两次历史性飞跃”的视阈，把改革开放以来经验总结概括为“建设有中国特色的社会主义理论”的轮廓[②]。1992年10月，在邓小平南方谈话的基础上，中共十四大报告第一次把建设有中国特色社会主义理论与邓小平的名字联系起来，提出了“邓小平同志建设有中国特色社会主义的理论”[③]的概念，并对其内容从社会主义发展道路、发展阶段、根本任务、发展动力、战略步骤、领导力量和依靠力量等9个方面作出了概括。1997年10月，中共十五大郑重用“邓小平理论”概括改革开放以来的马克思主义中国化的理论成果，把它同马克思列宁主义、毛泽东思想放在一起，作为党的指导思想写入党章。2002年11月，中共十六大用“‘三个代表’重要思想”的概念概括了以江泽民为代表的中国共产党人从1989年至2002年推进马克思主义中国化的理论成果。中共十六大以后，随着科学发展观的提出和丰富，对马克思主义中国化第二次历史性飞跃的理论成果进行整体性概括的使命提上日程。2007年10月，中共十七大正式提出了“中国特色社会主义理论体系”这一科学概念，指出中国特色社会主义理论体系是包括邓小平理论、“三个代表”重要思想以及科学发展观等重大战略思想在内的科学理论体系。

对中国特色社会主义理论的认识和概括不断前进的同时，中国共产党人对中国特色社会主义道路和制度的认识和概括也在不断深化。1979年3月，邓小平提出了走“中国式的现代化道路”的思想，指出：“过去搞民主革命，要适合中国情况，走毛泽东同志开辟的农村包围城市的道路。现在搞建设，也要适合中国情况，走出一条中国式的现代化道路。”[④]此后，党和国家领导人多次强调走中国特色社会主义道路。2007年10月，中共十七大报告中指出：“改革开放以来我们取得一切成绩和进步的根本原因，归结起来就是：开辟了中国特色社会

① 中共中央文献研究室：《十二大以来重要文献选编》上，人民出版社1986年版，第3页。
② 中共中央文献研究室：《十三大以来重要文献选编》上，人民出版社1991年版，第56、57页。
③ 中共中央文献研究室：《十四大以来重要文献选编》上，人民出版社1996年版，第1页。
④《邓小平文选》第2卷，人民出版社1993年版，第163页。

主义道路，形成了中国特色社会主义理论体系。高举中国特色社会主义伟大旗帜，最根本的就是要坚持这条道路和这个理论体系。”[①]从理论和道路两个层面理解中国特色社会主义。2011年7月，胡锦涛在纪念建党90周年大会的讲话中提出：“经过90年的奋斗、创造、积累，党和人民必须倍加珍惜、长期坚持、不断发展的成就是：开辟了中国特色社会主义道路，形成了中国特色社会主义理论体系，确立了中国特色社会主义制度。”[②]首次从道路、理论和制度三个层面理解中国特色社会主义。这标志着党对中国特色社会主义的认识更加自觉、深入和全面。2012年11月，中共十八大报告再次强调中国特色社会主义道路、理论体系和制度是“党和人民九十多年奋斗、创造、积累的根本成就，必须倍加珍惜、始终坚持、不断发展”。[③]

2. 中国特色社会主义道路

中国特色社会主义道路，就是在中国共产党领导下，立足基本国情，以经济建设为中心，坚持四项基本原则，坚持改革开放，解放和发展社会生产力，建设社会主义市场经济、社会主义民主政治、社会主义先进文化、社会主义和谐社会、社会主义生态文明，促进人的全面发展，逐步实现全体人民共同富裕，建设富强民主文明和谐的社会主义现代化国家。中国特色社会主义道路是中国实现社会主义现代化的必由之路，是创造人民美好生活的必由之路。其中，中国共产党是领导核心；社会主义初级阶段的基本国情是现实依据；经济建设是工作中心；四项基本原则是立国之本；改革开放是动力和强国之路；解放和发展社会生产力是根本任务；建设社会主义市场经济、民主政治、先进文化、和谐社会、生态文明是“五位一体”的总体布局；促进人的全面发展，逐步实现全体人民共同富裕，建设富强民主文明和谐的社会主义现代化国家是奋斗目标。中国特色社会主义道路是中国共产党领导中国人民走出的创新之路，不仅是世界社会主义运动的伟大创举，而且为人类文明进步作出了巨大贡献。在当代中国，坚持中国特色社会主义道路，就是真正坚持科学社会主义。

① 中共中央文献研究室：《十七大以来重要文献选编》上，中央文献出版社2009年版，第8—9页。

② 胡锦涛：《在庆祝中国共产党成立90周年大会上的讲话》，人民出版社2011年版，第7页。

③ 胡锦涛：《坚定不移沿着中国特色社会主义道路前进，为全面建成小康社会而奋斗》，人民出版社2012年版，第12页。

3. 中国特色社会主义理论体系

中国特色社会主义理论体系，就是包括邓小平理论、"三个代表"重要思想、科学发展观在内的科学理论体系，是对马克思列宁主义、毛泽东思想的坚持和发展，是继毛泽东思想之后马克思主义中国化的最新理论成果。它紧紧围绕"什么是马克思主义、怎样对待马克思主义"，"什么是社会主义、怎样建设社会主义"，"建设什么样的党、怎样建设党"，"实现什么样的发展、怎样发展"等基本理论问题，以一系列独创性的范畴、原理和精髓等，系统地回答了在中国这样一个十几亿人口的发展中大国建设中国特色社会主义的思想路线、发展道路、发展阶段、发展战略、根本任务、发展动力、国际战略、祖国统一、领导核心和依靠力量等重大问题，涵盖了建设社会主义市场经济、民主政治、先进文化、和谐社会、生态文明和党的建设等各个领域，涉及改革发展稳定、治党治军治国、内政外交国防等各个方面，内涵丰富，思想深刻，体系完整。中国特色社会主义理论体系是党和人民沿着中国特色社会主义道路实现中华民族伟大复兴的行动指南。在当代中国，坚持中国特色社会主义理论体系，就是真正坚持马克思列宁主义和毛泽东思想。

4. 中国特色社会主义制度

中国特色社会主义制度，就是人民代表大会制度的根本政治制度，中国共产党领导的多党合作和政治协商制度、民族区域自治制度以及基层群众自治制度等基本政治制度，中国特色社会主义法律体系，公有制为主体、多种所有制经济共同发展的基本经济制度，以及建立在这些制度基础上的经济体制、政治体制、文化体制、社会体制等各项具体制度。

中国特色社会主义制度是当代中国发展进步的根本制度保障。该制度坚持把根本政治制度、基本政治制度同基本经济制度以及经济、政治、文化、社会等各领域的具体制度有机结合起来，坚持把国家层面民主制度同基层民主制度有机结合起来，坚持把党的领导、人民当家作主、依法治国有机结合起来，形成了一整套相互衔接、相互联系的制度体系，集中体现了中国特色社会主义的特点和优势。正如2011年7月胡锦涛在"七一"讲话中指出：中国特色社会主义制度顺应时代潮流，有利于保持党和国家活力、调动广大人民群众和社会各方面的积极性、主动性、创造性，有利于解放和发展社会生产力、推动经济社会全面发展，有利于维护和促进社会公平正义、实现全体人民共同富裕，有利于集中力量办大事、有效应对前进道路上的各种风险挑战，有利于维护民族团结、社会稳定和国家统一。

中国特色社会主义的道路、理论体系和制度，三者紧密相连、相互贯通。其中，道路是实现途径，理论体系是行动指南，制度是根本保障，三者统一于中国特色社会主义伟大实践。在当代中国，坚持和发展中国特色社会主义，最根本的就是要高举中国特色社会主义伟大旗帜，坚持和拓展中国特色社会主义道路，坚持和丰富中国特色社会主义理论体系，坚持和完善中国特色社会主义制度。

（三）中国特色社会主义的特质

1. 中国特色社会主义的"质"

中国特色社会主义虽然具有中国特色、时代特色和实践特色，尤其同传统社会主义有着显著的区别。但是，其本质上仍属于科学社会主义范畴，是科学社会主义在当代中国的新发展。主要表现在：第一，基本立场相同。二者都代表广大劳动阶级的根本利益。第二，基本观点和方法相同。二者都坚持辩证唯物主义和历史唯物主义，坚持物质第一性，认为世界是运动变化发展的，人类社会的发展是一个客观的历史过程。第三，奋斗目标相同。二者都把建立、建设和发展社会主义当做行动纲领，都为实现共产主义社会而奋斗。第四，理论品质相同。二者都是实践的科学，都具有开放性，都不断随着实践和时代的发展而不断发展，都具有与时俱进的理论品质。因此，中国特色社会主义同科学社会主义的精神实质是相同的。在当代中国，坚持中国特色社会主义，就是坚持科学社会主义。所谓中国特色社会主义就是中国特色资本主义、中国特色社会主义是民主社会主义等论调都是无稽之谈，忽视了中国特色社会主义与科学社会主义"质"的一致性。

中国特色社会主义是包括科学社会主义在内的马克思主义基本原理与当代中国实际和时代特征相结合的产物，既坚持了科学社会主义基本原则，又根据时代条件赋予其鲜明的中国特色，以全新的视野深化了对共产党执政规律、社会主义建设规律、人类社会发展规律的认识，从理论和实践结合上系统回答了在中国这样人口多底子薄的东方大国建设什么样的社会主义、怎样建设社会主义这个根本问题。正如2013年1月习近平所指出：中国特色社会主义，是科学社会主义理论逻辑和中国社会发展历史逻辑的辩证统一，是根植于中国大地、反映中国人民意愿、适应中国和时代发展进步要求的科学社会主义，是全面建成小康社会、加快推进社会主义现代化、实现中华民族伟大复兴的必由之路。①

中国特色社会主义理论作为科学社会主义基本原理与中国实际相结合的产物，是个别与一般、特殊与普遍的统一。中国特色社会主义取得的成功经验和得出的理论结论，不仅对于中国如何搞社会主义具有特殊的指导意义，而且对于科学社会主义的基本原理，特别是对于这些基本原理的理解、阐释和运用，具有重要的理论启迪。因此，应该从个别与一般、特殊与普遍的关系上，来理解中国特色社会主义与科学社会主义的关系。

关于毛泽东思想和中国特色社会主义理论体系、新中国成立以来改革开放前与改革开放后两个历史阶段的关系。概括地说，毛泽东思想开辟了马克思主义中国化的道路，为中国特色社会主义道路的开辟和创新、中国特色社会主义制度的完善和发展、中国特色社会主义理论体系的形成和发展提供了理论渊源。以毛泽东为代表的中国共产党人对中国自己社会主义建设道路的探索及其成果为改革开放以来以邓小平、江泽民和胡锦涛等为代表的中国共产党人探索、建设和发展中国特色社会主义提供了历史经验、思想路线、政治前提和制度基础。

毛泽东思想和中国特色社会主义理论体系是马克思主义中国化的过程中前后相继的两次历史性飞跃的理论成果。其中，毛泽东思想是马克思列宁主义在中国的运用和发展，是被实践证明了的关于中国革命和建设的正确的理论原则和经验总结，是中国共产党集体智慧的结晶；中国特色社会主义理论体系是包括邓小平理论、“三个代表”重要思想、科学发展观等在内的科学理论体系，是对马克思列宁主义、毛泽东思想的坚持和发展。毛泽东等探索中国自己社会主义道路积累的正确经验、毛泽东等提出的被实践检验证明是正确的关于中国社会主义建设的理论观点，如发展商品经济和尊重价值规律、社会主义建设

① 习近平：《毫不动摇地坚持和发展中国特色社会主义》，《人民日报》2013年1月6日。

是一个长期的历史过程、正确处理人民内部矛盾、繁荣社会主义文化必须坚持“百花齐放、百家争鸣”、和平统一祖国等，直接被中国特色社会主义继承和发展。毛泽东等探索中国自己社会主义道路积累的失败教训，如社会主义基本制度确立后仍把阶级斗争看做社会主要矛盾、片面追求生产资料单一公有制、分配中的严重平均主义，尤其是“文化大革命”的全局性长期性失误等都成为中国特色社会主义的历史借鉴。毛泽东等为中国共产党确立的实事求是思想路线，既是毛泽东思想的精髓，也是建设和发展中国特色社会主义的思想路线和精髓。以毛泽东为代表的中国共产党人，在总结中国革命历史经验、坚持把马克思主义基本原理同中国实际相结合的基础上，领导中国人民选择并确立了人民民主专政的社会主义国家、人民代表大会制度、共产党领导的多党合作和政治协商制度、民族区域自治制度、马克思主义在思想文化和意识形态的指导地位，以及社会主义经济、政治、文化和社会等具体制度和体制，这些都是建设和发展中国特色社会主义的政治前提和制度基础。

总之，中国特色社会主义理论体系同科学社会主义、毛泽东思想是继承与发展、坚持与创新、一脉相承又与时俱进的关系，中国特色社会主义理论体系传承了科学社会主义、毛泽东思想坚持辩证唯物主义和历史唯物主义、人民群众利益至上、最终为实现全人类解放和共产主义社会而奋斗、与时俱进地推进理论创新等“脉”。中国特色社会主义道路的开辟和推进是对科学社会主义和毛泽东思想基本原理的践行、是对以毛泽东为代表的中国共产党人探索中国自己社会主义建设道路的接力。中国特色社会主义制度是在总结科学社会主义指导下的国际共产主义运动经验教训、在以毛泽东为代表的中国共产党人领导中国人民选择并确立社会主义基本制度基础上不断得以发展和完善的。

2. 中国特色社会主义的“特”

2012年11月，中共十八大报告指出：中国特色社会主义道路、理论体系和制度，“三者统一于中国特色社会主义伟大实践，这是党领导人民在建设社会主义长期实践中选出的最鲜明特色。”[①]同月，习近平在新一届中央政治局第一次集体学习时提出：“中国特色社会主义是实

① 胡锦涛：《坚定不移沿着中国特色社会主义道路前进，为全面建成小康社会而奋斗》，人民出版社2012年版，第13页。

践、理论、制度紧密结合的，既把成功的实践上升为理论，又以正确的理论指导新的实践，还把实践中已见成效的方针政策及时上升为党和国家的制度。所以，中国特色社会主义特就特在其道路、理论体系、制度上，特就特在其实现途径、行动指南、根本保障的内在联系上，特就特在这三者统一于中国特色社会主义伟大实践上。”[①]具体来说就是：

第一，中国特色社会主义的道路、理论体系和制度独具特色。中国特色社会主义是相对于一般意义上的社会主义，尤其是作为国际共产主义运动的科学社会主义、以苏联为代表的传统社会主义而言的。如上述及，其基本立场、观点、方法、目标、品质和精髓等同科学社会主义是一致的，但具体的道路、理论和制度具有中国特色。譬如，道路方面，在经济文化落后的国情下，中国建设和发展社会主义长期坚持以经济建设为中心，科学社会主义设想社会主义社会首先在生产力发达的资本主义国家诞生，没有特别强调以经济建设为中心，传统社会主义还是把阶级斗争、政治革命当作中心工作；在和平与发展成为时代主题的背景下，中国特色社会主义坚持对外开放，加强同包括资本主义国家在内的一切国家开展经济文化交流与合作，科学社会主义和传统社会主义都坚持同资本主义国家对立的政策。理论方面，中国特色社会主义提出了社会主义初级阶段、社会主义本质、社会主义市场经济、一国两制、构建和谐世界、解放思想和与时俱进等一系列独创性的范畴、原理和精髓。制度方面，我国实行人民代表大会制的人民民主专政制度，而不是科学社会主义设想的无产阶级专政，也不是苏联苏维埃制度；国家结构是单一制下的民族区域自治和特别行政区制度，不同于苏联的联邦制；基本经济制度是公有制为主体、多种所有制经济共同发展，而不是科学社会主义和传统社会主义主张的单一公有制；分配制度是按劳分配为主体、多种分配方式并存，而不是科学社会主义和传统社会主义主张的单一按劳分配制。

第二，中国特色社会主义的道路、理论体系和制度内在关联。中共十八大报告指出，中国特色社会主义道路、理论体系和制度是党和人民90多年奋斗、创造、积累的根本成就，其中道路是实现途径，理

① 编写组：《十八大报告辅导读本》，人民出版社2012年版，第4页。

论体系是行动指南，制度是根本保障，三者紧密相连共同构成了中国特色社会主义。当代中国，在社会主义基本制度确立基础上、在中国特色社会主义理论指导下，党领导人民探索、创造出建设和发展中国特色社会主义的道路，该道路的经验总结上升为理论，不断丰富和发展着中国特色社会主义理论体系，其富有成效的方针政策和举措固化、上升为制度，日益完善和发展着中国特色社会主义制度。因此，中国特色社会主义道路、理论和制度相辅相成，相得益彰。而马克思恩格斯时代，科学社会主义主要是思想活动和社会主义革命运动，还没有建设社会主义的道路，更没有建立社会主义制度；俄国十月革命以后，社会主义由理论变成现实，第二次世界大战后，社会主义现实由一国走向多国，但传统社会主义模式下，社会主义道路单一化、理论教条化、制度僵硬化，三者彼此孤立，相互脱节，甚至违背科学社会主义基本原则。

第三，中国特色社会主义的道路、理论体系和制度统一于中国特色社会主义伟大实践。实践是认识的源泉、动力、目的、归宿和检验标准，生产实践活动是推动人类社会发展进步的根本活动。建设和发展中国特色社会主义是当代中国最根本的、最伟大的实践活动。中国特色社会主义的道路就是这一实践活动所走的路径。中国特色社会主义理论体系既是指导这一实践活动的指南，又是总结这一实践活动经验的理论成果。中国特色社会主义制度为这一实践活动提供了制度保障，又在实践中不断得到完善和发展。中国特色社会主义的道路、理论体系和制度，三者紧密关联，相辅相成，统一于中国特色社会主义伟大实践。

3. 中国特色社会主义的历史地位

事实雄辩地证明，只有社会主义才能救中国，只有中国特色社会主义才能发展中国。中国特色社会主义是当代中国发展进步的根本方向，是发展中国、稳定中国的必由之路，是中国共产党和中国人民团结的旗帜、奋斗的旗帜、胜利的旗帜。从马克思主义发展史、世界社会主义运动史、当代中国发展进步的历史和现实看，中国特色社会主义具有重要的历史地位。

第一，中国特色社会主义理论体系丰富了马克思主义的思想宝库，彰显了马克思主义的强大生命力。中国特色社会主义理论体系是马克思主义在中国运用和发展的经验总结、马克思主义中国化的理论成果，以独创性的理论系统回答了在和平与发展的时代背景下、在经济文化相对落后的发展中大国“建设什么样的社会主义、怎样建设社会主义”等问题，把马克思主义发展到了新的历史阶段，诠释了马克思主义与时俱进的理论品质。当代中国翻天覆地的伟大变革，中国特色社会主义现代化建设的巨大成就，验证了中国特色社会主义理论体系的科学性，也彰显了马克思主义的强大生命力。

第二，中国特色社会主义道路开创了世界社会主义运动的新局面。五百年的社会主义思潮和运动，既有过全球风起云涌的高潮，也有着世界风平浪静的低潮，尤其是遭受世界资本主义的重压或自身发生严重失误后，世界社会主义运动都将陷入一段时期的低潮。在马克思主义的科学社会主义指导下，社会主义曾在欧美资本主义国家不断掀起高潮，爆发了巴黎公社革命等运动。虽然马克思晚年对俄国、印度、中国等“东方落后”国家和民族的革命运动做过研究，提出了“东方社会”理论，但是，马克思主义的科学社会主义主要是研究欧美资本主义国家社会矛盾运动的学说，并没有对包括东方在内的世界落后国家和民族的无产阶级革命作出系统地研究，更谈不上对这些国家和民族的革命运动作出具体的指导。随着世界范围的工人阶级的成长和壮大，世界各国家和民族的先进分子都选择了以马克思主义作为指导本国工人运动的行动指南，并努力实现马克思主义民族化、本土化和时代化，这就有了马克思主义世界化。这期间，以列宁为首的俄国马克思主义者坚持把马克思主义基本原理同俄国革命具体实际相结合，在推进马克思主义俄国化的进程中，形成和发展了列宁主义。在列宁主义的指导下，俄国工农革命大众继推翻沙皇统治后，又推翻了资产阶级的统治，实现了社会主义从理论向现实的飞跃，开创了经济文化落后国家如何建设马克思主义革命党、怎样进行社会主义革命等社会主义运动的新局面。在俄共（布）、联共（布）和苏共的领导下，苏联社会主义建设曾取得了辉煌成就，尤其在世界反法西斯战争中发挥了扭转战局的作用，并吸引世界十多个国家人民选择了社会主义制度，社会主义由一国走向多国。然而，由于缺乏经验、体制僵化等原因，世界社会主义运动自上个世纪50年代后期开始不断发生波折，尤其是东欧剧变、苏联解体使社会主义运动转入低潮。中共十一届三中全会以来，中国在总结中外正反两方面历史经验教训的基础上，厉行改革，艰辛探索，实现了经济社会的全面发展和进步，再次显示了社会主义的强大生命力，开创了世界社会主义运动的新局面。

第三，中国特色社会主义制度展现了社会主义制度的优越性，为人类的文明进步作出了重大贡献。社会主义社会作为人类最新的社会制度，其实践并没有像几百年来各国社会主义思想家们所想象的那样，一诞生就立即展现出自身比资本主义社会的优越性。相反，由于种种主客观原因，苏联、东欧和中国等社会主义国家的经济社会发展和民主法治建设等都曾出现过严重失误，以致发生了东欧剧变、苏联解体等社会主义制度被所在国人民放弃的变故，社会主义制度的优越性遭受质疑。中共十一届三中全会以来，在中国特色社会主义理论的指导下，中国探索并成功地走出了建设社会主义的道路，经济、政治、文化、社会、生态和党建等各项制度和体制不断得到创建、健全和完善，这些制度和体制又推动和保障中国特色社会主义的各项建设事业不断取得进步和胜利。与此鲜明对比的是，绝大多数资本主义发展中国家经济社会发展缓慢，甚至经济停滞不前，政局动荡不安，人民生活贫困低下，资本主义发达国家经济持续低迷，尤其是2008年世界金融危机爆发以来，全球经济复苏乏力，欧债危机继续蔓延，再次暴露了资本主义制度的弊端。中国有效克服了1997年亚洲金融危机的冲击，近年又在应对世界金融危机中表现出色，成为促进世界经济复苏的重要因素。总之，中国特色社会主义事业对内实现了经济社会、民主法治、人民生活等全面发展，对外维护了世界和平，发展成果惠及各国人民，展现了社会主义制度的优越性，为人类的文明进步作出了重大贡献。

三、中国特色社会主义的发展

（一）中国特色社会主义的历史性成就

1. 中国特色社会主义的建设成就

自社会主义基本制度1956年底在我国确立以来，经过全党全国各族人民近60年的艰辛探索，尤其是改革开放30多年来的共同奋斗，中国特色社会主义建设事业取得了巨大成就，其中，“党和人民必须倍加珍惜、长期坚持、不断发展的成就是：开辟了中国特色社会主义道路，形成了中国特色社会主义理论体系，确立了中国特色社会主义制度。”中国特色社会主义的建设和发展，促使中国社会发生的变革、中国人民命运发生的变化，“其广度和深度，其政治影响和社会意义，在人类发展史上都是十分罕见的。”[①]从经济、政治、文化、社会、生态和党建等各领域看，具体成就有：

经济建设方面，社会主义社会生产力、经济实力和综合国力显著增强，经济制度和体制日渐完善。我国建立并初步完善了社会主义市场经济体制，形成了以公有制为主体、多种所有制经济共同发展的社会主义初级阶段的基本经济制度和以按劳分配为主体、多种分配方式并存的分配制度。人民生活在解决“温饱”的基础上于上个世纪末达到总体“小康”，新世纪以来又在全面建设小康社会的征程中取得阶段性成果。2010年我国经济总量跃居世界第二位，占世界经济总量的份额达10%，并成为世界第一大出口国和第二大进口国，对世界经济增长的贡献率超过20%。同年，我国对外投资746.5亿美元，世界排名跃升至第6位，中国企业遍布177个国家和地区，企业数达1.8万个。[②]旧中国一穷二白的落后面貌已经彻底改变，曾经长期困扰我国的贫困经济状况已经彻底消除。近年来，经济发展方式转变取得实质性进展。西部大开发、东北等老工业基地振兴、中西部崛起、科教兴国、自主创新和创新型国家建设等发展战略顺利有序实施。对外开放的领域和规模不断扩大，已形成全方位、多层次、宽领域的对外开放格局。资源税改革、人民币汇率形成机制改革、电价改革、增值税改革等重要领域的改革正逐步深化。中国特色社会主义经济建设的成果为中国人民稳步过上富裕安康的生活，为中国特色社会主义政治、文化、社会、生态建设和中国提高国际地位、扩大国际影响力等奠定了雄厚的物质基础。

政治建设方面，社会主义民主政治不断进步。人民成为国家、社会和自己命运的主人，依法享有广泛的自由、民主和人权，依法行使民主选举、民主决策、民主管理和民主监督的权利。坚持党的领导、

① 胡锦涛：《在庆祝中国共产党成立90周年大会上的讲话》，人民出版社2011年版，第7、3页。

② 胡占凡：《数字十年》，中国广播电视出版社2012年版，第28页。

人民当家作主和依法治国的有机统一是发展中国特色社会主义民主政治根本方针的深入贯彻。人民代表大会制度、中国共产党领导的多党合作和政治协商制度、民族区域自治制度和基层群众自治制度不断完善并显示出优越性。中国特色社会主义法律体系已经形成并继续发展。全国各族人民同呼吸、共命运、心连心，形成了平等、团结、互助、和谐的社会主义新型民族关系。爱国统一战线进一步发展壮大，政党关系、民族关系、宗教关系、阶层关系、党群关系、干群关系、海内外同胞关系等更加和谐。“一国两制”基本方针成功实施，香港、澳门顺利回归祖国并保持繁荣稳定。两岸经贸、文化、旅游等往来关系蓬勃发展，正式实现全面直接双向“三通”，两岸关系和平发展呈现新的前景。社会主义民主政治的发展进步不仅体现了人民当家作主的政治地位，而且为中国特色社会主义经济、文化、社会、生态建设及国家的长治久安、社会的繁荣稳定、民族的伟大复兴等提供了可靠的政治保证。

文化建设方面，社会主义文化繁荣发展。马克思主义在思想文化等领域的指导地位稳步确立，尤其是形成了包括邓小平理论、“三个代表”重要思想和科学发展观在内的中国特色社会主义理论体系，马克思主义中国化、时代化和大众化继续推进。社会主义核心价值体系建设取得重大进展，马克思主义理论研究和建设工程卓有成效，群众性精神文明创建活动、公民道德建设等全面开展，文化事业欣欣向荣，文化产业生机盎然，国家文化软实力不断增强，中华文化“走出去”步伐明显加快，全民族文化创造力空前活跃，建设社会主义文化强国的奋斗目标鼓舞人心、思路战略更加明确、路径举措切实可行。文化民生工程扎实推进，截至2011年底，全国有2115座博物馆和纪念馆向社会免费开放。到2012年下半年，我国84%的行政村拥有农家书屋，83%的乡镇建有文化信息资源共享工程服务点，100%的行政村完成了广播电视村村通工程，100%的乡镇建立了综合文化站。[①]全体国民的思想道德素质和科学文化素质大幅提高，人民群众的精神面貌昂扬向上、精神世界日益丰富。社会主义文化的发展繁荣不仅极大地丰富了中国人民的精神生活，而且为中国特色社会主义经济、政治、社会、

① 胡占凡：《数字十年》，中国广播电视出版社2012年版，第145页。

生态建设和中华民族的伟大复兴提供了有力的精神动力和智力支持。

社会建设方面，社会主义社会建设全面展开。建设社会主义和谐社会的理念不断成熟并成为全党全国各族人民的共识。全面实现全国范围的九年义务教育，教育公平迈出重大步伐，各级各类教育迅速发展，高等教育总规模、大中小学在校生数量位居世界第一。通过实施更加积极的扩大就业战略，就业规模持续增长。医药卫生改革取得突破性进展，全民基本医保制度框架基本形成，群众“看病难、看病贵”问题得到缓解。通过实施西部大开发战略、解决“三农”问题的建设社会主义新农村战略、深化收入分配制度改革等，初步扭转了地区差距、城乡差距扩大的趋势，有利于促进地区公平、城乡公平和社会公平。社会管理水平逐步提高，社会管理体制进一步健全，群众权益得到更好维护，应急处置能力逐步提高，社会大局始终保持稳定。2010年，我国人口平均预期寿命为74.83岁，超过世界平均水平（69.6岁），超过中等收入国家及地区水平（69.1岁），8000万65岁以上老人享受免费体检，婴儿死亡率下降为13.93‰。2011年，我国城镇化率达51.3%，首次突破50%。，表明我国城镇人口数量超过了农村人口数量，城乡结构发生历史性变化。[①]这些数据表明，我国以民生建设为重点的社会建设在教育、就业、住房、医疗和社保等各方面都已取得巨大进步。社会主义社会建设的全面展开并取得丰硕成果，不仅进一步完备了中国特色社会主义建设的布局和内容，而且为中国特色社会主义经济、政治、文化和生态建设等创造了稳定的社会环境及和谐的人际关系。

生态建设方面，社会主义生态文明建设取得阶段性成果。生态文明观念在全社会逐步树立，中共十七大和十八大都明确提出了2020年生态文明建设的目标。中共十六大以来，随着科学发展观贯彻落实，尤其是转变经济发展方式、建设资源节约型和环境友好型社会等统筹人与自然和谐发展、促进经济社会可持续发展的重大战略举措的稳步实施，节约能源资源和保护生态环境的产业结构、增长方式、消费模式等开始形成，循环经济已有较大规模，可再生能源比重显著上升，主要污染物排放得到有效控制，生态环境质量明显改善。2011年，我

① 胡占凡：《数字十年》，中国广播电视出版社2012年版，第45、59页。

国单位GDP能耗为每万元消耗0.814吨标准煤，较十年前下降12.9%。过去十年间，我国全民义务植树61亿人次、264亿株，如每株树木间隔两米排成一条线，可绕地球1078圈，人工林保存总面积2011年达6169万公顷，居世界第一，世界上每年减少520万公顷森林，而我国的植树造林相对于每年为地球追回550万公顷的森林损失。2011年，我国森林覆盖率提升至20.36%；城市绿化覆盖率达38%，绿地率达34%。十年间，我国水土流失重灾区（京津冀、黄土高原、东北黑土区、云贵岩溶区、西北及青藏高原区）的情况都有明显好转，累计治理水土流失47万平方公里，年均减少土壤侵蚀量15亿吨，直接受益群众达1.5亿人。[①]中国特色社会主义生态文明建设，再一次拓展了中国特色社会主义事业的总布局，有利于全社会牢固树立生态文明理念，形成保护生态环境的良好风尚，推动整个社会走上生产发展、生活富裕和生态良好的文明发展道路。

党的建设方面，党自身建设新的伟大工程全面推进。党的建设学说不断发展，党建的总布局由思想建设、组织建设和作风建设发展为思想建设、组织建设、作风建设、反腐倡廉建设和制度建设。党的指导思想增添了邓小平理论、“三个代表”重要思想和科学发展观等重大思想，尤其是中国特色社会主义理论体系的党建思想。党的执政能力建设、先进性和纯洁性建设陆续展开，学习实践邓小平理论、“三个代表”重要思想和科学发展观活动，创先争优活动、学习型党组织建设等取得重要成果。党员队伍不断发展壮大，党内民主进一步扩大，干部队伍建设取得重要进展，各级干部队伍持续实现新老交接，人才工作开创新局面。基层党组织不断加强，基本覆盖社会各领域。党风廉政建设和反腐败斗争取得新成效。截至2011年底，中共党员总数达8260.2万名，其中具有大专以上学历的党员3191.3万名，占党员总数的38.6%。同时，非公有制经济组织中的党员数量也在逐年增加，全国98.3万户非公有制企业、2.65万个社会团体建立了党组织、2.74万个民办非企业单位几乎全部建立了党组织。[②]中国共产党自身建设新的伟大工程的成效，为中国特色社会主义事业的全面发展提供了坚强有力的

① 胡占凡：《数字十年》，中国广播电视出版社2012年版，第83、104—105、86页。

② 周英峰：《截止去年年底中共党员人数为8260万人名》，转自新华网2012年6月30日，http://news.eastday.com/c/20120630/u1a6666721.html.

领导核心。

此外，中国特色社会主义国防和军队建设、外交和祖国统一等各方面都取得了巨大成就，国际地位和国际影响力也显著增强，成为推动建设持久和平、共同繁荣的和谐世界的重要力量，为世界经济发展和人类文明进步作出了重大贡献。

2. 关于“中国模式”的讨论

中国特色社会主义经济、政治、文化、社会、生态建设和中国共产党自身建设伟大工程取得的巨大成就，充分展现了中国特色社会主义道路的正确性、中国特色社会主义理论体系的科学性和中国特色社会主义制度的优越性。尤其是苏东剧变后，西方国家先后抛出“中国崩溃论”、“中国威胁论”，但中国历经1997年亚洲金融危机和2008年世界经济危机后依然保持比较平稳和快速的发展速度，使得西方人不得不重新审视中国的发展战略和发展模式；同时，中国共产党领导的各级政府和各界民众高效应对2008年南方雨雪冰冻灾害和四川汶川特大地震、成功举办2008年北京奥运会和2010年上海世博会，以“神舟”飞船为代表的高科技创新突飞猛进，也使西方人对中国的政治制度和社会管理体制刮目相看。相比之下，受世界金融危机的重创，西方发达资本主义国家经济复苏乏力，欧洲主权债务危机继续蔓延，拉美等发展中国家深陷“中等收入陷阱”。正是在这一鲜明对比的背景下，国际国内各界人士从规律、经验等方面对中国特色社会主义道路、理论体系和制度等展开了深入探讨，这就是“中国模式”的讨论。

“中国模式”又称“北京共识”、“中国道路”。2004年5月，美国高盛公司高级顾问、清华大学教授乔舒亚·库珀·雷默发表《北京共识》一文，对中国的改革开放成就及其经验作了全面分析后，认为中国正开辟出一条通往发展的新道路，这是一条建立在创新、积聚非对称性力量、实现以人为本和注重个人权利及责任的平衡基础之上的道路，是一种有别于西方国家实现现代化的、对他国特别是发展中国家具有借鉴价值的发展模式，其必将推进中国崛起，而中国的崛起足以改变世界的现状。雷默将中国独特的发展道路称为“北京共识”（BC），同以私有化和自由贸易等为核心内容的“华盛顿共识”（WC）相区别。该理念立即引发中外各界的广泛而持续的热议。

有学者认为最先提出“中国模式”概念并进行理论思考的不是西方人，而是中国改革开放的总设计师邓小平。例如，邓小平曾从国际关系的维度强调“世界上的问题不可能都用一个模式解决”，“国际关系新秩序的最主要的原则，应该是不干涉别国的内政，不干涉别国的社会制度。要求全世界所有国家都照搬美、英、法的模式是办不到的”[①]；曾从国际社会主义运动的维度指出“任何一个国家的革命，任何一个国家的问题的解决，都必须根据本国的实际情况”，“既然中国革命胜利靠的是马列主义普遍原理同本国具体实践相结合，我们就不应该要求其他发展中国家都按照中国的模式去进行革命，更不应该要求发达的资本主义国家也采取中国的模式”[②]；曾从探索中国特色社会主义道路的维度表明“我们过去照搬苏联搞社会主义的模式，带来很多问题。我们很早就发现了，但没有解决好。我们现在要解决好这个问题，我们要建设的是具有中国自己特色的社会主义”，告诫莫桑比克等发展中国家要“结合自己的情况去探索自己国家的发展模式”，“所有别人的东西都可以参考，但也只是参考……中国有中国自己的模式，莫桑比克也应该有莫桑比克自己的模式”[③]。

对“中国模式”持肯定观点的中外人士普遍认为，在改革开放的进程中，中国根据自身国情开辟了一条追求现代性的道路并逐步构建起比较完善的制度体系，这一转型不是依靠从外部尤其是西方引进政策和规则而完成，而是一种内生性的制度安排。中国的崛起是突然而和平的崛起，不同于世界近现代史上其他东西方大国的崛起，“中国模式”丰富和发展了世界发展模式，对世界其他发展中国家实现现代性具有借鉴意义，甚至对发达国家解决现实课题也具有参考价值，经历了从应对中国变革难题到回答世界政治发展难题的转变，必将为人类文明不断地走向繁荣与发展作出贡献。

俄罗斯和印度等发展中国家的学者注重从比较的视阈探讨“中国模式”同苏联社会主义模式、印度发展模式的异同，绝大多数人肯定“中国模式”是一条克服了苏联社会主义模式所存在的单一公有制、平均主义、排斥市场等弊端的新模式，也明显地优越于印度发展

① 《邓小平文选》第3卷，人民出版社1993年版，第261、359—360页。
② 《邓小平文选》第2卷，人民出版社1994年版，第318页。
③ 《邓小平文选》第3卷，人民出版社1993年版，第261页。

道路，印度选择的发展道路从内政看基本上是沿袭了西方大国所走的道路。

相比之下，中国学者使用“中国模式”比较谨慎，主要从背景、内涵、历程、经验和意义等方面展开了初步的探讨。例如，有人认为“中国模式”就是中国特色社会主义道路；改革开放总体设计为渐进式推进，“摸着石头过河”，先易后难，先试验后推广，重点突破与整体推进相结合，“双轨”过渡，积极稳妥，循序渐进；正确处理了改革、发展、稳定的关系，以经济体制改革为重点且始终以保持政局稳定为保障；经济上实行以公有制为主体多种所有制经济共同发展、以按劳分配为主体多种分配方式并存等制度，既充分发挥市场在资源配置方面的基础作用，又发挥政府在发展目标、发展方向、利益协调等方面扮演的宏观调控角色；政治上坚持党的领导、人民当家作主、依法治国有机统一，坚持和完善人民代表大会制度、中国共产党领导的多党合作和政治协商制度、民族区域自治制度和基层群众自治制度，既自上而下地稳步地推进政治体制改革，又重点从基层有领导、有步骤、有秩序地发展社会主义民主；文化上坚持马克思主义一元指导，并不断推进马克思主义中国化和社会主义文化大发展、大繁荣，既植根于深厚的中华传统文化，推陈出新，古为今用，又大胆吸收和借鉴西方先进文化，博采众长，洋为中用；在国际社会主义运动总体处于低潮、西方固有模式遭遇诸多问题的形势下，中国发展所处的环境最复杂，需要克服的困难最繁多，但30多年来，中国的发展成效最为明显，蕴含的智慧最为丰富，深刻改变了国际政治格局，甚至在某种程度上改变着世界历史进程。

2013年3月，习近平在十二届全国人大一次会议上指出：实现中国梦必须走中国道路。这就是中国特色社会主义道路。这条道路来之不易，它是在改革开放30多年的伟大实践中走出来的，是在中华人民共和国成立60多年的持续探索中走出来的，是在对近代以来170多年中华民族发展历程的深刻总结中走出来的，是在对中华民族五千多年悠久文明的传承中走出来的，具有深厚的历史渊源和广泛的现实基础。中华民族是具有非凡创造力的民族，我们创造了伟大的中华文明，我们也能够继续拓展和走好适合中国国情的发展道路。全国各族人民一定要增强对中国特色社会主义的理论自信、道路自信、制度自信，坚定不移沿着正确的中国道路奋勇前进。[①]这里所说的“中国道路”不能简单地等同于“中国模式”，但二者有共同之处，有助于深入探讨“中国模式”。

当然，中外学者对“中国模式”的讨论分歧依然很大。“中国模式”是否存在、相对于什么模式而言、主要内涵、基本性质、未来走向等认识不一，甚至根本对立。更为离谱的是，在“中国模式”的讨论中，一些西方学者就中国是社会主义国家还是资本主义国家、中国是南方国家还是北方国家、中国仍是反帝的领袖国家还是已经成为帝国主义强国等产生了激烈的争论，“西方研究中国的主流思潮都倾向于认为，中国将不可避免地紧跟西方的脚步，发展成为一个西方式的国家”[②]。这是对中国社会主义道路的严重曲解。

“中国模式”的讨论虽然尚无定论，但无疑有利于中国特色社会主义建设经验的总结，说明中国建设和发展的成就越来越引起世人的关注和认可，也展现了中国综合国力和国际影响力的提高。

（二）坚持和发展中国特色社会主义

1. 中国特色社会主义面临的机遇和挑战

改革开放以来，尤其是新世纪新阶段，我国党和国家领导人、广大学者及境外众多人士等都认为，中国改革开放和中国特色社会主义建设既面临着千载难逢的历史机遇，又面临着前所未有的现实挑战。机遇主要是：和平与发展成为当今世界的时代主题，和平、发展、合作是当今世界的时代潮流，世界大战可以避免，中国改革开放和社会主义现代化建设由一个相对和平稳定的国际环境。科学技术的发展突飞猛进并孕育着重大突破，全球化趋势不可逆转，世界范围内的产业结构正经历着调整升级，为中国等发展中国家发挥现代化的后发优势、赶超世界发达国家提供了契机。中国共产党诞生九十多年来，领导中国人民历经千难万险，相继完成了新民主主义革命和社会主义革命，引导积贫积弱的半殖民地半封建中国走上了社会主义道路，建立

① 习近平：《在十二届全国人大一次会议上的讲话》，中央政府门户网站，2013年03月17日，http://www.gov.cn/ldhd/2013-03/17/content_2356344.htm.

② [英]马丁·雅克：《当中国统治世界：中国的崛起和西方世界的衰落》，张莉、刘曲译，中信出版社2010年版，第3页。

起社会主义基本制度，之后尤其是改革开放以来又领导中国人民在建设和发展中国特色社会主义道路上取得了巨大成就，树立了崇高权威，党自身的领导水平、执政能力、执政经验等也得以大大提高，中国特色社会主义事业有了坚强的领导核心和广泛的群众基础。中国特色社会主义制度经过近六十年的洗礼，不断得到完善和发展，并显示其优越性。中国特色社会主义的经济、政治、文化、社会和生态建设等已经取得阶段性胜利，为下一步发展奠定了雄厚的物质基础。

当今中国改革开放和社会主义现代化面临的调整主要是：中国的整体改革已进入攻坚期和“深水区”。不仅改革的层次趋深、难度加大，而且由于利益的多元化，掣肘改革的力量也在增强。和上世纪80年代改革初期使所有人都受益不同，目前亟待推进的各项改革在使大部分人受益的同时也使一些人受损。因此，改革在得到普通民众广泛支持的同时，必然招致利益受损的既得利益者的阻碍和反对。此外，我国经济发展的结构性矛盾，城乡差距、东西差距、收入分配差距的不断扩大，一些党员干部脱离人民群众甚至贪污腐化等现象继续滋长，也引起了广大人民群众的不满。同时，全球气候变暖、资源枯竭、人口膨胀，以及霸权主义、强权政治和恐怖主义等威胁都对中国特色社会主义提出了严峻挑战。关于中国特色社会主义面临的机遇和挑战详见第二专题“重要战略机遇期”。

2. 发展中国特色社会主义的基本要求

历史和实践充分证明，中国特色社会主义是当代中国发展进步的根本方向，只有中国特色社会主义才能发展中国。继中共十三大提出党在社会主义初级阶段的基本路线、十五大提出党在社会主义初级阶段的基本纲领、十六大提出党在社会主义初级阶段的基本经验之后，中共十八大提出了在新的历史条件下夺取中国特色社会主义新胜利，必须牢牢把握的八项基本要求。

第一，坚持人民主体地位。中国特色社会主义是亿万人民自己的事业，必须发挥人民主人翁精神，最广泛地动员和组织人民依法管理国家事务和社会事务、管理经济和文化事业、积极投身社会主义现代化建设，并努力保障人民权益，保证人民当家作主。

第二，坚持解放和发展社会生产力。解放和发展社会生产力是中国特色社会主义的根本任务，必须坚持以经济建设为中心，以科学发展为主题，全面推进经济、政治、文化、社会和生态建设，实现以人为本、全面协调可持续的科学发展。

第三，坚持推进改革开放。改革开放是坚持和发展中国特色社会主义的必由之路，必须始终把改革创新精神贯彻到现代化建设各个环节，坚持社会主义市场经济的改革方向，坚持对外开放的基本国策，不断推进理论创新、制度创新、科技创新、文化创新以及其他各方面创新，不断推进我国社会主义制度自我完善和发展。

第四，坚持维护社会公平正义。公平正义是中国特色社会主义的内在要求，必须在全体人民共同奋斗、经济社会发展的基础上，加紧建设对保障社会公平正义具有重大作用的制度，逐步建立以权利公平、机会公平、规则公平为主要内容的社会公平保障体系，努力营造公平的社会环境，保证人民平等参与、平等发展权利。

第五，坚持走共同富裕道路。共同富裕是中国特色社会主义的根本原则，必须坚持社会主义基本经济制度和分配制度，调整国民收入分配格局，加大再分配调节力度，着力解决收入分配差距较大问题，使发展成果更多更公平惠及全体人民，朝着共同富裕方向稳步前进。

第六，坚持促进社会和谐。社会和谐是中国特色社会主义的本质属性，必须把保障和改善民生放在更加突出的位置，加强和创新社会管理，正确处理改革发展稳定关系，团结一切可以团结的力量，最大限度增加和谐因素，增强社会创造活力，确保人民安居乐业、社会安定有序、国家长治久安。

第七，坚持和平发展。和平发展是中国特色社会主义的必然选择，必须坚持开放的发展、合作的发展、共赢的发展，通过争取和平国际环境发展自己，又以自身发展维护和促进世界和平，扩大同各方利益汇合点，推动建设持久和平、共同繁荣的和谐世界。

第八，坚持党的领导。中国共产党是中国特色社会主义事业的领导核心，必须坚持党总揽全局、协调各方的领导核心作用，保持党的先进性和纯洁性，增强党的创造力、凝聚力、战斗力，提高党科学执政、民主执政、依法执政水平。

总之，发展中国特色社会主义是一项长期而艰巨的历史任务。全国各族人民必须在中国共产党的领导下毫不动摇地坚持、与时俱进地发展中国特色社会主义，不断丰富中国特色社会主义的实践特色、理论特色、民族特色和时代特色。

高举中国特色社会主义伟大旗帜，建设和发展中国特色社会主义的基本要求，是根据1987年中共十三大提出的党在社会主义初级阶段的基本路线、1997年中共十五大提出的建设中国特色社会主义的基本纲领、2002年中共十六大和2008年胡锦涛在纪念中共十一届三中全会召开30周年大会上的讲话中提出的建设中国特色社会主义的基本经验，深刻总结中国特色社会主义建设实践提出的，是最本质的东西，是体现共产党执政规律、社会主义建设规律、人类社会发展规律的东西，表明中国共产党对中国特色社会主义规律的认识达到了新水平。八项基本要求既涉及生产力和生产关系、又涉及经济和上层建筑，既涉及中国特色社会主义伟大事业、又涉及党的建设新的伟大工程，同时还涉及统筹国内国际两个大局，是对当前我国经济社会发展中存在的突出问题、改革攻坚和加快转变经济发展方式面临的难点问题、干部群众普遍关注的热点问题的积极回应，是对我国进入全面建成小康社会决定性阶段改革发展稳定、内政外交国防、治党治军治国的正确引领。坚持这些基本要求，全党全国各族人民就能凝聚力量、攻坚克难，继续推进科学发展、促进社会和谐，继续改善人民生活、增进人民福祉，完成时代赋予的光荣而艰巨的任务。[①]

① 习近平：《紧紧围绕坚持和发展中国特色社会主义学习宣传贯彻党的十八大精神》，《十八大报告辅导读本》，人民出版社2012年版，第4—5页。

第二专题　当代中国的基本国情

建设和发展中国特色社会主义必须立足于当代中国的基本国情。改革开放以来，中国社会主义现代化建设之所以能够取得巨大成就，最根本的就在于中国共产党清醒认识和准确把握了社会主义初级阶段的基本国情，并据此制定了正确的路线、方针和政策。进入新世纪新阶段，中国国情的“变”与“不变”体现在何处？中国发展的机遇和挑战是什么？中国经济社会发展应走什么样的道路？本专题通过对这些问题的解读，深化对当代中国基本国情的理解和把握，帮助人们进一步理解党和国家政策制定的背景和依据，提高贯彻执行政策的水平和自觉性。

一、当代中国的基本国情

国情指一个国家的基本情况，特指一个国家的政治、经济、文化和社会等方面的基本情况和特点，其中社会性质和发展阶段是一个国家基本国情的集中体现。对我国基本国情尤其是所处发展阶段的正确认识，是建设和发展中国特色社会主义的总依据。

（一）社会主义初级阶段

我国正处于并将长期处于社会主义初级阶段，这是从社会性质和社会发展阶段上对中国国情所做的全局性、总体性判断。不是泛指任何国家进入社会主义都会经历的起始阶段，而是特指我国在生产力发展水平不高、商品经济不发达条件下建设社会主义必然要经历的特定历史阶段。社会主义初级阶段包括两层含义：第一，我国社会已经是社会主义社会。我们必须坚持而不能离开社会主义。第二，我国的社会主义社会还处在初级阶段。我们必须从这个实际出发，而不能超越这个阶段。

1. 社会主义初级阶段理论的形成与发展

马克思和恩格斯立足于高度发达的资本主义社会，曾对未来社会的发展阶段提出过富有创见性的设想。马克思在《1844年经济学哲学手稿》、《共产主义原理》、《共产党宣言》和《资本论》等著作中，预见到未来社会的发展将经历一个由低级到高级、由不太成熟到完全成熟的发展过程。随后，1875年，马克思在《哥达纲领批判》中提出，在资本主义社会和共产主义社会之间，有一个从前者变为后者的革命转变时期，即过渡时期。无产阶级夺取政权后社会将大体经历从资本主义社会到共产主义社会的革命转变时期、共产主义社会第一阶段和共产主义社会高级阶段。马克思首次提出了共产主义的两个发展阶段学说，认为共产主义社会的第一个阶段“是刚刚从资本主义社会中产生出来的，因此它在各个方面，在经济、道德和精神方面都还带着它脱胎出来的那个旧社会的痕迹。”[①]恩格斯在论及经济文化落后的国家如何实现社会主义的问题的时候，明确指出，“至于这些国家要经过哪些社会和政治发展阶段才能同样达到社会主义的组织，我认为我们今天只能作一些相当空泛的假设。”[②]由于没有实践经历，马克思和恩格斯对共产主义（含社会主义）社会发展阶段的认识停留在构想层面。

列宁领导俄国人民建立了世界上第一个社会主义国家，开始了社会主义建设道路的探索实践，而当时俄国总体上仍是以亚细亚生产方式为基础的中央集权制的东方专制制度的社会，列宁在理想与现实的差距分析上，对未来社会发展阶段提出了深层次的思考。1917年，列宁在《国家与革命》中阐述了共产主义社会两个阶段的区别与联系，明确将马克思所说共产主义第一阶段称为“社会主义”、高级阶段称为“共产主义”。指出俄国向共产主义过渡“需要经过国家资本主义和社会主义这些过渡阶段”[③]，并使用“初级形式的社会主义”、“发达的社会主义”等概念，来说明社会主义在发展过程中的不成熟阶段。

斯大林在领导苏联人民建设社会主义的过程中，由于没有认清国情，把社会主义时期看得太短，1936年宣布苏联已经“基本上实现了

① 《马克思恩格斯选集》第3卷，人民出版社1995年版，第304页。
② 《马克思恩格斯全集》第35卷，人民出版社1971年版，第353页。
③ 《列宁全集》第42卷，人民出版社1987年第2版，第176页。

社会主义，建立了社会主义制度。”[1]1939年联共（布）十八大提出了从社会主义向共产主义过渡的问题，1952年联共（布）十九大又提出苏联已经进入全面开展的共产主义时期。实践证明，斯大林对苏联所处发展阶段的判断出现了失误，给苏联社会主义建设造成了巨大的损失。

以毛泽东为代表的中国共产党人领导中国人民建设社会主义的实践中，努力探索适合中国国情的社会主义建设道路。1956年9月，中共八大宣布社会主义的社会制度在中国已经基本上建立起来了。1957年2月，毛泽东在《关于正确处理人民内部矛盾的问题》一文中提出了我国社会主义发展阶段问题，并正确地区分了社会主义制度的“建立”和“建成”，指出：“我国的社会主义制度还刚刚建立，还没有完全建成，还不完全巩固”，“我们的社会主义制度还需要有一个继续建立和巩固的过程。”[2]但是，“从1957年下半年开始，我们就犯了‘左’的错误。总的来说，就是对外封闭，对内以阶级斗争为纲，忽视发展生产力，制定的政策超越了社会主义的初级阶段。”[3]1958年，“大跃进”与“人民公社化”运动兴起，搞“穷过渡”，“共产风”，不顾当时中国的生产力状况，超越发展阶段，使我国社会主义建设遭受重大挫折。后来，毛泽东总结经验教训后提出了以生产力和人民富裕程度的定量考察来研究建成社会主义的“边”，即阶段性特征问题，并指出“社会主义这个阶段，又可能分为两个阶段，第一个阶段是不发达的社会主义，第二个阶段是比较发达的社会主义。后一个阶段可能比前一个阶段需要更长的时间。”[4]

以邓小平为核心的中共第二代中央领导集体，总结正反两方面历史经验，立足于国情，创造性地提出了社会主义初级阶段理论。1979年10月，叶剑英在国庆30周年的讲话中，提出我国的社会主义制度还处于幼年时期、现在还是发展中的社会主义国家，我国的社会主义制度还不完善、不成熟。1981年6月，中共十一届六中全会审议通过的《关于建国以来党的若干历史问题的决议》，首次明确提出“我们的社

① 《斯大林选集》下卷，人民出版社1979年版，第399页。

② 《毛泽东文集》第7卷，人民出版社1999年版，第214、216页。

③ 《邓小平文选》第3卷，人民出版社1993年版，第269页。

④ 龚育之等：《毛泽东的读书生活》，生活·读书·新知三联书店2009年版，第140页。

会主义制度还是处于初级的阶段”[①]的论断。1982年9月，中共十二大报告强调，“我国的社会主义社会现在还处在初级发展阶段”，其根本特征是“物质文明还不发达”[②]。1987年10月，中共十三大召开之前，邓小平在会见意大利共产党领导人时提到，“中国社会主义是处在一个什么阶段，就是处在初级阶段，是初级阶段的社会主义。社会主义本身是共产主义的初级阶段，而我们中国又处在社会主义的初级阶段，就是不发达的阶段。一切都要从这个实际出发，根据这个实际来制定规划。”[③]1987年10月，中共十三大报告第一次系统地阐述了社会主义初级阶段理论，论述了社会主义初级阶段的基本含义、历史前提、基本特征、主要矛盾和基本路线，还首次提出我国社会主义初级阶段至少需要上百年时间的论断。

以江泽民为核心的中共第三代中央领导集体立足于中国特色社会主义的建设实践，将社会主义初级阶段理论进一步具体化，提出了实现小康社会的奋斗目标，阐明了社会主义初级阶段和建设中国特色社会主义的关系，丰富了社会主义初级阶段理论。1992年10月，中共十四大把社会主义初级阶段理论列为建设有中国特色社会主义理论的思想基础和重要内容，并将其写进党章。1997年10月，中共十五大报告进一步拓展了社会主义初级阶段理论，将十三大报告中的“阶段”变为“历史阶段”，将十二大报告关于社会主义初级阶段的基本特征从五个方面扩展到九个方面，进一步细化了社会主义初级阶段“三步走”的战略步骤和目标。2001年7月，江泽民在庆祝中国共产党建党80周年大会的讲话中指出：“我国现在处于并将长期处于社会主义初级阶段。社会主义初级阶段，是整个建设有中国特色社会主义的很长历史过程中的初始阶段。随着经济发展和社会的全面进步，将来条件具备时，我国社会主义建设会进入更高级的发展阶段”[④]。2002年11月，中共十六大报告再次强调了社会主义初级阶段的长期性，指出我国“现在达到的小康还是低水平的、不全面的、发展很不平衡的小康”[⑤]，党和人民在新世纪头二十年

① 中共中央文献研究室：《三中全会以来重要文献选编》下册，人民出版社1982年版，第838页。

② 中共中央文献研究室：《十二大以来重要文献选编》上册，人民出版社1986年版，第26页。

③《邓小平文选》第3卷，人民出版社1993年版，第252页。

④《江泽民文选》第3卷，人民出版社2006年版，第293页。

⑤ 中共中央文献研究室：《十六大以来重要文献选编》上册，中央文献出版社2005年版，第14页。

的奋斗目标是全面建设小康社会。

新世纪新阶段，以胡锦涛为核心的中共新一代中央领导集体进一步丰富和发展社会主义初级阶段理论。2007年10月，胡锦涛在中共十七大报告中强调，我国仍处于并将长期处于社会主义初级阶段的基本国情没有变，人民日益增长的物质文化需要同落后的社会生产之间的矛盾这一社会主要矛盾没有变。报告还从八个方面阐述了现阶段的基本特征，并指明这些阶段性特征是社会主义初级阶段基本国情在新世纪新阶段的具体表现。2011年7月，胡锦涛在"七一"讲话中将"两个没有变"扩展为"三个没有变"，增加了"我国是世界上最大的发展中国家的国际地位没有变"[①]，进一步深化对中国国情的清醒认识。2012年11月，中共十八大报告指出，"建设中国特色社会主义，总依据是社会主义初级阶段"[②]，并再次强调了"三个没有变"。

2. 社会主义初级阶段的基本国情没有变

改革开放以来，中国共产党人主要从发展程度和发展时间上对社会主义初级阶段作出了判断。

关于社会主义初级阶段的发展程度。1982年9月，中共十二大报告主要将物质文明还不发达视作社会主义初级阶段的根本特征。1987年10月，中共十三大报告指出，社会主义初级阶段是特指我国在生产力落后、商品经济不发达条件下建设社会主义必然要经历的特定阶段，具有五方面的基本特征：一是逐步摆脱贫穷、摆脱落后的阶段；二是由农业人口占多数的手工劳动为基础的农业国，逐步变为非农产业人口占多数的现代化的工业国的阶段；三是由自然经济半自然经济占很大比重，变为商品经济高度发达的阶段；四是通过改革和探索，建立和发展充满活力的社会主义经济、政治、文化体制的阶段；五是全民奋起，艰苦创业，实现中华民族伟大复兴的阶段。1997年10月，中共十五大报告将社会主义初级阶段的特征扩展为九个方面：一是逐步摆脱不发达状态，基本实现社会主义现代化的历史阶段；二是由农业人口占很大比重、主要依靠手工劳动的农业国，逐步转变为非农业人口占多数、包含现代农业和现代服务业的工业化国家的历史阶段；

① 胡锦涛：《在中国共产党成立90周年大会上的讲话》，《人民日报》2011年7月2日。

② 胡锦涛：《坚定不移沿着中国特色社会主义道路前进，为全面建成小康社会而奋斗》，人民出版社2012年版，第13页。

三是由自然经济半自然经济占很大比重，逐步转变为经济市场化程度较高的历史阶段；四是由文盲半文盲人口占很大比重、科技教育文化落后，逐步转变为科技教育文化比较发达的历史阶段；五是由贫困人口占很大比重、人民生活水平比较低，逐步转变为全体人民比较富裕的历史阶段；六是由地区经济文化很不平衡，通过有先有后的发展，逐步缩小差距的历史阶段；七是通过改革和探索，建立和完善比较成熟的充满活力的社会主义市场经济体制、社会主义民主政治体制和其他方面体制的历史阶段；八是广大人民牢固树立建设有中国特色社会主义共同理想，自强不息，锐意进取，艰苦奋斗，勤俭建国，在建设物质文明的同时努力建设精神文明的历史阶段；九是逐步缩小同世界先进水平的差距，在社会主义基础上实现中华民族伟大复兴的历史阶段。

关于社会主义初级阶段的时间界定，有一个从“一百年”到“长期性”提法的演变过程。1987年10月，中共十三大报告中提出了“一百年”的发展战略，指出“我国从五十年代生产资料私有制的社会主义改造基本完成，到社会主义现代化的基本实现，至少需要上百年时间，都属于社会主义初级阶段”[①]。1992年10月和1997年10月，中共十四大、十五大报告延续了“一百年”的提法。2002年11月，中共十六大报告继续十三大报告所确定的到二十一世纪中叶基本实现现代化的奋斗目标，特别强调我国正处于并将长期处于社会主义初级阶段。2007年10月和2012年11月，中共十七大和十八大报告都延续了“长期性”的提法。

改革开放30多年来，中国经济社会发展取得了巨大的成就，尤其是进入新世纪以来，很多经济指标已经达到中等发达国家行列，而社会主义初级阶段又难以在发展程度和时间上有个具体的量化标准，有人开始质疑我国是否仍处于社会主义初级阶段。

其一，中国的社会主义初级阶段是否已经结束？邓小平于1987年提出了中国实现现代化的“三步走”战略设想，其中第三步是：在21世纪用三十年到五十年时间人均国民生产总值再翻两番，“大体上达到人均四千美元。做到这一步，中国就达到中等发达的水平。”[②]即初级

① 中共中央文献研究室：《十三大以来重要文献选编》上册，人民出版社1991年版，第12页。

② 《邓小平文选》第3卷，人民出版社1993年版，第226页。

阶段的奋斗目标是达到中等发达国家水平和人均GNP达到4000美元，而我国2011年人均GNP已经达到4940美元。这是否意味着我国已经进入下一个发展阶段。

其二，中国社会的主要矛盾是否发生了变化，已经不再是人们日益增长的物质文化需要同落后的社会生产之间的矛盾？2012年，中国出口20489亿美元，增长7.9%，贸易顺差2311亿美元，连续四年成为世界货物贸易第一出口大国和第二进口大国，中国稳居世界工厂的地位。当今中国也是世界文化生产大国。2011年，电影年产量791部，排名世界第三；电视剧469部约1.5万集，产量世界第一；国产动画片共385部22万分钟，已经取代日本成为世界第一动画生产大国。[①]2012年，出版各类报纸476亿份，各类期刊34亿册，图书81亿册（张）。[②]这是否说明人们日益增长的物质文化需要同落后的社会生产之间的矛盾已经基本解决？

其三，中国是否不再是发展中国家，而成为发达国家？2010年第二季度，中国的经济总量超过日本成为世界第二大经济体，中国外汇储备从2006年起稳居世界第一。同时，载人航天、探月工程、载人深潜、超级计算机、高速铁路等科技领域也进入世界领先水平。中国成为世界上最重要的新兴国家，国际影响力迅速上升，国际角色开始由“受援国”向“援助国”转变。“发展中国家”的帽子是否可以摘掉？

不可否认，改革开放30多年来，中国经济社会发展已经取得了巨大成就，经济总量迅速提升，综合国力显著增强，人民生活总体上达到小康水平。但是，必须清醒认识到，我国与发达国家仍有较大的差距，我国仍处于并将长期处于社会主义初级阶段的基本国情没有变，人民日益增长的物质文化需要同落后的社会生产之间的矛盾这一社会主要矛盾没有变，我国是世界最大发展中国家的国际地位没有变。这主要体现在以下几方面。

第一，人均指标。衡量一个国家经济的真实发展水平，既要看其经济总量的大小，也要看人均水平的高低。中国有超过13亿的人口，

---

① 黄维：《十年跨越：实现“文化民生”，增强文化实力》，人民网2012年8月21日，http://culture.people.com.cn/n/2012/0821/c87423-18794472.html.

② 国务院新闻办：《2012年中国人权事业的进展》，新华网2013年5月14日，http://news.xinhuanet.com/politics/2013-05/14/c_115758\77.html.

无论绝对数量多么可观，只要除以十三亿，就是很低的人均水平。2010年，中国国内生产总值为58786亿美元，世界排名第二，但中国的人均GDP只有4382美元，排在全球第94名。尽管中国的经济规模超过了日本，但是中国人均GDP仅为日本的十分之一。2011年，中国GDP总量为69884.7亿美元，位居世界第二，但中国人均GDP排名世界第89位，人均GDP为5414美元，是日本的11.8%。2010年，中国外汇储备余额为28473亿美元，居于世界第一，但人均拥有外汇储备2140美元，仅相当于日本人均拥有量的1/4。

从资源占有量来看，中国各项总量指标在世界排名靠前，但人均占有量少。我国虽然有960多万平方千米的国土面积，但仅有300多万平方千米适合人类生存，96%的人口居住在占全国土地36%的东南地区，人均国土面积更是排在世界110位之后；中国人均耕地仅1.35亩，为世界平均水平的40%，位居世界倒数第3位，且中低产田占耕地总面积近70%；中国水资源总量位居全球第6位，但人均水资源量仅为世界人均水平的28%，世界排名119位，而且2/3以上的城市缺水，农村还有近3亿人口饮水不安全；煤炭探明可采储量世界第3位，但人均占有量世界排名53位，仅相当于世界平均水平的50%；石油探明可采储量世界第九位，人均占有量世界排名43位，仅为世界平均水平的1/15左右；一些重要矿产对外依存度高，石油、铁、铜、铝、钾盐等对外依存度均超过50%。

第二，经济发展水平。经济发展不仅要看数量，而且要看质量。中国工业化水平尚处于中期阶段，仍是粗放型增长方式，经济结构失衡，面临经济发展不平衡、不可持续等众多问题。从产业结构和发展方式看，一、二、三产业结构的比重不尽合理，工业结构偏重，且高消耗、高污染行业比率过高，低水平重复建设严重；经济发展仍依赖于资本驱动和资源驱动的经济增长，缺乏自主创新的带动作用。从收入分配结构看，城乡居民收入总体水平偏低，城乡之间、区域之间收入差距拉大。从国际竞争水平看，虽然处于世界工厂的地位，但产品竞争力不强，处于国际产业分工的低端，附加值低，随着欧美国家再工业化政策的实施和我国劳动力成本的上升，国际竞争形势日益严峻。此外，内需与外需、投资与消费等也存在失衡问题。

第三，社会发展程度。我国的社会发展程度不高，在各项指数中仍处于发展中国家的行列。譬如，世界银行2010年按人均国民总收入将世界各国和地区划分为若干组：人均国民总收入（GNI）低于1006美元为“低收入组”；1006—12275美元为“中等收入组”，其中，1006—3975美元之间为“下中等收入组”，3976—12275美元之间为“上中等收入组”；12275美元以上为高收入组。中国2011年人均国民总收入（GNI）达4940美元，刚刚达到上中等收入组。《2012年世界发展报告》提供了167个国家和地区的2010年人均GNI数字，其中落在“低收入组”的只有30个，而进入“高收入组”的为37个，其余100个国家和地区都进了“中等收入组”。46个“上中等收入组”经济体中，中国排在倒数第3位。

人类发展指数（HDI）是联合国开发计划署从1990年开始发布的用以衡量各国发展程度的标准，通过长寿水平、知识水平、生活水平三个基本维度进行计算。2011年，中国的HDI为0.687，位于中等水平，排名101位。各项指标中，出生时的预期寿命73.5岁，平均受教育7.5年，预期受教育11.6年，人均国民总收入为7476美元；贫富分化和收入分配不公问题较为严重，1/5人口收入比和收入基尼系数达到8.4和41.5；多维贫困人口为12.5%，总数为1.61675亿人，贫困脆弱人口比例为6.3%，严重贫困人口比例为4.5%，国家贫困线以下人口比例为2.8%，国际贫困线以下人口为15.9%。环境绩效、淡水获取率、碳排放量、森林面积等环境的可持续性方面指标较低。在环境影响人类发展方面，我国五岁以下人口的生长迟滞和消瘦比率达到21.8和6.8，我国每年每百万人中，因水污染死亡42人，因户内空气污染死亡422人，因户外空气污染死亡230人。在教育方面，中国成人识字率为94%，初等、中等和高等教育总入学率分别为112.7、78.2、24.5，师生比仅为17.2。①在公共支出方面，2010年的医疗卫生投入占GDP的5.1%，②研发投入在2012年仅占GDP的1.97%。③从1993年我国提出教育投入要占

① 联合国开发计划署：《Human Development Report 2011》，Human Development Reports.http://hdr.undp.org/en/reports/global/hdr2011/.

② 世界银行：《医疗卫生总支出（占GDP的百分比）》，世界银行集团。http://data.worldbank.org.cn/indicator/SH.XPD.TOTL.ZS.

③ 中华人民共和国国家统计局：《中华人民共和国2012年国民经济和社会发展统计公报》，中华人民共和国国家统计局，2013年2月22日。http://www.stats.gov.cn/tjgb/ndtjgb/qgndtjgb/t20130221_402874525.htm.

GDP的4%，一直到2011年这一目标还未实现。

总之，我们既要看到中国社会主义现代化建设取得的成就，也要认清当今中国同发达国家的距离，不能妄自菲薄，也不要妄自尊大，必须脚踏实地，立足国情，继续为夺取中国特色社会主义新胜利而努力奋斗。

（二）当代中国发展的阶段性特征

社会主义初级阶段是一个相当长的历史发展阶段，其进程必然经历若干具体的发展时期，不同时期必然呈现不同的阶段性特征。因此，变与不变是相对的，基本国情没有变，但会出现阶段性变化。进入新世纪新阶段，我国发展呈现一系列新的阶段性特征。

1. 当代中国的历史方位

历史方位，是指历史坐标系中所处的位置。一个国家的发展，只有明确了历史方位，才能够知道从哪里出发，向哪个方向前进，才能够深化对历史发展规律和发展趋势的认识，体现出理性和自觉。正确定位当代中国的历史方位，对于认清当代中国的基本国情，坚持和发展中国特色社会主义等具有重要意义。当今中国的历史方位主要体现在处于工业化、信息化、城镇化、市场化、国际化的深入发展时期。

第一，工业化。工业化指“国民经济中一系列基要生产函数，或生产要素组合方式，连续发生由低级到高级的突破性变化的过程”。[①]工业化是现代化的核心内容，既不仅仅狭隘地意味着工业发展，也不仅仅是制造业在国民经济中比重不断上升的过程。工业化主要表现为：生产方式的转变过程，工业在国民生产总值和总就业人口中的份额不断上升的过程；经济结构高度化和合理化的过程，工业内部的产业结构逐步升级，技术含量不断提高；包括经济制度和经济体制在内的生产关系变革过程；生活方式和水平的发展，农业文明向工业文明的演进。

经过建国60多年来，尤其是改革开放以来经济社会的高度发展，当代中国已经达到工业化中期阶段，初步实现了从农业国向工业国的转变。[②]进入工业化中期阶段以后，面对全球化、信息化的趋势，传统

① 张培刚：《农业与工业化》，华中科技大学出版社2002年版，第4页。

② 一般将工业化的进程分为初期、中期和后期三大时期。中国处于工业化发展的哪个阶段，学术界观点不一，认为中国处于工业化中期阶段是主流，但蒋明麟认为中国处于初级阶段，赵伟认为中国已经进入工业化后期。

的工业化道路不可能使中国的工业化进程实现跨越式发展。当前中国的进一步工业化面临着艰巨任务，鉴于长期以来走传统工业化道路存在的资源浪费巨大、环境污染严重、科技优势缺失、发展不平衡等许多弊端，我国应该走“新型工业化道路”，其基本理念是“科教兴国”和“可持续发展”，即坚持以信息化带动工业化，以工业化促进信息化，走出一条科技含量高、经济效益好、资源消耗低、环境污染少、人力资源优势得到充分发挥的工业化道路。从而使我国从工业大国发展为工业强国。

第二，信息化。信息化是指充分利用信息技术，开发利用信息资源，促进信息交流和知识共享，提高经济增长质量，推动经济社会发展转型的历史进程。信息化是工业化发展的必然产物，20世纪90年代以来，伴随信息技术的创新和信息网络广泛普及，信息化已成为全球经济社会发展的显著特征，并逐步向一场全方位的社会变革演进。世界金融危机发生以来，各国纷纷选择以信息技术为代表的科技创新作为创造经济发展新机遇的重要手段。

中国的信息化水平发展很快，很多指标已经处于世界前列。电话用户、网络规模和互联网用户位居世界第一，广播电视网络基本覆盖全国的行政村。信息技术对提升传统产业、创新产业形态，推动经济社会发展发挥了重要作用。中国信息化发展指数增长速度较快，2006—2008年中国信息化发展指数年均增长速度为13.30%，居世界第5位，是世界平均增长水平的2倍。2008年中国信息化发展指数为0.645，居于世界第42位。[①]2009年发展指数为0.666。

中国位于世界信息化发展中等水平。[②]但从整体上看，与发达国家相比，我国仍然处在相对落后的位置。我国的网络普及率仅为世界平均水平，关键信息技术领域自主创新能力不强。在信息化基础建设、信息化发展环境与效果、信息化技术应用等方面与发达国家差距明

① 根据国际电信联盟对信息化发展指数的测算结果，中国2008年居于世界第79位。参见：统计科研所信息化统计评价研究组：《“十一五”时期中国信息化发展指数（IDI）研究报告——中国信息化发展水平的国际比较与分析》，《中国信息界》，2011年第1期。

② 世界银行认为全球信息发展趋势分为三个阶段：第一阶段，主要为大规模基础设施建设，注重技术开发，但技术和应用是分开的；第二阶段，政府制定统一的政策目标，将分散的技术进行整合和应用；第三阶段，政府通过制定统一的政策目标和整合各个领域的应用，最后引起整个社会结构、组织结构的重大变化。世界银行报告认为，当前中国整体处在第一阶段向第二阶段的转化阶段。

显。城乡、地区之间的数字鸿沟还在拉大。同时，信息安全问题比较突出，体制机制需要改革。总的来说我国的信息产业还是大而不强。为此，我国在2006年制定了国家信息化发展战略，大力推动信息化的发展。"十二五"规划纲要也明确提出要全面提升信息化水平，加快经济社会各领域信息化发展步伐。

第三，城镇化。城镇化，或称城市化、都市化，是英文单词Urbanization的不同译法，指人类生存和生活方式由乡村型向城镇型转化的历史过程。主要表现为乡村人口向城镇人口转化集聚，城镇经济社会不断发展，形成以中产阶级为主体的市民社会的过程。

城镇化是解决"三农"问题的根本途径，是我国经济发展最大的潜在内需，也是支撑中国经济未来20年乃至30年高速增长的最大动力，是全面建成小康社会的内在要求，也是人类社会发展的必然趋势。改革开放以来，我国城镇化发展政策经历了从"抑制大城市，积极发展小城市"到"大中小城市和小城镇协调发展"的转变。根据《中国城市发展报告（2011）》数据，2011年，我国城镇化率达到51.27%，城镇人口首次超过农村人口，达到6.9亿人，实现了中国社会结构的历史性转变。从绝对量上看，中国是一个城镇人口大国，但是从相对量上看，中国的城镇化水平与世界众多国家和地区城镇化水平相比，还有很大的差距。2003年中国城镇人口总量占世界的17%，居世界第1位，而中国城镇人口占总人口的比重（除港澳台）在《世界发展指标2012》统计的206个国家地区中居第137位，中国第二、三产业就业量在《世界发展指标2012》统计的32个国家地区中居最后一位，中国城镇化水平在世界上处于比较落后的水平，中国的城镇化也滞后于工业化的发展。[①]

未来一段时期，我国城镇化仍将处于快速增长期。但必须清醒地看到我国城镇化进程中存在的质量问题。当前，我国统筹城乡发展，改变二元经济结构，优化城镇空间布局等方面还将面对巨大挑战，必须针对中国的国情，走中国特色城镇化道路。坚持因地制宜，形成大中小城市和小城镇协调发展，提高城镇综合承载能力，按照循序渐进、节约土地、集约发展、合理布局的原则，积极稳妥地推进城镇

① 多数学者认为，中国城镇化水平滞后于经济发展，滞后于工业化水平。但也有学者持不同观点，如白先春认为中国城镇化水平并不滞后，陆大道、姚士谋更认为中国的城镇化发展是超前型。

化。要把形成不同规模、层级城市之间共同参与、分工合作、一体化的区域经济现象，即城市群作为推进城镇化的主体形态。目前我国已经形成长三角城市群、珠三角城市群和京津冀城市群三个主要城市群，这三大城市群已经成为我国经济最为活跃的地区。

第四，市场化。市场化是指我国从计划经济体制向市场经济体制的过渡过程，包含一系列经济、社会、法律和政治体制的变革，突出反映土地、资本、劳动、技术等资源配置受市场调控程度的指标。

传统的经济理论认为，市场经济只能与私有制相结合，排斥公有制。但是，中国却创造了市场经济与公有制相结合的一种全新的市场经济体制模式。经过30多年的市场化改革后，中国经济已经基本从计划经济的轨道转向了市场经济的轨道，打破了以政企不分、平均主义等为特征的高度集中僵化的传统计划经济体制，给经济注入了活力，提高了效率，改善了要素配置状况，使中国发生了翻天覆地的变化，中国成为世界上经济发展最快的国家和地区之一，人民生活水平也得到了显著提高。

对照市场经济的五条标准，即政府行为规范化、经济主体自由化、生产要素市场化、贸易环境公平化、金融参数合理化，中国市场经济发展程度已由1978年的15.08%提高到2008年的76.4%，[①]大大超过了60%的市场经济临界水平，我国已是发展中的市场经济国家。当前，中国特色社会主义市场经济体制已初步建立，市场在资源配置中的基础性作用不断增强。但中国的市场化改革进程还远远没有完成，还存在生产要素市场不完善、中介组织不发达、社会信用体系不健全、行政管理体制和垄断行业改革明显滞后等问题。在国内，有人质疑当前市场化所暴露出来的医疗、教育、住房、贫富差距等方面的问题，呼吁市场化改革应更加重视公平正义。在国外，至2011年9月，虽然有81个国家承认中国完全市场经济地位，但包括美国、欧盟、日本等国家并不认同我国的完全市场经济地位。

当前，要通过不断完善市场经济体制，解决发展中存在的问题，特别是要将重点从拓宽市场机制作用空间，转变为提升市场化竞争的公平性与有效性，明确政府角色定位，健全要素市场和法律体系，以

① 北京师范大学经济与资源管理研究院：《2010中国市场经济发展报告》，北京师范大学出版社2010年版，第337页。

推动市场化的发展。

第五，国际化。国际化是一国经济社会发展与他国相互联系、相互影响、相互渗透的过程。国际化有利于促进资本、技术、信息等生产要素在全球范围内的优化配置，一个国家如果能够抓住国际化的机遇，发挥自己的比较优势，往往能够实现经济快速发展。

近代中国长期处于闭关锁国的状态，却遭受帝国主义列强的侵略。当代中国的崛起正是在不断扩大对外开放、融入国际化的进程中实现的。1971年中国恢复联合国合法地位，2001年中国加入世界贸易组织，2011年我国进出口总值达到36420.6亿美元，2012年上升到38668亿美元，成为世界货物贸易第一大出口国和第二大进口国。同时，中国已经成为引资大国，2011年，外国直接投资净流入达到2201.4亿美元，仅次于美国，实际使用外资金额为1160.11亿美元。2012年，我国实际使用外资金额为1117.2亿美元。目前，世界500强公司中已有约490家在中国投资，跨国公司在华设立的研发中心、地区总部等功能性机构已经达到1600余家。中国对外投资也大幅度增长，资本和企业大跨步“走出去”，2011年我国非金融类对外直接投资600.7亿美元，列全球国家（地区）第5位。2012年上半年，我国非金融类对外直接投资354.2亿美元，同比增长48.2%。中国对外投资已遍布全球178个国家和地区。

中国的发展离不开世界，世界的繁荣稳定也离不开中国。中国已经成为国际化大国，并正向国际化强国迈进。我们要努力发挥自身优势，加强全方位国际合作，促进对外贸易基本平衡增长，构建全方位互利合作经贸关系，在更大范围、更广领域、更高层次融入世界经济。

工业化、信息化、城镇化、市场化和国际化并不是孤立地存在的，而是一个有机整体，既相互促进又相互制约。其中，工业化是基础，信息化是引擎，城镇化是载体，市场化是机制，国际化是方向。

2. 当代中国发展的阶段性特征

当前，我国发展的阶段性特征，是社会主义初级阶段基本国情在新世纪新阶段的具体表现。

第一，从经济发展来看，经济实力显著增强，但生产力水平总体不高，自主创新能力不强，长期形成的结构性矛盾和粗放型增长方式尚未根本改变。

改革开放以来，我国经济腾飞，成为世界上经济发展最快的国家之一。1978—2011年，我国年均GDP实现了将近10%的快速增长，而同期世界GDP平均增速为3%，中国成长为全球第二大经济体。

虽然我国经济实力显著增强，但是生产力水平总体上还不高。根据世界银行发布的报告，2011年我国人均GDP只有5430美元，在世界排100位左右，仅仅相当于美国的11.2%，日本的11.8%。面对以创新和技术升级为主要特征的激烈国际竞争，我国自主创新能力薄弱的问题已经日益成为发展的瓶颈。多年来的技术引进道路使我国的仿制能力增强，但自主创新能力缺乏。虽然近年我国发表在科技期刊上的文章数位列世界第二位，但依据世界经济论坛的科技竞争力排名，我国2010年和2011年排名是26位。由于西方国家的技术封锁和教育体制的落后等原因，我国众多关键核心技术仍受制于人，原始创新能力和集成创新能力不强，引进技术的消化、吸收、再创新能力薄弱，以企业为主体，产学研结合的技术创新体系尚未形成。我国经济发展仍处于效率驱动型发展阶段，而发达国家已处于创新型发展阶段。我国科研“大而不强”，规模尚未有效地转化为竞争力。根据瑞士洛桑国际管理学院（IMD）的《全球竞争力年鉴》（WCY），2011年中国大陆在59个国家和地区中排名第18位。近几年，体现我国竞争力的若干指标有升有降，其中基础设施类指标仍处于中下水平，特别是技术、健康、环境、教育等基础设施的劣质指标还比较多。

此外，我国经济结构性矛盾突出，主要表现为：内需外需结构矛盾，外需比重较大，增加了平衡内部经济与外部经济的困难；收入分配结构矛盾，分配更多倾向资本，而劳动报酬减低，行业间差距过大，导致居民消费率偏低；产业结构矛盾，农业基础薄弱，服务业比重小、水平低；城乡区域结构矛盾，不利于持续发展和社会稳定。同时，粗放型增长方式尚未根本改变。长期以来，我国偏重追求经济增长的速度，忽视经济增长的质量，这种增长是粗放的、低效率的，过多依靠于资本的投入和资源的消耗，制约着增长的持续性。

第二，从经济体制来看，社会主义市场经济体制初步建立，但影响发展的体制机制障碍依然存在，改革攻坚面临深层次矛盾和问题。

1992年中共十四大报告明确提出建立社会主义市场经济体制的改

革目标以来，经过20年来的努力探索，我国初步实现了从高度集中的计划经济体制向充满活力的社会主义市场经济体制的转变，推动并实现了经济的长期快速增长。

当前，我国的改革已经走完了各阶级阶层利益的普惠阶段，进入利益格局深刻调整的攻坚阶段。政府管理体制不能适应经济发展方式转变的客观需要，主要表现为：政府与市场的关系尚未理顺、市场在资源配置中的基础性作用未能充分发挥、国有资本的公益性回归体制缺乏、要素市场化不足、收入分配结构性不公平、贫富差距拉大、社会保障不完善等深层次矛盾和问题凸显。这些都要求中国进行第二次市场化改革，从而完善社会主义市场经济体制，建成和发展公平可持续的市场经济。

第三，从人民生活来看，人民生活总体上达到小康水平，但收入分配差距拉大趋势还未根本扭转，城乡贫困人口和低收入人口还有相当数量，统筹兼顾各方面利益难度加大。

进入新世纪以来，我国人民生活总体上达到了小康水平。扶贫工作成效显著，城乡居民收入稳定增长，居民消费水平和消费结构得到提高和改善，社会保障事业进一步发展，生活质量进一步提高，其小康水平实现程度由2000年的58.3%提高到2010年的86.4%。[①]

但我国现阶段的小康社会还是低水平、不全面、发展很不平衡的小康。居民收入占国民收入相对比重持续下降。据人力资源和社会保障部劳动工资研究所发布的《2011中国薪酬报告》显示，2011年，我国居民收入增长远远低于财政收入和企业收入增长。在收入分配上差距继续拉大。根据世界银行数据，1960年代，我国基尼系数大约为0.17—0.18，1980年代为0.21—0.27，从2000年开始，我国基尼系数已越过0.4的警戒线，并逐年上升，2006年上升至0.496，2007年仍达0.48。国家统计局也认为，"从五项监测指标来看，2010年基尼系数略高于2000年的0.412"。[②]西南财经大学中国家庭金融调查与研究中心发

① 国家统计局科研所：《中国全面建设小康社会进程统计监测报告（2011）》，中华人民共和国国家统计局，2011年12月19日。http://www.stats.gov.cn/tjfx/fxbg/t20111219_402773172.htm.

② 国家统计局科研所：《中国全面建设小康社会进程统计监测报告（2011）》，中华人民共和国国家统计局，2011年12月19日。http://www.stats.gov.cn/tjfx/fxbg/t20111219_402773172.htm. 按照国际标准，基尼系数小于0.2表示收入分配过于平均，介于0.2—0.3之间表示收入分配比较平均，介于0.3—0.4之间表示基本合理，0.4是国际警戒线，0.4以上表示收入分配差距过大，超过0.5就表示出现两极分化。

布的《中国家庭金融调查报告》，认为2010年中国家庭的基尼系数已经达到0.61。现阶段我国收入差距主要体现在城乡、地区和行业上。城乡方面，据国家统计局数据，虽然2010年和2011年农村居民收入增速超过城镇居民，但城乡居民收入绝对值差距仍在扩大。2011年，城镇居民人均可支配收入与农村居民人均纯收入之比为3.13：1。地区方面，据各地统计局数据，2011年，全国城镇居民区域间收入差距由2.33倍扩大至2.41倍。行业方面，20世纪80年代，我国行业间工资收入差距保持在1.6—1.8倍左右，而2010年金融业与农、林、牧、渔业的工资差距达到4.2：1。从98个行业大类来看，在岗职工平均工资差距由2005年的7.8倍扩大至2010年的11.9倍。世界上多数国家行业间差距在1.5—2倍左右。我国行业间收入分配总的趋势是向技术密集型、资本密集型和新兴产业倾斜，争议较多是金融、电信、能源等具有垄断色彩的行业收入过高。

城乡贫困人口和低收入人口还有相当数量。以农民人均纯收入2300元（2010年不变价）作为新的国家扶贫标准，2011年底，全国贫困人口数量达到1.28亿人，占农村总人口的13.4%，接近全国总人口的十分之一。如果按照联合国日均消费低于1.25美元属于贫困人口的标准，中国贫困人口还会大量增加。在城镇中，按照人均年收入7500—8500元的标准，我国2011年城镇贫困人口约5000万人，是低保人数的两倍左右。

当前，随着社会主义市场经济的发展，我国社会结构和利益格局已经发生了重大变化，利益主体多元化，利益需求多样化，利益格局复杂化，统筹兼顾各方面利益的难度加大。处于工业化、信息化、城镇化、市场化和国际化深入发展阶段的中国，城乡、地区和行业间发展极不平衡，收入分配差距拉大往往难以避免，缩小收入分配差距将是一个长期的历史过程。

第四，从发展的协调性来看，协调发展取得显著成绩，但农业基础薄弱、农村发展滞后的局面尚未改变，缩小城乡、区域发展差距和促进经济社会协调发展任务艰巨。

近年来，我国在促进经济协调发展方面采取了很多措施，如农业税的取消，支农惠农政策的加强，以及相继实施西部大开发、中部崛起和振兴东北老工业基地战略等。但城乡二元经济结构的现状还未根本改变，农业基础薄弱。如农业资源与环境约束增强，农业基础设施脆弱，农业物质技术装备落后；农村基础设施落后，社会发展事业滞后，农村资源要素持续外流。我国区域之间仍存在地区保护主义、区域无序开发、协调机制不健全等现象，区域发展差距仍比较大，发展水平、经济总量、实际投资量和收入等差距继续扩大。“重增长、轻发展”的现象仍然未得到根本改变，重视经济增长，忽视和牺牲社会发展，破坏和透支资源、环境、生态，导致经济增长与社会发展、自然和谐的不协调。

第五，从民主建设来看，社会主义民主政治不断发展、依法治国基本方略扎实贯彻，但民主法制建设与经济社会发展的要求还不完全适应，政治体制改革需要继续深化。

改革开放以来，我国政治体制改革不断深入，取得重大成就。民主选举方面，实现了从间接选举到更多直接选举、从单一候选人到竞争性选举、从举手表决到无记名投票；民主管理方面，基层民主建设取得重大进展，以农村村民委员会、城镇居民委员会、企业职工代表大会为主要内容的基础民主自治体系开始形成；民主监督方面，形成了一套党内监督、政府监督、人大监督、舆论监督和社会监督相结合的民主监督体系，法律监督和舆论监督的作用日益突出；政治透明方面，形成了以政务公开、党务公开和财务公开为基本内容的政治透明制度，2008年国务院颁布实施《政府信息公开条例》；干部人事制度方面，废除了事实上存在的领导干部职务终身制，干部选拔任用民主化程度提高，公开选拔及科学地干部考核评价机制正在形成；法制方面，中国特色社会主义法律体系已经形成，以宪法为统帅，以宪法相关法、民法商法等多个法律部门的法律为主干，由法律、行政法规、地方性法规等多个层次法律规范构成的中国特色社会主义法律体系使我国各项建设实现了有法可依。

随着改革开放的深入和国内外形势的新变化，广大人民群众有新要求新期待，民主法制建设还不能完全适应这些变化和要求，还存在许多不足，如公民有序政治参与的渠道不够通畅、有法不依、执法不严和违法不究的现象仍然存在，迫切需要继续深化政治体制改革。

第六，从文化建设来看，社会主义文化更加繁荣，但人民精神文化需求日益旺盛，人们思想活动的独立性、选择性、多变性、变异性明显增强，对发展社会主义先进文化提出了更高要求。

改革开放特别是中共十六大以来，党始终把文化建设放在党和国家全局工作的重要战略地位，坚持精神文明同物质、政治、社会和生态文明一起抓，实行依法治国和以德治国相结合，促进文化事业和文化产业同发展，推动文化建设不断取得新成就，走出了中国特色社会主义文化发展道路。

当前，人们精神文化需求日益旺盛，全社会求知求乐求美的愿望更加热切，对文化发展水平提出了更高的要求。我国文化发展同经济社会发展和人民日益增长的精神文化需求还不完全适应，突出的矛盾和问题主要是：一些地方和单位对文化建设重要性、必要性、紧迫性认识不够，文化在推动全民族文明素质提高中的作用亟待加强；一些领域道德失范、诚信缺失，一些社会成员人生观、价值观扭曲，用社会主义核心价值体系引领社会思潮更为紧迫，巩固全党全国各族人民团结奋斗的共同思想道德基础任务繁重；舆论引导能力需要提高，网络建设和管理亟待加强和改进；有影响的精品力作还不够多，文化产品创作生产引导力度需要加大；公共文化服务体系不健全，城乡、区域文化发展不平衡；文化产业规模不大、结构不合理，束缚文化生产力发展的体制机制问题尚未根本解决；文化"走出去"较为薄弱，中华文化国际影响力需要进一步增强。

第七，从社会建设来看，社会活力显著增强，但社会结构、社会组织形式、社会利益格局发生深刻变化，社会建设和管理面临诸多新课题。

改革开放以来，我国从计划经济向市场经济、由传统农业社会向现代工业社会转型，促进体制、机制、思想及社会资源的流动等各个方面充满活力，整个社会活力显著增强。同时，随着生产力的发展和社会的全面转型，我国社会结构发生深刻变化，由传统的、封闭的、单一的结构向现代的、开放的、多样的结构转变。人口出生率维持较低水平，人口老龄化较为严重；家庭规模小型化；城镇化继续发展，城乡二元结构逐渐松动；社会阶层出现分化，社会组织形式日益多样化，除工会、共青团、妇联等人民团体外，还出现了各式各样的合法登记或未登记的社会组织。随着社会转型的加快，社会利益格局发生深刻变化，呈现利益分化加速、利益主体多元化、利益结构复杂化、利益差距扩大化和利益冲突激烈化等特点。

我国当今的社会发展仍然滞后于经济发展，社会建设和社会管理还存在不适应社会发展的地方。政府职能在社会建设和管理上存在缺位、越位和错位现象；公民参与社会管理不够，社会自治能力不强，公民社会还很不成熟；社会管理运行机制不完善，突击性、简单化现象突出；城乡二元社会管理体制仍未破除。

第八，从对外开放来看，对外开放日益扩大，但面临的国际竞争日趋激烈，发达国家在经济科技上占优势的压力长期存在，可以预见和难以预见的风险增多，统筹国内发展和对外开放要求更高。

中国的发展离不开世界，世界的繁荣与稳定也离不开中国。从1979年十一届三中全会到2001年加入世界贸易组织，我国从对外开放的起步走向制度性的开放新阶段，当今已基本形成全方位、宽领域、多层次的对外开放格局。同时，发达国家仍掌控着经济和科技上的优势，我国的出口产品附加值低，技术含量低，处于全球产业链的低端。国际上围绕资源、市场、技术、人才的竞争更加激烈，贸易保护主义有新的表现，我国与发达国家贸易摩擦持续的同时，与发展中国家的贸易摩擦也不断升级，摩擦范围也从微观经济领域向宏观经济层面扩散，尤以人民币汇率和知识产权争端为典型。国际分工的不利地位，对于我国形成自己的比较优势、充分利用全球市场和要素来发展经济社会提出了更高的要求。

二、重要战略机遇期

战略机遇期主要是指国际国内各种因素综合作用形成的，能为国家经济社会发展提供良好机会和境遇，并对其历史命运产生全局性、长远性、决定性影响的某一特定历史时期。战略机遇期具有时间的长期性、空间的开阔性、主体的集团性、内容的综合性、影响的全局性等特点。

能否抓住机遇加快发展，是关系到一个国家、一个民族兴衰成败的重大问题。综合判断国际国内大势，我国发展的机遇与挑战并存，机遇大于挑战，仍处于可以大有作为的重要战略机遇期。

（一）重要战略机遇期的提出

“重要战略机遇期”的提法出自美国，美国把21世纪头20年称作“不可多得的战略机遇期”、“千载难逢的战略机遇期”。战略机遇期是一个世界通用性的命题，欧盟面向新世纪制定了“再造一个新欧洲”计划，力图建立“电子欧洲”；俄罗斯将未来5年视为重振大国雄风、东山再起的“重大考验期”；日本于2000年提出“新生行动计划”，力图用5年时间摆脱经济长期低迷状态，再现经济飞速发展的辉煌；印度希望用20年左右时间，借助信息时代的优势，实施“信息技术立国”的“跨越性发展战略”，实现经济的跨越式发展。

战略机遇期是一种客观实在，但需要人们的主观正确认识，否则就会失之交臂。战略机遇期是一个国家面临的客观环境与主观战略追求所形成的良性互动的时期，既反映一个国家在一定时期内所面临的客观环境，又体现一个国家主观上的一种战略追求，是主客观的良性互动过程。

1. 中外现代化进程中的战略机遇期

纵观中外现代化的历史进程，一共出现过四次战略机遇期，抓住机遇者，走到了世界的前列，丧失机遇者，则落伍于时代。

第一，公元1500年前后，第一次全球化浪潮。

公元1500年前后，中国处于国力强盛的明朝前中期，从1405年到1433年，郑和七下西洋，从中国的东南部海岸出发，向西穿越印度洋，最远抵达非洲东海岸。船队规模、持续时间、航海里程和航海技术空前。但中国先是郑和船队回国，不再出海，后为防止倭寇侵扰等原因，实施海禁政策。即使在中外交往频繁时期，在重农抑商思想支配下，中国执行的是没有利益追求的“朝贡贸易”，航海能力没有转变为国力，国家的发展是内向型发展，为后来的落后埋下了伏笔。中国不自觉地退出了正在酝酿形成中的世界市场，从而延缓了资本主义萌芽的发展进程，封建制度更加保守和僵化。

虽然西方国家跨洋航行比中国晚，但抓住了机遇。1488年，迪亚士发现非洲好望角。1492年，哥伦布发现新大陆。1498年，达·伽马开辟了印度航线。1522年，麦哲伦船队完成环球航行。15—17世纪，葡萄牙、西班牙、荷兰等国家抓住地理大发现的时机，向全球扩张，率先获得发展与崛起的机会。在此期间，欧洲出现文艺复兴和宗教改革，促进了启蒙运动的兴起，形成巨大的思想解放潮流，接着发生工业革命，实现了经济的迅速发展。欧洲第一次领先于东方，并对外进行殖民掠夺和商业活动，经济上进入资本原始积累时期。

第二，18世纪和19世纪，第一次工业革命的出现与扩展。

17世纪末到18世纪，中国处于清王朝的“康乾盛世”时期，经济快速发展，人口迅速增长，疆域辽阔。新的科技革命和资本主义的生长为中国带来了第二个战略机遇期，但是清王朝仍然处于封建落后状态，经济上重农抑商、政治上强化专制集权、文化上大兴文字狱、外交上闭关锁国。而此时的欧美国家抓住机遇，完成了革命或改革，经济、政治和文化生产力和制度等都领先于东方。西方列强对华侵略使中国一步步沦陷为半殖民地半封建国家，成为西方列强的原料产地、劳动力市场和商品倾销市场，被动纳入资本主义的全球体系。当“数千年未有之变局”出现后，清王朝统治者并没有作出深刻的反省和思考，仍固守天朝体制。虽然有先进的中国人追求救国救民的道路，但未能举国一致，最终东方从属于西方。

第三，19世纪70年代至20世纪初，以电气化为标志的第二次科技革命。

19世纪末，主要资本主义国家相继进入帝国主义阶段，中国等受侵略国家的先进知识分子为了救亡图存，掀起了资本主义近代化运动。

近代中国的各种救亡运动在夜郎自大的心态中缓慢启动，但在腐朽的封建制度的束缚、清政府的僵化无能等各种因素影响下都没有成功。早期学习西方器物，随着中日甲午战争的失败而宣告破产；随后，资产阶级维新派力图仿行西方的资本主义政治制度，最终以光绪帝被囚、戊戌六君子喋血菜市口、康有为梁启超逃亡海外而失败；接着，资产阶级革命派抛弃改良的幻想，通过革命手段推翻了腐朽的清政府，并试图建立资产阶级共和国，但革命果实被以袁世凯为首的北洋军阀所盗取，辛亥革命仅仅赶走了一个皇帝，没能完成资产阶级民主革命所要完成的推翻帝国主义和封建主义反动统治的历史任务，中国没能走上独立、自主、富强的道路。

然而，同时期的日本，睦仁天皇于1868年宣布废除幕府，经过“戊辰战争”倒幕运动，推翻了统治日本200多年之久的德川幕府的封建统治，建立并巩固了以明治天皇为首的新政权，走上了发展资本主义的道路，接着通过推行“殖产兴业”、“富国强兵”、“文明开化”等为主旨的一系列改革，使日本彻底摆脱了外来侵略和压迫，建立了独立自主的近代化国家，一跃成为世界强国。

第四，二战后的冷战时期，科技革命的第三次浪潮。

第二次世界大战后，世界主要国家和地区抓住国际形势缓和和科技革命博兴的历史机遇，实现了经济腾飞。如美国借助以电子计算机、原子能为标志的科技革命，树立了世界霸主的地位；20世纪60年代，日本、韩国、新加坡和我国台湾、香港地区抓住了战后世界经济结构调整升级的机遇，承接发达国家的产业传递，迅速进入世界发达国家或新兴工业化地区的行列，创造了“日本奇迹”、“汉江奇迹”和“东南亚奇迹”。

而此时的中国，由于缺乏建设社会主义的经验，过高地估计了国际国内阶级斗争的形势，以阶级斗争为纲，关起门来搞建设，直至发生了“文化大革命”这一长时期的错误，使我国又一次丧失了发展机遇期。

2. 党对重要战略机遇期的认识发展

中共十一届三中全会以来，中国共产党准确认识到重要战略机遇期的存在，并抓住世界和平发展的历史机遇，顺应新科技革命和经济全球化兴起的时代潮流，推行改革开放，走中国特色的社会主义道路，从而取得了社会主义现代化建设的巨大成就。

邓小平对“机遇”的认识基于对国际形势的新判断。20世纪80年代，邓小平多次提到“争取比较长时间的和平是可能的”，认为“和平力量超过了战争力量。现在出现了对话代替对抗的新潮流，和平解决国际争端的趋势正在发展。”[①]因而，一方面强调利用和平的环境来发展自己，指出“从全局看，在本世纪和下一个世纪相当一段时间里仗打不起来。我们不要丧失这个时机，而要利用这二十年、三十年、四十年的和平时间好好发展自己。”[②]1988年6月，邓小平又说“要紧紧抓住经济建设这个中心，不要丧失时机。”[③]另一方面强调通过主观努

① 中共中央文献研究室：《邓小平思想年谱（1975—1997）》，中央文献出版社1998年版，第400页。

② 中共中央文献研究室：《邓小平思想年谱（1975—1997）》，中央文献出版社1998年版，第386页。

③《邓小平文选》第3卷，人民出版社1993年版，第270页。

力创造和平环境，提出了“不争论”的原则，要求搁置争议，集中精力加快发展。

20世纪90年代，邓小平明确提出要抓住“发展机遇”，集中精力发展经济。1990年4月，邓小平谈到西方国家“制裁”中国的看法时指出：“我们要利用机遇，把中国发展起来，少管别人的事。”[①]1991年8月，邓小平再次指出：“现在世界发生大转折，就是个机遇……我们不抓住机会使经济上一个台阶，别人会跳得比我们快得多，我们就落在后面了……机会难得呀！”[②]他在1992年初的“南方谈话”中说，“抓住时机，发展自己，关键是发展经济。现在，周边一些国家和地区经济发展比我们快，如果我们不发展或发展得太慢，老百姓一比较就有问题了。”[③]1993年1月，邓小平对浙江负责同志说：“要珍惜这个好的发展机遇，保持好的发展势头。”[④]同年，他视察上海时说，“希望你们不要丧失机遇。对中国来说，大发展的机遇并不多。中国与世界各国不同，有着自己独特的机遇，比如我们有几千万爱国同胞在海外，他们对祖国作出了很多贡献。”“从现在开始到二〇一〇年是难得的机会，不要丧失了。”[⑤]邓小平会见江苏省负责同志时说，“现在是机会啊，这个机会很难得呀！中国人这种机会有过多次，但是错过了一些，很可惜！你们要很好抓住。”[⑥]

正是以邓小平核心的中共第二代中央领导集体对“机遇”的正确认识，推动我国党和政府的工作重点转移到通过改革开放来发展经济社会，开创了建设中国特色社会主义的新局面。

江泽民在总结历史经验和教训的基础上发展了对“机遇”的认识。他指出，中国清朝的“康乾盛世”时经济水平世界领先，也正是在这一时期，西方发生了工业革命，清王朝则看不到这个世界的大变化，夜郎自大，闭关自守，最终在西方列强的坚船利炮面前不堪一

① 《邓小平文选》第3卷，人民出版社1993年版，第358页。

② 《邓小平文选》第3卷，人民出版社1993年版，第369页。

③ 《邓小平文选》第3卷，人民出版社1993年版，第375页。

④ 中共中央文献研究室：《邓小平年谱（1975—1997）》下册，中央文献出版社2004年版，第1358页。

⑤ 中共中央文献研究室：《邓小平年谱（1975—1997）》下册，中央文献出版社2004年版，第1359页。

⑥ 中共中央文献研究室：《邓小平年谱（1975—1997）》下册，中央文献出版社2004年版，第1369页。

击，“这个历史的教训刻骨铭心啊！”历史上，不看世界发展大势，固步自封，作茧自缚，导致国家和民族衰亡的例子比比皆是。“历史告诉我们，在世界科学技术革命面前，只有紧跟时代潮流，奋发有为，才能走向繁荣昌盛，走向文明进步。”[①]1992年10月，中共十四大报告作出了“抓住机遇，加快发展”的决策和战略部署。在1993年十四届二中全会上，江泽民指出：“在整个九十年代，抓住国内和国际的有利时机，加快改革开放和现代化建设的步伐，这个指导思想要坚定不移，要深入贯彻到各方面工作中去。对于中国这样的大国来说，发展的机遇不是很多的。能不能抓住时机，做好深化改革的文章，促进国民经济上一个台阶，是对我们各级领导干部的考验，也是对全党领导经济工作水平的检验。”[②]世纪之交的时候，江泽民再次强调了抓住机遇的重要性。1997年10月，中共十五大报告指出：“把我们的事业全面推向二十一世纪，就是要抓住机遇而不可丧失机遇。”[③]“能否抓住机遇，历来是关系革命和建设兴衰成败的大问题。过去我们抓住了重要历史机遇，也丧失过某些机遇。现在全党一定要高度自觉，牢牢抓住世纪之交的历史机遇，迈出新的步伐。”[④]2000年2月，江泽民在广东高州提出“三个代表”重要思想的同时，明确界定了机遇期的时间，认为二十一世纪的头二十年，是党和人民事业发展至关紧要的时期。同年，江泽民进一步提出了如何才能“抓住机遇”，指出：“抓住机遇，加快发展，在政治上、经济上对我们都很紧要。综合分析国际国内形势，我们完全有条件保持一个较快的发展速度。我们必须坚持扩大内需的方针，用发展的办法解决前进中的问题，及时采取有效的宏观调控，努力使我国经济保持实实在在、没有水分、可持续的发展，使经济、社会、生态环境全面发展。”[⑤]2001年1月，江泽民总结经验时强调：“能不能抓住机遇，加快发展，是一个国家、一个民族赢得主动、赢得优势的关键所在。”[⑥]2002年5月31日，江泽民在中央党校省部级干部进修班毕业典礼上首次提出了“重要战略机遇期”概念，指

①《江泽民李瑞环同政协科技界委员座谈》，《人民日报》1998年3月5日第4版。

②中共中央文献研究室：《十四大以来重要文献选编》上册，人民出版社1996年版，第120页。

③中共中央文献研究室：《十五大以来重要文献选编》上册，人民出版社2000年版，第2页。

④中共中央文献研究室：《十五大以来重要文献选编》上册，人民出版社2000年版，第4页。

⑤《江泽民文选》第3卷，人民出版社2006年版，第118页。

⑥江泽民：《论“三个代表”》，中央文献出版社2001年版，第123页。

出："综观全局，二十一世纪头一二十年，对我国来说，是必须紧紧抓住并且可以大有作为的重要战略机遇期。"[①]同年，中共十六大报告更完整准确地阐述了"重要战略机遇期"，指出："综观全局，二十一世纪头二十年，对我国来说，是一个必须紧紧抓住并且可以大有作为的重要战略机遇期，根据十五大提出的到2010年、建党100年和新中国成立100年的发展目标，我们要在本世纪头20年，集中力量，全面建设惠及十几亿人口的更高水平的小康社会，使经济更加繁荣、社会更加和谐、人民生活更加殷实。"[②]

从广东高州到中央党校再到十六大，江泽民对战略机遇期的认识有一个发展过程，概念从"至关紧要"发展到"重要战略机遇期"，时间跨度从"头一二十年"发展到"头二十年"。中共十六大标志着重要战略机遇期的思想基本形成。

中共十六大以来，以胡锦涛为代表的中国共产党人继续坚持和发展"重要战略机遇期"的思想。胡锦涛在2003年强调抓住机遇的重要性时指出："无论从中国社会的发展历程看，还是从世界其他国家的发展历程看，能不能抓住机遇、加快发展，是一个国家能不能赢得主动、赢得优势、赢得胜利的关键所在。历史一再表明，机遇极为宝贵，稍纵即逝。在历史发展的关键时期，把握住了机遇，落后的国家和民族就有可能实现跨越式发展，成为时代发展的弄潮儿；而丧失了机遇，原本强盛的国家和民族也会不进则退，成为时代发展的落伍者。"[③]中共十七大报告重申我国发展的重要战略机遇期，认为机遇前所未有，挑战也前所未有，机遇大于挑战。

新世纪头一个十年，我国党和政府成功抓住重要战略机遇期，领导我国经济社会实现了巨大发展，说明党和政府对"重要战略机遇期"判断的正确性。然而，随着国际国内形势的新变化，尤其是美国重返亚太，中国同周边国家摩擦增多，不少人开始怀疑中国是否步入"中等收入陷阱"阶段，"重要战略机遇期"是否依然存在。为此，党

---

① 江泽民：《在中央党校省部级干部进修班毕业典礼上的讲话》(2002年5月31日)，《人民日报》2002年6月1日第1版。

② 中共中央文献研究室：《十六大以来重要文献选编》上册，中央文献出版社2005年版，第14页。

③ 胡锦涛：《进一步认识把握社会历史发展规律增强推进改革发展的自觉性主动性》，《人民日报》2003年11月26日第1版。

和国家的领导人及文件一再坚持和发展对重要战略机遇期的认识。2010年，党的十七届五中全会审议通过的《关于制定国民经济和社会发展第十二个五年规划的建议》和《中华人民共和国国民经济和社会发展第十二个五年规划纲要》，再次明确提出："我国发展仍处于可以大有作为的重要战略机遇期，既面临难得的历史机遇，也面对诸多可以预见和难以预见的风险挑战。"[①]为我国"十二五"宏伟蓝图确立了战略方位。2011年7月，胡锦涛在"七一"讲话中也指出："牢牢抓住和用好我国发展的重要战略机遇期，是我们赢得主动、赢得优势、赢得未来的关键所在，是对我们党执政能力的重大考验，也是对我们民族自强能力的重大考验。"[②]2012年11月，中共十八大报告再次重申，综观国际国内大势，我国发展仍处于可以大有作为的重要战略机遇期。

（二）抓住和用好重要战略机遇期

当前，随着国际国内形势的深刻变化，重要战略机遇期的内涵和条件也发生了新变化。全面分析和科学把握国内外形势，紧紧把握机遇，沉着应对挑战，我们就能破解前进道路上的各种困难和问题，就能赢得主动、赢得优势、赢得未来，确保到2020年实现全面建成小康社会的宏伟目标。

1. 重要战略机遇期的判断依据

近年来，随着国际国内形势的深刻变化，特别是我国周边安全环境的重大变化和国内形势的新情况，有人认为我国战略机遇窗口已经关闭。但是，综观国际国内大势，准确判断重要战略机遇期内涵和条件的变化，我国发展仍处于可以大有作为的重要战略机遇期。

第一，国际环境和形势。

其一，和平、发展、合作的时代潮流。当今世界，虽然地区热点、局部冲突此起彼伏，但国际力量对比继续朝着有利于世界和平与发展的方向演化；虽然围绕资源、环境、贸易问题的摩擦日益增多，但各国经济相互依存度加大；虽然少数国家与我国存在某些领土、领

① 中共中央文献研究室：《十七大以来重要文献选编》中册，中央文献出版社2011年版，第973页。

② 胡锦涛：《在庆祝中国共产党成立90周年大会上的讲话》（2011年7月1日），《人民日报》2011年7月2日第2版。

海以及海洋利益争端，但周边安全环境总体平稳；虽然国际上有所谓的“中国威胁论”，少数国家企图牵制中国发展，但各国与我国经济技术合作的意愿进一步增强。如何解决全人类所面临的共同问题，如环境污染、资源短缺、生态恶化、各种疾病，以及如何打击国际恐怖主义、防止大规模杀伤性武器的扩散、对付跨国犯罪等成为国际社会所面临的主要任务。因此，和平、发展、合作作为时代潮流没有改变，国际局势总体和平、局部战争，总体缓和、局部紧张，总体稳定、局部动荡的特征还会延续下去，新的世界大战在可预见的时期内打不起来。这有利于中国争取较长时间的和平建设。

其二，国际关系格局的新特点。随着国际格局的深刻变化和大国关系的重大调整，改革国际体系的呼声日益高涨。国际金融危机是当前国际形势的一大特点，对加快国际金融体系改革、建立公正合理的国际政治经济新秩序提供了有利环境。当前，欧债危机愈演愈烈，西方国家深陷困境，国际货币金融体系和世界经济治理机制改革逐步推进，特别是20国集团作为促进国际经济合作的重要平台，增加了新兴国家的发言权和规则制定权，国际事务由西方主导的时代已经并将继续发生变化，全球治理结构面临重大调整，各大国基本力量对比和相对地位将进一步发生变化，国际体系变革趋势不可逆转。我国作为最大的发展中国家，国际地位显著上升，国际发言权和影响力进一步增强，是国际政治经济新秩序的参与者和推动者，未来将继续抓住机遇，通过积极参与国际体系变革增加世界话语权和国际规则制定权，从而主动塑造外部环境的空间。

其三，经济全球化。经济全球化实现了资源在世界范围内的优化配置，为中国有效地利用国内外两种资源、两个市场提供了有利条件。我国目前是世界最大的货物出口国和第二大货物进口国，西方国家为加快经济复苏步伐，始终不会放弃庞大的中国市场，日益紧密的经贸联系必然提升彼此依存度，进而为加强双方务实合作提供了广阔空间和巨大潜力。当前，世界范围的产业结构调整如火如荼，发达国家在发展新兴产业的同时，将会收缩部分传统产业或将其转移到发展中国家。我国在承接新一轮国际产业转移中具有比较优势，有利于我国经济结构的战略性升级，调整经济布局，优化产业结构。

其四，新技术革命。以信息技术、生物技术等为标志的新科技革命的兴起，为中国新技术和新产业研发、应用提供了难得机遇，有利于我国加快实施科教兴国和人才强国战略，有利于我国产业结构优化升级和实现跨越式发展，有利于我国增强自主创新能力和缩小与发达国家的差距，有利于我国利用后发优势，实现生产力的跨越式发展。

第二，国内环境和形势。

其一，物质基础。改革开放30多年来，我国生产力发展迅速，综合国力显著增强，奠定了进一步发展的物质基础。一是资金优势。截至2012年末，中国外汇储备余额达3.312万亿美元，稳居世界第一；2012年，中国实际使用外资金额达1117.2亿美元；中国的储蓄率超过50%，是位居世界前列的国家之一。二是市场优势。我国是世界上人口最多、潜力巨大的市场。当前我国处在经济结构和消费结构的转型期，随着城乡居民人均收入的增长，多层次、多元化的市场需求正以惊人的速度扩张，扩大内需有很大的潜力。三是人力资源优势。我国具有丰富、高质量的廉价人力资源，随着科教兴国战略的实施和国民教育的不断发展，居民科学文化素质不断提高，这方面的优势将更加显现，它必将大大降低生产成本，提高我国商品的竞争力。本世纪头20年，我国劳动年龄人口比重最高，被抚养人口比重最低，人均受教育年数提高最快，乡村向城镇转移人口最多，是加快推进现代化的“人口机遇窗口期”。四是对外开放。对外开放为我国拓展了经济发展的战略空间，提供了稳定的对外经济贸易环境，我国可以更充分地利用国外市场和资源，更广泛地参与国际分工与合作，更好地分享经济全球化的利益。同时，对外开放要求我国转变政府职能，遵守国际经贸规则。这又可以推动我国进一步深化改革，进一步消除阻碍生产力发展的体制性障碍，释放发展的潜力活力，为发展注入强大动力。

其二，政治基础。中国特色社会主义道路、理论体系和制度更加成熟，所有制结构不断优化，社会主义市场经济体制日趋完善，体制机制的优势空间不断扩展。目前，我国政通人和，社会大局总体保持稳定，广大民众对国家的前途充满信心。中国特色社会主义理论体系日臻成熟，改革开放和社会主义现代化建设的经验不断丰富，政府宏观调控和应对复杂局面的能力明显增强，党的执政能力和领导水平不断提高。这些都为我国未来二十年的快速发展提供了可靠的政治和社会保证。

其三，文化基础。我国是世界四大文明古国之一，五千年的文明为中国特色社会主义建设提供了强大的思想资源。当前，社会主义核心价值体系得到全国人民的广泛认同，在实践中显示出强大的生命力，在多元社会思潮中稳固确立主导地位；国际金融危机进一步凸显了中国特色社会主义道路的优越性，也让中国展现了负责的大国形象，中国模式的成功经验得到众多国家和人民的认可；中国对外文化交流得到加强，中华文化国际影响力和竞争力得到增强，文化软实力得到提升。

2. 中国在重要战略机遇期面临的挑战

抓住机遇和应对挑战往往是相辅相成的。在深刻认识我国面临难得的战略机遇期的同时，也要清醒地看到前进中面临的挑战。

第一，国际环境和形势的挑战。

其一，政治和安全方面。随着我国政治经济实力的上升，必然引起国际间和地区内力量的不平衡，经历一段艰难复杂的摩擦与调适过程，导致我国国际政治和安全环境复杂多变。

首先是美国对我国的战略遏制。2011年的《美国国家军事战略报告》，重点强调亚太地区，提出“在未来几十年内将继续在东北亚地区维持强大军事存在”，“进一步加大对东南亚和南亚地区的关注和投入”，确保美国在亚太地区“持续和多样化的军事存在以及在作战时对该地区的进入。”美国战略重心东移，总统奥巴马、原国务卿希拉里、原国防部长帕内塔等高官频频访问亚太国家，从政治、安全、经济领域加强与其传统盟友以及亚太国家的联系，围绕中国的周边，从阿富汗到印度，从越南到新加坡，从印尼到菲律宾，从日本到韩国，构筑对中国的包围圈，巩固其第一和第二战略岛链，矛头直指中国。

其次是中国与周边国家关系趋紧，周边地区形势不容乐观。由于美国给其盟友的不正确暗示，一些国家为了谋取自身的更大利益，频频挑起事端，对我国形成干扰和牵制，影响我国和平发展环境。

再次是“中国威胁论”、“中国责任论”的悄然兴起。一些国家和人士一方面叫嚣“中国威胁论”，挑拨中国同周边国家的关系、诋毁中国形象、遏制中国和平发展；另一方面在温室气体排放、国际人道主义援助等方面要求中国承担更多“责任”的呼声越来越高，中国发展的压力进一步加大。

最后是“阿拉伯之春”引发的政治动荡仍在蔓延。“阿拉伯之春必须进入中国”的论调时而响起，影响和平、发展、合作的不稳定不确定因素增多，我国面临的国际政治和安全环境趋于严峻。

其二，经济方面。国际金融危机持续进行，世界经济不确定性增强，我国经济保持平稳较快增长的难度加大。不少发达国家制定了“再工业化”的规划，特别是大力发展新兴产业，掀起了发展绿色能源科技和低碳经济的浪潮，对中国光伏等产业发难，使我国不仅传统产业竞争趋于激烈，新兴产业发展也面临着巨大的挑战。

随着中国产业技术水平的提高和产业结构的升级，我国的竞争对手逐渐从部分新兴市场国家转变为发达国家，不仅在获取战略资源方面，而且在人才、技术方面同发达国家竞争的激烈程度也将越来越大。我国正逐步成为发达国家重点遏制的对象，这些国家在人民币汇率、稀土出口、贸易顺差、知识产权保护、气候变化等方面，联合起来对我国施压。发达国家对中国的高技术封锁也可能进一步增强。一些新兴经济大国为了保护本国工业，也对我国进口产品实施了贸易保护限制，我国成为国际贸易摩擦的主要对象，大量出口产品受阻。

经济全球化是把双刃剑，随着我国参与经济全球化程度日益加深，我国外贸传统优势正在削弱，欧洲债务危机的恶化给中国出口构成巨大压力，外需对我国经济增长的贡献将明显降低。如何确立我国参与国际经济合作和竞争的新优势，有效规避外部各种经济风险，进一步拓展我国发展的外部空间，不断提高对外开放水平，已经成为当前面临的重大挑战。

第二，国内环境和形势的挑战。

其一，“由易到难”渐进式的改革已处于攻坚阶段。目前，政治经济体制仍存在很多问题，市场经济体制亟待完善。其中，行政性配置资源、价格管制、资源性产品定价机制等体制机制性问题突出。如果体制改革和经济发展方式转变不成功，我国就可能面临陷入“中等收入陷阱”的危险。

其二，发展中不平衡、不协调、不可持续问题依然突出。人口老龄化正在加剧，原有的“人口红利”正在逐步消退，主要依靠低要素成本参与国际竞争来拉动经济增长的局面难以为继；资源环境的承载能力受到挑战，部分地区的资源环境承载能力接近极限，主要依靠物质投入的传统经济增长模式与资源环境间的矛盾日益突出。

其三，财富集中、贫富差距扩大等矛盾比较突出。改革发展进程中存在的各种机制不健全问题，社会结构多元和利益关系深刻调整等情况，引发各种社会矛盾，呈现出矛盾凸显期的特征。

综合判断国际国内形势，机遇和挑战并存，机遇大于挑战，我国发展仍处于可以大有作为的重要战略机遇期。机遇和挑战具有辩证关系，并在一定条件下相互转化，我们要利用机遇，应对挑战。如果机遇抓住了，那么挑战也就变成了机遇。机遇还不是现实，而且机遇并不常有，机遇来之不易，机遇稍纵即逝，我们不能坐等，要具有忧患意识和机遇意识，并善于抓住机遇。除了抓住机遇，还要善用机遇，使机遇期尽可能延长，从而赢得主动，赢得优势，赢得未来，确保到2020年全面建成小康社会。

三、坚定不移走科学发展道路

发展是当今时代的主题之一，冷战后多数国家的共识，世界人民的共同愿望。就当代中国而言，发展是一个实现社会主义现代化的过程，当务之急是继续抓住和用好重要战略机遇期，深入贯彻落实科学发展观，坚定不移走科学发展道路，实现中华民族的伟大复兴。

（一）科学发展道路的提出

发展是指事物由小到大、由简到繁、由低级到高级、由旧质到新质的变化过程。中国共产党人在吸取和总结我国和世界其他国家发展进程中经验教训的基础上，根据当前基本国情和时代特点，逐步形成了有中国特色社会主义的科学发展道路。

1. 传统发展道路的扬弃

科学发展道路是基于对传统发展道路的批判和扬弃、不断深化发展规律的基础上提出的。

第一，20世纪50、60年代，有增长无发展的道路。

第二次世界大战后，发展经济学开始兴起，着重探讨落后的发展中国家如何进行发展问题。1956年，发展经济学家刘易斯在《经济增长理论》一书中将发展等同于经济增长，认为发展是总人口人均产出的增长。实践中，各国以工业化发展为重心，以经济增长为核心，经济增长过程是片面追求物质财富增长的过程。以GDP这一单纯的经济增长指标为衡量标准，并不统计环境污染、资源消耗、生态破坏等要素。

将发展等同于增长的传统工业化模式，虽然促进了经济快速增长，迅速积累了物质财富，但造成物化社会和物化的人、经济高增长下的贫富差距拉大、社会腐败、资源枯竭和环境恶化等问题。随着经济社会的发展，有增长无发展的局限性越来越突出。20世纪70年代的拉美国家成为“有增长而无发展”的典型，收入分配不均，社会结构固化，人们的生活质量没有得到根本改善等问题日益突出，继而出现了严重的经济危机和政治危机。

第二，20世纪70、80年代，综合发展道路和可持续发展道路。

随着国际政治经济形势的变迁和发展中国家经济社会的进步，有增长无发展的道路受到越来越多人的质疑，人们开始对其进行批判性反思，在横向和纵向上思考发展道路的新途径。

横向上，倡导走综合发展道路。美国学者在20世纪70年代发动了一场“社会指标运动”，认为发展的内涵应该是由多个指标组成的体系，既包括经济指标，也包括社会、文化、环境等其他指标。联合国第二个发展十年（1970—1980年）报告提出：发展已不再是单纯的经济增长，社会制度和社会结构的变迁以及社会福利设施的改善具有同等重要的地位。1983年，联合国教科文组织推出的《新发展观》一书，认为传统的增长理论造成了经济与文化的对立，导致了人对物的贪念，提出了“整体的”、“综合的”、“内生的”新发展理念。综合发展观强调发展是经济、社会和人等各方面综合协调发展的系统工程，突出发展的系统性和整体性。

纵向上，倡导走可持续发展道路。1980年3月，世界自然保护联盟第一次使用了可持续发展的概念。1987年4月，联合国环境与发展委员会发表《我们共同的未来》报告，首次清晰表达了“可持续发展观”，即可持续发展观是“既满足当代人的需要，又不对后代人满足其需要的能力构成危害的发展”。[①]1992年6月，在巴西召开的联合国环

① 世界环境与发展委员会：《我们共同的未来》，王之佳、柯金良等译，吉林人民出版社1997年版，第52页。

境与发展大会，通过了《里约热内卢宣言》和《21世纪议程》两个纲领性文件，强调发展应该面向未来，注重发展中人与自然的和谐可持续，得到世界各国的普遍认同。

第三，20世纪90年代以来，以人为中心的发展道路。

20世纪80年代，人们在反思发展问题的过程中已开始把视角从“物”转向“人”，转向人的需求的满足和人的发展，但并没有明确地表述。1990年以后，联合国开发计划署（UNDP）提出了人类发展的概念，积极倡导一种新的发展观。新发展观主张把人放在发展的中心位置，认为发展是通过增强人们的能力来不断扩大所有人的选择的过程，发展的最终目的在于改善所有人的生活，从而增强人类幸福、自由、尊严、公正、安全和参与等。人类发展最基本的能力是享受健康长寿的生活，知识丰富，能够获得体面生活所必需的各种资源，并能参与社会共同体的生活。以此为基础，联合国开发计划署从1990年开始发布用以衡量各国社会经济发展程度标准的指数，依此区分已开发（高度开发）、开发中（中度开发）、低度开发国家。当前，以人为中心的发展道路已经得到各国的认可。1995年3月，在哥本哈根召开的社会发展问题世界首脑会议通过的《宣言》和《行动纲领》，成为指导全球社会发展事业的纲领性文件，认为社会发展要以人为中心，社会发展的最终目标是改善和提高全体人民的生活质量，而不是像GDP仅反映了经济发展方面的状况。

2. 中国共产党人对发展道路的认识演进

在不同的历史时期，以毛泽东、邓小平、江泽民、胡锦涛为核心的中国共产党人，面对不同的历史任务，不断深化着对中国特色社会主义发展道路的认识。

以毛泽东为核心的中共第一代中央领导集体，面对贫穷落后的国家面貌，加上斯大林建设社会主义模式的蓝本作用，对中国的发展道路的规划经历了一个从“工业化”到“四个现代化”的过程。新中国成立前后，中国共产党人一再强调要稳步地把中国由一个落后的农业国建设成为先进的工业国，[①]党在过渡时期的总路线也明确提出要实现国家的社会主义工业化。不久，中国共产党人对发展的认识超出了仅

① 《毛泽东选集》第4卷，人民出版社1991年版，第1437页。

仅追求工业化。1954年9月，周恩来在一届人大一次会议上所做的《政府工作报告》指出：要在我国“建设起强大的现代化的工业、现代化的农业、现代化的交通运输业和现代化的国防”[①]。初步提出了四个现代化的发展道路。后来，毛泽东在阅读苏联《政治经济学（教科书）》时提出：“建设社会主义，原来要求是工业现代化，农业现代化，科学文化现代化，现在要加上国防现代化。”[②]周恩来在1964年三届人大一次会议上所做的《政府工作报告》提出：“今后发展国民经济的主要任务，总的说来，就是要在不太长的历史时期内，把我国建设成为一个具有现代农业、现代工业、现代国防和现代科学技术的社会主义强国，赶上和超过世界先进水平。”[③]进一步对四个现代化的内涵作了修改。当然，新的概括虽然在发展目标上有所扩展，但仍侧重于物质方面。由于各种主客观因素的制约，此时的发展道路在实践上仍具有明显的局限性：奉行赶超型发展战略，追求经济增长高速度，以短期赶超发达国家为目标，认为社会主义建设要“多快好省”，忽视质量和效益；农轻重比例严重失调，牺牲农业，保证工业化资本积累和工业优先发展，尤其突出发展重工业和国防工业；发展动力上，“抓革命、促生产”，运用阶级斗争和群众运动等“革命”手段来促进生产力的发展；高关税的贸易保护主义政策等。

十年“文革”后的中国，生产力落后，人民生活贫困；个人崇拜严重，“两个凡是”盛行；长期闭关锁国，对外交往停滞。以邓小平为核心的中共第二代中央领导集体，吸取经验教训，解放思想，围绕“什么是社会主义、怎样建设社会主义”这一根本问题展开艰辛探索，认识到社会主义的本质和社会主义的根本任务，从以阶级斗争为纲转移到以经济建设为中心，以改革开放为发展动力，推行不平衡发展战略，实施“三步走”战略步骤，确立了把我国建设成为富强民主文明和谐的社会主义现代化的奋斗目标，把为人民服务的发展目的，具体落实到满足人民日益增长的物质文化需要。改革开放和建设中国特色社会主义的伟大实践，推动了我国经济社会的迅速发展，但以高投入、高消耗、高排放、高污染和低效益为特点的

① 《周恩来选集》下卷，人民出版社1984年版，第132页。

② 《毛泽东文集》第八卷，人民出版社1999年版，第116页。

③ 《周恩来选集》下卷，人民出版社1984年版，第439页。

粗放型增长方式是经济发展的主要方式，经济规模在数量上不断扩大，经济结构、经济效益、生态环境、人民生活水平等发展质量问题却日渐突出。

随着我国经济社会的发展，前进中的一些问题和矛盾开始显现。为此，以江泽民为核心的中共第三代中央领导集体对发展道路进行了新的探索。第一，强调发展的全面性。系统阐述了中国特色社会主义经济、政治和文化建设的基本纲领，从而将发展目标变成了政策纲领，要求“不断促进社会主义物质文明、政治文明和精神文明的协调发展，推进中华民族的伟大复兴。”[①]江泽民在纪念中共成立80周年大会上的讲话中，再次拓展了“发展”的内涵，提出以经济建设为中心，全面推进经济、政治、社会和人的全面发展，强调“推进人的全面发展，同推进经济、文化的发展和改善人民物质文化生活，是互为前提和基础的”。[②]2002年11月，认识到我国当时达到的小康还是“低水平的、不全面的、发展很不平衡的小康”后，中共十六大报告中对小康社会的发展目标提出了新的要求，指明“我们要在本世纪头二十年，集中力量，全面建设惠及十几亿人口的更高水平的小康社会，使经济更加发展、民主更加健全、科教更加进步、文化更加繁荣、社会更加和谐、人民生活更加殷实”。[③]第二，强调发展的可持续性。1995年9月，江泽民在中共十四届五中全会上明确提出了可持续发展思想，指出：“现代化建设中，必须把实现可持续发展作为一个重大战略。要把控制人口、节约资源、保护环境放到重要位置，使人口增长与社会生产力发展相适应，使经济建设与资源、环境相协调，实现良性循环。”[④]2007年10月，江泽民在中共十五大报告中再次强调，“我国是人口众多，资源相对不足的国家，在现代化建设中必须实施可持续发展战略。”[⑤]第三，突出创新是发展的动力。认为“创新是一个民族进步的灵魂，是一个国家兴旺发达的不竭动力，也是一个政党永葆生机

① 中共中央文献研究室：《十六大以来重要文献选编》上册，中央文献出版社2005年版，第43页。

② 江泽民：《论党的建设》，中央文献出版社2001年版，第524页。

③ 中共中央文献研究室：《十六大以来重要文献选编》上册，中央文献出版社2005年版，第14页。

④《江泽民文选》第1卷，人民出版社2006年版，第463页。

⑤ 中共中央文献研究室：《十五大以来重要文献选编》上册，人民出版社2000年版，第28页。

的源泉。”[①]

随着改革开放的深入和社会阶级阶层结构的分化与重组，发展中不和谐的矛盾日益突出。中共十六大以来，以胡锦涛为核心的新一届中共中央领导集体对当代中国发展道路的认识又有质的突破，在立足我国基本国情及发展阶段性特征、国内外发展经验教训的基础上，系统提出了科学发展观。2003年10月，中共十六届三中全会通过的《中共中央关于完善社会主义市场经济体制若干问题的决定》，第一次比较完整地概括和提出了科学发展观，即“坚持以人为本，树立全面、协调、可持续发展观，促进经济社会和人的全面发展。”[②]2007年10月，胡锦涛在中共十七大报告中阐明了科学发展观的时代背景、科学内涵、精神实质和根本要求。2008年始发于美国的国际金融危机持续冲击和影响着我国的经济社会发展，国内现代化建设的新问题、新矛盾也不断呈现。在应对国内外风险和挑战、推进中国特色社会主义事业的过程中，科学发展观不断得到丰富和发展，并形成相对完整、系统的理论体系。2012年11月，中共十八大将科学发展观确立为党的指导思想并写入党章，走科学发展道路成为全党全国人民的行动指南和共同意志。

（二）科学发展道路的基本内涵

科学发展观紧紧围绕“实现什么样的发展，怎样发展”这一核心问题，把对中国特色社会主义建设规律的认识提高到新的水平。深入贯彻落实科学发展观，走科学发展道路，需要全面把握科学发展观、科学发展道路的基本内涵。

1. 第一要义是发展

发展是马克思主义最基本的范畴之一。马克思、恩格斯认为，生产活动是一切历史的基本条件，社会发展的根本动力是生产力和生产关系、经济基础和上层建筑的矛盾运动，人类社会发展要逐步消灭阶级之间、城乡之间、脑力劳动与体力劳动之间的对立和差别，使物质财富极大丰富、人民精神境界极大提高，实现每个人自由而全面的

① 中共中央文献研究室：《十六大以来重要文献选编》上册，中央文献出版社2005年版，第9页。

② 中共中央文献研究室：《十六大以来重要文献选编》上册，中央文献出版社2005年版，第465页。

发展。

当代中国，把发展确立为党执政兴国的第一要务，是基于我国社会主义初级阶段基本国情，基于人民过上美好生活的深切愿望，基于巩固和发展社会主义制度，基于巩固党的执政基础、履行党的执政使命作出的重要结论。始终不渝地以发展为主题，是改革开放30多年来中国特色社会主义事业取得伟大成就的基本前提，在新的历史阶段，发展仍然是解决我国所有问题的关键。只有紧紧抓住和搞好发展，才能从根本上把握人民的愿望，把握社会主义现代化建设的本质，把握党执政兴国的关键。

坚持发展是硬道理的本质要求，就是坚持科学发展。因为，第一，要处理好经济增长与经济发展的关系。"增长是发展的基础，没有经济的数量增长，没有物质财富的积累，就谈不上发展。但增长并不简单地等同于发展。"[①]必须实现数量与质量、速度与效益的统一。第二，要处理好各领域发展的关系。发展不单是经济的发展，而是经济、政治、文化、社会、生态文明等全面协调发展。第三，要处理好当代发展与未来发展的关系。发展不能以牺牲后代人的利益为代价来满足当代人的需要，发展必须是人和自然和谐相处的可持续持发展。第四，要处理好"物"的发展与"人"的发展的关系。发展不能"见物不见人"，更应该是人的全面发展。

2. 核心是以人为本

马克思主义认为，人民群众是历史的创造者，是推动社会发展的决定性力量，"解放全人类，实现人的解放和人的自由而全面的发展，是马克思主义关于人类社会进步的最高价值追求。"[②]"以人为本"确立了人在发展中的动力主体和价值主体地位，"以人为本"与全心全意为人民服务的党的根本宗旨相一致，党的一切奋斗和工作都是为了造福人民，始终把实现好、维护好、发展好最广大人民的根本利益作为党和国家一切工作的出发点和落脚点，坚持人民主体地位，尊重人民首创精神，保障人民各项权益，走共同富裕道路，促进人的全面发

① 中共中央文献研究室：《十六大以来重要文献选编》上册，中央文献出版社2005年版，第484页。

② 中共中央文献研究室：《十七大以来重要文献选编》上册，中央文献出版社2009年版，第107页。

展。这要求明确：第一，发展为了人民。坚持立党为公、执政为民，始终做到权为民所用、情为民所系、利为民所谋，始终把最广大人民的根本利益作为我们一切工作的最高标准。坚持用人民拥护不拥护、赞成不赞成、高兴不高兴、答应不答应来衡量各级党和政府的一切决策，把发展的目的真正落实到满足人民需要、实现人民利益、提高人民生活水平上。第二，发展依靠人民。人民是创造历史的根本动力。中国最广大人民群众是建设中国特色社会主义事业的主体，是先进生产力和先进文化的创造者，是社会主义物质文明、政治文明和精神文明协调发展的推动者。建设和发展中国特色社会主义必须最充分地调动人民群众的积极性、主动性和创造性，最大限度地集中全社会全民族的智慧和力量，最广泛地动员和组织亿万群众投身其中。第三，发展成果由人民共享。共同富裕是社会主义本质要求，坚持社会主义道路必须注重发展成果的普惠性。"从人民群众的根本利益出发谋发展、促发展，不断满足人民群众日益增长的物质文化需要，切实保障人民群众的经济、政治和文化权益，让发展的成果惠及全体人民。"[①]关注人的价值、权益和自由，关注人的生活质量、发展潜能和幸福指数，实现人的全面发展。

3. 基本要求是全面协调可持续

当前，之所以强调坚持全面协调可持续发展，是因为：一方面，经过长期发展，我国已经积累了较为雄厚的物质技术条件，可以在推进全面协调可持续发展上有更大作为；另一方面，我国城乡区域发展不平衡、经济社会发展不协调、经济发展与人口资源环境不适应等问题更加突显，只有更加自觉地推进全面协调可持续发展，才能更好地化解前进中的问题，不断开拓生产发展、生活富裕、生态良好的文明发展道路，确保战略目标的顺利实现。

全面发展，就是要以经济建设为中心，全面推进政治建设、文化建设、社会建设和生态文明建设，形成各种建设相互促进、共同发展的格局，实现社会全面进步和人的全面发展。中国特色社会主义的总布局是"五位一体"，单纯追求经济发展，不仅不能实现社会主义现代化，而且经济发展难以持续。要坚持以经济建设为中心，同时又切实

① 中共中央文献研究室：《十六大以来重要文献选编》上册，中央文献出版社2005年版，第850页。

防止只搞经济建设的片面性和单打一，全面推进社会主义经济、政治、文化、社会和生态文明建设。

协调发展，就是要推进生产关系和生产力、上层建筑和经济基础相协调，推进经济、政治、文化、社会和生态文明建设等各个环节、各个方面相协调。一是坚持经济社会协调发展，在大力推进经济发展的同时，更加注重加快社会发展；二是坚持城乡协调发展，站在经济社会发展全局的高度研究和解决“三农”问题，实行以城带乡、以工促农、城乡互动和协调发展；三是坚持区域协调发展，继续发挥各个地区的优势和积极性，推进西部大开发，振兴东北地区等老工业基地，促进中部地区崛起，鼓励东部地区加快发展，形成东中西互动、优势互补、相互促进、共同发展的新格局。

可持续发展，就是必须树立尊重自然、顺应自然、保护自然的生态文明理念，促进人与自然和谐发展，处理好经济建设、人口增长与资源利用、生态环境保护的关系，不断开拓生产发展、生活富裕、生态良好的文明发展道路，努力建设美丽中国，实现中华民族永续发展。

4. 根本方法是统筹兼顾

执政的中国共产党要解决中国发展中面对的一系列世所罕见的矛盾和困难，“就必须善于从千头万绪、纷繁复杂的事物和事物的普遍联系中抓住主要矛盾和矛盾的主要方面，同时又必须善于统筹协调、把握平衡，在事物的普遍发展中形成有利于突破主要矛盾和矛盾主要方面的合力，不断提高驾驭复杂局面、解决复杂问题能力，不断推动经济社会向前发展。”[①]只有坚持统筹兼顾，才能真正处理好我国这样一个十几亿人口的发展中大国的改革发展稳定问题，真正处理好全体人民的根本利益同各方面具体利益的关系，真正把全体人民和各方面的积极性、主动性、创造性充分发挥出来，为推进党和国家事业形成广泛共识、集聚强大力量。特别要看到，在我国改革发展的关键阶段，经济体制深刻变革，社会结构深刻变动，利益格局深刻调整，思想观念深刻变化。在这种情况下，党和人民要推动科学发展、促进社会和谐，必须更加自觉地运用统筹兼顾的根本方法，正确反映和兼顾不同

① 中共中央文献研究室：《十七大以来重要文献选编》上册，中央文献出版社2009年版，第808页。

方面的利益。①

统筹兼顾，就是要正确认识和妥善处理中国特色社会主义事业中的重大关系，充分调动全社会的积极性，努力形成全体人民各尽其能、各得其所而又和谐共处的局面。一是统筹发展的重大结构关系，即统筹城乡发展、区域发展、经济社会发展、人与自然和谐发展、国内发展和对外开放，等等；二是统筹各种利益关系，即统筹中央和地方的关系，统筹个人利益和集体利益、局部利益和整体利益、当前利益和长远利益的关系，充分调动各方面积极性；三是统筹国内国际两个大局，树立世界眼光，加强战略思维，善于从国际形势发展变化中把握发展机遇、应对风险挑战，营造良好国际环境。既要总揽全局、统筹规划，又要抓住牵动全局的主要工作、事关群众利益的突出问题，全面推进，重点突破。

（三）走科学发展道路的意义

科学发展观是对中共三代中央领导集体关于发展的重要思想的继承和发展，是马克思主义关于发展的世界观和方法论的集中体现，是同马克思列宁主义、毛泽东思想、邓小平理论和“三个代表”重要思想既一脉相承又与时俱进的科学理论，是中国特色社会主义理论体系最新成果，对新形势下实现什么样的发展、怎样发展等重大问题作出了新的科学回答，把对中国特色社会主义规律的认识提高到新的水平。

1. 促进世界经济社会发展和人类文明进步

走科学发展道路是全球各国发展的新趋势，是顺应时代的必然选择。1992年召开的联合国环境与发展大会，是世界各国普遍认同科学发展的重要里程碑。2008年全球金融危机爆发后，发展绿色经济成为各国应对风险和挑战的共识。20多年来，国际社会在推进科学发展进程方面取得诸多积极进展。当前，世界100多个国家和地区制定了科学发展战略，各级政府以及工商界、非政府组织和民众积极参与，科学发展理念深入人心。美国于2009年颁布《政府的创新议程》和《复苏与再投资法案》，将清洁能源产业作为国家优先发展领域；2010年，欧盟发布《欧盟2020年战略——为实现灵巧增长、可持续增长和包容性

① 中共中央文献研究室：《十七大以来重要文献选编》上册，中央文献出版社2009年版，第110页。

增长的战略》，在可持续发展框架下提出走向低碳经济和资源效率的欧洲路线图；2009年，日本公布《绿色经济与社会变革》政策，明确将重点开发能源和环境技术，发展低碳经济。2012年，在巴西召开的联合国可持续发展大会，集中探讨了“可持续发展和消除贫困背景下的绿色经济”、“促进可持续发展的机制框架”等主题，低碳发展成为世界各国的共同追求。可见，走科学发展道路是世界各国追求发展的共识，是人类社会发展规律的总结。因此，在经济全球化的背景下，中国走科学发展道路既是紧跟世界发展的潮流和趋势的必然选择，又为世界经济社会发展、人类文明进步贡献着自己的力量。

2. 完成全面建成小康社会的奋斗目标

新世纪新阶段，我国经济社会发展呈现一系列新的阶段性特征，进入了发展机遇期、矛盾凸显期、改革攻坚期。发展中不全面、不平衡、不可持续问题比较突出。不全面主要体现在单纯追求经济增长，其中又以GDP的单项追求为核心，政治建设、文化建设、社会建设和生态文明建设等相对落后。不平衡主要体现在城乡二元体制没有得到根本改变，东、中、西部地区差距不断扩大，社会发展滞后于经济发展，国内发展过度依赖国外资源、能源、外贸和外资，贫富差距扩大，基尼系数超过国际公认的警戒线。不可持续主要体现在经济增长与资源、能源、环境矛盾日益尖锐。长期以来，我国基本走的是一条粗放型经济增长道路，以高投入、高消耗、高污染、低产出、低效益为主要特征。改革开放30多年来，中国的GDP增长了15倍，而能源消费增长了近4倍，中国成为世界上碳排放量最大的国家。

中共十八大报告根据我国经济社会发展的实际，将“全面建设小康社会”目标深化为“全面建成小康社会”，并在中共十六大、十七大确立的全面建设小康社会目标的基础上，进一步提出到2020年全面建成小康社会要努力实现的新要求，强调要使经济持续健康发展、人民民主不断扩大、文化软实力显著增强、人民生活水平全面提高和资源节约型、环境友好型社会建设取得重大进展。从“建设”到“建成”的推进，进一步回答了实现什么样的发展、怎样发展等重大理论和实际问题。体现的发展理念也在不断深化，从“增长”到“发展”；从物质文明和精神文明“两手抓”到经济、政治、文化、社会和生态建设“五位一体”；从关注“经济总量”到强调“人均收入”。只有走科学发展道路，从而紧紧抓住重要战略机遇期，促进经济社会又好又快的发展，才能如期实现全面建成小康社会的宏伟目标。

3. 实现中华民族伟大复兴

中国是四大文明古国之一，中华文明也是其中唯一一个没有断裂的文明。古代中国，在政治、经济和文化等方面创造了先进的中华文明，古代中华文明领先于世界。近代中国由于封建制度的衰朽和西方列强的侵略而逐步沦为半殖民地半封建社会，先进的中国人探求救亡图存的道路，争取民族独立、人民解放和实现国家富强、人民富裕。中国共产党在历史和人民的选择下，肩负起民族独立和人民解放的历史重任，完成了新民主主义革命、社会主义革命两件大事，建立了新中国，在中国确立了社会主义基本制度，不可逆转地结束了近代以后中国内忧外患、积贫积弱的悲惨命运。改革开放以来，中国共产党坚持走中国特色社会主义道路，不可逆转地开启了中华民族不断发展壮大、走向伟大复兴的历史进军，使具有5000多年文明历史的中国面貌焕然一新，中华民族伟大复兴展现出前所未有的光明前景。

十八大报告明确指出，建设中国特色社会主义总任务是实现社会主义现代化和中华民族伟大复兴。复兴不是简单的回复到中国古代曾经的辉煌，而是更高层面的国家富强和人民富裕。实现中华民族伟大复兴任重道远，基于基本国情和历史方位的考量，我们必须坚持走科学发展道路，不断开创中国特色社会主义事业新局面，才能实现中华民族伟大复兴的梦想。科学发展是当代中国发展进步的活力之源，只要沿着科学发展道路前进，新中国成立一百年时把我国建设成为富强民主文明和谐的社会主义现代化国家的目标一定能实现，中华民族也一定会实现伟大复兴。

4. 增添社会主义和马克思主义的新活力

二战以后走上社会主义道路的国家大都为经济文化相对落后的国家，对于如何建设社会主义基本追随的是传统的苏联模式。苏联在探索社会主义建设道路的过程中形成了苏联模式，在特定的时期促进了苏联经济社会的发展，但在发展过程中呈现出很多弊端：在经济领域，所有制结构单一，公有制占绝对统治地位，高度集中的计划经济体制，实行行政手段管理经济，排斥了市场经济；在政治领域，国家权力高度集中，党内民主受到限制。这些弊端最终导致社会主义发展出现严重挫折，世界范围内社会主义运动陷入低潮。

走科学发展道路，这是马克思没有讲过、我们前人没有做过、其他社会主义国家也没有走过的全新的道路。走科学发展道路，对怎样建设社会主义这个基本问题作出了科学回答，对“实现什么样的发展、怎样发展”等重大理论和实际问题，提出了一系列新思想、新观点、新要求、新举措，丰富和发展了中国特色社会主义理论体系，为马克思主义增添了新活力。在科学发展观的指导下，中国特色社会主义建设事业不断取得新胜利，不断开创新局面，再次显示了社会主义制度的优越性，必将推进世界社会主义运动开创新局面，夺取新胜利。

第三专题　中国特色社会主义经济建设

物质生产活动是人类最基本的实践活动，当代中国的改革开放始于经济体制改革，中国共产党在社会主义初级阶段的基本路线是“以经济建设为中心”的基本路线。新中国成立以来，尤其是改革开放以来，中国如何选择了具有自身特色的社会主义经济制度，经济建设取得了哪些成就，积累了什么经验，当前面临着怎样的挑战，又如何去面对。本章拟就这些问题作出探讨。

一、中国特色社会主义经济建设概述

（一）改革开放以来中国的经济增长与结构变迁

1. 改革开放以来中国的经济增长与波动

改革开放以来，中国经济发展取得了举世瞩目的成就，被誉为“中国奇迹”。从经济总量看，按照当年价格计算，1978年国内生产总值为3645.2亿元，而2011年为472881.6亿元，增长了近130倍；按照不变价格计算，1978年国内生产总值指数为100，则2011年为2250.4，增长了22.5倍。从人均收入看，按照当年价格计算，1978年的人均国内生产总值为381元，而2011年为35181元，增长了92倍；按照不变价格计算，1978年人均国内生产总值指数为100，则2011年为1600.9，增长了16倍。

在1978—2011年的33年时间里，中国按照不变价格计算的国内生产总值以年均10%的速度增长。但是，中国国内生产总值的增长呈现明显的周期性波动。以20世纪90年代为界，无论是波动的幅度还是频率，这之前都明显要强烈得多，但是，这之后中国经济波动逐步缓和化。20世纪90年代之前，由于社会主义市场经济体制的建立还处于摸索阶段，资源配置的主要方式还是计划、行政手段，所以中国经济处于明显的“活—乱”循环之中，即“一活就乱，一乱就收，一收就死，一死就放”，这导致中国经济反复出现过热，进而出现速度与“瓶颈”之间相互制约的局面。[①]但是，随着社会主义市场经济体制的逐步建立，市场在资源配置之中基础性作用的发挥，从20世纪90年代开始，中国经济逐步进入一个“大缓和”时代。当然，整个国际经济的大缓和和中国政府宏观调控能力的增强也发挥了重要作用。

表3.1　中国的经济增长：1978—2011年

指　标	单　位	1978	1990	2000	2010	2011
国内生产总值	亿元	3645.2	18667.8	99214.6	401202.0	472881.6
第一产业	亿元	1027.5	5062.0	14944.7	40533.6	47486.2
第二产业	亿元	1745.2	7717.4	45555.9	187581.4	220412.8
第三产业	亿元	872.5	5888.4	38714.0	173087.0	204982.5
人均国内生产总值	元	381	1645	7858	29992	35181
国内生产总值指数		100.0	281.7	759.9	2058.9	2250.4
第一产业		100.0	190.7	277.0	418.9	436.8
第二产业		100.0	304.1	1081.8	3202.9	3527.4
第三产业		100.0	362.1	956.1	2762.4	3027.7
人均国内生产总值指数		100.0	237.3	575.5	1471.6	1600.9

数据来源于中国国家统计局：《中国统计年鉴—2012年》，中国统计出版社2012年版。其中，绝对数按照当年价格计算，相对数按照不变价格计算。

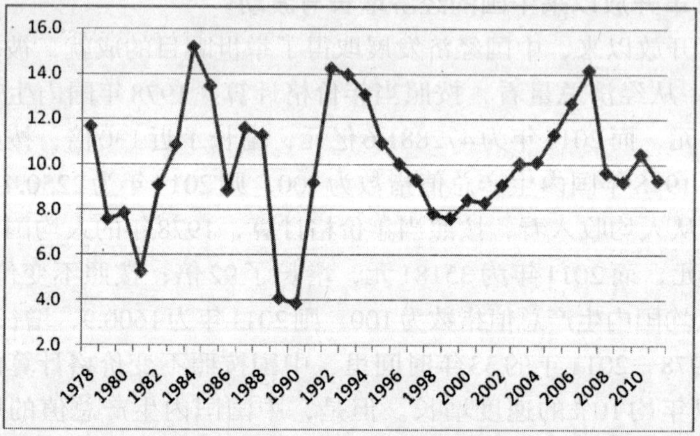

图3.1　中国不变价格国内生产总值的增长率：1978—2011年[②]

① 林毅夫、蔡昉、李周：《中国的奇迹：发展战略与经济改革》（增订版），上海三联书店、上海人民出版社1999年版，第202—209页。

② 数据来源于中国国家统计局：《中国统计年鉴—2012年》，中国统计出版社2012年版。

2. 改革开放以来中国的产业结构与就业结构

改革开放以来，中国经济不仅实现了总量的迅速增长，经济结构也发生了重要转变，中国顺利进入工业化中期阶段。1978年，从产值结构看，第一、第二、第三产业在国内生产总值的比重分别是28.2%、47.9%、23.9%，而2011年，分别是10%、46.6%、43.4%；从就业结构看，第一、第二、第三产业在就业总量中比重分别是70.5%、17.3%、12.2%，而2011年，分别是34.8%、29.5%、35.7%。因此，无论是产值结构还是就业结构，中国经济的变迁都符合国际经济变迁的一般规律——配第-克拉克定律，即第一产业比重持续降低，第二、三产业比重上升。

表3.2　中国经济的产值结构与就业机构及其偏离：1978—2011年（单位：%）[①]

年份	产值结构			就业结构			就业结构与产值结构的偏离		
	第一产业	第二产业	第三产业	第一产业	第二产业	第三产业	第一产业	第二产业	第三产业
1978	28.2	47.9	23.9	70.5	17.3	12.2	42.3	–30.6	–11.7
1980	30.2	48.2	21.6	68.7	18.2	13.1	38.5	–30.0	–8.5
1990	27.1	41.3	31.5	60.1	21.4	18.5	33.0	–19.9	–13.0
2000	15.1	45.9	39.0	50.0	22.5	27.5	34.9	–23.4	–11.5
2010	10.1	46.7	43.2	36.7	28.7	34.6	26.6	–18.0	–8.6
2011	10.0	46.6	43.4	34.8	29.5	35.7	24.8	–17.1	–7.7

更为关键的是，改革开放以来中国经济的增长与发展逐步消除了改革开放前中国经济形成的产值和就业结构的扭曲。从1978年的产值结构看，中国是一个名副其实的工业化国家。但是，如果从就业结构看，我国仍是一个典型的农业国，第一产业就业比重高达70.5%。1952年，第一产业就业比重为83.5%，在长达26年的时间里，第一产业就业比重仅仅降低了13个百分点。改革开放之后，随着社会主义市场经济体制在资源配置中的基础性作用的发挥，中国经济逐步发挥了其比较优势，劳动密集型的轻工业和服务业迅猛发展，农业劳动力不断被城乡现代工业和服务业部门所吸收。在1978—2011年的33年时间里，第一产业就业比重下降了35.7个百分点，平均每年下降超过1个百分点，就业结构与产业结构的偏离从42.3个百分点降低到24.8个百分点，中国经济的增长和发展很好地减弱了就业结构与产值结构的扭曲。

① 数据来源于中国国家统计局：《中国统计年鉴—2012年》，中国统计出版社2012年版。其中，就业结构与产值结构的偏离根据每年的各产业就业比重减去产值比重计算得出。

3. 改革开放以来中国的所有制结构

改革开放以来，中国经济逐步形成了以公有制为主体、多种所有制经济共同发展的社会主义初级阶段的基本经济制度，充分调动了社会各个阶层发展经济的积极性和主动性，成为中国经济发展的最重要主体和动力。就中国工业经济而言，1978年，以国有和集体企业为代表的公有企业单位数占总单位数的比重为100%，其产值占总产值比重也为100%。改革开放以来，随着非公有经济的迅猛发展，无论是公有企业单位数还是产值在总量中的比重都逐步下降，至2008年，单位数比重降低到仅8%，产值比重降低到仅30%。

表3.3　公有经济在中国工业经济中的比重：1978—2011年①

年　份	工业企业单位数（万个）			工业总产值（亿元）			公有企业单位数占总数比重	公有企业产值占总产值比重
	总　数	国有企业	集体企业	总值	国有企业	集体企业		
1978	34.84	8.37	26.47	4237.0	3289.2	947.8	1.00	1.00
1980	37.73	8.34	29.35	5154.0	3915.6	1231.4	1.00	1.00
1985	46.32	9.37	36.78	9716.0	6302.1	3117.2	1.00	0.97
1990	50.44	10.44	39.11	23924.0	13063.8	8522.7	0.98	0.90
1995	59.21	11.80	41.36	91894.0	31220.0	33623.0	0.90	0.71
2000	16.29	5.35	3.78	85674.0	40554.4	11907.9	0.56	0.61
2005	27.18	2.75	1.59	251619.5	83749.9	8615.1	0.16	0.37
2008	42.61	2.13	1.17	507448.3	143950.0	8955.9	0.08	0.30

社会主义初级阶段的基本经济制度充分发挥了不同所有制企业对经济发展的不同作用。坚持公有制的主体地位，毫不动摇地发展壮大公有制经济是社会主义初级阶段基本经济制度的基础和核心。中共十五大报告明确指出：要全面认识公有制经济的含义。公有制经济不仅包括国有经济和集体经济，还包括混合所有制经济中的国有成分和集体成分。公有制的主体地位主要体现在：公有资产在社会总资产中占优势；国有经济控制国民经济命脉，对经济发展起主导作用。这是就全国而言，有的地方、有的产业可以有所差别。公有资产占优势，要有量的优势，更要注重质的提高。以规模以上工业企业为例，2011年，国有及国有控股企业单位数尽管仅占规模以上工业企业的5.2%，但是，其工业总产值占26.2%，利润占26.8%，资产占41.7%，所交增

① 资料来源于国家统计局国民经济综合统计司编：《新中国六十年统计资料汇编》，中国统计出版社2010年版。其中公有企业单位数占总数比重和公有企业产值占总产值比重为作者自己计算。

值税更是高达35.8%。从行业分布来看，国有及国有控股企业主要分布在石油、石化、冶金、军工、电信、航空、电力、交通、金融等国民经济的基础产业和部门，充分发挥了公有制经济的主体作用，有力实现了国有经济对国民经济命脉的控制。

社会主义初级阶段的生产力水平决定了我国在坚持公有制主体地位的同时，必须大力发展非公经济，形成公有制为主体、多种所有制共同发展的繁荣局面。改革开放以来，非公经济从无到有取得了飞速发展。截至2008年，非公经济单位数占工业企业单位总数的92%，非公经济产值占工业企业总产值的70%。2011年，私营企业占规模以上工业企业总数的55.5%，占总产值的29.9%，占应交增值税的26.7%，创造就业占32.2%。外商及港澳台投资企业占规模以上工业企业总数的17.6%，占总产值的25.9%，占应交增值税的21.6%，占就业人数的28.1%。由此可见，私营和外商及港澳台投资企业共占规模以上工业企业总产值的55.8%，利润的54.8%，应交增值税的48.3%，就业人数的60.3%，充分发挥了非公经济发展生产、创造就业的作用。

表3.4 2011不同所有制规模以上工业企业主要经济指标及在规模以上工业企业中所占比重①

类别	企业单位数（个）	工业总产值	资产总计	利润总额	本年应交增值税（亿元）	全部从业人员年平均人数（万人）
规模以上工业企业总计	325609	844269	675797	61396	26303	9167
国有及国有控股总计	17052	221036	281674	16458	9407	1812
私营总计	180612	252326	127750	18156	7024	2956
外商及港澳台投资总计	57216	218417	161988	15494	5675	2574
国有及国有控股所占比重	0.052	0.262	0.417	0.268	0.358	0.198
私营所占比重	0.555	0.299	0.189	0.296	0.267	0.322
外商及港澳台投资所占比重	0.176	0.259	0.240	0.252	0.216	0.281

（二）改革开放以来中国的人类发展

改革开放以来，在经济高速增长的同时，中国在脱贫、教育、医疗、社会保障等几乎所有人类发展方面都取得了令人瞩目的成就，中国人类发展指数（HDI）迅速提升。1975年，中国人类发展指数为

① 数据来源于国家统计局：《中国统计年鉴—2012年》，中国统计出版社2012年版，其中比重由作者计算出。

0.530，2008年为0.793，增长了75.5%，年均增长2.3%。

表3.5　中国的人类发展指数：1975—2011年①

年　份	1975	1980	1985	1990	1995	2000	2005	2008
人类发展指数	0.530	0.533	0.556	0.608	0.657	0.719	0.756	0.793

1. 中国减贫的巨大成功

中国的高速经济增长为减贫创造了前提条件，但是，中国政府的政策是把条件化为现实的重要支撑力量。根据中国国家贫困线，1981年，以收入测度的中国贫困发生率达到52.8%，至2005年，贫困发生率降低到5.2%。按照国际通行的贫困度量标准，即每人日均消费支出不足1.08美元（绝对贫困标准），1981年中国以消费度量的贫困发生率为63.8%，至2005年，贫困发生率降低到5.5%。从贫困人头数看，1981年以消费测度的贫困人口为6.38亿，而2005年已经降低到0.716亿（见表3.6）。改革开放初期，贫困主要出现在中国农村地区，针对这一特征，国家于1984年出台了《关于帮助贫困地区尽快改变面貌的通知》，1994年出台了《国家八七扶贫攻坚计划》，2001年制定并实施《农村扶贫开发纲要（2001—2010）》。通过这一系列政策措施，有效地减少了农村贫困。针对国有企业改革导致的城市贫困问题，国家通过建构社会保障体系降低城市贫困现象。正是中国政府出色的工作，在24年间，中国把5.664亿人口带出了贫困，为世界的减贫工作做出了最突出的贡献。

但是，在看到中国减贫工作取得巨大成就的同时，也应该看到中国减贫工作存在的问题：第一，中国减贫的层次较低，减贫成果比较脆弱。以贫困测度的更高标准，即人均日消费支出2美元（相对贫困标准）度量，中国贫困发生率由1981年的97.8%降低到2005年的35.7%，降低了62.1个百分点，取得了巨大成就。但是，中国相对贫困人口仍然高达4.668亿。由此可见，中国很多人仅仅刚刚脱离绝对贫困，很容易再次陷入贫困，如家庭成员生大病、自然灾害等等，所以中国减贫成果比较脆弱。第二，经济增长的减贫效应逐步递减。从1981—2005年的数据看，早期中国经济增长的减贫效果很好，但是，随着中国人均真实GDP的增长，其减贫效果逐步递减。因此，通过经济增长降低贫困发生率越来越困难（图3.2）。

① 联合国开发计划署：《2009/10中国人类发展报告：迈向低碳经济和社会的可持续未来》，中国对外翻译出版社2010年版，第9页。

表3.6　中国减贫：1981—2005年①

年　份	收入贫困发生率（%）			消费贫困发生率（%）		贫困人头数（百万）1993年PPP Z=$1.08	
	国家贫困线	1993年 PPP Z=$1.08	2005年 PPP Z=$2.00*	1993年 PPP Z=$1.08	2005年 PPP Z=$2.00*	收　入	消　费
1981	52.8	62.3	96.7	63.8	97.8	623.4	638.0
1984	24.1	25.6	87.5	41.0	92.8	267.2	428.0
1987	16.8	21.5	78.0	28.7	83.5	235.0	314.0
1990	22.2	23.0	75.3	33.0	84.9	263.0	377.5
1993	20.0	21.0	67.4	28.4	79.4	248.9	336.1
1996	9.8	10.4	50.9	17.4	65.9	127.3	212.5
1999	7.6	8.0	41.0	17.8	61.5	100.6	223.5
2002	7.3	7.6	33.5	13.8	50.5	97.6	177.2
2004	5.3	5.8	27.0	9.9	43.3	75.4	128.6
2005	5.2	5.4	23.4	5.5	35.7	70.6	71.6

注：*表示使用农村更低的价格水平调整过的数据。

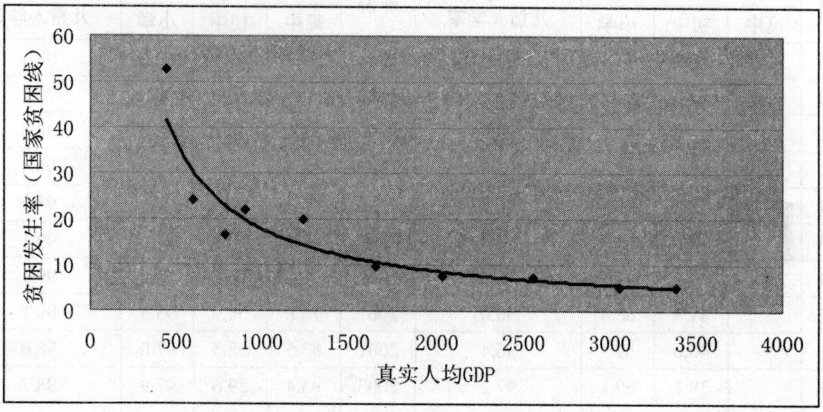

图3.2　中国真实人均GDP与贫困发生率

2. 中国人的受教育程度不断提高

伴随经济的高速增长，中国人所受教育程度不断提高，而教育程度的提升又进一步推动了经济的增长；由此，在经济增长与教育程度之间形成了很好的正反馈机制。新中国建立之初，中国政府就非常重视教育问题，特别是基础教育的普及，小学学龄儿童入学率由1952年的49.2%

① 资料来源：Shaohua Chen and Martin Ravallion, 2008. “China is poorer than we thought, but no less successful in the fight against poverty”. Policy Research Working Paper 4621,The World Bank.

迅速提升到1978年的95.5%。改革开放之后，除了小学学龄儿童入学率继续提升（2008年提高到99.5%）之外，中国人受教育层次得到了极大的提升，九年制义务教育基本普及之外，十二年教育和高等教育入学率极大提高。改革开放以来，九年制义务教育的普及经历了先降低后上升的曲折历程。1978年小学毕业生升学率达到87.7%，随后一路降低，直至1995年才恢复并超过1978年水平，达到90.8%，而随后一路上升，2008年达到99.7%。高中教育也经历了相同的经历，1978年初中毕业生升学率达40.9%，随后一路下滑，直至1991年才达到并超过1978年水平，达42.6%，而2008年达83.4%。更为可喜的是，高等教育的推广更为迅速，从高中毕业生升学率可以清晰地看到这一点，1990年高中毕业生升学率仅27.3%，而2008年达到了72.7%。普通高等学校在校生由1978年的85.6万人增加至2308.5万人，增长了近27倍，每十万人中拥有大专及以上学历的人数由1982年的615人增加至2010年的8930人。[①]

表3.7　全国各级学校毕业生升学率和入学率：1978—2008（%）[②]

年份	毕业生升学率			小学学龄儿童入学率	年份	毕业生升学率			小学学龄儿童入学率
	高中	初中	小学			高中	初中	小学	
1978		40.9	87.7	95.5	1994	46.7	47.8	86.6	98.4
1979		37.6	82.8	93.0	1995	49.9	50.3	90.8	98.5
1980		45.9	75.9	93.9	1996	51.0	48.8	92.6	98.8
1981		32.5	68.3	93.0	1997	48.6	51.5	93.7	98.9
1982		32.3	66.2	93.2	1998	46.1	50.7	94.3	98.9
1983		35.5	67.3	94.0	1999	63.8	50.0	94.4	99.1
1984		38.4	66.2	95.3	2000	73.2	51.2	94.9	99.1
1985		41.7	68.4	96.0	2001	78.8	52.9	95.5	99.1
1986		40.6	69.5	96.4	2002	83.5	58.3	97.0	98.6
1987		39.1	69.1	97.2	2003	83.4	59.6	97.9	98.7
1988		38.0	70.4	97.2	2004	82.5	62.9	98.1	98.9
1989		38.3	71.5	97.4	2005	76.3	69.7	98.4	99.2
1990	27.3	40.6	74.6	97.8	2006	75.1	75.7	100.0	99.3
1991	28.7	42.6	77.7	97.8	2007	70.3	79.3	99.9	99.5
1992	34.9	43.6	79.7	97.2	2008	72.7	83.4	99.7	99.5
1993	43.3	44.1	81.8	97.7					

① 数据来源于国家统计局：《中国统计年鉴—2012年》，中国统计出版社2012年版。

② 资料来源于国家统计局国民经济综合统计司编：《新中国六十年统计资料汇编》，中国统计出版社2010年版。

中国人受教育程度的提高来源于教育投入的增长，特别是国家财政性教育经费的持续增加，如2010年达14670余亿元，占GDP比重由1992年的2.7%增加至2010年的3.7%。

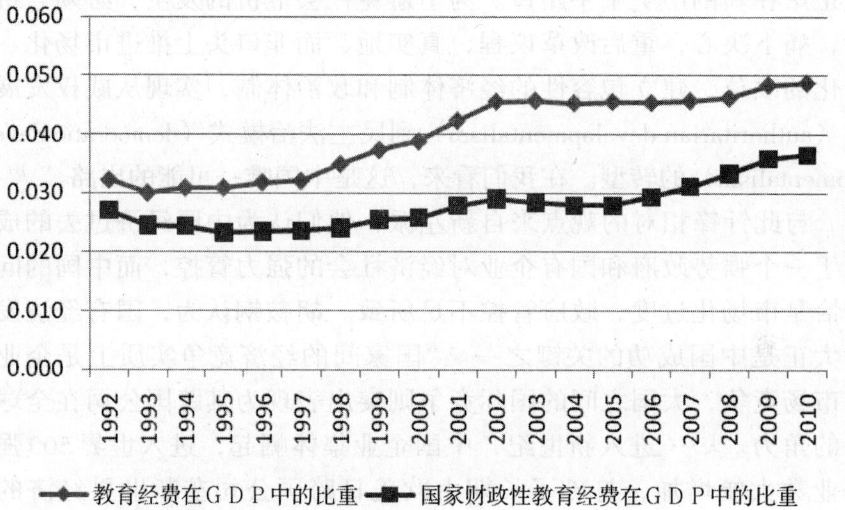

图3.3　教育经费在GDP中的比重：1992—2010年[①]

二、中国的经济体制改革与经济建设

中国改革开放以来的经济增长与发展成就举世瞩目，但是，对于产生如此巨大成就的原因却众说纷纭，有时甚至截然相反。

（一）中国奇迹：两种针锋相对的观点

一种观点可以简单概括为市场派。他们认为，中国改革开放以来的高速增长是市场化改革的结果，而问题则是市场化改革不彻底所带来的。[②]用吴敬琏的话说："市场制度的建立解放了久为落后制度所束缚压制的生产力，中国经济实现了高速增长。……从另一方面看，中国社会存在的种种问题，正是由于中国改革尚未取得完全的成功，二十世纪末期初步建立起来的市场经济体制还很不完善造成的。……这

① 数据来源于中国国家统计局：《中国统计年鉴—2012年》，中国统计出版社2012年版。

② 世界银行、IMF、美国财政部等国际组织是这种观点的倡导者，萨克斯等人也是这种观点的重要支持者。详见萨克斯、胡永泰、杨小凯：《经济改革与宪政转轨》，《经济学季刊》2003年第4期。

种不完善主要表现在国家部门（State sector，包括国有经济和国家党政机构）仍然在资源配置中起着主导作用。”因此，市场派的改革思路不言而喻，即继续大力推进市场化进程。“由以上分析得出的结论是：中国正站在新的历史十字路口。为了避免社会危机的发生，必须当机立断，痛下决心，重启改革议程，真实地、而非口头上推进市场化、法治化的改革，建立包容性的经济体制和政治体制，实现从威权发展模式（authoritarian developmentalism）到民主法治模式（democratic deveolopmentalism）的转型。在我们看来，这是中国唯一可能的出路。”[①]

与此针锋相对的观点来自新左派，他们认为中国经济过去的成功源于一个强势政府和国有企业对经济社会的强力管控，而中国的问题恰恰是市场化过度，政府管控不足所致。胡鞍钢认为，国有经济发展壮大正是中国成功的关键之一。“国家间的经济竞争实质上是企业间的市场竞争，大国之间的国际竞争则突出表现为其跨国公司在全球市场的角力。……进入新世纪，中国企业集体崛起，进入世界500强的企业数大幅增加，打破了长期由欧美日跨国公司垄断世界经济的格局。其中，国有企业扮演了‘领头羊’的角色，是‘中国兵团’最重要的组成部分。中国这样一个大国，需要有大型的、并具有超强国际竞争力的国有企业，只有这样，才能使我们在激烈的国际竞争中立于不败之地。”可见，新左派的改革诉求也就不言而喻，即进一步扩大政府的权力，进一步加强国有经济对国民经济的控制。“提高国有企业竞争力，推动和深化国有企业进一步改革和发展，是中国经济社会转型的必然要求，也是推动中国经济社会持续稳定发展的重要动力。”[②]还有少数极左人士，彻底地否定市场经济体制，主张重回计划经济。

虽然市场派和政府干预派对中国奇迹的解释截然相反，但是，他们没有本质的不同，即都否认社会主义与市场经济能够兼容。而中国改革开放以来的成功恰恰是坚持了社会主义基本政治制度和经济制度，通过制度的渐进创新和调整在社会主义和市场经济之间找到了一条符合中国特色道路的结果。

① 吴敬琏：《重启改革议程》，《读书》2012年第12期。

② 胡鞍钢：《国企改革，从哪里来，往哪里去?》，http://wen.org.cn/modules/article/view.article.php/3554。

（二）中国经济高速增长的缘由

1. 经济增长的源泉：要素积累与全要素生产率的提升

经济学源于对国富国穷的探索，从强调资本积累的哈罗德–多马模型，到强调外生技术进步的新古典增长理论，再到强调内生技术进步的新增长理论以及强调制度功能的新制度经济学，逐步深入着对国富国穷的理解，使其秘密也逐步展现在人们的面前，增长核算理论就是人们理解这一秘密的努力之一，其试图定量测度不同要素对经济增长的贡献。

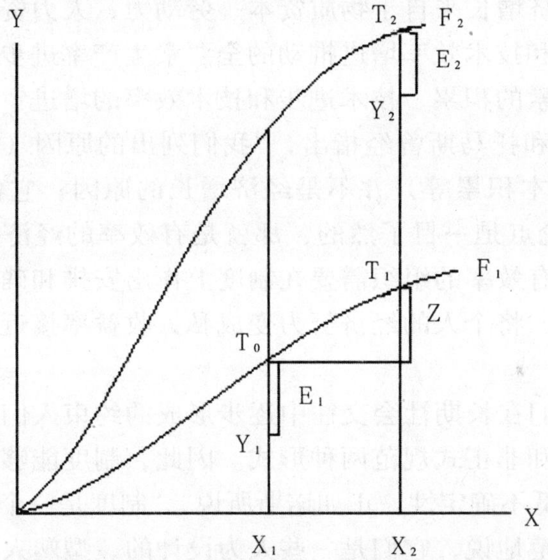

图3.4　产出增长的源泉：要素积累、技术进步与技术效率的增进①

根据增长核算理论，经济增长的源泉包括两大重要部分：要素积累和全要素生产率的提升。以常见的柯布–道格拉斯生产函数为例，总产出的增长率可以表示为：

$$\frac{\Delta Y}{Y}=\frac{\Delta A}{A}+\alpha_K\cdot\frac{\Delta K}{K}+\alpha_L\cdot\frac{\Delta L}{L}+\alpha_H\cdot\frac{\Delta H}{H}$$

其中，Y表示总产出，K、L、H分别代表物质资本、劳动力和人力资本，α_K、α_L、α_H分别代表物质资本、劳动力和人力资本的产出

① 周端明：《技术进步、技术效率与中国农业生产率的增长——基于DEA的实证分析》，《数量经济技术经济研究》2009年第12期。

弹性，A代表技术水平。由此，总产出的增长可以划分为两部分：物质资本、劳动力和人力资本等要素积累带来的产出增长和技术进步推动的全要素生产率提升带来的产出增长。而由于现实的企业并不总是运行在效率边界上，全要素生产率的提升又可以进一步分解成技术进步和技术效率的增进两个部分。因此，总产出的增长可以分成三个部分：要素积累、技术进步和技术效率的增进。如图3.4，其中Z代表要素投入X增加带来的总产出增长，T_2–T_1代表技术进步带来的总产出增长，E_1–E_2代表技术效率增进带来的总产出增长。

2. 制度与经济增长

如果说经济增长来自于物质资本、劳动力、人力资本等要素的积累与技术进步和技术效率增进推动的全要素生产率进步，那么，又是什么推动了要素的积累、技术进步和技术效率的增进？新制度经济学代表人物诺思和托马斯曾经指出，“我们列出的原因（创新、规模经济、教育、资本积累等）并不是经济增长的原因；它们乃是增长”，“本书的中心论点是一目了然的，那就是有效率的经济组织是经济增长的关键……有效率的组织需要在制度上作出安排和确立所有权以便造成一种刺激，将个人的经济努力变成私人收益率接近社会收益率的活动。”①

制度是人们在长期社会交往中逐步形成的约束人们行为的社会规范，包括正式和非正式规范两种形式。因此，制度能够稳定人们交往中的预期，降低不确定性。正如诺斯所说，“制度是一个社会的博弈规则，或者更规范地说，它们是一些人为设计的、型塑人们互动关系的约束”，“制度在社会中的主要作用，是通过建立一个人们互动的稳定（但不一定是有效的）结构来减少不确定性。”②熊彼特认为，创新是打破循环流转、推动长期经济增长的根本动力，而创新来自于企业的研发行为。但是，企业研发充满了不确定性，除了研发过程中的不确定性之外，企业能否获取研发成果的收益也同样充满不确定性，这种不确定性主要来自竞争对手的仿制。由于仿制成本远远低于自主研发的投入，因此，仿制品往往比原创企业产品或服务价格更低，从而在市

① [美]道格拉斯·诺斯：《西方世界的兴起》，厉以平、蔡磊译，华夏出版社1999年版，第5—7页。

② [美]罗伯斯·托马斯：《制度、制度变迁与经济绩效》，杭行译，格致出版社、上海三联书店2008年版，第3、7页。

场上产生“劣币驱逐良币”现象，这可能导致没有企业愿意投资于研发，从而导致经济增长的停滞。作为一种制度的知识产权法的存在就可以降低原创企业的不确定性，从而鼓励企业的研发投入，推动长期经济增长。由此，经济增长的发生乃是源于经济组织提供了某种制度，该制度降低了人们面对的不确定性，并为人们积累生产要素、进行研发与提高技术效率提供了激励，而这些行为推动了经济增长。

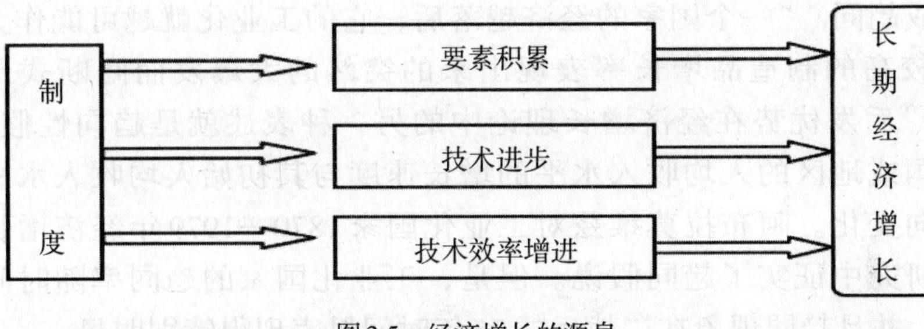

图3.5　经济增长的源泉

按照经济学家对国富国穷的探索成果，中国改革开放之后奇迹般的增长源于经济体制改革激发了人们积累生产要素、进行技术研发、提升技术效率的努力。除此之外，中国奇迹般的增长还源于经济体制改革推动了后发优势的充分发挥。

3. 后发优势与经济高速增长

著名经济史学家格申克龙在研究相对落后的东南欧国家的工业化时，提出了后发优势理论，即相对的经济落后对其经济发展也有积极的一面，从而也可能转化为一种优势。落后国家的实际经济活动状态及现存的工业发展障碍与人们对发展本身所固有的高期望之间的紧张关系将成为经济发展的推动力。因此，一旦落后国家排除了经济发展过程中的制度障碍，工业化的进程将加速。“工业化所展现的机会当然要依每个国家自然资源禀赋的不同而各异。不仅如此，只要某些可怕的制度障碍（诸如农奴制度或政治统一的普遍缺乏）依然存在，就没有任何工业化的可能，从而也就不存在‘紧张’。假定存在着足够的可利用资源的禀赋，并且对于工业化的主要障碍也已经被排除，那么工业化本身所具有的机会将与一国的落后程度按照同一方向变化。”①落后国家可以通过政府干预为工业化创造前

①[美]格申克龙：《经济落后的历史透视》，张凤林译，商务印书馆2009年版，第11页。

提，如以政府的高积累或投资银行来代替私人储蓄，以铁路建设等公共工程支出来弥补国内落后的农业经济导致的对工业品需求不足。同时，通过引进和吸收国外先进技术能够迅速缩短与国际技术前沿的差距，成功提高劳动生产率。落后国家从较先进国家能够吸收的技术创新存量越大，其工业化前景似乎就越乐观。由此，格申克龙指出落后国家以爆发式工业化的方式实现对先进工业化国家的追赶或趋同。“一个国家的经济越落后，它的工业化就越可能作为一种以较高的制造品增长率表现出来的突然的大爆发而间断式地开始。”[①]后发优势在经济增长理论中的另一种表述就是趋同性假说，即一国或地区的人均收入水平的增长速度与其初始人均收入水平呈反方向变化。阿布拉莫维兹对工业化国家1870—1979年经济增长的历史研究中证实了趋同假说。但是，工业化国家的趋同率随时间而变化，并且趋同现象在二战后的25年时间里表现得特别明显。

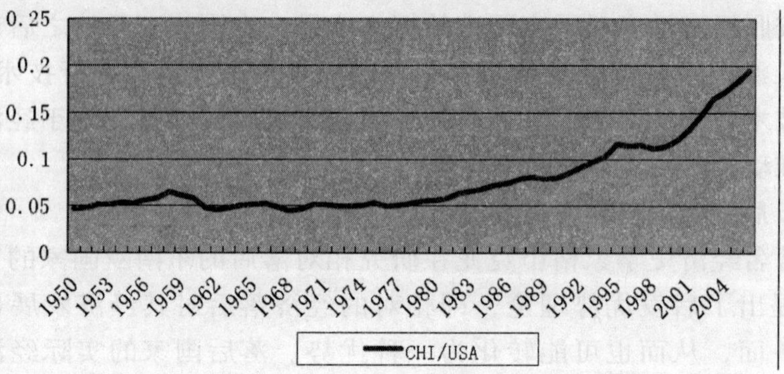

图3.6 中国与美国人均GDP之比（其中美国人均GDP为1）：1950—2006年[②]

但是，后发优势的发挥并不是无条件的。阿布拉莫维兹就明确指出，落后国家对先进工业化国家的追赶速度不是取决于其技术上的落后程度，而是取决于其社会能力[③]。比较中国改革开放前后的经济增长表现，可以鲜明地体现这一点。按照麦迪森的数据，1950年中国和美国人均GDP分别为448、9561国际元，中国为美国的4.69%，中国远远落后于美国（世界最发达的国家）。根据后发优势假说，在接下来的时

① [美]格申克龙：《经济落后的历史透视》，张凤林译，商务印书馆2009年版，第428页。

② 数据来源于[英]安格斯·麦迪森著：《世界经济千年统计》，伍晓鹰等译，北京大学出版社2009年版。本表中的人均GDP都是按照1990年不变价格计算，单位是国际Geary-Khamis美元，简称国际元。

③ Abramovitz Moses, 1986. Catching Up, Forging Ahead, and Falling Behind[J]. The Journal of Economic History, Vol. 46, No. 2, pp. 385—406.

间里中国增长的速度要快于美国，从而使中国和美国的差距缩小。然而，1978年中国和美国的人均GDP分别为978、18373国际元，虽然中国的人均GDP翻了一番多，但中国和美国之间的人均GDP差距几乎没有缩小，中国为美国的5.32%。改革开放之后，中国的高速经济增长迅速缩小了与美国的差距。至2006年，中国和美国的人均GDP分别为6048、31049国际元，中国为美国的19.48%，在28年时间里，中美差距缩小了14.16个百分点。从图3.6中可以清晰看出改革开放后中国对美国的追赶进程。因此，一国后发优势的发挥需要一定的制度条件作为基础。

（三）中国特色社会主义经济制度与体制是中国奇迹的制度保障

中共十一届三中全会重新确立了解放思想、实事求是的马克思主义思想路线，为正确总结社会主义建设的经验教训，实事求是地分析我国的基本国情，从而准确判断我国所处的社会主义发展阶段奠定了基础。十一届四中全会通过的叶剑英同志在建国30周年的纪念讲话，初步提出了社会主义初级阶段的思想，指出："社会主义制度还处在幼年时期。"1981年6月中共十一届六中全会通过的《关于建国以来党的若干历史问题的决议》明确指出："我们的社会主义制度还是处于初级的阶段。"1982年9月，中共十二大文件也指出："我国的社会主义社会现在还处在初级发展阶段。"1987年10月，中共十三大系统地阐述了社会主义初级阶段理论，并明确指出这是建设有中国特色社会主义的首要问题，是我们党制定基本路线、方针、政策的理论基础和出发点。1997年9月，中共十五大报告明确提出，我们现在处于并将长期处于社会主义初级阶段，并对社会主义初级阶段的基本特征、发展进程、主要矛盾、根本任务和基本纲领等作了深刻地阐述，形成了完整的社会主义初级阶段理论。

社会主义初级阶段，是指在我国这样生产力落后、商品经济不发达基础上建设社会主义必然要经历的特定历史阶段，即从我国进入社会主义社会到基本实现社会主义现代化的整个历史阶段。这一论断有两层含义：一是我国已经进入社会主义社会；二是我国的社会主义还处于不发达阶段。只有深刻理解了社会主义初级阶段的内涵，既明确我国社会的社会主义性质，又清醒地认识到我国社会主义还处于不发达的初级阶段，才能防止在社会主义建设过程中“左”和右的两种错误倾向。确认我国处于并将长期处于社会主义初级阶段，是建设中国特色的社会主义理论和实践的出发点和立足点。

1. 社会主义初级阶段基本经济制度的形成及非公经济的发展

改革开放以来，在不断探索和总结建设社会主义的实践中，中国共产党领导中国人民逐步形成了以公有制为主体、多种所有制经济共同发展的基本经济制度。在基本经济制度理论的指导下，我国所有制结构得以调整和改革，逐步消除了制约生产力发展的所有制结构中的不合理成分，极大地推动了生产力的发展、人民生活水平的提高和综合国力的增强。

《关于建国以来党的若干历史问题的决议》指出，一定范围的劳动者个体经济是公有制经济的必要补充。中共十二届三中全会通过的《关于经济体制改革的决定》指出，全民所有制经济是我国社会主义经济的主导力量，但全民所有制经济的巩固和发展决不应以限制和排斥其他经济形式和经营方式的发展为条件。集体经济是社会主义经济的重要组成部分，个体经济是社会主义经济必要的有益的补充，必须扫除城市和乡镇集体经济和个体经济的发展障碍。坚持多种经济形式和经营方式的共同发展，是我们长期的方针，决不会动摇而只会有利于巩固和发展我国的社会主义经济制度。中共十三大报告提出，社会主义初级阶段的所有制结构，应以公有制为主体，私营经济是公有制经济必要和有益的补充。中外合资企业、合作经营企业和外商独资企业，也是我国社会主义经济必要的和有益的补充。1988年4月，七届全国人大一次会议通过《中华人民共和国宪法修正案》规定：国家允许私营经济在法律规定的范围内存在和发展。私营经济是社会主义公有制经济的补充。国家保护私营经济的合法权利和利益，对私营经济实行引导、监督和管理。

从改革开放前对私营经济的绝对禁止，到私营经济是社会主义公有制经济的补充，并从《宪法》高度确认对私营经济的保护，这极大地降低了私营企业家发展非公经济的政治风险和成本，从而推动了私营经济在中国出现第一个发展高潮。至1988年底，全国城乡登记注册的个体工商户达到1454.9万户，从业人员2304.9万人。全国（除西藏、山西、黑龙江外）已注册私营企业达40638家，雇工人数达

723782人。如果再考虑大量“戴红帽”的集体企业和混杂于个体工商户、个人合伙以及乡镇、街道企业中的私营企业在内，实际的私营企业估计有20多万家。1989年至1992年邓小平南方谈话期间，中国的非公经济发展陷入低潮。到1989年6月底，全国城乡登记注册的个体户减少到1234.3万户，从业人员减少至1943.6万人，分别比1988年底降低了15%和15.7%。[①]到1989年底，私营企业已经减少了大约一半。[②]

1992年，邓小平南方谈话之后，个体、私营经济再次兴起。同年，中共十四大报告对社会主义初级阶段的所有制结构作了如下概括：以公有制包括全民所有制和集体所有制经济为主体，个体经济、私人经济、外资经济为补充，多种经济成分长期共同发展，不同经济成分还可以自愿实行多种形式的联合经营。同年，中共十五大报告第一次明确提出了社会主义初级阶段基本经济制度概念并指出，以公有制为主体、多种所有制经济共同发展，是我国社会主义初级阶段的一项基本经济制度。2002年11月，江泽民在中共十六大报告中进一步阐明了坚持和完善社会主义基本经济制度的方向：根据解放和发展生产力的要求，坚持和完善公有制为主体、多种所有制经济共同发展的基本经济制度。第一，必须毫不动摇地巩固和发展公有制经济。发展壮大国有经济，国有经济控制国民经济命脉，对于发挥社会主义制度的优越性，增强我国的经济实力、国防实力和民族凝聚力，具有关键性作用。集体经济是公有制经济的重要组成部分，对实现共同富裕具有重要作用。第二，必须毫不动摇地鼓励、支持和引导非公有制经济发展。个体、私营等各种形式的非公有制经济是社会主义市场经济的重要组成部分，对充分调动社会各方面的积极性、加快生产力发展具有重要作用。第三，坚持公有制为主体，促进非公有制经济发展，统一于社会主义现代化建设的进程中，不能把这两者对立起来。各种所有制经济完全可以在市场竞争中发挥各自优势，相互促进，共同发展。2004年修订的《中华人民共和国宪法》确认：国家在社会主义阶段，坚持公有制为主体、多种所有制经济共同发展的基本经济制度，坚持按劳分配为主体、多种分配方式并存的分配制度。

① 转引自董辅礽主编：《中华人民共和国经济史》（下卷），经济科学出版社1999年版，第417页。

② 凌志军：《沉浮——中国经济改革备忘录》，东方出版中心1998年版，第449页。

表3.8 中国分企业类型工业总产值及所占比重：1978—1999年[①]

年份	总产值（亿元，当年价格计算）					占工业总产值比重			
	工业总产值	国有及控股	集体	个体	其他经济类型	国有及控股	集体	个体	其他经济类型
1978	4237	3289	948			0.7763	0.2237		
1980	5154	3916	1213	1	24	0.7598	0.2354	0.0002	0.0047
1985	9716	6302	3117	180	117	0.6486	0.3208	0.0185	0.0120
1990	23924	13064	8523	1290	1047	0.5461	0.3563	0.0539	0.0438
1995	91894	31220	33623	11821	15231	0.3397	0.3659	0.1286	0.1657
1999	126111	35571	44607	22928	32962	0.2821	0.3537	0.1818	0.2614

改革开放以来，在建设中国特色社会主义实践中逐步形成的社会主义初级阶段理论，以及与此相适应的社会主义基本经济制度极大地推动了非公有制经济的发展，非公经济从无到有，成为中国经济重要组成部分，也成为中国经济高速增长与发展的重要动力之一。从工业总产值看，1980年，个体和其他经济类型企业总产值为25亿元，占当年工业总产值比重不到0.5%，而经过20多年的高速发展，至1999年，个体和其他经济类型企业总产值分别为22928、32962亿元，分别占当年工业总产值的18.18%、26.14%，共计占当年工业总产值的44.32%。2000年，私营企业、外商及港澳台投资企业工业总产值分别为5220.36、23464.55亿元，分别占当年规模以上工业企业总产值的6.09%、27.39%，共计占当年规模以上工业企业总产值的33.48%。[②] 2011年，私营企业、外商及港澳台投资企业工业总产值分别为252326、218417亿元，分别占当年规模以上工业企业总产值的29.9%、25.9%，共计占当年规模以上工业企业总产值的55.8%（见表3.4）。因此，正是社会主义初级阶段基本经济制度在巩固公有制主体地位的同时，推动了个体经济、私营经济、外商及港澳台投资经济等多种所有制经济的发展和繁荣，才有了中国经济奇迹般的增长。

我国人口众多，每年有几百万新成长的劳动力要求就业。非公经济的发展不仅推动了经济总量的高速增长，更成为解决就业和再就业问题的最重要渠道。改革开放前，我国非农就业都集中在国有和集体

① 其中绝对数来自《中国统计年鉴—2000年》，中国统计出版社2000年版，分类型企业总产值占工业总产值比重作者根据数据计算。

② 其中绝对数来自《中国统计年鉴—2000年》，中国统计出版社2000年版，分类型企业总产值占工业总产值比重作者根据数据计算。

单位。1978年，城市个体经济就业总量为15万，1985年，这一数字激增到450万。同时，随着沿海经济特区的开放，外商及港澳台投资企业就业需求增加，1990年，城乡个体、私营、外商及港澳台投资企业就业总量达2341万，2000年达8119万，2011年更是达20448万，占城乡总就业人数的26.8%。非公经济的高速增长不仅解决了新增劳动力的就业问题，而且成为城市国有和集体单位改革后劳动力再就业的最重要途径。城市国有和集体单位就业总量由1992年最高点的14510万降低到2011年的7307万。

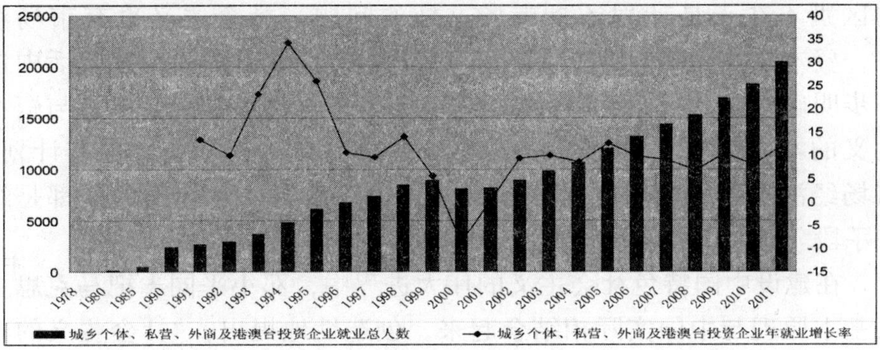

图3.7　城乡个体、私营、外商及港澳台投资企业就业：1978—2011年①

2. 社会主义市场经济体制的建立与完善

社会主义计划经济体制向社会主义市场经济体制的转型，极大地提高了资源的配置效率，促进了中国经济的结构转型，从而推动了中国经济的高速增长。但是，改革开放伊始，中国并没有明确的目标模式，社会主义市场经济体制是在改革开放过程中逐步形成的共识。特别是在改革开放的总设计师邓小平1992年南方视察并发表内容丰富、思想深刻的重要谈话之后，这一目标才完全清晰，同年中共十四大明确指出，我国经济体制改革的目标是建设社会主义市场经济体制。

邓小平很早就认识到社会主义也可以实行市场经济。1979年11月，他在会见美国不列颠百科全书出版公司编委会副主席吉布尼和加拿大麦吉尔大学东亚研究所的林达光时指出："说市场经济只存在于资本主义社会，只有资本主义的市场经济，这肯定是不正确的。

① 根据《中国统计年鉴-2012年》"按城乡分就业人数（年底数）"计算，中国国家统计局：《中国统计年鉴—2012年》，中国统计出版社2012年版。

社会主义为什么不可以搞市场经济，这个不能说是资本主义。……社会主义也可以搞市场经济。”[①]1985年10月，邓小平在会见美国高级企业家代表团时说：“社会主义和市场经济之间不存在根本矛盾。问题是用什么方法才能更有力地发展社会生产力。我们过去一直搞计划经济，但多年的实践证明，在某种意义上说，只搞计划经济会束缚生产力的发展。把计划经济和市场经济结合起来，就更能解放生产力，加速经济的发展。”[②]1990年12月，邓小平在同几位中央负责同志谈话时指出，“我们必须从理论上搞懂，资本主义和社会主义的区别不在于是计划还是市场这样的问题。社会主义也有市场经济，资本主义也有计划控制。”[③]1992年初，邓小平在南方谈话中进一步明确指出，“计划多一点还是市场多一点，不是社会主义与资本主义的本质区别。计划经济不等于社会主义，资本主义也有计划；市场经济不等于资本主义，社会主义也有市场。计划和市场都是经济手段。”[④]

在建设中国特色社会主义的伟大进程中，邓小平同志把马克思主义基本原理与中国实际相结合起来，创造性地提出，“社会主义的本质，是解放生产力，发展生产力，消灭剥削，消除两极分化，最终达到共同富裕。”[⑤]这一认识突破了把计划经济和市场经济看作属于社会基本制度的范畴的传统观念，在社会主义思想发展史上第一次明确提出计划和市场仅仅是经济手段，解决了社会主义制度与市场经济体制兼容的理论问题，为中国建立社会主义市场经济体制提供了理论依据。

1992年10月，中共十四大报告回顾和分析了建国以来关于计划和市场关系问题认识的发展和深化的过程，并明确指出，“改革开放十多年来，市场范围逐步扩大，大多数商品的价格已经放开，计划直接管理的领域显著缩小，市场对经济活动调节的作用大大增强。实践表明，市场作用发挥比较充分的地方，经济活力就比较强，发展态势就比较好。我国经济要优化结构，提高效益，加快发展，参与国际竞

① 《邓小平文选》第二卷，人民出版社1994年版，第236页。
② 《邓小平文选》第三卷，人民出版社1993年版，第148—149页。
③ 《邓小平文选》第三卷，人民出版社1993年版，第364页。
④ 《邓小平文选》第三卷，人民出版社1993年版，第373页。
⑤ 《邓小平文选》第三卷，人民出版社1993年版，第373页。

争，就必须继续强化市场机制的作用。……我国经济体制改革的目标是建立社会主义市场经济体制，以利于进一步解放和发展生产力。”报告还对社会主义市场经济体制这一目标模式作了初步阐述，强调一方面要使市场在社会主义国家宏观调控下对资源配置起基础性作用，另一方面要与社会主义基本经济制度相结合。1993年11月召开的中共十四届三中全会通过了《中共中央关于建立社会主义市场经济体制若干问题的决定》，勾画出了社会主义市场经济体制的基本框架：第一，建立现代企业制度；第二，培育和发展市场体系；第三，建立健全宏观经济调控体系；第四，建立合理的收入分配制度；第五，建立多层次的社会保障体系。经过20多年的改革开放，社会主义市场经济体制于新世纪初基本建成。2002年12月，中共十六大报告明确指出，21世纪头20年改革开放的主要任务是完善社会主义市场经济体制，即2020年建成完善的社会主义市场经济体制和更具活力、更加开放的经济体系。次年10月，中共十六届三中全会通过了《关于完善社会主义市场经济体制若干问题的决定》，对建成完善的社会主义市场经济体制做出了全面部署。

通过社会主义市场经济体制的建设，市场在资源配置中真正发挥着基础性作用。樊纲等通过构建中国市场化指数，测度了中国市场化程度。市场化指数由五个方面指数组成，每个方面指数各自反映市场化的某一特定方面，具体包括政府与市场的关系、非国有经济的发展、产品市场的发育程度、要素市场的发育程度、市场中介组织发育程度和法律制度环境等五个方面。每个方面指数又都包含若干分项指标，有的分项指标下面还有二级分项指标，最下面一级的分项指标为基础指标。市场化指数体系总共由23项基础指标构成。市场化指数得分在0—10之间，得分越大表明市场化程度越高，得分越小表明市场化程度越低。从市场化程度的总体情况看，2001年市场化指数为4.64，2005年增加到6.52，短短五年间增加了40.5%。从分类市场化指数看，中国的产品市场发育程度最高，2005年指数达8.37，而要素市场的发育程度最低，2005年指数仅为4.37。但是，各分类指数在2001—2005年间都有了较大幅度增长，其中非国有经济的发展指数增长最快，增长率为77.6%，产品市场的发育程度指数增长最慢，增长率为27.8%。

表3.9 中国的市场化指数：2001—2005年[1]

	2001	2002	2003	2004	2005	2005年比2001年得分增加
总得分	4.64	5.02	5.50	6.10	6.52	1.88
政府与市场的关系	5.82	6.18	6.65	7.55	8.04	2.22
非国有经济的发展	3.97	4.88	5.68	6.47	7.05	3.08
产品市场的发育程度	6.55	6.60	6.97	7.66	8.37	1.82
要素市场的发育程度	3.23	3.50	3.96	4.30	4.37	1.14
市场中介组织发育程度和法律制度环境	3.61	3.92	4.24	4.51	4.78	1.16

伴随市场化程度的提高，中国经济的资源配置效率得到了极大地提升，推动了中国经济高速增长。王小鲁等研究表明，“市场化改革和城市化发展是过去30年改革时期生产率提高的重要原因，在大部分时期合计贡献超过一个百分点。它们对TFP的主要作用来自要素配置和激励机制的改善。外资和外贸效应是两个外源性因素，它们在20世纪80、90年代提高了TFP0.6到0.7个百分点。”[2]资源配置效率的提升主要表现在产业和就业结构的调整与贸易结构的变化上。从表3.2可以看出，第一产业就业比重由70.5%降低到2011年的34.8%，相应其产值比重由28.2%降低到10%。而随着大批农村剩余劳动由效率低的农业部门转移到效率更高的城乡工业和服务业部门，这极大地提高了他们的劳动生产率，从而推动了整体中国经济的增长。实证研究表明，劳动力从效率低的农业部门转移到效率更高的工业和服务业部门，这种结构调整是中国改革开放以来经济高速增长的重要来源。樊胜根等人研究表明，中国1978—1995年间的GDP增长中，结构调整贡献率达17.47%[3]。

市场在资源配置中的基础性作用的发挥，特别是要素市场的逐步形成，推动中国经济逐步完成了发展战略的调整，即由重工业优先发展转向比较优势发展战略，极大地提升了资源配置效率，推动了中国经济增长。反观改革开放前，正是因为市场不能在资源配置中发挥基础性作用，重工业优先发展与当时要素禀赋不符，从而导致资源配置

① 樊纲、王小鲁、朱恒鹏：《中国市场化指数——各省区市场化相对进程2006年度报告》，中国经济改革研究基金会国民经济研究所2006年编。

② 王小鲁，樊纲，刘鹏：《中国经济增长方式转换和增长可持续性》，《经济研究》2009年第1期。

③ Fan, S., X. Zhang, and S. Robinson. 2003. Structural change and economic growth in China[J]. Review of Development Economics 7 (3): pp360—377.

效率低下。蔡昉、林毅夫的研究表明，“传统经济增长模式的失败，首先表现为资源配置效率低下。在经济发展的初期，资本相对稀缺而劳动力相对丰富。如果生产要素价格由市场决定，资本将会相对昂贵而劳动力相对便宜。因此，中国经济的比较优势在于劳动密集型产业。如果投资由市场上的供求变动引导，追求利润的动机将诱导企业家在微观上使用资本节约型和劳动使用型的技术，并且在宏观上将更多的资源配置在劳动密集型产业。由于政府采取人为扭曲资金价格的方式，在资金密集型产业上投资过多，抑制了具有比较优势的劳动密集型产业的发展，导致整个经济不能在生产可能性曲线上面进行，造成资源配置效率的损失。”①改革开放以来，社会主义市场经济体制的建立与完善促使中国发挥要素禀赋的比较优势，推动了中国国际竞争力的提升，中国迅速成为外贸大国。1978年，中国进出口总额206.4亿美元，外贸逆差11.4亿美元，1990年，进出口总额已达1154.4亿美元，外贸顺差87.4亿美元，而2011年，进出口总额已达36418.6亿美元，外贸顺差达1549亿美元，进出口总额占GDP的比重高达50%。

表3.10　中国进出口总额：1978—2011年②

年份	人民币（亿元）				美元（亿美元）			
	进出口总额	出口总额	进口总额	差额	进出口总额	出口总额	进口总额	差额
1978	355.0	167.6	187.4	−19.8	206.4	97.5	108.9	−11.4
1980	570.0	271.2	298.8	−27.6	381.4	181.2	200.2	−19.0
1985	2066.7	808.9	1257.8	−448.9	696.0	273.5	422.5	−149.0
1990	5560.1	2985.8	2574.3	411.5	1154.4	620.9	533.5	87.4
1995	23499.9	12451.8	11048.1	1403.7	2808.6	1487.8	1320.8	167.0
2000	39273.2	20634.4	18638.8	1995.6	4742.9	2492.0	2250.9	241.1
2005	116921.8	62648.1	54273.7	8374.4	14219.1	7619.5	6599.5	1020.0
2010	201722.1	107022.8	94699.3	12323.5	29740.0	15777.5	13962.4	1815.1
2011	236402.0	123240.6	113161.4	10079.2	36418.6	18983.8	17434.8	1549.0

但是，无论是非公有制经济的发展，还是社会主义市场经济体制的建立，在中国都是通过渐进方式实现的。或者说，中国以公有制为主体、多种所有制经济共同发展基础上的市场经济体制是中国渐进改革进程中的自然结果。

① 蔡昉、林毅夫：《中国经济》，中国财政经济出版社2003年版，第98页。

② 中国国家统计局：《中国统计年鉴—2012年》，中国统计出版社2012年版。

（四）中国的渐进改革与中国奇迹

1978年底，中国开启了从社会主义计划经济走向社会主义市场经济的改革开放道路。1989年东欧剧变、1991年苏联解体，苏东欧国家相继从社会主义计划经济转向资本主义市场经济。人们一般把中国的转型称为渐进改革，把苏联东欧的转型称为激进改革，除了二者在时间上的差异之外，更关键的是后者是一种改旗易帜的革命，直接由社会主义转向资本主义①。中国和苏联东欧改革伊始，人们普遍看好"华盛顿共识"理念指导下的苏联东欧改革，认为以稳定宏观经济、自由化、私有化为核心的改革手段和步骤虽然短期会导致产出的急剧下滑，但随着资本主义市场经济开始发挥作用，产出水平会急剧增加，呈现L型走势。中国经济体制因为改革不彻底而成为"四不像"，必将导致经济增长停滞甚至崩溃。但是，与主流经济学家的预言相反，像中国、越南这样的渐进改革国家，不仅避免了转轨过程中经济的剧烈下滑，而且保持了持续、快速增长，经济社会不断发展。而像俄罗斯、乌克兰等这样按照主流经济学家开出药方进行激进改革的国家和地区，经济持续下滑，收入分配差距不断拉大，经济社会发展陷入困境，二者构成鲜明对比。以时间维度衡量，中国改革开放以来经济增长速度明显快于改革开放前，而苏联/俄罗斯资本主义市场经济转型后经济增长速度明显低于转型前。从中俄对比看，20世纪90年代中国的经济增长速度年均为9.3%，而俄罗斯为-4.7%。新世纪以来，虽然俄罗斯的经济增长开始复苏，但是，仍然没有中国经济增长表现出色。从中俄改革后经济增长表现看，中国的渐进改革明显要优于俄罗斯的激进改革。

表3.11　中国和俄罗斯改革绩效比较②

	1960—1970	1970—1980	1980—1990	1990—2000	2001	2002	2003
中国	2.9	3.7	8.8	9.3	6.8	7.6	8.7
苏联/俄罗斯	4.0	4.7	1.3	-4.7	5.6	5.2	7.8

① "中国渐进式改革与苏联东欧激进式改革的根本区别，不在于市场化的方式和方法，而在于改革的性质与目标。中国渐进式改革的目标是完善社会主义制度，把社会主义基本制度与市场经济结合起来。而苏联东欧国家激进式改革的目标则是彻底否定社会主义制度，建立资本主义的市场经济。"张宇：《张宇自选集》，学习出版社2012年版，第451页。

② 卢荻：《面对全球化的制度变革和后进发展——中国经济转型的分析和阐释》，《政治经济学评论》2005年第2期。

1. 农村改革与乡村工业崛起

中国的改革是从旧体制的薄弱环节——农村——开始，而农村的制度变革——人民公社转向家庭联产承包责任制——在推动农业生产率提升和农业发展的同时，带来了最意想不到结果：乡村工业的崛起。

从20世纪50年代推行合作化运动到70年代末的家庭联产承包责任制的推行，生产队体制在中国延续了20多年。在这一体制下，劳动者的劳动投入被评定为工分，劳动者的收入按照其一年所累积的工分进行分配。但是，由于农业生产的特殊性，监督的不完全导致工分制难以准确度量农业劳动的数量和质量，从而导致农民生产积极性低下。因此，新中国建立后近30年，中国人民的温饱问题仍然没有完全解决。正是在这一背景下，20世纪70年代末期，中国农村自发开始了家庭联产承包责任制的变革。家庭联产承包责任制最开始出现在条件差的落后生产队，但是，不到6年时间，至1984年中国几乎所有的农村生产队都实行了家庭联产承包责任制。而这6年正是新中国成立以来农业增长最快时期。资料表明，1978—1984年间，按不变价格计算的农业总增长率和年均增长率分别为42.23%、6.05%。其中，家庭联产承包责任制取代生产队的制度变革又是农业快速增长的最重要原因。林毅夫的研究表明，在该时期的农业总增长中，家庭联产承包责任制所作的贡献为46.89%，大大高于提高农产品收购价格、降低农用生产要素价格等其他因素所作的贡献。[①]家庭联产承包责任制之所以能够成为该时期农业增长的主要贡献，是因为它通过“交够国家的，留足集体的，剩下都是自己的”这种分配制度赋予了农民的剩余索取权，极大地激发了中国农民的生产积极性，从而推动了中国农业技术效率的提升，带来了农业全要素生产率的进步和农业增长。

除农业增长外，中国农业生产体制变革最意想不到的成就在于推动了乡村工业的崛起。中国渐进改革的特征体现在产品和要素市场放开的不均衡性。中国首先是开放部分商品市场，特别是与人民生活息息相关的消费品市场，然后再慢慢放开生产资料市场，最后逐步放开全部要素市场。在放开要素市场过程中，首先是有限度的放开劳动力市场，然后是土地市场，最后是金融市场。家庭联产承包责任制的推

① 林毅夫：《制度、技术与中国农业发展》，上海三联书店、上海人民出版社1994年版，第93—95页。

行使中国农业的隐性剩余劳动力显性化，而正是亿万农民从土地上呼唤而出推动了乡村工业的崛起。改革开放伊始，农村劳动力进城务工是不被允许的，为此农村剩余劳动力就没有办法获取其要素报酬。但是，改革开放初期，城市集贸市场逐步放开后，农村的一些农副产品可以运输到城市出卖。因此，在农村办企业，把农村剩余劳动力及其他生产要素转化成产品，再把产品卖到城市，获取农村各种剩余生产要素的收入流，提升农民收入，就成为中国农民的必由选择。正因如此，在农村这个具有天然区位劣势的区域，中国乡村工业居然迅速崛起，并成为20世纪80至90年代推动中国经济增长的最重要动力之一。乡镇企业源于改革开放前的社队企业，改革开放伊始的1978年，乡镇企业152万个，从业人员2827万人，创造增加值209亿元，占当年GDP的5.7%。随后进入高速发展期，1990年乡镇企业1873万个，从业人员9262万，创造增加值2504亿元，占当年GDP13.4%，1996年乡镇企业达到顶峰，乡镇企业2336万个，从业人员13508万人，创造增加值17659亿元，占当年GDP的24.8%。随后乡镇企业的个数和从业人员开始下降，但创造的增加值继续增长，2000年乡镇企业增加值达27156亿元，占当年GDP的27.4%。

3.12 中国乡镇企业情况：1978—2000年①

	企业数（万个）	从业人员（万人）	乡镇企业增加值（亿元）	乡企增加值占GDP比重（%）
1978	152	2827	209	5.7
1980	142	3000	285	6.3
1985	1222	6979	772	8.6
1990	1873	9262	2504	13.4
1991	1909	9614	2972	13.6
1992	2092	10581	4485	16.7
1993	2453	12345	8007	22.7
1994	2495	12017	10928	22.7
1995	2203	12861	14595	24.0
1996	2336	13508	17659	24.8
1997	2099	13050	18914	23.9
1998	2004	12537	22186	26.3
1999	2071	12704	24882	27.7
2000	2085	12820	27156	27.4

① 张毅、张颂颂编著：《中国乡镇企业简史》，中国农业出版社2001年版，第247页。

总之，中国农村的制度变革，推动了农业发展和剩余劳动力的涌现，而这些又进一步推动中国乡村工业的崛起，加速了中国经济的结构变迁和发展进程。

2. 国有企业改革与公有制经济发展

1978—1984年，中国改革的重心在农村，农业生产组织形式由生产队向家庭联产承包责任制转变。之后，中国改革的重心转向城市，核心是城市国有企业改革。计划经济体制下最大问题就是中央统得过死，地方和企业没有自主权和活力。为了解决这一问题，1978年即开始了放权让利的改革，以调动各方面的积极性。

在国家与企业的关系上，增加了企业利润留成，逐步扩大了国有企业的经营自主权。1978年10月，四川开始进行扩大企业自主权的改革试验。试点从发动群众讨论增产节约计划入手，确定在增产增收的基础上，企业可提取一些利润留成，职工可以获得一部分奖金。改革确实提升了企业生产的积极性，增强了企业活力。以宁江机床厂为例，1976—1978年平均生产机床535台，而1978年生产699台，并销售一空，1979年生产1075台。1981年与1979年相比，资金利润率增长77.83%，劳动生产率增长32.7%。四川省在总结企业改革试点的基础上迅速扩大了试点范围，试点企业扩大到100家工业企业和40家商业企业。[①]同时，全国许多地方和企业也仿照四川的做法和经验，自行制定试点办法并加以推广。但是，在其他方面改革尚未启动的情况下，尽管扩大企业自主权能够调动企业的积极性，但是企业的盈亏并不能完全反映其经营的好坏，而且国家难以对试点企业进行有效监督。相反，试点企业可以通过投资扩张而多占多分企业收益，导致国家财政赤字严重，整个经济有陷入通货膨胀的危险。为了解决这一问题，扩大企业自主权的改革重点开始转向经济责任制，即企业必须首先完成上交国家利润的任务，余下部分或全部留给企业，或按照一定比例在国家与企业之间进行分配。为了规范国家和企业的分配关系，1983年国务院批转了财政部关于全国利改税工作会议的报告和修改后的《关于国有企业利改税试行办法》，全面推行“利改税”改革。1984年又全面推行了第二步“利改税”。两步利改税通过税收规范了国家与企业之

① 董辅礽主编：《中华人民共和国经济史》（下卷），经济科学出版社1999年版，第65页。

间的分配关系，较好地解决了企业吃国家大锅饭的问题，加速了企业向自主经营、自负盈亏的市场主体地位的转变。

尽管放权让利后企业活力有所增强，但是企业仍感活力不足，突出表现在企业技术改造资金不足和企业经营绩效不高。为此，1987年3月的六届全国人大三次会议通过的《政府工作报告》中提出，当年改革的重点要放到完善企业经营机制上，根据所有权与经营权适当分离的原则，认真实行多种形式的承包经营责任制，开启了国有企业承包制改革序幕。20世纪80年代末90年代初，国内外经济形势和国企体制存在的弊端导致企业面临严峻困难，企业亏损严重。1988年国有独立核算工业企业亏损面和亏损率为10.91%和8.41%，1989年则上升为16.03%和19.52%，1990年进一步上升为27.55%和47.33%[①]。面对如此困境，如何转变国有企业经营机制，使其成为真正的市场主体成为深化经济体制改革的核心。

1992年中共十四大报告明确我国经济体制改革目标是建立社会主义市场经济体制之后，承包制不能适应社会主义市场经济体制对微观主体的要求，国有企业改革进入建立"产权清晰、权责明确、政企分开、管理科学"的现代企业制度阶段。尽管20世纪90年代以来国有经济发展迅速，但是，仍然没有扭转亏损问题，无论亏损面还是亏损率都不断增加，1996年国有独立核算工业企业亏损639.57亿元，亏损面33.53%，亏损率43.87%[②]。有关资料分析表明，越是小型国企亏损面越大，亏损率越高。1995年，中共十四届五中全会通过的《关于制定国民经济和社会发展"九五"计划和2010年远景目标的建议》中提出了"抓大放小"的国有企业改革战略思路。2003年，为了解决国有企业政企不分问题，国有资产管理体制出现重大改革——国有资产管理委员会成立，把国家作为国有企业所有者的出资者职能从国家的公共管理职能中分离出来。"抓大放小"收缩了国有企业战线，国有资产管理委员会的成立有利于国家履行出资者的职能，中国国有企业完成了凤凰涅磐。"目前39个工业行业中国有企业产值占比超过50%的只有6个，有18个行业的占比已经降至10%以下；国有资本更多地向关系国民经济命脉和国家安全的行业和领域集中，国有经济的活力、控制力、影

① 董辅礽主编：《中华人民共和国经济史》（下卷），经济科学出版社1999年版，第371页。

② 董辅礽主编：《中华人民共和国经济史》（下卷），经济科学出版社1999年版，第379页。

响力空前增强。”“从2003年到2011年，全国除金融类企业以外的国有企业实现营业收入、净利润、上交税金年均增长17.6%、25.2%和19.4%，远高于同期中国经济增速；一大批自主知识产权和国际先进水平的科技创新成果成为我国科技创新的典范。到2012年，进入世界500强的中国内地企业总数超越日本达到69家，其中有53家为国资委系统监管企业，中石化、中石油、国家电网连续跻身榜单前十位；如今，仅115家中央企业单月利润就超过1000亿元。”①

与此同时，随着国有企业“抓大放小”和从大量竞争性行业中的退出，非国有经济获得了更大的发展空间，促进了非国有经济的发展。国有及国有控股工业企业虽然总产值只占工业总产值的26.2%，但是贡献的增值税却占到35.8%，这也为减轻非国有经济的税负提供了基础。因此，国有企业改革不仅推动了国有经济的发展，也有利于非国有经济，特别是非公有制经济的发展壮大。

3. 财政分权与经济增长

计划经济实行的是中央高度集中的统收统支的财政管理体制，这种体制限制了地方政府发展经济的积极性和主动性，因此成为改革开放后改革的重要内容，从此中国走上了财政分权的道路。而正是财政分权推动了地方政府的竞争，进而推动了中国经济增长。

1980年2月，国务院颁发《关于实行“划分收支、分级包干”的财政管理体制的暂行规定》，全面改进中央与地方、国家与企业的分配关系，这种体制通称“分灶吃饭”。其基本内容是，按照企事业单位的行政隶属关系明确划分中央和地方的收支范围，并按此范围确定各地区的包干基数。分成比例或补助数额一定5年不变，地方多收可以多支，少数就要少支，自行安排预算，自求收支平衡。为了与国有企业“利改税”改革同步，1985年国务院决定进一步改革政府间分配关系，实行“划分税种、核定收支、分级包干”体制。这一体制的实施确实调动了地方的积极性，充实了地方财政，但是，中央财政收入在财政收入中所占比重持续下滑，连年财政赤字，中央宏观调控能力明显弱化。为此，1986年开始实施包干体制，采取的形式有收入递增包干、总额分成、总额分成加增长分成、上解额递增包干、定额上解和定额补助等。

① 何宗渝、王敏、张辛欣、姜刚：《千里之任 行思行远——国资委成立十年来国有企业改革发展纪实》[EB/OL]，http://www.ah.xinhuanet.com/2013-05/26/c_115911315.htm.

但是，随着市场在资源配置中基础性作用的增强，财政包干体制的弊端日益显现，主要表现在：税收调节功能弱化，地区产业趋同和诸侯经济，影响产业结构的优化和统一市场的形成；中央财政收入在财政收入中所占比重持续下滑，中央宏观调控能力降低，无力推动区域平衡发展；中央与地方分配关系没有规范化。为此，从1992年开始，中国开始了“分税制”改革。1993年12月，国务院发布《关于实行分税制财政管理体制的决定》，从1994年开始，中国实行分税制财政管理体制，基本内容包括：在划分事权的基础上，划分中央与地方的财政支出；按税种划分收入，明确中央与地方财政收入的范围；确定中央对地方返还的数额；原体制的分配格局暂时不变。分税制初步建立了适合社会主义市场经济体制要求的税制体系框架，至此初步形成了规范的财政分权体制。

财政分权体制的改革对于改变计划经济下高度集中的财政制度具有重要作用，推动了财力分配体制由“条条”为主改为“块块”为主，提升了地方发展经济的主动性，推动了中国经济的发展。张军认为，从1985年中国财政分权体制演变至今，称中国是财政分权国家应该没有什么问题。按照世界银行1997年发展报告《变革世界中的政府》给出的数据，发达国家省（州）级政府财政支出占各级政府财政支出的平均比重为30%左右，最分权的加拿大和日本也只有60%。20世纪90年代的发展中国家平均比重是14%，转型国家是26%，美国不到50%。而中国的省级财政支出十几年来一直维持在占各级财政支出的70%。[①]许成钢和钱颖一的研究表明，中国改革绩效之所以与前苏联不同，在于中国和前苏联有不同的层级制组织结构。“东欧和苏联的组织机构是一种以职能和专业化‘条条’原则为基础的单一形式（U型经济）；相反，中国的层级制是一种自1958年以来就存在的以区域‘块块’原则为基础的多层次、多地区的形式（M型经济）。”[②]而这种M型组织结构的最大好处就是推动非国有经济的进入和扩张，从而推动了中国经济的繁荣。

① 张军、周黎安主编：《为增长而竞争：中国增长的政治经济学》，格致出版社、上海人民出版社2008年版，第1页。

② 张军、周黎安主编：《为增长而竞争：中国增长的政治经济学》，格致出版社、上海人民出版社2008年版，第1页。

4. 双轨制与市场的生长

农村改革推动的乡村工业崛起，国有企业放权让利改革推动的计划外产品，财政分权推动的非国有经济扩张，这些都导致在计划资源配置体系之外产生了大量的超计划产品。这些超计划产品不进入国家计划体系，不采用计划、行政手段配置，而是按照市场进行配置，从而催生了中国向社会主义市场经济过渡的独特方式——双轨制。其基本思路是：在产品主要部分仍按照计划价格供给与配置的情况下，允许生产者将计划外产品或新增产品按照市场价格销售，由于计划内生产的增长速度远远低于计划外生产的增长速度，从而在整个资源中计划内所占部分不断缩小，而计划外部分不断增加，即在资源配置中，计划所起的作用越来越小，而市场所起作用越来越大，最终计划内分配微乎其微，计划与市场并行的双轨资源配置体系自动向市场单轨过渡。因此，双轨制体现了中国改革路径的辩证法，即利用双轨、走出双轨，双轨是手段，向市场并轨是目的。

双轨制改革优点之一在于降低了改革的风险，分两次跨过了从计划经济到市场经济这条鸿沟。由于社会主义计划经济体制下计划、行政的资源配置体系仍然在发挥作用，因此改革过程中不会出现产出的急剧下滑。同时，超计划生产的存在及其不断增长又推动了中国经济的不断增长。因此，中国改革又称为增量改革，即当直接改革旧体制面临巨大阻力时，可以在不触动或少触动旧体制根本利益的情况下，积极开辟第二战场。在存量一定条件下，增量的不断扩张，最终实现增量对存量的并轨。

但是，双轨制改革的最大优点是为市场在计划经济体制中生长提供了条件和时间。经济增长理论已经证实，制度是决定国富国穷的根本原因，而正式制度是嵌入非正式制度之中发挥作用的。在计划经济向市场经济转轨的过程中，正式制度的移植相对容易，而非正式制度却只能在长期的市场交易中逐步形成。但是，正式制度发挥作用依靠非正式制度。俄罗斯式的休克疗法改革之所以没有产生像主流经济学家预想的结果，就是他们忽视了市场经济体制发挥作用依靠大量的非正式制度，如交易习惯与习俗、企业家能力与精神、社会信任等。而中国的渐进改革，农村改革推动的乡村工业崛起、城市国企改革中的超计划生产、财政分权推动的非国有经济发展等都为企业家能力与精神的培育、交易习惯的形成、社会资本的积累提供了空间和时间。正是这些非正式制度的形成推动了市场经济体制在中国的扩张，在中国经济高速增长的进程中社会主义计划经济体制向社会主义市场经济体制的转轨顺利完成。

总之，改革开放以来中国经济奇迹般的增长源于社会主义计划经济体制向社会主义市场经济体制的制度变革，这一制度变革为后发优势的发挥提供了制度动力。社会主义初级阶段基本经济制度的确立，既增强了公有制经济的主体地位和控制力，又促进了非公有制经济的发展。市场在资源配置中的基础性作用的不断增强，加速了中国经济的结构变迁，提高了中国经济的资源配置效率。农村改革推动的乡村工业的崛起、国有企业改革中的超计划产出、财政分权中的非国有经济扩张等都为计划经济向市场经济的渐进转轨提供了空间和时间，有利于与社会主义市场经济相容的非正式制度的形成。中国改革开放以来的奇迹恰恰是坚持社会主义基本政治制度和经济制度，通过制度的渐进创新和调整的稳步推行解决了社会主义和市场经济的相容性问题，成功地建设了社会主义市场经济体制的结果。

三、中国特色社会主义经济建设面临的问题：“中等收入陷阱”

我国用30年时间走完了发达资本主义国家100多年走过的道路，同样，发达资本主义国家在这100多年中所经历的矛盾和问题也浓缩在这短短的30年。中国经济高速增长对资源环境的压力与日俱增，经济社会发展的可持续问题引人担忧；发展的不平衡引发社会矛盾、冲突频发等等。原中共中央总书记胡锦涛曾经用“两期”来描述这种状况，即我们既处于战略机遇期，又处于矛盾凸现期。中共十八大报告在回顾过去10年发展成就的同时，也毫不掩饰地阐明了发展中问题：“必须清醒看到，我们工作中还存在许多不足，前进道路上还有不少困难和问题。主要是：发展中不平衡、不协调、不可持续问题依然突出，科技创新能力不强，产业结构不合理，农业基础依然薄弱，资源环境约束加剧，制约科学发展的体制机制障碍较多，深化改革开放和转变经济发展方式任务艰巨；城乡区域发展差距和居民收入分配差距依然较大；社会矛盾明显增多，教育、就业、社会保障、医疗、住房、生态环境、食品药品安全、安全生产、社会治安、执法司法等关系群众切身利益的问题较多，部分群众生活比较困难；一些领域存在道德失范、诚信缺失现象；一些干部领导科学发展能力不强，一些基层党组织软弱涣散，少数党员干部理想信念动摇、宗旨意识淡薄，形式主义、官僚主义问题突出，奢侈浪费现象严重；一些领域消极腐败现象易发多发，反腐败斗争形势依然严峻。对这些困难和问题，我们必须高度重视，进一步认真加以解决。”[①]如果我国能够很好地处理这些发展中矛盾和问题，经济社会就能继续高速发展，助推中国顺利进入高收入国家行列。反之，如果不能很好地处理这些矛盾和冲突，甚至愈演愈烈，中国很可能跌入“中等收入陷阱”。

（一）“中等收入陷阱”：内涵与特征事实

2007年，时值东南亚金融危机10周年，世界银行出版研究报告《东亚复兴：关于经济增长的观点》，总结了危机10年来东亚、东南亚国家的经济发展绩效，提出了中等收入陷阱概念，即“如果缺乏规模经济，东亚的中等收入国家将面临严峻挑战，难以保持历史上的增长速度。以要素积累为基础的发展战略，看起来肯定会带来某些负面的后果，这种后果也是资本的边际生产率下降的自然结果。拉丁美洲和中东地区就是两个典型的例子，数十年来，它们都未能跳出这个陷阱”[②]。根据现代经济增长理论，陷阱是指一种稳态，即一种其中各种数量都以不变速率增长的状态。因此，“中等收入陷阱”本质是国家或地区的制度特征使其人均收入收敛于中等收入水平这一稳态。其实质是某些国家或地区的制度阻碍了技术的创新和采用，导致其进入中等收入经济体之后难以完成跨越，进入高收入经济体的行列。

2010年，《人民论坛》组织50位专家和6575名网民讨论了“中等收入陷阱”问题，总结出了深陷陷阱国家的十大特征：经济增长回落或停滞、民主乱象、贫富分化、腐败多发、过度城市化、社会公共服

① 胡锦涛：《坚定不移沿着中国特色社会主义道路前进，为全面建成小康社会而奋斗》，人民出版社2012年版，第5页。

② [美]印德尔米特·吉尔和霍米·卡拉斯：《东亚复兴——关于经济增长的观点》，黄志强译，中信出版社2008年版，第18页。

务短缺、就业困难、社会动荡、信仰缺失、金融体系脆弱[①]。乔晓楠等也比较了成功跨越和深陷陷阱两类国家的差异，认为深陷“中等收入陷阱”的国家具有如下特征：（1）从收入分配差距看，深陷陷阱的国家要比成功跨越的国家明显大得多；（2）从产业结构看，深陷陷阱的国家农业比重更大，而服务业比重更小，工业比重相差不大；（3）从储蓄率看，深陷陷阱国家的储蓄率明显比成功跨越国家小；（4）从净出口看，除个别年份外，深陷陷阱国家的净出口明显高于成功跨越国家，表明二者增长的动力有差异，前者严重依靠外部动力，后者主要依靠内部动力；（5）从技术研发看，深陷陷阱国家研发能力严重不足；（6）从城市化看，深陷陷阱国家都存在过度城市化现象；（7）从货币供给和通货膨胀看，深陷陷阱国家的波动幅度明显高于成功跨越国家，因此，在跨越中等收入陷阱过程中应该尽可能保持宏观经济的稳定。[②]

（二）中国陷入“中等收入陷阱”的风险

1. 要素积累推动的增长不可持续

世界经济史中，有不少经济奇迹的故事，如前苏联奇迹、东南亚奇迹、中国奇迹等等。但是，要想把这种奇迹式增长持续下去却非常困难，前苏联直接崩溃，东南亚1997年爆发金融危机，皆源于经济增长的天花板效应，即如果经济增长的源泉主要来自要素的积累，那么，伴随要素投入的枯竭和要素边际报酬递减规律（在技术一定条件下），经济增长源泉必将枯竭。因此，如果一国不能实现经济增长方式转变，即把增长动力由要素投入转向技术进步和技术效率提升推动的全要素生产率增长，该国经济增长就不可持续。

改革开放以来，中国经济获得了奇迹般的增长。但是，中国经济增长的主要动力仍然是投资推动的要素积累，而全要素生产率对增长的贡献很小。从图3.8可以看出，在1978—2010年间，以支出法国内生产总值来衡量，最终消费在国内生产总值的比例由1978年的62.1%降

① 人民论坛问卷调查中心：《中国能否跨越“中等收入陷阱”》，《人民论坛》（上）2010年7月，第14—17页。

② 乔晓楠、王鹏程、王家远：《跨越“中等收入陷阱”：经验与对策——一个基于马克思主义经济学的视角》，2011年中国青年政治经济学论坛会议论文。

低到2010年的47.4%，最终消费率基本处于持续下降的趋势之中。反观资本形成率或投资率，从1978年的38.2%增长到2010年的48.6%，净增长了10.2个百分点，接近不可思议的50%。按照郭庆旺和贾俊雪的测算，在1979—2004年间，中国经济增长率为年均9.42%，其中全要素生产率增长仅仅贡献其中的9.46%，而要素投入增长的平均贡献率高达90.54%。全要素生产率对我国经济增长的贡献远远低于同期的三个东亚新兴经济体国家：泰国、新加坡和韩国。[①]正因如此，温家宝总理在多个场合说，中国经济不平衡、不协调、不可持续。为此，中国经济必须转变增长方式，才可能保持持续、快速、稳定的增长。

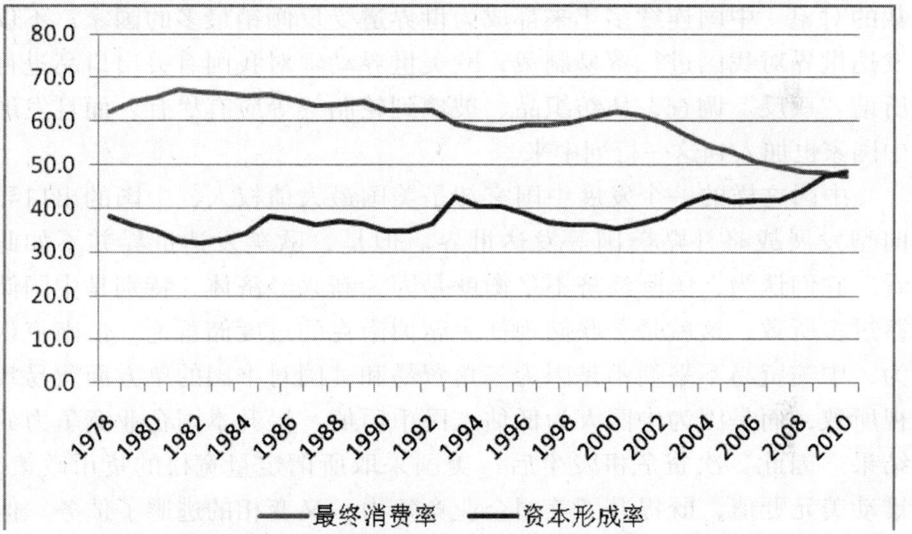

图3.8　中国经济的最终消费率和资本形成率（投资率）：1978—2010[②]

2. 出口导向型发展战略不可持续

由重工业优先发展向出口导向型发展战略的转向，推动了中国经济走出了"贫困陷阱"，迈上了中等收入国家。但是，在当今国际环境中，中国这样一个拥有13亿人口的世界大国，是不可能继续通过出口导向型发展战略走向高收入国家。

（1）中国经济易受国际经济环境的影响

当一国外贸依存度过高时，其容易受到国际经济波动的冲击。出口导向型发展战略以国际市场为目标，特别是出口加工型企业，其两

① 郭庆旺、贾俊雪：《中国全要素生产率的估算：1979—2004年》，《经济研究》2005年6期。

② 资料来源于国家统计局：《中国统计年鉴—2011年》，中国统计出版社2012年版。

头在外，即原材料来自国际市场，产品销往国际市场，因此，国际市场的波动对其影响非常大。2008年次贷危机和随后的欧洲主权债务危机对中国经济的冲击就是很好的证明。

大国和小国采用出口导向型战略对国际市场的影响不同，因而，他国对出口国的政策反应不同。小国无论是出口还是进口，对国际市场的影响都不大，因而不容易引起他国的注意和反制。但是，中国这样的大国则不同，无论出口还是进口都严重影响国际市场供求和价格，这也就是“中国卖什么什么东西便宜，中国买什么什么东西涨价”的原因。正因如此，中国这样的大国更容易成为他国国际贸易制裁的对象。中国连续多年来都成为世界遭受反倾销最多的国家。不仅发达世界对我国进行贸易制裁，欧美世界动辄对我国有关出口品进行所谓“双反”调查，从纺织品、玻璃到轮胎等等应有尽有，而且发展中国家也加入到这一行列中来。

中国这样的一个发展中国家却是美国最大债权人，中国的出口导向型发展战略补贴美国等发达世界。但是，欧美发达世界并不如此看。它们认为，国际经济不平衡就是因为新兴经济体，特别是中国储蓄过多所致，这就是美联储现任主席伯南克的过度储蓄论。伯南克认为，中美贸易不平衡不是因为三角贸易和美国对中国的单方面贸易歧视所致，而是因为中国人为低估人民币币值、提升本国企业竞争力的结果。因此，次贷危机发生后，美国采取所谓定量宽松的货币政策，推动美元贬值，既提升了美国企业竞争力，又变相的逃避了债务。但是，这导致发展中国家严重的通货膨胀压力。用巴西现总统罗塞夫的话说，发达国家正在发动“金融海啸”。

综上所述，出口导向型发展战略导致中国经济极易受到国际经济环境的影响，不利于中国经济的稳定、平衡和可持续发展。

(2) 中国的要素和资源禀赋不足以继续支撑出口导向型发展战略

中国虽然地大物博，但是，人口众多，资源的人均拥有量非常低。为了创造更多的外汇，许多地方和企业对资源掠夺性开采，滥采滥伐，严重破坏资源环境。美国一份名为《稀土元素：全球供应链条》的报告指出，2009年，中国稀土储量占世界总储量的36%，但是，中国稀土产量占世界的97%。而中国不少地方的稀土矿开采给当地生态环境造成了严重的破坏。

同时，随着中国经济过去30余年的迅猛发展和计划生育政策的实施，中国也开始面对农村剩余劳动力转移的拐点，即刘易斯转折点，这意味着中国劳动力无限供给时代的终结。与此相伴生的是，中国非熟练劳动力的成本开始上升，中国制造的成本开始不再低廉。很多劳动密集型企业的内迁和外迁就是这一点的明证。因此，中国不能再依靠过去30余年推动经济迅猛增长的劳动密集型产业和资本、技术型产业的劳动密集型加工环节来推动中国经济发展。

当然，仍有学者认为，这并不影响中国采用出口导向型发展战略，因为中国可以根据动态比较优势战略过渡到产业的高端。但是，多数学者认为：一方面，高端市场从来都必须面对多样化需求，因此，大规模的出口导向型战略明显不能满足这一要求；另一方面，欧美发达世界又怎会轻易让出其控制的高度垄断市场，从美欧对中国的高科技出口限制就可以很明显看到这一点。

综上所述，中国从可持续发展角度出发，必须调整依靠劳动密集型产业出口导向型发展战略。

（3）外资掌控中国关键行业，影响中国国家安全

出口导向型发展战略的实施是以开放本国市场、实施自由贸易政策为前提的，但是，从经济史角度看，世界强国从来都没有一个是依靠自由贸易成为强国的，相反，它们都是通过贸易保护主义和限制国外资本取得成功的。“战后以来，美国出于推行自由贸易帝国主义和金融帝国主义的需要，刻意删除了美国保护主义的历史以及推进美国经济崛起的工业化逻辑，保护主义、美国学派以及美国经济崛起的历史联系已经成为经济学和历史研究的‘黑洞’。”[①]“19世纪美国的关税水平：1816年为35%，1820年为35%—45%，1828年为50%，1875年为40%—50%，1914年为44%；其中1846—1857年是美国所谓‘自由贸易’时期，但平均关税率仍高达25%。”[②]

美国成功崛起更关键的是对外资在美国的投资活动进行限制，从而保证了美国本国资本对美国产业的绝对控制。1913年，美国总统伍德罗·威尔逊曾经一针见血地指出：“曾有人说拉丁美洲给外国资本以特许权，但从未曾听人说美国给外国资本特许权……这是因为我们不

① 贾根良：《美国学派：推进美国经济崛起的国民经济学说》，《中国社会科学》2011年第4期。

② 张夏准：《富国陷阱：发达国家为何踢开梯子？》，社会科学文献出版社2007年版，第23页。

给他们这种权利……投资于某个国家的资本会占有并且统治该国。”[①]威尔逊很直白地给出了美国在崛起前限制外国直接投资的原因，同时也是美国崛起的关键之一：防止外国资本控制本国产业，从而控制影响本国国民经济安全，甚至国家安全和政治。拉丁美洲是一个非常好的例子，外国资本首先控制了拉丁美洲的自然资源和种植园，然后控制拉丁美洲的制造业，从而在拉丁美洲为所欲为。

改革开放之后，特别是20世纪90年代以来，中国成为全球最具吸引力的投资地，大量外国直接投资涌入中国，在带来中国投资迅速扩张和经济高速增长的同时，也控制了中国许多产业部门。“据报道，中国28个主要行业中，外国直接投资占多数资产控制权的已经达到了21个，每个已经开放产业的前五名几乎都是由外资所控制。”[②]以中国汽车行业为例，人们天真地以为市场开放能够换回技术。但是，我国的市场是开放了，却没有换回技术，致使中国大路上奔跑的是万国牌。世界几乎每一个大型汽车制造商都在中国投资设厂，利用中国廉价的劳动力、土地等自然资源进行汽车组装，争夺中国市场，打压中国本土汽车企业的自主创新，以更好地控制中国汽车市场。外国资本掌控中国重要制造行业将严重影响中国国家安全。

3. 不平衡发展战略不可持续

针对社会主义计划经济时期分配上的平均主义，吃大锅饭，整个社会缺乏活力，邓小平提出了部分先富、最终共同富裕的战略思想。1986年3月，邓小平会见新西兰总理朗伊时谈到：“我们的政策是让一部分人、一部分地区先富起来，以带动和帮助落后的地区，先进地区帮助落后地区是一个义务。我们坚持走社会主义道路，根本目标是实现共同富裕，然而平均发展是不可能的。过去搞平均主义，吃‘大锅饭’，实际上是共同落后，共同贫穷，我们就是吃了这个亏。改革首先要打破平均主义，打破‘大锅饭’，现在看来这个路子是对的。”[③]改革开放之后，让少数一部分人先富起来的先富战略确实激活了中国社会压抑已久的发家致富热情，推动了中国经济的高速增长。

---

① 转引自[乌拉圭]爱德华多·加莱亚诺：《拉丁美洲被切开的血管》，王玖等译，人民出版社2001年版，第2页。

② 贾根良：《译者前言》，载[美]迈克尔·赫德森：《保护主义：美国经济崛起的秘诀（1815–1914）》，贾根良等译，中国人民大学出版社2010年版，第14页。

③《邓小平文选》第二卷，人民出版社1993年版，第155页。

但是，改革开放以来的先富发展战略也迅速使中国由一个收入分配高度不平等的国家在不到30年的时间里成为很不平等的国家。就全国总体收入分配状况看，1978年的基尼系数在0.3左右，1988年是0.382，1995年则达到0.452①。时隔多年，2012年国家统计局再次发布了2003年至2012年全国居民收入基尼系数，2003年是0.479，2004年是0.473，2005年0.485，2006年0.487，2007年0.484，2008年0.491。2008年后逐步回落，2009年0.490，2010年0.481，2011年0.477，2012年0.474。从1978—2008年，全国居民基尼系数增长了19.1个百分点，即使2012年有所下降，也增长了17.4个百分点。中国的收入分配不平等程度高于美国、欧洲、日本等发达资本主义国家，也高于亚洲四小龙等东亚新兴经济体。

根据库兹涅茨倒U曲线理论，在经济发展初期，不平等的收入分配可能有利于储蓄率的提高从而有利于经济增长，但是，随着经济发展，不平等越来越成为经济增长的障碍。现有研究揭示了不平等对经济增长产生负面影响的许多机制，2006年世界银行出版年度发展报告《公平与发展》，对这些文献做了梳理，重点强调了收入、财富、权力的不平等分配通过对机会平等和好的制度形成的影响而阻碍长期增长。“当市场不完美时，权力和财富的不平等转化为机会的不平等，导致生产潜力遭到浪费，资源分配丧失效率。在许多国家，市场的运行并不完美，无论是因为内在的失效（例如与信息不对称有关的失效），还是因为政策带来的扭曲效应。宏观经济个案分析表明，资源在不同生产选择之间的分配效率低下，往往与财富或地位的差别有关。……经济和政治不平等与制度的发展受阻有关联。不公平对长期发展过程产生影响的第二个渠道就是塑造经济和政治制度。制度决定对人的激励和制约，并提供市场运行所需的环境。不同的制度，是复杂的历史过程的结果，这些过程反映一个社会中不同个人和群体的利益和政治

① 国家统计局公布的1978年城市居民基尼系数是0.16，而农村居民基尼系数是0.21，没有估计全国总体基尼系数。考虑1978年的城乡差别为2.36，推定1978年的基尼系数在0.3左右。世界银行估计中国1979年的基尼系数是0.33。阿德尔曼和桑丁（Adelman and Sunding）对中国1978年基尼系数的估计为0.317。坎布尔和张晓波（Kanbur and Zhang）在一项研究中将中国1978年的基尼系数估计为0.293。综合上述结果，笔者认为将中国1978年基尼系数界定在0.3左右是合理的。有关数据转引自李实、赵人伟：《中国居民收入分配再研究》，《经济研究》1999年第4期；张平著：《增长与分享—居民收入分配理论和实证》，社会科学文献出版社2003年，第76页。

影响力结构。从这个角度看，出现市场不完美并不一定是偶然的，而可能是因为市场以特定的方式分配收入或权力。按照这种观点，在社会制度问题上就会出现社会冲突，会促使控制权力的人采用对自己有利的方式来塑造制度。”①由此可见，随着中国跨越贫困陷阱进入中等收入国家，不平等收入、财富分配将通过多种途径阻碍中国的长期经济增长，因此，改革开放初期的少数一部分人和地区先富起来的不平衡发展战略已经成为中国经济增长的障碍，迫切地需要转向先富带动后富、走共同富裕的平衡发展战略。

（三）中国跨越“中等收入陷阱”的战略选择

当一国或地区处于中等收入时代，它也就处在发生重要变化的时期。因为，使一国或地区走出贫困陷阱的战略和政策难以使它顺利地进入高收入社会，为此，必须进行发展政策和战略的调整。

1. 转变经济增长方式：由要素推动到创新推动

当一国或地区处于低收入发展阶段时，其与国际技术前沿有足够长的距离，因此，该国或地区仅仅需要从国际上引进先进技术，就能够迅速提升劳动生产率，实现经济快速增长。但是，随着一国或地区走出贫困陷阱，其与国际技术前沿的距离不断缩小，因此，它必须通过自身的技术创新来推动国际技术前沿的扩展，从而带动自身劳动生产率的进步和经济增长。为此，进入中等收入之后，一国或地区需要围绕提升创新能力打造其政策体系，这就要求从教育政策、竞争政策和宏观经济政策等三个方面做出调整。

（1）从基础教育转向高等教育

教育、人力资本与经济增长的内在逻辑联系已经被现有经济增长的实证分析所充分证实。②但是，处于经济发展不同阶段的国家和地区，推动经济快速增长的人力资本层次不同，为此，各自应该实施有所不同的教育政策。

当一国处于低收入阶段时，其主要通过引进国外技术来提升自己

---

① 世界银行：《2006年世界发展报告：公平与发展》，清华大学出版社2006年版，第10—11页。黑体斜字是著者所加。

② 其中经典之作来自 Mankiw, Gregory; Romer, David and David Weil .1992. “A Contribution to the Empirics of Economic Growth” [J].Quarterly Journal of Economics, 25, pp.275-310.

的劳动生产率，因此，这一阶段对该国人力资本的要求主要是熟练地使用或操作、维修、消化、吸收等工作。所以，在低收入国家迈向中等收入国家时，该国教育政策的重点是基础教育。[①]通过基础教育的普及，提升国民的基本文化水平，适应操作引进的技术的需要，这也与改革开放之后中国经济迅速增长的故事一致。中国改革开放之后，之所以大量国外资本进入中国，一方面是中国庞大的国内市场，另一方面是中国廉价而优质、勤劳的劳动力。改革开放前，中国建设了遍及全国城乡的医疗卫生体系，虽然这一体系保障水平较低，但是足以保证国民健康的体魄。[②]同时，遍及城乡的基础教育，虽然水平不高，但是文盲率大大降低，使中国国民拥有了基本的读写能力。二者保障了改革开放之后的中国有一支健康的、受过基本教育的产业工人，而这正是中国经济改革开放后迅速崛起的重要原因之一。

但是，随着一国从低收入阶段过渡到中等收入阶段，其与国际技术前沿的距离缩小了，因此，它不得不通过创新来推动经济增长，而创新型人才的培养依靠一国高等教育水平。在战后西欧对美国的追赶过程中，最初西欧追赶的速度很快，不断缩小与美国的差距，但是，到20世纪80年代之后，二者的差距不但没有缩小反而拉大，追赶的趋势发生了扭转。对于这种逆转，阿洪领导的团队研究认为，西欧在高等教育上的投入不足是重要原因。1999—2000年的数据表明，在美国，年龄在25—64岁之间的人口中完成了高等教育的比重为37.3%，而西欧只有23.8%。同时，美国在高等教育上的支出占GDP的比例为3%，而西欧仅有1.4%。他们的实证研究证实，随着一国接近国际技术前沿，一国对高等教育的投入率与其经济增长率正相关。这是因为，随着一国接近国际技术前沿，模仿对经济增长的重要性被创新所取代，而培养创新型人才需要高等教育的发展。[③]

① 但是，在很多低收入发展中国家，教育政策的重点恰恰在高等教育。而在这些低收入的发展中国家，高等教育培养的人才由于在国内没有合适的工作环境，其研究的高精尖技术也难以适应落后国家的需要，往往导致大量的知识外流。虽然落后国家认识到这一问题，但是由于教育投入向高等教育倾斜符合该国精英阶层的利益，因此，精英阶层往往利用其掌控的政治权力推行这一政策，这就是明明不合理政策能够得到推行的政治经济学原理。

② 世界卫生组织曾经专门发文向广大发展中国家推广中国农村合作医疗制度。

③ Aghion Philippe and Peter Howitt.2006. “Joseph Schumpeter Lecture: Appropriate Growth Policy: A Unifying Framework” [J].Journal of the European Economic Association 4:2-3, pp.269-314.

总之，随着中国经济走出贫困陷阱，进入中等收入阶段，为了适应经济增长的动力由模仿转向创新的需要，中国政府要逐步把教育政策的重点由基础教育转向高等教育。

(2) 打破行业进入与退出壁垒，增强竞争性

在马克思看来，外在竞争的压力和内在对剩余价值永无止境的追求，迫使资本通过不断创新来攫取超额剩余价值。获得超额剩余价值的资本家有着更快速的资本积累，从而能够在更大范围和深度内无偿占有剩余价值，导致大资本吞并小资本，即资本集中过程。随着资本的集中，为垄断提供了必要性和可能性。垄断通过扼杀创新来获取剩余价值。因此，一国要想提升创新能力，必须打破行业垄断，撤除行业进入和退出壁垒，鼓励企业自由进入和退出，即通过增强竞争性来促进创新。

新熊彼特学派曾经研究过市场结构与创新的关系，他们认为，完全竞争和完全垄断的市场结构都不利于创新，而介于二者之间的中等程度竞争的市场结构最有利于创新。这是因为，在完全竞争市场上，企业市场占有率太低，难以充分获取创新的好处，同时难以筹集创新所需资金。而垄断市场又缺乏竞争对手的威胁，难以激发企业创新动力。由此可见，在竞争和创新之间存在一种非线性关系，即竞争与创新的倒U曲线。阿洪领导的团队通过对英国多个行业的研究，证实了这种倒U型曲线的存在：产品市场竞争加剧，创新增加了；可是，对于少数竞争已经非常激烈的行业而言，额外的激烈竞争会减少创新。[①]综观有关竞争和创新的实证研究，现有企业更激烈的竞争和创新之间存在正相关关系。阿洪等的研究认为，如果开始的时候竞争不那么激烈的话，更加激烈的竞争有利于创新。[②]

提升中国创新能力，要求引入更激烈竞争。中国市场的特征是过度竞争和竞争不足并存。改革开放伊始，中国的要素条件和市场需求决定了中国企业只能处于行业低端市场，低端市场的低进入门槛导致过度竞争。同时，中国政府从整个国民经济发展及国家战略安全角度考虑，在有的行业限制私人资本的进入，特别是国内私人资本[③]。由于

① Aghion, Philippe; Bloom, Nick; Blundell, Richard; Griffith, Rachel and Peter Howitt .2005. "Competition and Innovation: An Inverted-U Relationship" [J].Quarterly Journal of Economics,120(2),pp.701-728.

② 同上。

③ 如中国银行业，允许外资银行在中国经营，而对国内民营资本进入银行业却严格限制，这种内外有别的政策让人难以理解和接受。

这种行业准入限制，导致更多的民间资本流入可进入市场，加剧了这些行业的竞争程度。[①]而限制进入的行业，如电信、银行、铁路、石油等领域由于进入壁垒太高，竞争严重不足。这样一种市场格局很明显不利于创新。尼科勒太等对西欧的研究表明，西欧自20世纪80年代以来相对于美国的衰落，源于西欧相对于美国而言更高的行业进入成本和更低行业转换率。[②]美国新药的50%是由存在时间不足十年的企业推出的，而西欧仅仅10%。20世纪末期，按照市场集中度衡量，12%的美国大公司创立时间不足20年，而西欧仅仅4%。[③]因此，提升中国企业创新能力，必须打破进入壁垒，降低进入成本，增强行业竞争力。对于国有企业控制的领域，更要通过引入竞争，提升国有企业竞争力，这样一种增量改革模式应该成为国企改革的方向。[④]

（3）提升金融发展水平，降低宏观波动冲击

有关经济衰退，奥地利学派有一个基本观点，即经济衰退并不完全是坏事，因为经济衰退能够清除经济中低效率的企业和生产能力，提升整个经济肌体的抗风险能力。用熊彼特的话说："（衰退）仅仅是暂时的。它们总是意味着按照一个更有效率的计划重组经济体系。"[⑤]但是，熊彼特及奥地利学派这种理念实际上建立在一个隐含的假设基础上：市场是完美的。公司总是能够获得足够的借款以重组它们的活动（包括研发活动），总是可以在不同市场或业务间自由的转换，而工人总是可以在失业之后迅速找到工作，因此，市场能够完美地协调分工和资源配置，实现社会利益最大化。

但是，现实的市场总是不完美的，存在一定程度的市场失灵。特别是，当信贷市场不完全时，它将阻碍公司在衰退期的研发投入并限制其重组。对于任何公司而言，生存总是第一位的，然后才是发展，

① 中国人民银行行长周小川曾在北京大学讲座时，认为强制储蓄的存在是中国高储蓄，以致高房价的原因。

② Nicoletti, Giuseppe and Stefano Scarpetta .2003. "Regulation, Productivity and Growth" [J].Economic Policy, 36, pp.11–72.

③ Aghion Philippe and Peter Howitt.2006. "Joseph Schumpeter Lecture: Appropriate Growth Policy: A Unifying Framework" [J].Journal of the European Economic Association 4:2–3, pp.269–314.

④ 国有企业最为人诟病的原因之一就是其低效率，因此，通过打破行业进入壁垒，引入竞争，才能真正提升国有企业竞争力。因此，国有企业改革的思路不能是卖，或私有化，而是增量改革。

⑤ 转引自 Aghion Philippe and Peter Howitt.2006. "Joseph Schumpeter Lecture: Appropriate Growth Policy: A Unifying Framework" [J].Journal of the European Economic Association 4:2–3, pp.269–314.

因此，研发投入取决于公司抵御短期经济波动冲击的能力。如果不存在信贷约束，公司研发投入的效率足够高，公司即使在衰退时也能够获得研发投入，激发创新并促进长期经济增长。但是，当一国金融发展水平很低时，信贷市场存在严重失灵或缺失，这时公司预期到将要发生一次衰退，它将减少在研发上的投入，从而不利于创新和长期经济增长。阿洪带领的团队的研究成果证实了这一结论。①总之，金融发展水平低时，宏观经济波动对研发投入伤害更大，从而更不利于创新和长期经济增长。因此，一个自然的结论是，逆风向的宏观经济干预因为放松了信贷市场的约束，从而有利于企业研发投入的持续性，最终有利于创新和长期经济增长。

虽然我国社会主义市场经济已经基本建立，但是我们的市场经济还不完善，而这种不完善特别体现在金融市场上。因此，大力发展金融市场，提升中国金融发展水平，对于中国企业的研发活动的持续性具有重要意义，也是转变经济增长方式的重要一环。另外，虽然宏观经济学研究仍然在相机抉择和规则之间争论，但是，从长期效应看，相机抉择的宏观经济政策因为能够有效地降低企业信贷约束，从而有利于创新和长期经济增长。因此，对于处于社会主义初级阶段的中国经济，更应该采取相机抉择的宏观经济政策，以为长期经济增长积蓄动力。

（4）加强知识产权保护，提升创新激励

一国的知识产权政策取决于长期利益和短期利益的权衡。当一国处于低收入阶段时，其与国际技术前沿的距离足够远，仅仅需要从国际引进成熟技术就可以迅速提高劳动生产率。同时，欠发达国家的人才和知识储备也不足以进行自主创新，从而在供给层面限制了自主创新。由此，当一国处于低收入水平时，其主要通过引进，然后吸收、模仿来提升本国竞争力。此时，知识产权保护力度与所获经济利益呈反方向变化。也就是说，过于严格的知识产权保护因为不利于本国企业的模仿而限制了本国国际竞争力的提升。

但是，当一国迈过贫困陷阱，进入中等收入阶段，其距离国际技术前沿更近了，从国际引进成熟技术提高劳动生产率的难度增加。同

① Aghion, Philippe; Angeletos, Marios; Banerjee, Abhijit and Kalina Manova .2005. "Volatility and Growth: Credit Constraints and Productivity-Enhancing Investment" [R].mimeo Harvard-MIT.

时，随着经济发展带动的教育发展，技术创新人才储备更加充足。当技术创新的需求和供给同时增加，二者相互作用将推动中等收入国家进入技术创新期。此时，技术创新和引进、消化、吸收模式成为中等收入国家两种技术进步的基本模式。因此，中等收入国家提升知识产权保护力度将激发本国技术创新，提升本国国际竞争力。当然，随着一国经济继续发展，严格的知识产权保护更有利于提升创新国国际竞争力。

综上所述，在知识产权保护与收入水平之间存在正向关系。随着收入水平上升，一国提升知识产权保护力度有利于提升该国的国际竞争力。因此，随着中国由低收入国家进入中等收入阶段，中国无论创新需求还是创新能力都得到极大提升，更加严格的知识产权保护力度将有利于中国国际竞争力的提升，有利于中国经济的长期增长。为此，转变经济发展方式的基本政策就是加强知识产权保护力度，提升创新激励，为自主创新保驾护航，实现科学发展。

2. 锻造国家价值链战略

改革开放以来，中国庞大的市场和廉价的劳动力优势使全球资本主义体系迅速接纳了中国，把中国变成了全球价值链底层的最重要一环，主要负责劳动密集型产业和高端制造行业中的劳动密集、资源密集和污染密集的生产环节。但是，这种定位于全球价值链底端的发展战略既不能使中国成为真正强国，也不可持续。因为，随着中国进入中等收入国家，定位于全球价值链底端的发展面临来自更落后国家的强劲竞争压力。特别是，近年来人民币不断升值、农村剩余劳动力逐渐枯竭导致非熟练劳动力工资上升、资源和环境承载能力明显下降等不利因素，使中国定位于全球价值链底端的战略受到来自内外的双重压力。一方面，这种出口导向型的“两头在外”的发展战略使中国产业结构空间布局不合理，在带来中国严重的区域不平衡的同时，使中国东部地区成为了经济发展的“飞地”。同时，限制了中西部地区劳动密集型产业的发展。另一方面，定位于全球价值链底端的战略不利于中国高端制造业和服务业的发展，不利于中国发展方式转变。

“所谓国家价值链，是基于国内本土市场需求发育而成的，由本土企业掌握的品牌、销售终端渠道以及自主研发创新能力等产品价值链的核心环节。NVC 同时还参与区域或全球市场的价值链分工生产体系，并具有产品链的高端竞争力。”中国通过国家价值链的构造，一方面可以提高中国产业层次，提升中国企业的国际竞争力。另一方面可以合理调整中国产业的空间布局，实现国内产业大循环和区域均衡发展。利用东部地区要素成本上升的市场压力，加速劳动密集、资源密集型产业向中西部转移，同时，提升东部地区自主创新能力，实现东部地区向高端制造业和服务业的转型升级。

在世界经济的历史上，美国成功地锻造了国家价值链，实现了崛起。阿布拉摩维茨和保罗研究认为：“对长期经济数据记录进行观测得出的一个重要成果是，在1889年到1989年的100年和在美国建国后的第一个100年当中，导致人均实际GDP增长的源泉迥然不同。说得直白一点就是，国民经济由粗放型增长模式转向高度集约型增长模式，而且它的集约程度的提高越来越依赖于技术和组织知识的获得与开发。”①

根据对美国锻造国家价值链的研究，学者们认为中国关键的政策选择在于：第一，要充分整合国内市场；第二，加速中国本土企业的现代企业制度建立，促进家族式企业向现代职业经理人企业转型；第三，加强人力资本的投资，为企业国际竞争力提升提供智力支持；第四，加强基础设施和基础工业建设，防止协调失灵。

3. 包容性增长：不平衡发展转向平衡发展

践行包容性增长要求增强国家在经济发展中的作用，包括制定合理的经济政策、有效的社会政策，加强国家对经济的宏观管理，积极转变政府职能，提升政府的服务水平。具体来说，践行包容性增长的政策包括以下几点：

（1）加强收入分配制度的改革，缩小贫富差距

改革开放增大了中国的社会财富，也给中国带来了日益扩大的财富分配差距，两极分化严重。对此，政府应注意协调国民收入的初次分配和二次分配。对大部分劳动力群体，政府应着力于经济的持续增长为他们提供更多的就业机会，提高他们的工资收入，并辅之以适度的社会保险，令其有安全保障之感。对于有劳动能力的部分贫困群体，政府应该加大扶贫力度，保障他们的基本生活，同时，“可以通过

① [美]斯坦利·L·恩格尔曼、罗伯特·E·高尔曼：《剑桥美国经济史：20世纪（第三卷）》，蔡挺等译，中国人民大学出版社2008年版，第1页。

利用小额信贷、非正规就业和以工代赈等方式，帮助他们早日脱贫，缩小收入差距。”[①]正如马晓河所说：“……应该调整国民收入分配关系。尤其是调整政府、企业和老百姓的收入分配结构关系，让老百姓的收入增长快一点。此外，还要调整高收入、中等收入和低收入者之间的关系，让中等收入和低收入者的收入增长得更快一点。”[②]

（2）建立健全社会保障体系，减少社会矛盾

通过构建覆盖全民的完善的社会保险体系、社会救助体系和社会福利体系，保障公民的基本生活，改善人们对于未来生活的预期。一般来说，人们对于未来的预期越好，收入越有保障，消费欲望也就越强。实行国内经济大循环战略要求启动内需，改变过分依赖出口消费的局面，都需要给人们一个安定的基本生活条件。同时，安定的生活也会促使人们专注于自己的兴趣和爱好，提高人们的创新能力，发挥他们的潜能，更好地参与到经济的建设中去。人们的基本生活有了保障，安居乐业，社会才能真正实现和谐、安宁。

（3）加强制度设计与政策制定的公平性，创造公平竞争的环境

包容性增长的一个基本要义是追求公平正义，要求人人都能得到均等的发展机会。这就要求政府在制度设计和政策制定时，坚持公正性原则。不断完善市场竞争机制，做一个搭建完美舞台的建设者。为此，要建立以权利公平、机会公平、规则公平、分配公平为主要内容的社会公平保障体系，不断消除人民参与经济发展、分享经济发展成果方面的障碍，推进服务均等化、教育均等化、参与机会均等化，真正实现人的全面发展。

① 孙翎：《包容性增长与基本社会保障均等化》，光明网，http://economy.gmw.cn/2010-10/19/content_1319537.htm

② 王红茹：《胡锦涛主席公开倡导、或将写入十二五规划的这个概念，如此重要，却又如此陌生——什么是包容性增长?》，《中国经济周刊》2010年第38期，第40页。

第四专题　中国特色社会主义政治建设

一个国家实行什么样的政治制度、走什么样的政治发展道路，归根结底取决于这个国家最广大人民群众的意志和愿望，取决于这个国家的具体国情和历史文化。中国特色社会主义政治，植根于中华民族几千年来赖以生存和发展的广阔沃土，产生于中国共产党和中国人民为争取民族独立、人民解放、国家富强和人民富裕而进行的伟大实践，是适合中国国情、顺应时代潮流的选择，是国家富强民族振兴、人民幸福、社会和谐稳定的根本政治保障。

一、建设中国特色社会主义民主政治

人民民主是我们党始终高扬的光辉旗帜。没有民主就没有社会主义，就没有社会主义现代化。改革开放以来，我们党总结发展社会主义民主政治正反两方面的经验教训，强调人民民主是社会主义的生命，坚持国家一切权力属于人民，不断推进政治体制改革，社会主义民主政治建设取得重大进展，成功开辟和坚持了中国特色社会主义政治发展道路，为实现最广泛的人民民主确立了正确方向。

（一）民主是社会主义的基本特征和本质要求

民主是无产阶级革命胜利的必然结果，是社会主义社会自身发展规律的客观要求。实现民主政治，是社会主义运动始终追求的理想目标。

空想社会主义者对未来社会制度的描绘和憧憬几乎全部论及了民主政治的内容。无论是莫尔的“乌托邦”，闵采尔的“千载王国”，还是马布利和巴贝夫的“人民共和国”、圣西门的“实业制度”和欧文的“共产主义公社”，都有对民主政治制度的设想。这些理论建立在唯心史观的基础之上，并且由于设想得过于具体、详细而流于虚幻，但却闪烁着天才预见的智慧之光。

马克思恩格斯以历史唯物主义和剩余价值学说为基础，科学地论证了资本主义的必然灭亡和社会主义的必然胜利，论证了社会主义是人类历史上最合理、最正确、最进步的新型社会形态，创立了科学社会主义。社会主义作为人类历史上的一种新型的社会形态，具有自身内在的一系列规定，即区别于以往任何社会的基本特征。马克思恩格斯认为，社会主义基本特征主要表现为八个方面：（1）发达的社会生产力；（2）生产资料归全社会所有；（3）有计划地调节社会生产，不存在商品和货币流通；（4）个人消费品实行按劳分配；（5）消灭了阶级、阶级差别和阶级斗争，无产阶级专政已不复存在；（6）国家正在消亡，失去了政治职能，它的存在只是执行某些强制的经济社会管理措施；（7）社会生活民主，因为“工人革命的第一步就是使无产阶级上升为统治阶级，争得民主”[①]；（8）形成自由人联合体，逐步实现人的全面而自由的发展。在作为社会主义的八个显著特征中，民主是其中重要的一个特征。所以说，社会主义理论自产生之日起，就与实现民主政治的要求紧密地联系在一起的。

20世纪初，列宁把马克思主义的科学社会主义原理应用于俄国，探索出一条不同于西欧的发展道路，即如果革命发生，可以直接向社会主义过渡。列宁成功地领导了俄国十月革命，实现了社会主义从理论到现实的飞跃后，开始了一国独立建设社会主义的实践。列宁认为，东方经济文化不发达的国家也可以走在西欧发达国家前面，提前建立起社会主义社会，并进行社会主义建设。当然，列宁认为，革命可以提前，马克思恩格斯所阐述的社会主义基本特征却不能变。他坚持马克思恩格斯的民主理论，更深刻地指出，“没有民主，就不可能有社会主义，这包括两个意思：（1）无产阶级如果不通过争取民主的斗争为社会主义革命作好准备，它就不能实现这个革命；（2）胜利了的社会主义如果不实行充分的民主，就不能保持它所取得的胜利，并且引导人类走向国家的消亡。”[②]列宁的这一论述表明，民主既贯穿于民主革命时期，也贯穿于社会主义建设时期。只有在社会主义社会，民

①《马克思恩格斯选集》第1卷，人民出版社1995年版，第293页。

②《列宁全集》第28卷，人民出版社1990年第2版，第168页。

主才成为普遍的真正的现实。因此，必须把民主投入社会主义实践，如果没有民主的实践，就不可能有科学社会主义。

（二）社会主义民主在新中国的确立

自鸦片战争以来，由于封建地主阶级的腐朽统治和西方列强的侵略和渗透，中国人民受到帝国主义和封建主义的双重压迫，中华民族面临的首要任务就是求得民族独立和人民解放。民主作为民族独立和人民解放的重要内容，成为近代以来中国人民的不懈追求。清朝末年的维新变法提出过君主立宪制的主张，结果被封建势力扼杀在萌芽中；辛亥革命试图效仿西方资产阶级共和制，却导致军阀混战、四分五裂。历史证明，在半殖民地半封建的中国社会，资本主义或其他改良主义的道路都是行不通的。中国社会期待着新的力量寻找先进的主义，以建立适合中国国情的民主制度。正当中国人民在焦虑中彷徨、在痛苦中挣扎之时，俄国十月革命的一声炮响，给中国送来了马克思列宁主义，中国工人阶级登上了历史舞台，中国共产党诞生了。

中国共产党自成立起，就以实现和发展人民民主为己任。1922年7月，党的二大制定的最低纲领指出："消除内乱，打倒军阀，建设国内和平"；"推翻国际帝国主义的压迫，达到中华民族完全独立"；统一中国本部（东三省在内）为真正民主共和国。"[①]国民革命时期，中共领导工农群众发动的革命运动，使工人农民得到了革命锻炼，也争取到了更多的民主权利。1931年11月，中华苏维埃第一次全国代表大会在江西瑞金召开，大会通过了《中华苏维埃共和国宪法大纲》。《中华苏维埃共和国宪法大纲》共17条，它的主要内容是：第一，阐明了中华苏维埃共和国及其宪法大纲的基本任务；第二，明确了中华苏维埃共和国的国家性质是工人和农民的民主专政国家；第三，规定了中华苏维埃共和国的政治制度是根据民主集中制原则建立的工农兵苏维埃共和国的政治制度；第四，规定了中华苏维埃共和国公民的民主权利；第五，确定了中华苏维埃共和国的各项基本制度、方针和政策。[②]这是

① 中共中央文献研究室、中央档案馆：《建党以来重要文献选编》第一册，中央文献出版社2011年版，第133页。

② 中央档案馆：《中共中央文件选集》第7册，中共中央党校出版社1983年版，第464-468页。

中共领导人民建立的新的政权形式，在全国树立了一面民主的旗帜，极大鼓舞了工农群众的革命斗争，也为后来党所领导的政权建设积累了宝贵经验。抗日战争爆发后，中共为了动员人民参加抗日战争，反抗国民党的专制统治，在各抗日根据地积极推进民主，根据地人民享有了广泛的民主选举、民主监督和民主议政权利。如各根据地通过民主方式选举参议会，再由参议会产生政府领导人，组成政府机构。中国共产党领导中国人民进行反帝、反封建革命斗争的根本目的，就是要建立一个由中国人民当家作主的新国家、新社会。为此，在长期革命斗争中，党相信人民、发动人民、依靠人民，在人民的支持和拥护下，经过艰苦卓绝的奋斗，终于建立了新中国。中国共产党所走的道路，是发动和依靠人民、全心全意代表和实现中国人民根本利益的道路，因而是一条真正追求和实行民主的道路。

新中国成立后，以毛泽东为核心的中共第一代中央领导集体，根据马克思主义无产阶级专政理论、政党理论，在我国逐步建立了社会主义民主制度。1949年9月，中国人民政治协商会议在北京召开，会议通过的《中国人民政治协商会议共同纲领》规定："中华人民共和国为新民主主义即人民民主主义的国家，实行工人阶级领导的，以工农联盟为基础的、团结各民主阶级和国内各民族的人民民主专政"，"人民行使国家政权的机关为各级人民代表大会和各级人民政府"，"各级政权机关一律实行民主集中制"[①]。1954年9月，一届全国人大一次会议通过了新中国第一部社会主义宪法，宪法明确规定："中华人民共和国是工人阶级领导的、以工农联盟为基础的人民民主国家"，"中华人民共和国的一切权力属于人民。人民行使权力的机关是全国人民代表大会和地方各级人民代表大会"，[②]从而确立了我们国家的根本政治制度。宪法还明确规定了公民的权利和义务。这部宪法充分体现了人民民主和社会主义两大原则。在宪法原则指导下，我国逐步确立了人民民主专政的国体、人民代表大会制度的政体、中国共产党领导的多党合作和政治协商制度、民族区域自治制度等社会主义民主制度，形成

① 中共中央文献研究室：《建国以来重要文献选编》第一册，中央文献出版社1992年版，第1、4、5页。

② 中共中央文献研究室：《建国以来重要文献选编》第一册，中央文献出版社1993年版，第522页。

了社会主义民主的基本制度框架。然而，由于我们党对社会主义民主建设缺乏经验，后来发生了历时十年的“文化大革命”，使社会主义民主政治遭受到很大挫折。

（三）中国特色社会主义民主的形成发展

改革开放以来，中共在领导人民建设中国特色社会主义的伟大历程中，不断深化对社会主义民主的认识，积极探索中国民主政治发展道路，逐步形成了中国特色社会主义民主。

十一届三中全会后，中共在新的历史条件下，立足中国国情，积极探索中国特色社会主义民主政治发展道路，不断拓展社会主义民主政治建设的广度和深度，使社会主义民主不断健全，人民民主的内容不断扩大，人民各项权益得到切实保障。以邓小平为核心的党的第二代中央领导集体，提出要加强社会主义民主政治建设的目标。邓小平指出：“没有民主就没有社会主义，就没有社会主义的现代化。”[①]深刻阐述了社会主义同民主的关系。民主是体现社会主义制度优越性的主要标志，无产阶级政党带领人民取得革命胜利、建立社会主义制度后，必须把建立人民群众当家作主的民主制度，保障人民的民主权利提到重要议程上来，在政治上创造出比资本主义国家的民主更高更切实的民主。社会主义现代化建设不仅是经济建设，还包括民主政治建设和精神文化建设。只有充分发扬民主，才能充分调动和发挥广大人民群众的积极性、主动性和创造性，促进社会主义现代化各项事业的发展；只有充分发扬民主，才能使中国共产党制定的路线、方针和政策真正符合最广大人民群众的意志、利益和需要，符合我国的基本国情和客观规律，从而实现建设“富强民主文明和谐的社会主义现代化国家”的宏伟目标。

改革开放以来，经过全党全国各族人民的不懈努力，我国在恢复和发展社会主义民主制度方面取得了重大进展。首先，实行领导人的退休制度，废除了实际上存在的领导职务终身制。1985年9月，党的全国代表会议，同意叶剑英、邓颖超等64人不再担任中央委员、候补中央委员，李井泉、肖劲光等36人不再担任中央顾问委员会委员，黄

① 《邓小平文选》，第2卷，人民出版社1994年版，第168页。

克诚、王从吾等31人不再担任中央纪律检查委员会委员。这是中国共产党历史上的第一次高级干部集体退休，标志着党的退休制度正式启动。其次，全国和各级地方人民代表大会制度的作用得到大大加强。例如，1979年7月，全国人大五届二次会议制定和通过了《中华人民共和国地方各级人民代表大会和地方各级人民政府组织法》、《中华人民共和国全国人民代表大会和地方各级人民代表大会选举法》。这些法规对地方各级政权组织和选举制度的完善起了重要作用。第三，各民主党派重新恢复活动，共产党领导的多党合作制度得以恢复和发展。第四，推进基层自治制度。20世纪80年代，我国农村废除人民公社体制，积极推行村民自治制度，广大农民的民主选举、民主决策、民主管理、民主监督等权利，逐步得到落实。

党的十三届四中全会后，以江泽民为核心的党的第三代中央领导集体，立足国内外形势的变化和建设中国特色社会主义实践的发展，提出一系列民主建设的新思想，继续探索和推进社会主义民主政治建设。江泽民强调要把发展社会主义民主政治，建设社会主义政治文明作为社会主义现代化建设的目标。政治文明是政治生活的进步状态和政治发展取得的成果，是社会主义的重要目标和必然要求。把社会主义政治文明同物质文明、精神文明一起作为社会主义现代化建设的目标，表明了我们党对社会主义民主政治认识的升华。

民主归根结底是以保障人民的民主权利为核心。1995年7月，江泽民指出："在中国共产党的领导下，实行人民民主，充分保障人民当家作主的民主权利，是我国政权建设和政治体制改革的根本出发点和归宿。"[①]民主的发展离不开法治的保障，建设社会主义民主政治必须坚持依法治国。江泽民在党的十五大报告中首次提出了依法治国的基本方略，指出："依法治国就是广大人民群众在党的领导下，依照宪法和法律规定，通过各种途径和形式管理国家事务，管理经济文化事业，管理社会事务，保证国家各项工作都依法进行，逐步实现社会主义民主的制度化、规范化、程序化，使这种制度和法律不因领导人的改变而改变，不因领导人看法和注意力的改变而改变。"[②]推进社会主

① 江泽民：《阔步前进中的中国与世界》，《人民日报》1995年7月14日。

② 江泽民：《高举邓小平理论伟大旗帜，把建设有中国特色社会主义事业全面推向二十一世纪》，人民出版社1997年版，第30—31页。

义民主政治建设，必须处理好党的领导、发扬民主、依法办事的关系。否则，中国在社会主义民主政治建设中就会出现失误。经过几十年的探索，党总结社会主义民主政治建设的经验后认识到，发展社会主义民主政治，最根本的是要把坚持党的领导、人民当家作主和依法治国有机统一起来。

中共十六大以来，以胡锦涛为总书记的党中央，从新世纪新阶段我国经济社会发展的阶段性特征出发，继续推进社会主义民主政治建设制度化、规范化、程序化，丰富发展了中国特色社会主义政治发展理论。党的科学执政、民主执政、依法执政水平不断得到提高；人民代表大会制度不断完善，立法速度明显加快、质量明显提高，作用不断增强；共产党领导的多党合作和政治协商制度得到加强，人民政协在政治协商、民主监督、参政议政方面的作用明显增强；民族区域自治制度建设进一步推进，少数民族各项权益得到切实保障；基层群众自治制度不断发展，人民享有更多的民主权利，等等。我们党在长期实践中，经过反复探索、不断总结，逐步形成了一套适合我国国情的中国特色社会主义民主制度。胡锦涛在党的十七大报告中指出："要坚持中国特色社会主义政治发展道路，坚持党的领导、人民当家作主、依法治国有机统一，坚持和完善人民代表大会制度、中国共产党领导的多党合作和政治协商制度、民族区域自治制度以及基层群众自治制度，不断推进社会主义政治制度自我完善和发展。"①发展社会主义民主政治，建设社会主义政治文明，就要坚持好、发展好中国特色社会主义政治发展道路。党的十八大报告又提出"要更加注重改进党的领导方式和执政方式，保证党领导人民有效治理国家；更加注重健全民主制度、丰富民主形式，保证人民依法实行民主选举、民主决策、民主管理、民主监督；更加注重发挥法治在国家治理和社会管理中的重要作用，维护国家法制统一、尊严、权威，保证人民依法享有广泛权利和自由。"②

历史和现实表明，中国特色社会主义民主政治，是由中国历史发展和具体国情决定的，是中国人民在长期历史发展过程中的必然选择。

① 中共中央文献研究室：《十七大以来重要文献选编》（上），中央文献出版社2009年版，第28页。

② 编写组：《十八大报告辅导读本》，人民出版社2012年版，第26页。

二、走中国特色社会主义政治发展道路

发展社会主义民主政治，必须坚持党的领导、人民当家作主、依法治国有机统一，坚持和完善人民代表大会制度、中国共产党领导的多党合作和政治协商制度、民族区域自治制度以及基层群众自治制度，这是坚定不移地走中国特色社会主义政治发展道路的重要内容，是推进中国特色社会主义政治建设必须遵循的基本方针，是中国特色社会主义民主政治制度的核心内容和基本框架，也是中国特色社会主义政治区别于资本主义政治的本质特征。

（一）坚持党的领导、人民当家作主和依法治国的有机统一

1. 中国共产党的领导是人民当家作主和依法治国的根本保证

中国共产党是我国社会主义事业的领导核心，也是社会主义民主政治建设的领导核心。无论是发展社会主义民主，还是建设社会主义法治国家，都要坚持党的政治、思想和组织领导。推进民主政治建设和政治体制改革，必须有利于坚持和改善党的领导，增强党和国家的活力，而决不能削弱党的领导。只有坚持党的坚强领导，才能按照最广大人民群众根本利益的要求，把全国各民族、各阶层人民的力量和意志凝聚起来，领导、组织、支持人民掌握好国家权力，管理好国家事务、社会事务和各项事业。社会主义民主是广大劳动人民当家作主的大多数人的民主，是区别于一切剥削阶级少数人统治的新型民主。社会主义民主的性质同我们党的性质和宗旨是一致的。全心全意为人民服务，除了工人阶级和最广大人民群众的利益，没有自己的特殊利益，这是我们党区别于其他任何政党和政治派别的根本标志。

2. 人民当家作主是社会主义民主政治的本质要求

人民当家作主是社会主义民主政治建设的出发点和落脚点。发展社会主义民主政治，归根到底是为了实现好、维护好、发展好人民群众当家作主的民主权利和根本利益。我们党领导人民推翻剥削阶级统治、建立人民政权，就是要组织和支持人民当家作主，依法管理国家和社会事务，管理各项事业，实现最广大人民的利益和意志。这是我们党执政的根本目的和可靠基础。离开了人民群众的根本利益和当家

作主的权利，党的领导就会成为无源之水、无本之木。坚持依法治国，建设社会主义法治国家，归根到底也是为了实现社会主义民主的制度化、规范化、程序化，为人民当家作主提供政治和法律制度保障。离开了人民当家作主，社会主义政治法律制度就失去了前提和基础。胡锦涛在十八大报告中再次强调，必须坚持党的领导、人民当家作主、依法治国有机统一，以保证人民当家作主为根本，以增强党和国家活力、调动人民积极性为目标，扩大社会主义民主，加快建设社会主义法治国家，发展社会主义政治文明。

3. 依法治国是党领导人民治理国家的基本方略

民主是法制的前提和基础，法制是民主的体现和保障。发展社会主义民主，必须加强社会主义法制建设，使民主制度化、规范化和程序化。

党的十八大报告根据到2020年全面建成小康社会的新形势和新要求，作出了“全面推进依法治国”的重大决策和战略部署，明确指出：“法治是治国理政的基本方式。要推进科学立法、严格执法、公正司法、全民守法，坚持法律面前人人平等，保证有法必依、执法必严、违法必究。”[①]全面推进依法治国是一项十分庞大和复杂的综合性社会系统工程，要实现依法治国必须做到以下四个方面。第一，坚持科学立法、民主立法，完善中国特色社会主义法律体系。加强立法、有法可依，是全面推进依法治国的首要前提。我们要自觉适应形势任务的新变化，及时回应人民群众的新期待，努力推动立法从主要服务于经济增长的速度、总量和规模，向更加注重服务于经济发展的效益、质量和方式，以及推动科学发展转变；从主要进行有关经济调节和市场监管的立法、致力于建立健全社会主义市场经济体制，向更加注重有关社会管理和公共服务的立法、同时着力于建立社会主义和谐社会和服务型政府转变；从主要强调立法的数量和速度，向更加注重立法的质量和效果转变。第二，推进依法行政，到2020年基本建成法治政府。党的十八大报告指出：要“推进依法行政，切实做到严格规范公正文明执法，”[②]到2020年实现法治政府基本建成的目标。深入推进依法行政、加快建设法治政府，是全面推进依法治国的中心环节。

① 编写组：《十八大报告辅导读本》，人民出版社2012年版，第28页。

② 编写组：《十八大报告辅导读本》，人民出版社2012年版，第28页。

第三，进一步深化司法体制改革，不断提高司法公信力。深化司法改革、保证司法公正，是全面推进依法治国的重要保障。第四，深入开展法制宣传教育，弘扬社会主义法治精神。提高全民法治意识、努力建设法治社会，是全面推进依法治国的坚实基础。社会主义法治精神是准确体现党的领导、人民当家作主、依法治国有机统一的精神，是全面反映依法治国、执法为民、公平正义、服务大局、党的领导的社会主义法治理念的精神，是集中代表党的事业至上、人民利益至上、宪法法律至上的精神，对推进我国社会主义法治建设具有重要的理论和实践指导意义。

实行依法治国，对执政党本身而言，最根本的就是要提高治国理政的法治化水平。党的方针、政策是立法的依据和执法、司法的重要指导，同法律在本质上是一致的。法律是经过实践检验和法定程序上升为国家意志的主张。执政党要提高治理国家的法治化水平，必须加强对立法的领导，善于把正确的政策主张上升为法律，主要依靠法律治理国家、管理社会。党的执政主张凡是要上升为国家意志的，必须由国家权力机关经过法定程序，使之成为法律法规或国家机关的决议、决定，再由各级各类国家机关依法实行。通过法定程序，把党的路线、方针、政策、主张上升为国家意志，从法律制度上保证党的基本路线、基本纲领、基本经验的长期稳定和贯彻实施，保证党始终发挥总揽全局、协调各方的领导核心作用。国家法律既反映了全国人民的利益和意志，也反映了党的政策和主张。法律的贯彻实施，也就是党的主张和人民的意志的贯彻实施，党的领导和人民民主就在法律层面得到了落实。把党的领导、人民民主、依法治国统一起来，用法律手段实现和保证党的领导、人民民主，这是国家长治久安和巩固党的执政地位的重要保障。

坚持党的领导、人民当家作主、依法治国的有机统一，贯穿于社会主义民主政治建设的全过程和各方面。无论是推进社会主义民主政治建设，还是推进政治体制改革；无论是扩大社会主义民主，还是健全社会主义法制，都必须坚持这三者的统一。只有在实践中坚持三者的统一，才能发挥社会主义政治制度的特点和优势，从法律和制度上保证党的理论、路线、方针、政策的贯彻实施，不断推进社会主义民主政治制度化、规范化和程序化，实现社会主义政治制度的自我完善和发展，为党和国家的长治久安提供政治和法律制度保障。

（二）坚持人民民主专政

人民民主专政是我国的国体。人民民主专政是马克思列宁主义关于无产阶级专政理论同我国革命的具体实践相结合的产物。我国宪法第一条规定："中华人民共和国是工人阶级领导的、以工农联盟为基础的人民民主专政的社会主义国家。"[①]这一规定表明：人民民主专政是工人阶级领导的、以工农联盟为基础的、对人民实行民主和对敌人实行专政的国家政权。1949年6月，毛泽东在《论人民民主专政》一文中明确指出："对人民内部的民主方面和对反动派的专政方面，互相结合起来，就是人民民主专政。"[②]坚持人民民主专政，首先要坚持国家的一切权力属于人民，保证人民依照宪法和法律的规定，通过各种形式和途径，管理国家事务，管理经济和文化事业，管理社会事务，保证人民当家作主。在当今的历史条件下，我国享有民主的人民的范围空前扩大了，除了工人、农民、干部、知识分子等是人民的主体，还增加了民营科技企业的创业人员和技术人员、受聘于外资企业的管理技术人员、个体户、私营企业主、中介组织的从业人员、自由职业者等新的社会阶层。

2012年11月，中共十八大报告提出："社会主义协商民主是我国人民民主的重要形式"[③]。协商民主的基本含义是指协商主体通过自由平等的公共协商参与决策。社会主义协商民主除了具备协商民主的一般含义外，还具有不同于其他协商民主的特殊规定性，也就是在党的领导下，社会各个政党、阶层、团体、群众等，就共同关心或利益相关的问题，以适当方式进行协商，形成各方均可接受的方案，再作出决策或决定，以实现整体的发展。

社会主义协商民主是伴随着新中国的建立和成长而不断发展完善的。在新民主主义革命时期，中国共产党人进行了"三三制民主政权"建设，表明了社会主义协商民主思想的萌芽。在筹建新中国的过程中，中国共产党人探索新民主的实现形式，构建了协商民主的运作

① 中共中央文献研究室：《十二大以来重要文献选编》（上），人民出版社1986年版，第219页。

② 《毛泽东选集》第4卷，人民出版社1991年版，第1475页。

③ 编写组：《十八大报告辅导读本》，人民出版社2012年版，第26—27页。

平台——中国人民政治协商会议，为中国协商民主运作提供了制度保障。1949年9月，全国政协第一届全体会议的召开，标志着协商民主这种新型民主形式开始在全国范围内实施并形成制度。1987年10月，中共十三大提出了社会协商对话制度的构想，把协商从政治领域扩展到整个社会生活领域，从国家层面的协商扩展到地方和基层群众组织，形成了民主恳谈会、听证会、社区议事会、网络协商等基层协商民主形式。改革开放以来，中共中央先后出台了《关于坚持和完善中国共产党领导的多党合作和政治协商制度的意见》、《关于进一步加强中国共产党领导的多党合作和政治协商制度建设的意见》、《关于加强人民政协工作的意见》等一系列重要文件，对协商民主的概念、地位、制度乃至具体运作问题等，进行了比较明确、系统的阐述。与此同时，中国共产党、人民代表大会、政府、基层群众组织等领域的协商机制和实践也在不断丰富，社会主义协商民主思想和实践得到进一步发展。

社会主义协商民主概念第一次在党的代表大会报告中正式提出和确立，标志着社会主义协商民主理论的正式形成。这是运用马克思主义对我国协商民主政治实践的理论升华和伟大创造，对于发展中国特色社会主义民主政治具有重要指导意义，对于推动人类政治文明发展必将作出有益贡献。社会主义协商民主具有鲜明的中国特色，特色缘于其生长的社会主义制度和中国文化传统。社会主义本质是解放生产力，发展生产力，消灭剥削，消除两极分化，最终达到共同富裕。社会主义制度最集中反映了广大人民群众的根本利益。“和为贵”以及政治需要协商的政治文化传统，孕育了协商民主，以及求合作、达共识的政治价值诉求和多领域多层面的协商制度机制。

发展社会主义协商民主是发扬社会主义民主的重要途径。社会主义协商民主能够充分体现社会主义民主的优越性，有利于实现广大人民群众的政治参与，体现出社会主义民主的广泛性。中国协商民主的主体涵盖各党派、各团体、各民族、各阶层、各界别和各方面人士，能够围绕国计民生的重大问题以及群众生活中的热点难点问题，广开言路、广求良策、广谋善举，使个别分散的意见、愿望通过协商渠道得到系统综合的反映，有利于最大限度地包容和吸纳各种诉求，体现包容性。协商民主坚持求同存异、体谅包容的原则，蕴含了合作、参与、协商的精神，既反映多数人的普遍愿望，又吸纳少数人的合理主张，既听取支持的、一致的意见，又听取批评的、不同的声音，有利于更好地实现人民当家作主，体现真实性。

改革开放以来，中国的协商民主实践得到了迅速发展，人民参与的热情越来越高，但各种民主协商形式仍然不同程度地存在着制度化不足的问题。因此，还需要完善协商民主制度和工作机制，进一步推进协商民主广泛、多层、制度化发展。社会主义协商民主的主体不仅包括政治、经济、文化等各领域各方面的代表人士，还要进一步扩大普通群众参与协商的范围。可以通过完善党的代表会议、人大会议、政协会议的旁听制度，改进群众大会、民主恳谈会、民主评议会以及群众来信来访、领导接待日、人民调解等方式，使协商渠道更为多样和丰富。除此之外，保障公民利用网络资源进行政治参与的各项权利，建立公共信息的及时客观发布制度，建立政府和网民的对话协商制度和引导网民理性讨论制度等，都有利于促进网络协商民主的健康发展。

人民民主专政直接体现了民主与专政的辩证统一。民主与专政是互为条件、互相依存的，只有在人民内部实行民主，让人民充分享有各项政治权利，享有管理国家和社会的权力，才能调动广大人民的积极性和创造性，集中力量进行社会主义现代化建设，也才能对敌人实行有效的专政。坚持人民民主专政，还必须充分履行国家政权的专政职能。从当今国际形势看，世界范围内的社会主义力量在一个相当长时期内会弱于资本主义，国际敌对势力对我国进行渗透、颠覆的图谋没有改变；从国内形势看，阶级斗争还将在一定范围内长期存在，有时还会很尖锐，在社会生活中，还存在各种违法犯罪活动。因此，必须在充分发挥人民民主的基础上，加强国家政权的专政力量。只有对破坏社会主义事业的敌对分子实行专政，才能保障和发展民主，维持社会的安定团结，保障社会主义现代化建设的顺利进行。

（三）坚持和完善人民代表大会制度

人民代表大会制度，是指中国各族人民按照民主集中制原则，定期选举产生自己的代表，组成各级人民代表大会，作为人民行使国家权力的机关，并由人民代表大会组织其他国家机关，以实现人民民主专政历史任务的政权组织形式。人民代表大会制度作为中国的政体，直接关系到国家权力的行使，关系到人民民主专政的实现，全面反映中国的政治生活。它与人民民主专政制度互为表里，共同构成中华人民共和国国家政权的内容与形式，是当代中国的根本政治制度。

人民代表大会制度的基本原则大致可以概括为以下几个方面：第一，“中华人民共和国的一切权力属于人民”，这是我国政体的核心原则。它所涉及的是国家政权权力的来源，意味着我国一切国家机关的权力都来自于人民，都由人民授予，一切政治权力都应得到人民的承认和同意。根据这一原则，我国政治体制的安排和所有国家机构的设置及其权力配置，目的都应该是从政治上、组织上体现和保证全国各族人民掌握国家权力，实现人民当家作主。第二，人民通过他们选举产生的人民代表大会行使国家权力。我国宪法规定，人民行使国家权力的机关是全国人民代表大会和地方各级人民代表大会，他们都由民主选举产生，对人民负责，受人民监督。这表明，作为国家权力机关，人民代表大会的权力也是来自人民，其所行使的国家权力必须反映人民的利益和意志。第三，全国人民代表大会是最高国家权力机关，又是国家最高立法机关，全国人大和它的常委会行使国家立法权。地方各级人民代表大会是地方权力机关。这就是说，人民代表大会代表人民行使国家权力，如立法权、监督权、决定重大事项权、选举和任免权等具有决定性意义的权力，同时把国家的行政权、审判权、检察权分别赋予了由它产生的政府、法院和检察院等国家机关。第四，人民代表大会和其他国家机关的工作方式以及它们之间相互关系及权力配置，体现了我国“国家机构实行民主集中制的原则”。代表人民行使国家权力的所有机关，按照民主集中制原则建立内部及相互的权力责任关系，并在法定的权限和任期内有权自主决策、自行组织相关政务活动。

为了支持和保证人民通过人民代表大会行使国家权力，必须进一步明确和理顺人民代表大会与共产党组织的关系、人民代表大会与其他国家机关的关系、人民代表大会与人民的关系。

1. 理顺共产党组织与人民代表大会之间的关系

中国共产党是中国的执政党，党领导人民推翻了旧的统治秩序，建立了新中国，并在建国后领导人民建立起人民代表大会制度，各级人民代表大会是我国的各级国家权力机关，在国家权力体系中居于中心地位。如何正确认识与处理好中国共产党和人民代表大会之间的关系是完善人民代表大会制度必须要解决的问题。过去这两者的关系中，出现过党对人大工作干预多的不符合民主原则的现象。如何才能做到既坚持共产党的领导，又保证各级人大及其常委会依法独立行使职权？中国共产党首先自觉地提出并不断重申“党必须在宪法和法律的范围内活动”的原则，党十三大提出了“党政职能分开”理念，党的十八又提出“要善于使党的主张通过法定程序成为国家意志”。这些原则和方案为理顺共产党组织与人民代表大会之间的关系，使两者之间做到各司其职，逐步走向法制化指明了方向。具体来说，主要包括以下几个方面：共产党组织必须对人大实行政治领导，即支持和组织人民群众通过人民代表大会这种政治形式来当家作主，支持各级人大及其常委会的工作，保证他们积极主动、独立负责行使各项职权；共产党组织不包办人大工作，党组织不是国家权力机关，不直接行使国家权力，党组织与人大的领导与被领导关系不同于党内上下级或行政系统内上下级的隶属关系，因此不能替代人大工作；共产党组织应该接受人大的宪法监督，在我国，一切国家机关和武装力量，各政党和各社会团体，各企事业单位组织，以及每一个公民都必须遵守宪法和法律。宪法规定，全国人大及常委会负责监督宪法的实施。中共各级党组织在遵守宪法和法律方面，也同样应接受各级人大的监督。

2. 理顺人大与其他国家机关之间的关系

理顺人大与其他国家机关之间的关系，关键是要继续落实人民代表大会的各项权力。这些权力主要包括：立法权、人事任免权、重大事项决定权和监督权。它们在我国的宪法和法律中都有明确规定，这些重要权力是全国人民代表大会作为我国最高权力机关的具体体现。但在实践中，由于对人民代表大会制度的具体权力重视不够，或者缺乏行使权力的必要手段，或者没有可供操作的具体程序等，长期以来造成了人大在与其他国家机关的关系中地位的弱化。在政治体制改革中进一步完善人民代表大会制度，必须继续落实人民代表大会的法定权力。中共十八大报告再次强调，党支持人大及其常委会充分发挥国家权力机关作用，依法行使立法、监督、决定、任免等职权，加强立法工作的组织协调，加强对“一府两院”的监督，加强对政府全口径预算决算的审查和监督。

3. 密切人民代表大会与人民群众的关系

我国的人民代表大会作为人民代议机关，是表达民意的最重要的渠道。根据宪法规定，人民选举人民代表组成人民代表大会，人民代表大会代表人民行使国家权力，对人民负责，受人民监督。党的十八大报告提出，要提高基层人大代表特别是一线工人、农民、知识分子代表比例，降低党政领导干部代表比例。在人大设立代表联络机构，完善代表联系群众制度。这对于进一步增强人大代表的广泛性与代表性必将产生积极的意义。

（四）坚持中国共产党领导的多党合作和政治协商制度

我国的政党制度是一种社会主义新型政党制度，不同于西方资本主义国家实行的两党制或者多党制。西方国家的两党制和多党制建立在资本主义私有制基础之上，实质是资产阶级不同利益集团之间的竞争在政治上的反映。我国的政党制度建立在公有制占主体地位的社会主义经济基础之上，同社会主义国家的国体相适应，它具有以下特征：第一，有一个明确的前提和基础：坚持四项基本原则，多党合作以中国共产党的领导为前提。第二，有一种密切合作的政党关系：共产党是执政党，各民主党派是参政党，不存在反对党、在野党或轮流执政的问题。第三，有一个共同的纲领和目标：把中国建设成为现代化的社会主义强国，共产党和各民主党派都以国家现阶段的总任务为自己的政治纲领。第四，有一条共同的合作方针：长期共存，互相监督、肝胆相照，荣辱与共，各民主党派通过各级人民政协就国家的大政方针和其他的重大社会问题发表自己的意见和建议。第五，有一个实行合作的组织形式：人民政治协商会议，人民政治协商会议是共产党领导的，具有广泛代表性的中国人民爱国统一战线组织，也是多党合作的主要组织形式。第六，有一条保障合作的法律原则：中国共产党和各民主党派都以宪法为活动准则，保证宪法的实施和尊严，也享有宪法规定范围内的政治自由、组织独立和法律上的平等地位。

中国人民政治协商会议（简称人民政协）是中国人民爱国统一战线的组织，是中国共产党领导的多党合作和政治协商的重要机构，是中国政治生活中发扬社会主义民主的一种重要形式。人民政协是中国各族人民经过长期的革命斗争，在新中国成立前夕，由中国共产党和各民主党派、无党派民主人士、各人民团体、各界爱国人士共同创立的。在马克思主义理论指导下创设的人民政协，积极参与到中国革命、建设和改革的伟大实践中，在60多年的发展进程中，发挥了巨大的作用，产生了深远的影响。人民政协已经成为实现协商民主的重要制度渠道，以中国共产党领导的多党合作和政治协商基本政治制度作保障，依据宪法、党的文件、政协章程规定而活动；成为在政治体制运行中与党委、政府、人大共同构成四大班子的政治协商机构，形成了全国、省、市、县四级组织体系；把党派合作性和界别代表性有机结合起来，协商主体发展成为包括中国共产党在内的9个政党、56个民族、5大宗教、34个界别，共60多万政协委员的具有广泛代表性和巨大包容性的重要政治力量；以团结和民主为两大主题，既是大团结大联合的组织，又是发扬社会主义民主的重要形式，在发扬民主过程中增进团结，在巩固团结的基础上夯实民主基础，实现了发展民主与维护和谐稳定的内在统一；集协商、监督、参与、合作于一体，通过履行政治协商、民主监督、参政议政三项职能，开展提案、视察、专题调研、反映社情民意、大会发言等经常性工作，实现了人民的知情权、参与权、监督权和表达权的有机结合。

（五）坚持民族区域自治制度

我国是一个统一的多民族国家，疆域广阔，人口众多，各地区、各民族的政治、经济、文化发展很不平衡。民族区域自治制度是指在国家统一领导下，各少数民族聚居的地方实行区域自治，设立自治机关，行使自治权的制度，是一项符合我国国情的基本政治制度。实行民族区域自治，是民主集中制原则在民族问题上的运用和发展，体现了国家尊重和保障少数民族自主管理本民族内部事务的权利，体现了民族平等、民族团结、各民族共同繁荣发展的原则，体现了民族因素与区域因素、政治因素与经济因素、历史因素与现实因素的统一。其实质就是要在统一的多民族的中华人民共和国内，使有着一定聚居区的少数民族，有当家作主、管理本民族内部地方性事务的权利，保障各少数民族的平等地位，使他们按照自己的经济和文化特点，发展经济社会事业，促进民族发展繁荣，巩固祖国统一和民族团结。

新中国成立后，我国开始在全国范围内推行民族区域自治制度，至1990年，我国政府宣布，建立民族自治地方的工作已基本结束。截至2004年底，全国共有155个民族自治地方，其中包括5个自治区、30个自治州、120个自治县（旗）。还有作为民族区域自治补充形式的1000多个民族乡。

民族区域自治制度的核心，是自治机关享有自治权。依照中国宪法和法律规定，民族自治地方自治机关享有的自治权包括：第一，民族自治地方的人民代表大会有权制定适合民族特点的自治条例和单行条例；第二，上级国家机关的决议、决定、命令和指示，如不适合民族自治地方实际情况的，可报上级国家机关批准，变通执行或停止执行；第三，自治地方在执行职务时，有权使用当地通用的一种或几种语言文字；第四，依照国家军事制度和当地实际需要，经国务院批准可组织本地方维护社会主义治安的公安部队；第五，在国家计划指导下，制定本地经济建设的方针、政策和管理地方性的经济建设事业；第六，管理本地方的财政；第七，自主地发展本地区的民族教育、科学、文化、卫生、体育事业，等等。

民族区域自治制度作为一项具有中国特色的社会主义民主政治制度，有以下特点：第一，实行区域自治的各民族自治地方都是中华人民共和国不可分离的部分，在任何情况下都不能脱离祖国而独立或半独立。第二，各民族自治地方都必须遵守国家的宪法和民族区域自治法，都必须坚持四项基本原则，执行国家政策。第三，各民族自治地方的自治机关，都是在中央和上级国家机关领导下的一级地方政权，都必须实行民主集中制的原则。第四，各民族自治地方的自治机关除行使宪法规定的一般地方国家机关的职权外，还依照中国宪法和法律规定的权限行使自治权，自主地管理本地方的内部事务。第五，各民族自治地方自治机关的主要领导职务，依照宪法和法律规定，由真正代表本民族人民利益的少数民族干部担任，由本地方人民代表大会选举产生。

民族区域自治制度的这些特点充分显示出了民族区域自治制度的巨大优越性：它有利于国家的统 领导及民族平等与自治；有利丁从实际出发，因地制宜贯彻国家各项政策；有利于调动一切积极因素，促进民族团结及各民族的共同繁荣发展；有利于增强国防实力，维护国家统一，抵御侵略。所以，必须始终坚持民族区域自治制度，同时在坚持这一制度的前提下，不断完善这一制度。

1. 完善民族区域自治制度的法律建设

随着改革发展的不断推进，民族区域自治的制度法律建设中还有许多问题需要探索和完善。民族区域自治应当依照以宪法为核心、逐步完善自治法规体系的规定实行自治。自治法规体系包括《宪法》有关自治问题的规定、《民族区域自治法》、自治条例、单行条例，有关自治问题及相关问题的法律、行政法规、各部门规章和地方性法规、规章等不同效力渊源的规范性法律文件体系。

2. 加大对少数民族干部的培养力度

民族区域自治制度的巩固和完善，民族问题的最终解决，都必须有一大批德才兼备，坚持祖国统一和民族团结，又能密切联系群众的少数民族干部。少数民族干部在维护社会稳定和祖国统一、推进民族团结进步事业等方面具有不可替代的作用。少数民族干部同本民族人民群众有密切联系，熟悉本民族的历史和现状，熟悉本民族的语言文字和风俗习惯，了解本民族人民的思想感情和要求愿望，了解本民族和本地区的特点，他们是党联系少数民族群众的桥梁，也是进一步完善民族区域自治制度的中坚力量。因此，努力造就一支宏大的德才兼备的少数民族干部队伍，特别是注意培养少数民族的高中级干部，是解决我国民族问题的关键。我国已经在培养选拔少数民族干部的工作上取得了显著的成就。但是，由于历史的原因和经济发展的制约，客观上造成少数民族干部的成长遇到一些困难和阻碍，这就需要从组织上高度重视，下大力气，采取措施，为民族干部的成长创造、提供更为积极的条件和机会。要按照干部德才兼备、以德为先的原则，积极选拔优秀中青年少数民族干部进入各级领导班子，尤其要重视高、中级领导干部的培养和选拔，加强少数民族后备干部队伍的建设，加快提高少数民族干部队伍的思想政治素质和工作能力，改善干部队伍的结构，努力培养更多的适应民族地区建设需要的科技人才和经济管理人才。

3. 完善民族区域自治制度运行过程中的监督机制

民族区域自治制度实施中的监督机制担负着完善民族区域自治制

度的重要使命，授予的权力越大，相应的监督力度也应该越大，这样才能使权力与权力之间保持制约与平衡。民族区域自治制度中监督机制的主体包括权力机关、行政机关、专门机关，以及其他国家机关、政治或社会组织和公民，监督的内容为自治权的行使情况。民族区域自治制度中权力机关的监督主要是全国人大常委会和省级人大常委会所进行的监督。目前，民族区域自治制度监督机制在实践中还存在着权限划分不清和程序设置不当的现象，需要进一步规范与完善。

我国实行的民族区域自治制度，体现了民族因素与区域因素、政治因素与经济因素、历史因素与现实因素、制度因素与法律因素的统一，有利于把国家的集中、统一与民族的自主、平等结合起来，有利于把党和国家总的路线、方针、政策与民族自治地方的具体实际、特殊情况结合起来，有利于把各族人民热爱祖国的感情与热爱自己民族的感情结合起来。坚持和完善民族区域自治制度，才能把国家的富强、民主、文明、和谐与民族的繁荣、发展、进步、和睦更好地结合起来，才能将各民族共同团结奋斗、共同繁荣发展更好地结合起来，进一步推进社会主义政治文明，实现中华民族的伟大复兴。

（六）完善基层群众自治制度

基层群众自治是人民当家作主最有效、最广泛的途径，是社会主义民主政治建设的基础性工程。基层群众自治制度，通过以村民自治为核心的农村基层民主、以居民自治为核心的城市基层民主和以职工代表大会为核心的企事业单位的基层民主等形式将人民民主渗透到社会生活的各个方面。基层群众自治制度把代表制民主与直接民主有机地结合起来，充分发挥了两种民主形式的功能和整体合力，从而形成社会主义民主政治的独特优势。这是中国人民民主制度优越性的重要体现。

基层群众自治制度在新中国成立后的民主实践中逐步形成。1954年12月，第一届全国人大常委会第四次会议审议并颁布了《城市居民委员会组织条例》，第一次用法律的形式肯定了居民委员会的性质、地位和作用。这个条例的贯彻和实施，有力地推动了城市居民委员会组织的建设和发展。1989年12月，全国人大常委会通过了《城市居民委员会组织法》，标志着城市居民委员会的组织建设进入了一个新的全面发展的时期。同城市居民委员会相比，农村村民自治出现得比较晚。中共十一届三中全会后，农村改革蓬勃推进，以“大包干”为主要形式的家庭联产承包责任制取代了“政社合一、集中经营”的人民公社制，从而激发了农民群众自我管理、自我服务的政治积极性。1987年全国人大常委会通过了《村民委员会组织法（试行）》。1998年第九届全国人大常委会通过《村民委员会组织法》。此后，农村基层群众自治组织在实践中不断发展壮大，对于加强农村管理、推动农村建设发挥了重要作用。截至2007年底，我国农村有61万多个村民委员会，城市有8万多个社区居民委员会。自《村民委员会组织法》和《城市居民委员会组织法》实施以来，全国绝大多数农村和城市已进行了6次以上的村（居）民委员会换届选举。85%的农村建立了实施民主决策的村民大会或村民代表大会，90%以上的农村建立了保障民主监督的村民理财小组、村务公开监督小组等组织，村务公开、民主评议等活动普遍开展。89%的城市社区建立了居民（成员）代表大会，64%的社区建立了协商议事委员会，22%的社区建立了业主委员会，居民评议会、社区听证会等城市基层民主形式普遍推行，收到了很好效果。[①]在我国，职工在企事业单位中享有人民当家作主的民主权利，主要通过职工代表大会制度来实现。我国宪法、劳动法、工会法均对职工代表大会制度作了相应规定。改革开放以来，职工代表大会和其他形式的企事业单位的民主管理制度在实行民主管理，协调劳动关系，保障和维护职工合法权益，推进企事业单位的改革、发展、稳定等方面发挥了不可替代的作用。

党对发展基层群众自治制度的认识，与时俱进、逐步深化；基层群众自治的实践，由点到面、由浅入深，由单领域向多领域逐步推开；基层群众自治的各项制度、法律和法规，逐步健全；人民群众当家作主的能力，在实践中逐步提高。经过60多年的实践，基层群众自治制度体系基本确立，组织载体日益健全，内容不断丰富，有力地扩大了社会主义民主，在社会主义政治生活中发挥了重要作用，并呈现出显著特色。

---

① 李学举：《我国基层群众自治制度地位的重大提升》，《求是》2008年第3期。

第一，目的性与手段性相统一。基层群众自治实践的许多环节，都是围绕人民群众最关心、最直接、最现实的利益问题展开的，既锻炼了群众的议事和管理能力，又维护了群众的经济利益，体现了民主目的性与手段性的统一。长期以来，党和政府从做得到的事情做起，从广大人民群众最关心的事情入手，一步一步推进基层群众自治。通过基层民主的实践锻炼，广大人民群众逐步提高了参政议政能力，逐步学会了依法、理性地行使民主权利，避免了不切实际的极端冒进，降低了风险和成本，在稳定有序的基层民主实践中逐步提高了自身素质。实践证明，基层群众自治制度有利于增强社会主义民主的广泛性和实效性。人民群众通过直接参与公共事务和公益事业的管理，增强了对民主政治的认同感，参与民主政治建设的积极性得到提高。同时，在自己生活的区域内，直接选举、民主讨论、共同决策和相互监督，也易于为广大群众所接受。基层群众自治制度有利于提高人民群众的民主素质。广大群众在自我管理、自我服务、自我教育、自我监督中，培养了公民意识，增强了对公民权利和义务的认知，锻炼了参与民主政治建设的能力。人民群众在亲身实践中学习民主、认知民主，民主意识不断得到加深，民主素质不断得到增强，民主能力不断得到提升。

第二，在党和政府的主导下实践。这是中国社会主义民主政治的一大特点，也是发展社会主义民主政治的一大政治优势。坚持党的领导是基层群众自治必须坚持的政治方向，是稳定有序、有计划、有步骤地推进基层群众自治的根本保证。实践证明，基层群众自治制度是亿万人民群众在党和政府的领导下广泛参与的民主政治建设，是推动社会进步的巨大力量。

第三，与经济社会发展相适应、相促进。农村村民自治制度是适应农村经济体制改革需要而产生的，对化解农村社会矛盾、解决“三农”问题、提高政府管理水平和农民素质起到了重要作用。城市社区居民自治制度则是适应城市基层社会管理和居民生活需要的产物，在解决城市社会发展中的诸多矛盾问题方面发挥了重要作用。

健全和发展基层群众自治制度，必须进一步加强法制建设，保证各方面自治活动在法治轨道上健康进行；必须坚持党的领导，进一步健全基层党组织的领导机制；必须适应实践发展的需求，不断扩大自治范围，提高广大干部群众的民主法治素质。

只有坚定不移发展社会主义民主政治，才能体现社会主义的本质，才能保证国家的长治久安，才能保证社会主义现代化建设和社会主义和谐社会建设的顺利进行。中国特色社会主义政治发展道路是团结亿万人民共同奋斗的正确道路。我们一定要坚定不移沿着这条道路前进，使我国社会主义民主政治展现出更加旺盛的生命力。

三、积极稳妥地推进政治体制改革

社会主义民主政治是一个不断发展、不断完善的过程。政治体制改革作为我国全面改革的重要组成部分，是改革开放以来我们党一直积极予以推进的改革。随着经济的发展和人民民主意识的提高，我国社会主义民主法制建设与扩大人民民主、促进经济社会发展要求还不完全适应，社会主义民主政治的具体制度方面还存在不完善、不健全的地方，在保障人民民主权利、发挥人民创造精神方面还存在不足。因此，适应扩大人民民主、促进经济社会发展新形势新要求，必须积极推进政治体制改革，更加自觉、更加主动地发展社会主义民主政治，更好地发挥我国社会主义政治制度的优越性。

（一）中国政治体制改革的必然性

1. 社会主义制度自我完善和发展的需要

中国特色社会主义的基本政治制度是广大人民在长期的革命、建设和改革实践中作出的历史选择。它适合中国国情，符合广大人民的根本利益，使广大人民摆脱了几千年来被压迫、被奴役的地位，成为新社会、新国家的主人，保护了社会主义的经济基础和社会生产力，维护了国家的统一、民族的团结和社会的稳定。

中国特色社会主义政治制度同以往封建社会的专制制度、半殖民地半封建旧中国的大地主大资产阶级专政的国家制度有着根本区别，它不是少数人压迫多数人的工具，而是保护广大人民的制度。正因如此，与旧的政治制度相比较，社会主义制度具有无比的优越性。这一优越性是政治体制改革的依据之一，即该政治制度具有优越性，不需要对它进行根本性的改造，而要在坚持这一基本制度的基础上，对它某些环节和若干缺陷进行改革并进一步完善；也正因为它所具有的优越性和对我国国情的适应性，决定了我国政治体制改革不能全盘照抄照搬他国模式。

2. 完善社会主义市场经济体制、加快改革开放和现代化建设的迫切需要

建立和完善社会主义市场经济体制的阻力不仅来自旧的计划经济体制，而且来自与旧经济体制紧密相连的旧的政治体制。从计划经济体制向市场经济体制的转变必然要求改变原来体制下形成的领导体制、决策体制和管理体制。政治体制改革对经济体制改革的作用，一是通过消除政治体制中的弊端，为经济体制改革的深入发展扫清道路；二是通过政治体制改革，把经济体制改革取得的成果加以确认。早在1979年10月，邓小平同志就明确指出："我们要在大幅度提高社会生产力的同时，改革和完善社会主义的经济制度和政治制度，发展高度的社会主义民主和完备的社会主义法制。"[①]政治体制改革不仅是一个十分必要而又紧迫的任务，而且是一个难度系数大、极其复杂也极其敏感的问题。当今中国，不仅要完善社会主义市场经济体制，而且要进一步发展社会主义市场经济；不仅形成了对外开放的全新格局，而且加入了世界贸易组织；政治体制既要坚持社会主义方向，又要与市场经济的要求和世界各国管理、运作体制相适应。这些都需要对政治体制进行必要的改革和创新。

3. 加强社会主义民主政治建设、保障人民群众当家作主权利的需要

社会主义政治制度的基本特征及其优越性，在于从政治上、法制上保障人民当家作主的权利，使人民群众真正成为国家的主人，充分发挥其在国家政治生活中的积极性和主动性。而目前仍然存在的权力过分集中的政治体制，不利于充分发挥人民群众的积极性和创造性。因此，必须积极推进政治体制改革，加强社会主义民主建设，扩大人民群众在经济、政治、文化和社会生活中的参与度，建立和完善自上而下的权力约束和群众监督机制，完善各级政府部门和企事业单位的民主决策制度与程序，协调党、政、工、团各方面的关系，进一步促

① 《邓小平文选》，第2卷，人民出版社1994年版，第208页。

进国家政治民主化，建设有中国特色的社会主义民主政治，切实保证人民群众当家作主的权利，使各项事业的改革和发展符合人民群众的意志、利益和要求。只有这样，才能充分调动人民群众的主人翁精神，集中群众的智慧和力量，保障改革开放和现代化建设的顺利进行。政治体制改革是一项艰巨复杂的长期过程，必须在党的领导下坚持实事求是、一切从实际出发的原则，采取积极慎重的方针，有领导有步骤地逐步展开。

（二）中国政治体制改革的成就

改革开放以来，为了适应我国经济社会发展、人民政治参与积极性不断提高的需要，以保证人民当家作主为根本，以增强党和国家活力、调动人民政治积极性为目标的政治体制改革步伐从未停歇。从党的领导体制规范化、制度化，到以党内民主带动人民民主的实践；从大刀阔斧地推进机构改革，到完善适应社会主义市场经济的行政管理体制改革；从废除领导干部职务终身制，到建立国家公务员制度；从实行基层群众自治，到逐步实行城乡按相同人口比例选举人大代表、扩大公民有序政治参与；从加强对权力运行的监督和制约，到建立和完善惩治和预防腐败体系等方方面面都进行了改革。改革开放30多年来，中国的政治体制改革取得了重大成就，概括来说，主要包括这样几个方面。

1. 民主政治的制度化水平大大提高

人民当家作主需要通过宪法和法律的形式固定下来。改革开放以来，我国坚持和完善人民代表大会制度，对各级人大代表《选举法》和各级人大、人民政府《组织法》等相关法律进行了多次修改，逐步完善了我国的选举制度，人民代表大会在国家政治生活中发挥着重要作用。坚持和完善中国共产党领导的多党合作和政治协商制度，政治协商、民主监督、参政议政取得了重大进展。不断加强城乡基层民主建设，在农村进行村民委员会直接选举，健全城镇居民委员会组织，坚持和实行企业职工代表大会制度。建立并完善了人民监督、人大监督、行政监督、舆论监督等制度和机制，建立起公开办事制度等。

2. 社会主义法制更加完善

十一届三中全会深刻总结了我国长期忽视民主法制建设的严重后

果和惨痛教训，提出了发展社会主义民主、健全社会主义法制的历史性任务，确立了“有法可依、有法必依、执法必严、违法必究”的社会主义法制建设方针。从此，我国社会主义民主法制建设重新走上了健康发展的轨道，开启了蓬勃发展的新时期，中国特色社会主义法律体系建设开始起步并不断发展。1982年9月，党的十二大通过的党章确立了“党必须在宪法和法律范围内活动”的原则。1997年10月，党的十五大将“依法治国，建设社会主义法治国家”确立为治国基本方略。1999年3月，全国九届人大会二次会议将“依法治国，建设社会主义法治国家”写入了宪法修正案。截至2011年8月底，我国现行有效法律共有240部，行政法规706部，地方性法规近8600件。我国用30年左右的时间完成了西方一些国家用几百年才建成法律体系的任务，基本形成了中国特色社会主义法律体系。

3. 行政管理体制与机构改革成效明显

行政管理体制和政府机构改革是经济体制、政治体制改革的结合部。随着经济体制改革不断向前推进，我国分别在1982年、1988年、1993年、1998年、2003年、2008年进行了六次大的机构改革。

1982年机构改革旨在提高政府工作效率，实行干部年轻化。这次改革不仅以精兵简政为原则，而且力求使机构调整为经济体制改革的深化提供有利条件，较大幅度地撤并了经济管理部门，并将其中一些条件成熟的单位改革成了经济组织。

1988年机构改革的重点是那些与经济体制改革关系密切的经济管理部门。政府的经济管理部门要从直接管理为主转变为间接管理为主，强化宏观管理职能，淡化微观管理职能。

1993年的政府机构改革的核心任务是在推进经济体制改革、建立市场经济的同时，建立起有中国特色的、适应社会主义市场经济体制的行政管理体制，改革的重点是转变政府职能。

1998年改革的目标是建立办事高效、运转协调、行为规范的政府行政管理体系，完善国家公务员制度，建设高素质的专业化行政管理队伍，逐步建立适应社会主义市场经济体制的有中国特色的政府行政管理体制。

2003年政府机构改革是在加入世贸组织的大背景之下进行的。改革的目的是进一步转变政府职能，改进管理方式，推进电子政务，提高行政效率，降低行政成本。根据方案，国家发展计划委员会改组为国家发展和改革委员会（简称“发展改革委”），其任务是研究拟订经济和社会发展政策，进行总量平衡，指导总体经济体制改革；设立国务院国有资产监督管理委员会（简称“国资委”），以指导推进国有企业改革和重组；设立中国银行业监督管理委员会（简称“银监会”），以加强金融监管，确保金融机构安全、稳健、高效运行；组建商务部，推进流通体制改革；国家药品监督管理局重组为国家食品药品监督管理局，原属于国家经贸委管理的国家安全生产监督管理局改为国务院直属机构。同时，将国家计划生育委员会更名为国家人口和计划生育委员会。

2008年机构改革的主要任务是围绕转变政府职能和理顺部门职责关系，探索实行职能有机统一的大部门体制，合理配置宏观调控部门职能，以改善民生为重点加强与整合社会管理和公共服务部门。例如，加强能源环境管理，组建国家能源局；整合相关行业管理体制，组建工业和信息化部、交通运输部、人力资源和社会保障部、环境保护部、住房和城乡建设部等。此次国务院机构改革，涉及调整变动的机构共15个，正部级机构减少4个，除国务院办公厅外，国务院组成部门设置27个。

大部门制是一种合理设置机构、优化职能配置的政府组织模式。实行大部门制改革，不仅可以优化政府组织结构和行政运行机制，有效克服行政体制中机构重叠、职能交叉，权责脱节、职责不清，推诿扯皮、效率低下等弊端，而且有利于推进决策科学化、民主化、规范化，提高决策水平，有利于整合公务员队伍，优化人员结构。因此，稳步推进大部门制改革是完善社会主义市场经济体制的客观要求，也是实现政府管理科学化的重要途径。党的十七大提出，要“加大机构整合力度，探索实行职能有机统一的大部门体制”；党的十八大报告更加明确强调，要“稳步推进大部门制改革，健全部门职责体系”，这体现了中央对深化行政体制改革、优化政府组织结构的决心。

推进大部门制改革，要求对职能相近、管理分散的机构进行合并，对职责交叉重复、相互扯皮、长期难以协调解决的机构进行调整，以利于权责统一、提高整体效能。同时，要对职能范围过宽、权力过分集中的机构进行适当分设，以改变部门结构失衡和运行中顾此失彼的现象。建立健全部门职责体系，是政府全面正确履行职能的基础。要科学划分、合理界定政府各部门职能，包括综合部门与专业部门、专业部门与专业部门的职责关系，明确各部门责任，确保权责一致。

4. 干部人事制度改革成果丰硕

改革开放30多年来，党的各级组织认真贯彻执行党的干部路线、方针、政策和党中央的一系列重要部署，以提高素质、优化结构、改进作风和增强团结为重点，全面加强领导班子和干部队伍建设，为建设和发展中国特色社会主义伟大事业提供了坚强有力的组织保证和人才支持。

十一届三中全会以后，党重新确立了正确的政治路线和思想路线，领导班子和干部队伍建设拨乱反正，为党和国家各项事业尽快转入正轨，迅速形成安定团结的政治局面提供了组织保证。在干部制度建设上，以邓小平发表《党和国家领导制度的改革》的讲话为标志，提出了改革和改善党和国家的领导制度、建立干部离退休制度、废除干部领导职务终身制等为内容的战略构想。十三届四中全会以后，以江泽民为代表的中国共产党人着眼于解决提高党的领导水平和执政水平、提高拒腐防变和抵御风险能力这两大历史性课题，推进党的建设新的伟大工程不断前行。党的十六大以来，以胡锦涛同志为总书记的党中央，提出了树立和落实科学发展观、构建社会主义和谐社会等一系列重大战略思想，领导班子和干部队伍建设迈出新的更大步伐。十七大提出，要坚持正确用人导向，按照德才兼备、注重实绩、群众公认的原则选拔干部，提高选人用人公信度。2008年2月，全国组织工作会议强调要大力加强领导班子和干部队伍建设，进一步提高各级领导干部推动社会主义事业发展的开拓创新能力，坚持德才兼备、以德为先，树立正确的用人导向。2009年7月，中共中央印发《关于建立促进科学发展的党政领导班子和领导干部考核评价机制的意见》，随后中央组织部印发了落实《意见》的三个试行办法。各级组织人事部门坚持突出重点，严格把关，加强对干部贯彻民主集中制、勤政廉政、求真务实和心理素质等情况的考察，切实防止和纠正“带病提拔”、“带病上岗”，进一步提高了选人用人的公信度。这一时期，《中国共产党党内监督条例（试行）》、《中华人民共和国公务员法》、《干部教育培训工作条例（试行）》、《公开选拔党政领导干部工作暂行规定》、《党政领导干部职务任期暂行规定》、《关于实行党政领导干部问责的暂行规定》等法规文件相继出台，总结和推广了干部制度改革的成果，初步形成了中国特色的干部管理法律制度体系。

5. 人权得到全面、真实、充分的尊重和保障

宪法是国家的根本大法，我国1982年修订的宪法赋予公民在政治、人身、经济和社会文化生活等方面广泛权利和自由，是我国公民权利和自由的保障书。人权是在实践中发展的，不是静止的，不能一蹴而就，必须随着经济和文化的发展而发展。也就是说，宪法规定的公民享有的各种权利和自由尽管得到全面保障，但每项权利和自由的实现程度还必须随着经济社会的发展而不断发展。基于宪法基础，为了切实保障公民依法享有广泛的权利和自由，全国人大及其常委会制定了一系列法律，如选举法、集会游行示威法、工会法、行政诉讼法、国家赔偿法、刑法、刑事诉讼法、教育法、义务教育法、科技进步法、劳动法、婚姻法、母婴保健法、妇女权益保护法、未成年人保护法、老年人权益保障法、归侨侨眷权益保护法、残疾人保障法、消费者权益保障法等。在新的历史时期，我国不仅将继续用宪法、法律保障人民当家做主，管理国家和社会事务的权利，保障公民个人的基本权利和自由以及合法财产不受侵犯的权利，而且将更注重通过国家主动承担义务，积极创造条件，依靠全社会的共同努力，改善整个社会的物质文化生活条件，使公民享有良好的工作和生活条件，更多的文化教育、劳保福利等经济社会文化权利。

新中国成立60多年，特别是改革开放30多年中国政治发展的辉煌成就充分证明，我国社会主义政治制度总体上是符合国情的，有利于坚持党的领导，有利于保证人民当家作主，有利于解放和发展社会生产力，有利于维护国家统一、民族团结和社会和谐稳定，为党和国家事业发展提供了重要政治制度保障，得到了全国各族人民的广泛认同和坚定拥护。

（三）中国政治体制改革的主要任务和基本要求

我国政治制度充分展现出社会主义民主政治的显著优势。2004年9月，胡锦涛深刻指出："衡量一个政治制度是不是民主的，关键要看最广大人民的意愿是否得到了充分反映，最广大人民当家作主的权利是否得到了充分实现，最广大人民的合法权益是否得到了充分保障。”[①]我国政治制度之所以具有巨大优越性，之所以成为“良政”和“善治”，追根溯源，是因为我们党和国家始终以最广大人民根本利益为依归。这是党和国家的根本性质所决定的，是中国人民始终追求的奋斗目标，也是中国政治制度拥有强大力量的根本原因和最大合法性。我们必须认清这一制度本质，坚持制度特色，坚定制度自信。

同时，我们还应当清醒地认识到，同我国经济社会发展的新形势相比，同坚持以人为本、维护社会公平正义的新要求相比，我国政治体制还存在一些不适应、不符合的问题，民主政治具体制度方面还存在不完善、不健全的地方，在保障人民民主权利、发挥人民创造精神方面还存在不足。因此，适应扩大人民民主、促进经济社会发展新形势新要求，必须继续积极稳妥推进政治体制改革，更加自觉、更加主动地发展社会主义民主政治，更好地把我国社会主义政治制度的优越性发挥出来。

中国的社会主义制度、中国的改革发展大局、中国的国情与民情以及中国社会主义现代化发展的战略目标，共同决定着中国政治体制改革的总体要求与基本原则。其总体要求是：坚持正确政治方向，以保证人民当家作主为根本，以增强党和国家活力、调动人民积极性为目标，扩大社会主义民主，建设社会主义法治国家，发展社会主义政治文明。

政治体制改革事关党和国家工作全局，事关最广大人民根本利益，既要坚定不移，又要积极稳妥，特别是要坚持正确政治方向。邓小平多次强调：“改革党和国家领导制度及其他制度，是为了充分发挥社会主义制度的优越性，加速现代化建设事业的发展。”[②]“我们政治体制改革总的目标是三条：第一，巩固社会主义制度；第二，发展社会主义社会的生产力；第三，发扬社会主义民主，调动广大人民的积极性。”[③]对此，我们一定要深刻领会、准确把握。核心问题不是政治体制要不要改，而是朝着什么方向改。

① 中央文献研究室：《十六大以来重要文献选编》（中），中央文献出版社2006年版，第228页。
② 《邓小平文选》第2卷，人民出版社1994年版，第322页。
③ 《邓小平文选》第3卷，人民出版社1993年版，第178页。

坚持正确政治方向，最重要、最根本的就是坚持党的领导、人民当家作主、依法治国有机统一。党的领导是人民当家作主和依法治国的根本保证，人民当家作主是社会主义民主政治的本质和核心，依法治国是党领导人民治理国家的基本方略。三者的统一决定了我国社会主义国家政权的根本性质，是我国政治制度区别于资本主义国家政治制度的本质特征。三者是一个有机整体，统一于中国特色社会主义民主政治实践，任何时候任何情况下都不能动摇，不能偏废。

上述总体要求明确了中国政治体制改革的基本立场、根本目的、目标取向和基本原则。具体来说，中国政治体制改革的基本立场是：坚持党的领导，坚持从中国国情出发，绝不照搬西方的模式，绝不放弃我国社会主义的根本制度，在政治体制改革中实现社会主义政治制度的自我完善和发展。中国政治体制改革的根本目的是：大力发展人民民主，保证和实现人民当家作主的权利。人民民主是社会主义的生命，保证人民当家作主自然是中国政治体制改革的根本。中国政治体制改革的目标取向是：通过政治体制改革，充分调动人民的积极性和创造性，使中国改革开放和社会主义现代化建设拥有不竭动力；同时，通过健全和完善党和国家制度，增强党和国家的活力，为实现中国经济社会的全面协调可持续发展提供重要保障。

政治体制改革要达到这样的总体要求，就必须在具体的实践中坚持四大原则：一是坚持党总揽全局、协调各方的领导核心作用，提高党科学执政、民主执政、依法执政水平，保证党领导人民有效治理国家；二是坚持国家一切权力属于人民，从各个层次、各个领域扩大公民有序政治参与，最广泛地动员和组织人民依法管理国家事务和社会事务、管理经济和文化事业；三是坚持依法治国基本方略，树立社会主义法治理念，实现国家各项工作法治化，保障公民合法权益；四是坚持社会主义政治制度的特点和优势，推进社会主义民主政治制度化、规范化、程序化，为党和国家长治久安提供政治和法律制度保障。中国政治体制改革的总体要求与原则，是中国基于国情和发展要求而进行的政治体制改革实践经验的基本总结，既体现了人类政治文明建设的一般规律，又体现了社会主义政治发展的基本规律。

政治体制改革事关党和国家工作全局，事关广大人民根本利益，既要坚定不移地予以推进，又要从实际出发，与我国生产关系和生产力发展相适应，与经济体制改革相适应，与我国历史条件、经济发展水平、文化教育水平相适应，有领导、有步骤地统筹协调地稳步推进。

2012年11月，中共十八大谋划了推进政治体制改革的路径。

一是支持和保证人民通过人民代表大会行使国家权力。各级党组织支持和保证人民通过人民代表大会行使国家权力。提高基层人大代表特别是一线工人、农民、知识分子代表比例，降低党政领导干部代表比例。在人大设立代表联络机构，完善代表联系群众制度。健全国家权力机关组织制度，优化常委会、专委会组成人员知识和年龄结构，提高专职委员比例，增强依法履职能力。

二是健全社会主义协商民主制度。完善协商民主制度和工作机制，推进协商民主广泛、多层、制度化发展。通过国家政权机关、政协组织、党派团体等渠道，就经济社会发展重大问题和涉及群众切身利益的实际问题广泛协商，广纳群言、广集民智，增进共识、增强合力。

三是完善基层民主制度。健全基层党组织领导的充满活力的基层群众自治机制，以扩大有序参与、推进信息公开、加强议事协商、强化权力监督为重点，拓宽范围和途径，丰富内容和形式，保障人民享有更多更切实的民主权利。全心全意依靠工人阶级，健全以职工代表大会为基本形式的企事业单位民主管理制度，保障职工参与管理和监督的民主权利。

四是全面推进依法治国。推进科学立法、严格执法、公正司法、全民守法，坚持法律面前人人平等，保证有法必依、执法必严、违法必究。完善中国特色社会主义法律体系，加强重点领域立法，拓展人民有序参与立法途径。深入开展法制宣传教育，提高领导干部运用法治思维和法治方式深化改革、推动发展、化解矛盾、维护稳定能力。

五是深化行政体制改革。深入推进政企分开、政资分开、政事分开、政社分开，建设职能科学、结构优化、廉洁高效、人民满意的服务型政府。深化行政审批制度改革，继续简政放权，推动政府职能向创造良好发展环境、提供优质公共服务、维护社会公平正义转变。稳步推进大部门制改革，健全部门职责体系。推进事业单位分类改革。完善体制改革协调机制，统筹规划和协调重大改革。

六是建立健全权力运行制约和监督体系。要确保决策权、执行权、监督权既相互制约又相互协调，确保国家机关按照法定权限和程序行使权力。坚持科学决策、民主决策、依法决策，健全决策机制和程序，建立决策问责和纠错制度。推进权力运行公开化、规范化，完善党务公开、政务公开、司法公开和各领域办事公开制度，健全质询、问责、经济责任审计、引咎辞职、罢免等制度，加强党内监督、民主监督、法律监督、舆论监督，让人民监督权力，让权力在阳光下运行。

七是巩固和发展最广泛的爱国统一战线。高举爱国主义、社会主义旗帜，巩固统一战线的思想政治基础。加强同民主党派和无党派人士团结合作，加强党外代表人士队伍建设，深入开展民族团结进步教育，加快民族地区发展，促进各民族和睦相处、和衷共济、和谐发展，发挥宗教界人士和信教群众在促进经济社会发展中的积极作用，鼓励和引导新的社会阶层人士为中国特色社会主义事业作出更大贡献。落实党的侨务政策，支持海外侨胞、归侨侨眷关心和参与祖国现代化建设与和平统一大业。

（四）深化政治体制改革与维护政治稳定

政治体制改革是一场涉及上层建筑和经济基础的深刻社会变革，是一项复杂的系统工程。每一项重大举措的出台，都关系千万人的利益，关系广大人民群众的福祉。从一定意义上说，政治体制改革问题更为复杂、工作难度更大，稍有不慎就会带来严重危害。因此，政治体制改革既要坚定不移，又要积极稳妥，必须根据中国国情，从中国实际出发，走好自己的路。要坚持从社会主义初级阶段这个最大的实际出发，坚持与我国生产关系和生产力的发展相适应，与经济体制改革相适应，与我国的历史条件、经济发展状况和文化教育水平相适应，有领导、有步骤、有秩序地推进。坚持正确政治方向，积极稳妥推进政治体制改革，这是中国改革开放和社会主义现代化发展的要求，是中国社会主义政治制度自我完善和发展的要求，是人民群众政治参与积极性不断提高的要求。

政治稳定是政治体制改革的基本前提，也是政治体制改革追求的重要目标。我国是世界上最大的发展中国家，政治稳定对于保证政治体制改革的顺利进行显得格外重要。政治体制改革是调整各种政治组织之间的关系，完善与根本制度相适应的具体制度的过程，因而必须循序渐进地向前推进。政治体制改革作为一场深刻的社会变革，必然伴随着利益调整、体制转换和观念更新，不可能没有阻力和风险。同经济体制改革相比，政治体制与人们的政治利益有着更加密切的联系而更具敏感性，因而其改革更需要统一部署，整体规划；更需要精心而周密地制定改革的具体方案；更需要潜心调查研究，逐步积累经验。这就要求我们必须高瞻远瞩、审时度势、坚定果断、审慎稳妥，力求做到先运筹后运作，由知到行逐步展开；先示范后遵行，由上到下逐步推进；先突破后普及，由点到面逐步拓宽；先调整后完善，由易到难逐步深化。随着政治体制改革的不断深入，与改革措施相配套的制度法规建设也要及时跟进，使政治体制改革始终处于制度法规的有效调控之中。

政治体制改革是社会主义制度的自我完善，是要改革那些不适应社会生产力发展和人民要求的具体制度和体制，而不是要改变社会主义的根本制度。进行政治体制改革的根本目的是促进社会主义民主建设，实现社会的长治久安。社会主义民主政治建设是一个不断提高人民当家作主的实现程度和水平的历史过程。完备的民主形态是不可能一蹴而就的。中国共产党和中国人民将坚定不移地推进社会主义物质文明、政治文明、精神文明、社会文明和生态文明建设的全面协调发展，不断研究民主政治建设的新情况新问题，探索和创造实现人民当家作主的新机制新方式，按社会主义民主政治发展的客观规律，有领导、有步骤、有秩序地发展社会主义民主政治。

第五专题　中国特色社会主义文化建设

当今时代是大发展大变革的时代，世界格局加速演变，国际关系深刻调整，文化在经济社会发展全局中的地位作用日益凸显，文化的影响比以往任何时候都更加广泛而深刻。文化体现着一个民族最深层的精神积淀，反映着一个政党的理想追求。坚持什么样的方向，建设什么样的文化，不仅决定着文化自身的发展前途，更关系到党和国家事业的兴衰成败。本专题通过对这些问题的解读和探讨，进一步深化了中国特色社会主义文化理论研究，以便更好地推动文化建设与经济、政治、社会、生态文明建设协同发展。

一、中国特色社会主义文化概述

文化是民族的血脉，是人民的精神家园。中国共产党作为中华优秀传统文化的忠实传承者和弘扬者、中国先进文化的积极倡导者和发展者，始终高度重视文化建设的重要作用，改革开放以来更是不断地推动着社会主义文化的繁荣和发展。

（一）文化和文化建设

1. 文化内涵

文化是人类在改造自然和改造社会过程中所创造的物质财富和精神财富的总和。它是一种社会历史现象，每一个社会都有与其相适应的文化，并随着物质生产的发展而发展。一般来说，文化主要是指精神生产能力和精神产品，包括哲学社会科学、文学艺术、新闻舆论、文化事业、文化产业和社会思想，以及具有意识形态性质的世界观、人生观、价值观，非意识形态性的科学技术、语言文字等。

2. 文化建设内涵

文化建设，是指围绕一定目标任务并体现一定价值取向的文化发展活动。中国特色社会主义文化建设是中国特色社会主义事业总体布局的重要组成部分，与经济建设、政治建设、社会建设和生态文明建设相互联系、相互促进，其目的是更好地发挥文化引领风尚、教育人民、服务社会、推动发展的重要作用。

（二）中国特色社会主义文化理论

中国特色社会主义文化理论，是马克思主义文化理论与中国具体实际相结合的产物，体现了对中国特色社会主义文化建设的规律性认识，是建设中国特色社会主义文化的根本指导思想。主要包括：关于建设社会主义社会先进文化的思想；关于建设社会主义核心价值体系的思想；关于文化建设根本目的的思想；关于促进文化发展的思想；关于推进文化体制改革的思想；关于提升国家文化软实力的思想等。

1. 建设社会主义先进文化

先进文化是推动社会前进的精神动力。它包括先进的思想道德和先进的科学文化两个部分。其中思想道德规定着整个文化的性质和方向，是先进文化的核心内容。在当代中国，先进文化就是有中国特色社会主义文化。这一概念最早是江泽民在1991年纪念建党70周年重要讲话中提出的。1996年10月，党的十四届六中全会通过的《关于加强社会主义精神文明建设若干重要问题的决议》，对进一步加强中国特色社会主义文化建设提出了具体要求。1997年9月，中共十五大制定的党在社会主义初级阶段的基本纲领，内在地包涵建设有中国特色社会主义经济、政治和文化纲领。这是对中国特色社会主义理论的重大发展，是党对马克思主义理论宝库的新贡献。建设中国特色社会主义文化大致包括五个方面的基本内容：一是必须始终坚持以马克思列宁主义、毛泽东思想和中国特色社会主义理论体系为指导；二是必须坚持以爱国主义、集体主义、社会主义的思想道德为核心；三是必须继承发扬中华民族优秀文化和革命文化传统，积极吸取和借鉴一切外国的优秀文化成果；四是必须面向现代化、面向世界、面向未来，充分体现时代精神；五是必须是民族的科学的大众的社会主义文化。这一文化的先进性最集中最具体地表现在：它是社会主义社会的重要特征，是社会主义优越性的重要表现，是现代化建设的重要目标和重要保证，是凝聚和激励全国各族人民的重要力量，是综合国力的重要标志。这一文化渊源于中华民族五千年文明史，植根于建设和发展中国特色社会主义的伟大实践，不仅反映和体现了社会主义经济和政治的本质要求，而且反映和体现了最广大人民群众的根本利益，带有鲜明的社会主义意识形态特点。坚持先进文化的前进方向，就是要适应改革开放和社会主义现代化建设的需要，着力提高中华民族的思想道德和科学文化素质，培育一代又一代有理想、有道德、有文化、有纪律的社会主义公民，团结动员全国各族人民把我国建设成富强、民主、文明、和谐的社会主义现代化国家。这既是社会主义文化建设的根本目标，也是推动先进文化建设的一项长期而又艰巨的历史任务。

因此，在当代中国，发展社会主义先进文化，就是发展面向现代化、面向世界、面向未来的，民族的科学的大众的社会主义文化。坚持先进文化的前进方向，最根本的是要坚持马克思主义的指导地位。坚持为人民服务、为社会主义服务的方向和百花齐放、百家争鸣的方针，坚持继承和创新相统一，弘扬主旋律，提倡多样化，以科学的理论武装人，以正确的舆论引导人，以高尚的精神塑造人，以优秀的作品鼓舞人，在全社会形成积极向上的精神追求和健康文明的生活方式。

2. 建设社会主义核心价值体系

2011年10月，党的十七届六中全会通过的《关于深化文化体制改革、推动社会主义文化大发展大繁荣若干重大问题的决定》指出："社会主义核心价值体系是兴国之魂，是社会主义先进文化的精髓，决定着中国特色社会主义发展方向。"[①]这一重要论断，深刻揭示了社会主义核心价值体系在文化建设中的灵魂作用，体现了我们党对文化建设规律认识的进一步深化，是全会《决定》突出强调的一个重点。贯彻落实全会精神，推动社会主义文化大发展大繁荣，必须紧紧抓住社会主义核心价值体系建设这个根本。

社会主义核心价值体系基本内容包括马克思主义指导思想、中国特色社会主义共同理想、以爱国主义为核心的民族精神和以改革创新为核心的时代精神、社会主义荣辱观。社会主义核心价值体系是社会

---

① 编写组：《中国共产党第十七届中央委员会第六次全体会议文件汇编》，人民出版社2011年版，第20页。

主义意识形态的本质体现，决定着中国特色社会主义的发展方向，是兴国之魂。要把社会主义核心价值体系融入国民教育、精神文明建设和党的建设的全过程，贯穿改革开放和社会主义现代化建设各个领域，体现到精神文化产品创作生产传播各方面，坚持用社会主义核心价值体系引领社会思潮，在全党全社会形成统一指导思想、共同理想信念、强大精神力量、基本道德规范。

3. 文化建设根本目的

中国特色社会主义文化必须以满足人民精神文化需求为出发点和落脚点。坚持以人为本，贴近实际、贴近生活、贴近群众，发挥人民在文化建设中的主体作用，坚持文化发展为了人民、文化发展依靠人民、文化发展成果由人民共享，促进人的全面发展，培育有理想、有道德、有文化、有纪律的社会主义公民，提高全民族的思想道德素质和科学文化素质。

把培育“四有”公民作为建设中国特色社会主义文化的根本任务，符合马克思主义基本原理，是中国特色社会主义伟大实践的必然要求。在新的世纪，我们要全面建设小康社会，实现中华民族的伟大复兴，这是一项伟大而艰巨的历史任务，要完成这一历史任务，就必须动员、激励和培育一代又一代有理想、有道德、有文化、有纪律的“四有”公民。提高全民族的思想道德素质和科学文化素质，既是文化建设的出发点，又是其落脚点。一方面，在科学技术日新月异、各种文化激烈碰撞的今天，如果不从根本上提高人的思想道德素质和科学文化素质，社会主义现代化目标的实现就只能是一句空话；另一方面，建设社会主义现代化国家，推动社会主义社会的全面进步，归根到底是为了人的自由而全面的发展，这是社会主义和共产主义社会的最终目的。

4. 促进文化发展

当今时代，文化越来越成为民族凝聚力和创造力的重要源泉，越来越成为综合国力竞争的重要因素，越来越成为经济社会发展的重要支撑，丰富精神文化生活越来越成为我国人民的热切愿望。要坚持一手抓公益性文化事业，一手抓经营性文化产业，最大限度地满足人民日益增长的精神文化需求。正确把握文化产品的意识形态属性和商品属性的关系，正确处理社会效益和经济效益的关系。要不断增强文化自觉和文化自信，坚持走中国特色社会主义文化发展道路，建设社会主义文化强国，推动社会主义文化大发展大繁荣。不论是文化事业、文化产业，都应该而且能够为社会公众提供丰富多彩的适合人民群众精神文化生活需求的文化艺术产品。所以，要深化文化体制改革，加大对公益性文化事业的投入，并加强资金使用方向与效益的监管，要积极鼓励文化产业发展，对民营文化经济、民营文化系统的文艺人才一视同仁，为他们提供评职晋级、业务培训研讨等方面的同等政策待遇。这方面应该看重的是他们最后的产出成果，是否有效满足了人民群众的健康向上的精神文化需求，这是最根本的衡量标准。而且文化事业与文化产业是相互促进、相互渗透的，有竞争，才有活力和创造力，文化事业领域也是如此，不能是无底洞。同时，深受群众喜爱的文化事业项目，也成为创造经济效益的源泉。我们一定要打破传统的那种文化事业只追求社会效益而不管经济效益、文化产业在不违背基本方向的前提下不必追求社会效益而过于注重经济效益的观念。因为，无论是物质产品的生产还是文化产品的生产，只有两个效益相统一，才能收到持久的显著的相得益彰的效果，这种规律是内在的和普遍的。

5. 推进文化体制改革

改革创新是文化繁荣发展的强大动力。要坚持以解放思想为先导，牢固树立符合科学发展观要求的新的文化发展理念，处理好涉及文化发展的重大关系，不断解放和发展文化生产力。始终坚持文化体制改革的正确方向，紧紧抓住重要领域和关键环节，全面推进体制机制创新，着力解决制约文化发展的深层次矛盾和问题，加快建立健全科学的文化管理体制和富有活力的文化产品生产经营机制。深化文化体制改革，是党中央做出的关系我国经济社会发展全局的重大决策。作为新时期我国改革事业的重要内容，文化体制改革不仅造就了中国特色社会主义文化建设的新局面，更以丰富的实践，带给我们对文化发展道路和文化发展规律的深刻思考。在我国文化建设面临重大机遇、也面对严峻挑战的今天，只有以发展为主线，以体制机制创新为重点，以满足人民群众精神文化需求为出发点和落脚点，深入推进文化体制改革，冲破观念的禁锢，打破体制的障碍，完善政策的支撑，才能不断兴起社会主义文化建设的新高潮，推动社会主义文化大发展大繁荣。

6. 提升国家文化软实力

文化软实力，是国家软实力的核心因素，是指一国基于文化而具有的凝聚力、生命力、创新力、传播力和文化张力，以及由此而产生的感召力和影响力。它通过国际文化互动对国际环境产生影响的大小强弱来衡量，因而它和国际文化互动的强度和参与的程度呈正相关。当今世界，文化与经济相互交融，软实力的作用渗透到各个方面，成为综合国力的重要组成部分，成为国家核心竞争力的重要因素。党的十八大强调，“全面建成小康社会，实现中华民族伟大复兴，必须推动社会主义文化大发展大繁荣，兴起社会主义文化建设新高潮，提高国家文化软实力”[①]。要大力弘扬中华优秀传统文化，创新文化“走出去”模式，不断扩大中华文化国际影响力，形成与我国国际地位相称的文化软实力，切实维护国家文化安全。

（三）中国特色社会主义文化发展道路

改革开放特别是中共十六大以来，中国共产党始终把文化建设放在党和国家全局工作的重要战略地位，坚持物质文明和精神文明两手抓，实行依法治国和以德治国相结合，努力促进文化事业和文化产业共同发展，推动文化建设不断取得新成就，走出了中国特色社会主义文化发展道路。这条道路，是中国特色社会主义文化建设实践经验的集中体现，深入回答了文化建设中带有方向性、根本性、战略性的重大问题，指明了文化建设的前进方向和发展路径。

1. 推进社会主义文化建设必须以马克思主义为指导，始终坚持先进文化前进方向

坚持中国特色社会主义文化发展道路，就是要高举中国特色社会主义伟大旗帜，以马克思列宁主义、毛泽东思想、邓小平理论、“三个代表”重要思想和科学发展观为指导，坚持社会主义先进文化前进方向，以科学发展为主题，以建设社会主义核心价值体系为根本任务，以满足人民精神文化需求为出发点和落脚点，以改革创新为动力，发展面向现代化、面向世界、面向未来的，民族的科学的大众的社会主义文化，培养高度的文化自觉和文化自信，提高全民族文明素质，增

① 胡锦涛：《坚定不移沿着中国特色社会主义道路前进，为全面建成小康社会而奋斗》，《人民日报》2012年11月18日。

强国家文化软实力，弘扬中华文化，努力建设社会主义文化强国。

2. 建设社会主义文化强国的主要内容

建设社会主义文化强国，就是要着力推动社会主义先进文化更加深入人心，推动社会主义精神文明和物质文明全面发展，不断开创全民族文化创造活力持续迸发、社会文化生活更加丰富多彩、人民基本文化权益得到更好保障、人民思想道德素质和科学文化素质全面提高的新局面，建设中华民族共有精神家园，为人类文明进步做出更大贡献。

要坚持“二为”方向和“双百”方针。坚持“二为”方向，是社会主义本质对文化建设的内在要求，是社会主义精神文明的根本体现，是社会主义文化建设必须担当的社会责任。必须坚持文化发展源于人民、为了人民、属于人民，坚持文化建设服务于整个社会主义事业，服务于社会主义的巩固和发展。坚持“双百”方针，有利于营造一种生动活泼、民主团结、宽松和谐的学术氛围，促进学术研究中不同观点的自由讨论，促进艺术创作中不同风格的自由发展，使广大文艺工作者的一切才华都有展示舞台，一切创造都有实现空间，一切贡献都能得到社会尊重，最大限度地焕发创新激情和创造活力。坚持把贴近实际、贴近生活、贴近群众作为重要原则。实际、生活、群众这些紧密联系的实践要素，历来是文化发展繁荣的土壤和源泉。今天，中国特色社会主义事业蓬勃发展，改革进程波澜壮阔，建设实践如火如荼。坚持中国特色社会主义文化发展道路，要求文化工作者牢固树立马克思主义群众观点，始终与人民群众同呼吸、共命运、心连心，自觉在文化创作生产传播等环节贯彻“三贴近”原则，把人民群众的伟大实践作为创作源泉，歌颂他们的伟大创造，展示他们的精神风貌。

3. 建设社会主义文化的奋斗目标

2011年10月，中共十七届六中全会按照全面建设小康社会奋斗目标新要求，提出了到2020年我国文化改革发展的奋斗目标：社会主义核心价值体系建设深入推进，良好思想道德风尚进一步弘扬，公民素质明显提高；适应人民需要的文化产品更加丰富，精品力作不断涌现；文化事业全面繁荣，覆盖全社会的公共文化服务体系基本建立，努力实现基本公共文化服务均等化；文化产业成为国民经济支柱性产业，整体实力和国际竞争力显著增强，公有制为主体、多种所有制共同发展的文化产业格局全面形成；文化管理体制和文化产品生产经营机制充满活力、富有效率，以民族文化为主体、吸收外来有益文化、推动中华文化走向世界的文化开放格局进一步完善；高素质文化人才队伍发展壮大，文化繁荣发展的人才保障更加有力。

（四）中国特色社会主义文化制度和体制

1. 文化制度和体制概念

文化制度是指国家通过宪法和法律规范社会文化生活，调整以社会意识形态为核心的各种文化生活的基本原则和规则的总和。文化体制是文化制度在文化发展各领域的具体体现，一般包括机构设置、隶属关系、管理权限和工作规则等方面的体系、制度、方法和形式等。

2. 中国特色社会主义文化制度和体制的内容

中国特色社会主义文化制度和体制涉及的内容十分广泛，主要包括坚持马克思主义在意识形态领域的指导地位、加强思想道德建设、繁荣发展教育事业和哲学社会科学事业、发展科学文化体育卫生事业、加强文化人才培养，以及文化产品创作生产、载体手段、传播流通、评价激励、规划管理、人员机构等方面的制度和体制。

二、推进社会主义核心价值体系建设

社会主义核心价值体系，是社会主义先进文化的灵魂和精髓，对于巩固全党全国各族人民团结奋斗的共同思想道德基础，具有十分重要的意义。

（一）社会主义核心价值体系建设的意义

1. 社会主义核心价值体系建设为中国特色社会主义文化建设提供理论指导

价值观念是人们以自身需要为尺度对各种事物或想象所蕴含意义的认识和评价。人们受具体利益和具体需求的影响，必然会产生不同的价值观念。但是，在任何一个社会中，社会的主导价值观念，都是由其起主导作用的经济基础决定的。核心价值体系作为上层建筑的灵魂部分，既是上层建筑的重要内容，又对维护上层建筑起着关键作用。社会制度的巩固和完善，国家的繁荣和发展，都需要核心价值体系提供理论指导、价值导向和精神支撑，因此它必然要集中反映这个社会的统一意志和思想。

核心价值体系是一个政党的行动指南，是一个国家的主心骨，是一个社会的灵魂。社会主义核心价值体系，是全面建成小康社会、努力构建和谐社会进程中的根本思想基础，是中华民族伟大复兴的共同精神力量，是建设和谐文化的根本。社会主义核心价值体系是社会主义制度的内在精神和生命之魂，它决定着社会主义的发展模式、制度体制和目标任务，在所有社会主义价值目标中处于统摄和支配地位。没有社会主义核心价值体系的引领和主导，构建和谐社会、建设和谐文化就会迷失方向。只有深刻认识和正确把握社会主义核心价值体系，才能保证社会主义的正确方向，才能抓住社会主义价值需要、价值创造和价值实现的关键，也才能在文化建设和意识形态建设中突出重点，抓住根本。所以，建设社会主义核心价值体系有着极其重要的意义，在整个社会主义文化建设中起着引领和主导作用。

2. 社会主义核心价值体系决定着中国特色社会主义文化建设的性质和方向

社会主义核心价值体系建设是中国特色社会主义文化建设的根本任务。历史和现实反复证明，没有核心价值体系，一种文化就立不起来、强不起来，一个民族就没有赖以维系的精神纽带，一个国家就没有统一意志和共同行动。改革是一场深刻的革命，已经并将继续给我国社会带来深刻的利益调整和观念变革。在发展社会主义市场经济过程中，我国社会经济成分、组织形式、就业方式、分配方式和利益关系日趋多样化。与之相伴随，各种社会思潮空前活跃，人们思想的独立性、选择性、多变性和差异性不断增强，思想观念、道德意识、价值取向越来越多样化。同时，世界范围多元文化相互交流、激荡方兴未艾。在这种国际国内环境下提出建设中华民族共有精神家园，显示了在文化建设上的远见卓识。越是在变革时期，越是在复杂的文化环境下，人们就越需要精神归属和心灵安顿。如果人们只是为了生计和物质生活享受而疲于奔命，就会精神无着、心灵空虚。长此以往，生活意义和人生价值就会逐渐淡漠，人就无异于行尸走肉。因而，确立符合社会进步潮流的价值观，使人们由以获得安身立命的精神归宿和价值依托至为重要。社会主义核心价值体系是从中华传统文化以及共产党领导人民形成的革命文化传统中提炼、概括出来的精华，既体现了人们现实的利益诉求和理想追求，又符合中华民族的整体利益，能够成为全体人民共同的价值准则。有了社会主义核心价值体系，中国人就有了精神和心灵上的“主心骨”。

3. 社会主义核心价值体系建设是中国特色社会主义文化的精神支撑

建设核心价值体系有助于提升中华文化在世界的吸引力、感召力。中华文化是世界上唯一没有中断的传统文化。而其他古老文化，如古埃及文化、巴比伦文化、古希腊文化、古印度哈拉巴文化等，都曾有过文化断层，甚至盛极而衰。唯有中华文化，历尽沧桑，饱经磨难，在跌宕起伏中传承不辍，享誉世界。胡锦涛指出：“中华民族的优秀文化，生生不息，绵延不绝，是我国人民几千年来克服艰难险阻、战胜内忧外患、创造幸福生活的强大精神力量。”[①]这个强大精神力量的核心就是中华文化固有的价值观。中华文化曾经辉煌灿烂并深刻影响世界。当今世界，一个国家、民族的文化在世界上是否具有吸引力、感召力，要看它是否能够为解决人类面临的共同问题提供新的思路和价值支撑。今天，人们越来越发现，建立在几次科技革命之上的工业文明对环境的破坏、对资源的争夺，及其所导致的战争、民族和宗教冲突、人们内心的焦虑等等，这些全球性问题有可能把整个人类拖入死胡同。中华民族以“和为贵”为价值目标和价值评价标准，以和谐作为体认、处理人与自然、人与人（社会）、人与自身关系的基本原则和目标，把和谐视为全社会的价值准则。站在全人类的生存与发展立场上，以和谐的思路和办法，求同存异，兼顾各方，共存共荣——这是解决全球性问题的现实可行之路。社会主义核心价值体系既立足现实、继承传统，又符合时代、面向世界，彰显了中华文化的独特价值，有助于世界全面认识中华文化，从而提升中华文化在世界的吸引力、感召力。

总之，社会主义核心价值体系是当今中国一切文化产品创作、生产、传播的生命所在。如果离开了社会主义核心价值体系，中国特色

① 胡锦涛：《在中国文联第八次全国代表大会中国作协第七次全国代表大会上的讲话》，《人民日报》2006年11月11日。

社会主义文化就会失去精神价值的支撑，就会失去吸引力、影响力。社会主义核心价值体系也需要贯穿在中国特色社会主义文化发展的全过程，依托各种文化产品和服务的物质基础和传播形态而得到不断弘扬。

（二）社会主义核心价值体系建设的主要内容

1. 坚持马克思主义的指导地位

马克思主义指导思想，是社会主义核心价值体系的灵魂。我国是社会主义国家，马克思主义是立党立国的根本指导思想，是社会主义意识形态的旗帜。它为我们提供了科学的世界观和方法论，决定着社会主义核心价值体系的性质和方向。

马克思主义作为一个产生于160多年前的理论，今天为什么还要坚持呢？因为马克思主义是科学真理，它把严格的科学性和高度的革命性有机结合起来，揭示了人类社会的发展规律。综观当今世界，各种理论思潮、流派纷呈林立，但不容否认，马克思主义仍然处于人类社会思想史的高峰，仍然是指引人类前进的一盏明灯。马克思主义是一个开放的理论体系，它始终以客观事实为根据，吸收、借鉴和融合各种优秀的思想文化成果，在实践中不断前进、不断发展。90多年来，中国共产党坚持把马克思主义基本原理同中国实际相结合，先后形成了毛泽东思想、邓小平理论、“三个代表”重要思想和科学发展观等一系列重大战略思想，不断赋予马克思主义以勃勃生机。正是在中国化马克思主义的指导下，中国共产党不断从胜利走向胜利，把一个贫穷落后的中国，变成为一个初步繁荣昌盛、欣欣向荣的中国。

2. 坚定中国特色社会主义共同理想

中国特色社会主义共同理想，是社会主义核心价值体系的主题。这一共同理想，就是在中国共产党的领导下，走中国特色社会主义道路，实现中华民族的伟大复兴。回顾近代以来中华民族一百多年的历史，实现民族复兴是一代代中华儿女的追求和梦想。新中国成立后，中国共产党在领导人民建设社会主义的过程中，找到了建设中国特色社会主义的正确道路。这条道路既坚持了科学社会主义的基本原则，又根据我国实际赋予其鲜明的中国特色，赋予民族复兴新的强大生机。改革开放30多年来，社会主义制度又在除弊创新中自我完善和发展，我国经济社会发展取得了举世瞩目的伟大成就，更加坚定了全国各族人民实现共同理想的信念。

理想是灯塔，是风帆，指引着社会进步。中国特色社会主义共同理想，是当代中国发展进步的旗帜，是动员、激励全国各族人民团结奋斗的旗帜。它反映了我国最广大人民的根本利益、共同愿望和普遍追求，既实在具体又鼓舞人心，它把国家的发展、民族的振兴与个人的幸福紧密联系在一起，把各个阶层、各个群体的共同愿望有机结合在一起，具有强大的感召力、亲和力、凝聚力。不论什么社会阶层、哪种利益群体的人们，都能认同和接受这个共同理想，并愿意为之共同奋斗。

3. 弘扬民族精神和时代精神

民族精神和时代精神，是社会主义核心价值体系的精髓。它是一个民族赖以生存和发展的精神支撑。在五千年历史演进中，中华民族形成了以爱国主义为核心的团结统一、爱好和平、勤劳勇敢、自强不息的伟大民族精神；在改革开放新时期，中华民族形成了勇于改革、敢于创新的时代精神。二者相辅相成、相互交融，已深深熔铸在中华民族的生命力、创造力和凝聚力之中，共同构成中华民族自立自强的精神品格，成为推动中华民族伟大复兴的精神动力。

千百年来，无论面对多少困难挫折，面临多少艰难险阻，中华民族都始终高擎民族精神和时代精神的火炬。中华民族生生不息、薪火相传、奋发进取，靠的就是这样的精神；中华民族抵御外来侵略、赢得民族独立和解放，靠的就是这样的精神；在新的历史时期，抓住机遇，加快发展，由贫穷走向富强，靠的也是这样的精神；实现全面建成小康社会的宏伟目标和中华民族的伟大复兴，还是要靠这样的精神。只有大力弘扬民族精神和时代精神，才能传承中华民族历经磨难而不倒、饱经风霜而弥坚的精神品质，不断拓展中华民族自强不息、团结奋进的精神内涵，不断增强中华民族的自尊心、自信心和自豪感，使各族人民始终凝聚在爱我中华、振兴中华的旗帜下。

4. 树立和践行社会主义荣辱观

社会主义荣辱观是社会主义核心价值体系的基础。一个社会是否和谐，一个国家能否实现长治久安，很大程度上取决于全体社会成员的思想道德素质。只有分清荣辱，明辨善恶，一个人才能形成正确的价值判断，一个社会才能形成良好的道德风尚。在我们这样一个有13亿多人口、56个民族的发展中大国，实现事业发展、社会和谐的目标和追求，既需要巩固马克思主义在意识形态领域的指导地位，树立正确的理想信念，倡导伟大的民族精神和时代精神，也需要确立起人人皆知、普遍奉行的价值准则和行为规范。以“八荣八耻”为主要内容的社会主义荣辱观，概括精辟、内涵深刻，贯穿社会生活各个领域，覆盖各个利益群体，涵盖了人生态度、社会风尚的方方面面。它把与社会主义市场经济体制相适应、与社会主义法律规范相协调、与中华民族传统美德相承接的社会主义思想道德观念有机融合在一起，鲜明地指出了什么是真善美、什么是假恶丑，以何为荣、以何为耻，为人们在社会主义市场经济条件下判断行为得失、作出道德选择、确定价值取向，提供了基本规范。树立社会主义荣辱观，使社会成员都能知荣弃耻，褒荣贬耻，扬荣抑耻，社会主义核心价值体系才能有所依托、有所体现。

社会主义核心价值体系结构严谨，定位明确，层次清晰，具有完整性和系统性。它坚持了社会主义又有中国特色，总结了成功经验又有新的提升概括，反映了现实的迫切需要，又是能够通过努力实现的，可以最大限度地促进和形成全社会的共识。

（三）推进社会主义核心价值体系建设的主要任务

1. 指导思想一元化和文化多元化

正确认识和处理指导思想一元化与文化多样化的关系，在当下是一个带有全局性战略意义的问题，关系到中国特色社会主义的前途命运。指导思想一元化是指把马克思列宁主义、毛泽东思想和中国特色社会主义理论体系作为党和人民惟一的指导思想，高举中国特色社会主义伟大旗帜不动摇，坚定不移地走中国特色社会主义道路。以马克思主义作为指导思想，是党和人民在长期革命、建设和改革中，在追求民族独立、人民解放、国家富强、人民富裕的征程中所总结和坚持的最基本原则，过去是、今后依然是中国特色社会主义宏伟事业取得成功的根本保证。

任何社会占统治地位的指导思想、理想信念、意识形态都应当是一元的，这是社会保持稳定、协调发展的前提。一个阶级在经济、政治上占统治地位，也必然要求在思想上居于统治地位，统治阶级思想和非统治阶级思想虽然可以同时存在，但只有统治阶级的思想才能成为全社会的指导思想。在当代中国，中国共产党作为工人阶级和劳动人民群众的代表执政之后，马克思主义历史地必然地成为整个国家占主导地位的指导思想。这体现了社会发展的一般规律，是中国必须长期坚持和明确的立国之本。

一元主导统领，多元兼容并存，是处理指导思想一元化与文化多样化关系的重要理念。在"一"和"多"的关系中，一元化指导思想居于核心地位，它对多样化的社会意识具有引领、整合功能。这种整合既突出了我们党和国家的指导思想，又强调了社会主义文化的丰富内涵，体现了社会主义精神文明建设的实质。随着科技进步和经济全球化步伐的迈进，以及社会主义市场经济的发展，我国的经济和社会结构发生了巨大而深刻的变化，社会阶层和社会思潮表现出多样化的形态。文化多样化体现了人类社会发展中多层次、多元并存的文化现状，这是社会发展的一种必然现象。构建社会主义核心价值体系，就是要用社会主义价值观引导和协调社会其他价值取向，使社会各种价值取向符合促进社会良性运行的发展要求。坚持马克思主义的核心地位，并不是要否认文化的多样性，它无意取代其他类型的文化；坚持社会主义核心价值体系的主导地位，也不是否定价值取向的多样性，而是要使多样性的价值取向形成一种和而不同、相互补充、统一于社会共同理想的局面。众所周知，保持相应的价值冲突有利于经济社会的发展进步，中国化的马克思主义即是在多元化的文化生态中产生和发展的。因此，我们没有理由拒绝文化多样化，更没有理由消除自身赖以发展的多样化的文化环境。我们要做的，就是要在多元文化价值取向中保持合理的张力，以更好地"开展中国特色社会主义理论体系宣传普及活动，推动当代中国马克思主义大众化"[①]。

2. 用社会主义核心价值体系引领社会思潮

用一元化的指导思想提升多样化的社会意识品格，消解伴随多样化社会意识大潮出现的某些腐朽的思想残渣，是构建社会主义核心价值体系的基本要求。在整个过程中，我们要"以一统多"、"以一导

① 胡锦涛：《高举中国特色社会主义伟大旗帜，为夺取全面建设小康社会新胜利而奋斗》，《人民日报》2007年10月16日。

多”、“以一带多”、“以多促一”、“以多补一”，以主流的价值取向引导全社会的价值取向，倡导积极的，支持有益的，改造落后的，抵制腐朽的，不断丰富人们的精神世界，不断增强人们的精神力量，造就一种富有时代特征的社会价值认同感。在具体实践中，既要防止“去意识形态化”思潮，又要防止“惟意识形态化”思维；既不能用多样化冲击指导思想一元化，也不能借口一元化来“纯洁”其他文化。当前，摆在思想领域中的主要问题，一方面要确立合乎社会秩序的价值观念及行为规范，减少思想行为的失范；另一方面要强化社会主义价值体系的凝聚力、亲和力，消融文化心态及价值取向上的隔阂，确立普遍的社会认同感。这正如胡锦涛总书记在十七大报告中指出的，要“积极探索用社会主义核心价值体系引领社会思潮的有效途径”[①]，在对话、协商等良性互动中达到思想道德和精神心理上的高度一致，使其他优秀文化百花齐放而不是万家墨面，百家争鸣而不是万马齐喑，合而不同而不是舆论一律，主次分明而不是多元竞争。在中国，发展社会主义市场经济，经济成分多样化，并没有改变我国公有制经济的主体地位，这就决定了意识形态领域必须坚持以马克思主义为指导；利益关系日益多样化，各阶层、各群体的具体利益有所不同，但全体人民的根本利益总体上是一致的，必然要求有统一的指导思想。因此，必须把坚持马克思主义的指导地位与用社会主义核心价值体系引领多样化社会思潮统一起来，在坚持和巩固马克思主义在意识形态领域指导地位的前提下，坚持尊重差异、包容多样，引领、整合社会思想朝着积极健康的方向发展。

3. 不断推进社会主义核心价值体系的建设

从党的十六届六中全会首次提出社会主义核心价值体系的重要命题以来，全党对于社会主义核心价值体系的认识不断深化、对其发展规律的把握更加深刻，全社会推进社会主义核心价值体系建设的自觉不断增强、实践不断发展。但在实践中，也有一些认识和问题需要进一步深化与把握。

第一，推进社会主义核心价值体系建设，一定要立足“五位一体”的有机整体，坚持不懈地用马克思主义中国化最新成果武装全

① 胡锦涛：《高举中国特色社会主义伟大旗帜，为夺取全面建设小康社会新胜利而奋斗》，《人民日报》2007年10月16日。

党、教育人民，用中国特色社会主义共同理想凝聚力量，用民族精神和时代精神鼓舞斗志，用社会主义荣辱观引领风尚，做到不动摇、不游离、不偏废。

第二，积极培育和践行社会主义核心价值观。党的十八大强调：倡导富强、民主、文明、和谐，倡导自由、平等、公正、法治，倡导爱国、敬业、诚信、友善，积极培育和践行社会主义核心价值观。这是我们党科学把握中国特色社会主义的本质特征、深刻总结社会主义核心价值体系建设实践经验、广泛凝聚全党全社会价值共识做出的重大理论创新，是推进社会主义核心价值体系建设的重大举措。"三个倡导"体现了中国特色社会主义的发展要求，昭示了中国共产党的基本主张，顺应了全体人民的共同愿望，从国家、社会和公民三个层面对社会主义核心价值观的基本范畴作了科学概括，实现了国家价值目标、社会价值追求、个人价值准则的有机统一，是社会主义核心价值体系的集中表达，为经济繁荣发展、社会和谐稳定提供了价值遵循，为制度设计、决策部署、法律制定等提供了价值依托。要深化对"三个倡导"的理论研究和阐释解读，回应人们对社会主义核心价值观的热情关切，弥合经济转轨社会转型时期的价值分歧，增进多元多变多样条件下的价值共识。要大力开展社会主义核心价值观宣传教育，使"三个倡导"广泛传播、深入人心，使社会主义核心价值观成为当代中国的最强音、成为时代进步的主旋律。

第三，要拓宽实现路径，把社会主义核心价值体系融入国民教育、精神文明建设和党的建设全过程，贯穿改革开放和社会主义现代化建设各领域，体现到精神文化产品创作生产传播各方面，坚持用社会主义核心价值体系引领社会思潮。这是实现社会主义核心价值体系和社会主义核心价值观大众化，使之转化为社会群体意识和人们自觉行动的基本途径。建设社会主义核心价值体系、培育和践行社会主义核心价值观，既是社会全面进步的需要，也是实现人的全面发展的需要。要坚持以人为本，尊重人民群众的主体地位，发挥党员干部的模范带头作用、青少年的生力军作用、社会公众人物的表率作用、新社会阶层的积极作用，焕发全体社会成员的巨大热情和创造活力，形成携手推进社会主义核心价值体系建设的生动局面。要尊重人们在思想意识和价值观念上的差异性，既鼓励先进又照顾多数，多用典型示范、人文关怀、心理疏导、平等交流、民主讨论等方法，多搭建人们便于参与、乐于参与的平台，多营造耳濡目染、潜移默化的生活情景，多开展怡情养志、益德益智的实践活动，使社会主义核心价值体系和社会主义核心价值观更好地植入人们生活、涵养人们心灵。要着力培养人们高度的价值自觉和价值自信，引导人们理性自豪地传承中华传统文化的价值精华，倍加珍视当代中国的价值理想，吸收借鉴人类文明的优秀成果，增进对社会主义核心价值体系的思想认同和情感认同，增强对社会主义核心价值体系的建设自觉和践行自觉，坚定对社会主义核心价值体系的信念和信心。

三、提高国家文化软实力

（一）文化软实力是综合国力的重要组成部分

1. 文化软实力的涵义

软实力是近年来风靡于国际关系领域进而扩展到经济、政治和文化等领域的最流行关键词之一，它深刻地影响了人们对国际关系的看法，使人们从关心领土、军备、武力、科技进步、经济发展、地域扩张、军事打击等有形的“硬实力”，转向关注文化、价值观、影响力、道德准则、文化感召力等无形的“软实力”。

“软实力”（Soft Power）的概念是由美国哈佛大学教授约瑟夫·奈提出来的。他指出，一个国家的综合国力既包括由经济、科技、军事实力等表现出来的“硬实力”，也包括以文化和意识形态吸引力体现出来的“软实力”。现时代一个国家的强大，有赖于全面提升它的综合国力。当前软实力的影响越来越大，世界各国的文化软实力建设都纷纷被上升到发展战略的高度。

由此可见，文化软实力主要是指一个国家或地区基于文化而具有的凝聚力、生命力、创新力和传播力，以及由此而产生的感召力和影响力。在世界格局发生深刻变化的当今时代，中国增强国家文化软实力的要求更加紧迫。

2. 文化软实力在综合国力中的地位和作用

文化软实力是综合国力的重要组成部分。当今世界，综合国力的竞争越来越表现为经济实力、国防实力和民族凝聚力的竞争，而民族凝聚力和创造力的重要源泉就是文化。文化在综合国力竞争中的地位和作用更加凸显，比其他力量的影响更具渗透性、持久性、广泛性。从一定意义上说，只有拥有强大的文化软实力，才能占据文化发展的制高点，在激烈的国际竞争中赢得主动。

（1）文化是构成综合国力的一个重要因素

国际竞争是综合国力的竞争。综合国力一词出现于20世纪七八十年代，美国人雷·克莱因1975年出版的《世界实力评估》一书、日本经济企划厅1987年发表的《日本的综合国力》报告等都对综合国力问题进行了研究。我国在20世纪30年代，毛泽东同志在其《论持久战》中比较分析中日两国的国力时，也表达了类似的意思。虽然没有用“综合国力”这个词，但考虑的已经是综合性的“全部基本要素”。在改革开放初期，邓小平发展了毛泽东国力要素综合论的思想，指出衡量一个国家的国力，要综合地看，全面地看。而后，从中共十四大到十七大的历次党的代表大会的报告都强调，当今世界的竞争是综合国力的竞争，综合国力竞争日益激烈。综合国力既包括经济、军事等硬实力，也包括政治、文化等软实力，其中文化是综合国力的要素之一，而且在综合国力竞争中的地位和作用越来越重要。从江泽民提出中国特色社会主义文化是综合国力的重要标志，到胡锦涛提出当今时代文化越来越成为综合国力竞争的重要因素，所强调的都是这个问题。

文化作为一种软实力、一种精神的力量，直接关系一国的国际影响力、国际竞争力和国际地位。当今世界，文化在综合国力竞争中的地位和作用更加凸显。各国纷纷把提高国家文化软实力作为主要发展战略，千方百计增强本国文化的整体实力和国际竞争力，力求在日益激烈的综合国力竞争中赢得主动权。面对这一形势，我们必须以高度的文化自觉和文化自信，着力增强国家文化软实力，加强对外宣传和文化交流，创新文化走出去模式，推动中华文化走向世界，增强我国文化产业国际竞争力，扩大中华文化国际影响力，维护国家文化安全，为人类文明进步做出更大贡献。

文化作为一种产品和服务、一种物质的力量，也关系一国的国际影响力、国际竞争力和国际地位。作为综合国力硬实力要素的经济实力，包含着贸易实力，即商品和服务进出口总额以及占世界市场的份额等。在文化产品和服务贸易国际市场迅速扩大的今天，一国文化产品和服务进出口的规模及其在国际市场所占的份额，越来越成为贸易实力、经济实力的重要组成部分，影响着综合国力的提高。我国文化贸易起步较晚，但发展迅速。从2001年到2010年，我国文化产品和服务出口规模分别增长了2.8倍和8.7倍，2010年我国核心文化产品进出口总额为143.9亿美元，我国对外文化贸易的领域和渠道大为扩展，取得了良好的社会效益和经济效益。我们要进一步发展文化贸易，扩大我国文化产品和服务的国际市场份额。同时，文化产品和服务承载着一个国家的文化理念、文化价值和文化追求，反映着一个国家的文化软实力。因此，推动我国更多的文化产品和服务走出去，还起着不断扩大中华文化国际影响力、增强国家文化软实力的重要作用。

（2）文化对诸多国力要素的影响

文化在与经济、政治、社会、军事、外交等国力要素相互融合、相互促进的过程中发挥增强综合国力的作用。

首先，当今世界，科学技术水平和知识经济发展迅速，社会文化对经济的影响越来越大。经济在综合国力中属于基础性要素。文化能够促进经济发展水平和质量的提高，通过为经济提供技术、创新、创意、人才的支撑，从而使文化资源转变为经济资源，使其经济价值、经济素质和经济竞争力等方面得到大幅度的促进和提升；文化产业也能促进经济发展及其结构优化。我国文化产业的发展是近十几年的事情。2000年10月，党的十五届五中全会强调要推动文化产业发展，这是在党中央文件中首次提出“文化产业”概念。2009年，中央把发展文化产业提升为国家战略。据统计，2004年以来，我国文化产业发展一直快于整个经济发展。我国文化产业法人单位增加值在2004年至2008年间年均增长23.3%，在2008年至2010年间年均增长24.2%，2010年突破万亿元大关，达到11052亿元，占国内生产总值的比重上升到2.75%。2011年3月，我国制定的“十二五”规划纲要提出，要推动文化产业成为国民经济支柱性产业。按照国际标准，产业增加值占国内生产总值的比重达到5%以上谓之支柱性产业。目前，北京、上海、广东、湖南、湖北、云南等省市的文化产业占国内生产总值的比重已超过5%，其中北京逾10%，但全国的这一比重仅为2.75%，距5%还有较大差距，相比于文化产业大国美国的27%、英国的11%差距更大。党的十七届六中全会强调，“加快发展文化产业、推动文化产业成为国民经济支柱性产业”[①]。这不仅将有力促进文化产业实现跨越式发展，还将进一步促进整个经济的发展和结构优化，增强我国整体经济实力和国际竞争力。

另外，文化消费在满足人民精神文化需求的同时，也作为一种内需拉动经济发展。随着物质财富的增加和国民收入的提高，我国文化消费近年来呈现迅速增长态势。根据有关部门测算，2010年我国文化消费总量在1万亿元左右，预计到“十二五”末将达到1.5万亿元。文化消费既是一种生活享受，也是一种经济贡献。扩大文化消费，充分发掘我国文化消费的能力和潜力，既可以让人民享有越来越丰富的文化生活，又可以扩大内需、拉动经济增长，带动经济结构优化、经济效益提高。[②]

其次，文化还与政治、社会、军事、外交等国力要素相互作用，发挥增强综合国力的作用。1944年10月，毛泽东在陕甘宁边区文教工作者会议上作了题为《文化工作中的统一战线》的报告，指出：“没有文化的军队是愚蠢的军队，而愚蠢的军队是不能战胜敌人的。”[③]2002年11月，党的十六大报告指出，“当今世界，文化与经济和政治相互交融，在综合国力竞争中的地位和作用越来越突出”[④]。2011年10月，党的十七届六中全会指出，文化越来越成为经济社会发展的重要支撑，等等。这些表述都显示出推进文化与经济、政治、社会、军事等实力要素相结合，进而提高国家竞争力和战斗力的重要性和必要性。

（3）文化通过增强民族凝聚力和创造力来提高综合国力

发展才是硬道理。综合国力的增强取决于发展，而只有包含物质文明和精神文明的全面发展的科学发展，才能使综合国力中的硬实力和软实力都得以增强。因此，在中国特色社会主义文化建设事业中，在坚持以经济建设为中心的同时，要大力促进文化的繁荣发展，这也是深入贯彻落实科学发展观的一个基本要求。文化的繁荣发展是推动

①《中共中央关于深化文化体制改革推动社会主义文化大发展大繁荣若干重大问题的决定》，《人民日报》2011年10月26日。

② 张伯里：《注重文化在综合国力竞争中的地位和作用——学习贯彻党的十七届六中全会精神》，《人民日报》2011年11月22日。

③ 中共中央文献研究室：《毛泽东选集》第3卷，人民出版社1991年版，第1011页。

④ 编写组：《中国共产党第十六次全国代表大会文件汇编》，人民出版社2002年版，第37页。

科学发展的题中应有之义，也是增强我国综合国力的客观需要。

思想道德素质和科学文化素质的提高是一个国家和民族强盛的根本所在。一个国家若只是经济强国、军事强国而非文化强国，谈不上是一个真正的强国。正因为此，邓小平同志在改革开放初期就提出，社会主义物质文明和精神文明要“两手抓、两手都要硬”。在21世纪的今天，中国推动社会主义文化大发展大繁荣，建设社会主义文化强国，就是要着力推动社会主义先进文化更加深入人心，推动社会主义精神文明和物质文明全面发展，不断开创全民族文化创造活力持续迸发、社会文化生活更加丰富多彩、人民基本文化权益得到更好保障、人民思想道德素质和科学文化素质全面提高的新局面，建设中华民族共有精神家园，为人类文明进步做出更大贡献。

增强民族凝聚力和创造力，从来都是增强综合国力的一个重要方面；共同文化的认同、主流价值观的确立，从来都是聚合社会力量、增强民族凝聚力和创造力的重要途径。党的十七届六中全会提出，推动社会主义文化繁荣发展，要“以建设社会主义核心价值体系为根本任务”。要使作为兴国之魂、社会主义先进文化精髓的社会主义核心价值体系充分发挥增强民族凝聚力和创造力的作用，就必须坚持用社会主义核心价值体系引领社会思潮，在全党全社会形成统一的指导思想、共同的理想信念、强大的精神力量、基本的道德规范。具体来说，就是要坚持马克思主义指导地位，坚定中国特色社会主义共同理想，弘扬以爱国主义为核心的民族精神和以改革创新为核心的时代精神，树立和践行社会主义荣辱观。

3. 我国文化软实力的发展现状

一个国家的文化软实力，取决于国民的精神状态、意志品质和内在向心力、凝聚力、创造力。改革开放以来，随着中国文化的改革发展，全民族思想道德素质和科学文化素质显著提高，文化走出去的步伐加快，多层次、宽领域对外文化交流格局逐步形成，中华文化影响力不断扩大，国家文化软实力显著增强。同时也要看到，我国是有着悠久历史和灿烂文明的文化大国，但丰富的文化资源还没有转化为较强的文化软实力。

（1）文化产业与发达国家相比差距仍然很大

近年来，我国文化产业取得了显著的发展。文化产业增加值占

GDP比重逐年上升，中国文化产业的增长，要高出同期GDP增长率六七个百分点，年均增幅都在两位数以上。就文化产业的各个板块来说，仅2008年，中国电影产量达到406部，跻身世界前三名，是仅次于印度和美国的世界第三大电影生产国；同年，我国电影票房攀升到创纪录的42.15亿元，同比增长8.88亿元，首次进入全球电影市场前10名。近5年，电影票房收入连续保持25%以上的增长率，好莱坞对我国市场的前景仍然越来越看好。目前，中国网游产业收入规模已经远远超过传统的三大娱乐产业——电影票房、电视娱乐节目和音像制品发行的收入，成为中国互联网经济发展的“火车头”。我国网络游戏不仅创造了巨大的经济效益，而且实现了由代理到自主研发的蜕变。新媒体出版增长达40%以上，投资增长36%，产值增长40%左右。随着文化体制改革的逐步推进，我国期刊总数也从寥寥几百种增至目前的近万种。

尽管我国文化产业迅速发展，但由于起步较晚，我国文化产业竞争力仍然难以与发达国家相比。中国国家广电总局的数据表明，2008年，中国电影海外销售总收入仅为3.78亿美元，而同年美国海外票房收入183亿美元，相比之下，我国电影海外销售几乎只是美国的一个零头。在文学方面，迄今为止，国外民众很少有人能说出一个有名气的中国作家，与印度、日本相比差距还很大。在偶像流行音乐方面，我国甚至比不上邻国韩国和日本。尽管我国期刊总数迅速增加，但无论是期刊总量和影响力，还是人均拥有期刊数，我国和世界发达国家相比，依然比较落后，中国至今没有一份真正享誉世界的杂志。另外，在跨国旅游、知名企业和品牌影响的方面，中国元素依然稀缺。总体上看，虽然近两年来中国文化产品出口形势发生了可喜的变化，文化产品中中国元素越来越多。但是，我国文化产品在国际文化市场竞争中仍然处于劣势地位的状况却是不争的事实。

（2）公共文化服务体系薄弱

我国公共文化服务事业投入不足，文化基础设施落后，覆盖面窄，城乡之间、东西部之间文化发展的差距日益拉大，国有文化事业单位机制不活，以及公共文化产品和服务供给不足，严重影响和制约经济社会全面、协调和可持续发展。现在一些地方政府十分重视重点文化硬件设施建设，但对如何有效发挥文化设施在公共文化服务中的作用往往缺乏科学的谋划。有的城市新建的图书馆远离居民区，不符合公共文化设施的便民要求；有的城市兴建的博物馆、大剧院外表很壮观，但配套跟不上，使用效率很低，等等。同西方发达国家相比，我国的公共文化设施，无论在规模、普及程度、使用效率等方面都有很大的差距。

(3) 国民文化教育水平相对落后

始于上世纪80年代的教育改革延续至今，所取得的成绩不容抹杀，但同时也还存在一系列的问题。如：教育管理权限划分不清；教育与经济社会发展要求还有差距；教育资源分配不公；应试教育仍然处于主导地位，素质教育进度不大。我国教育水平相对落后于世界发达国家的水平，由此导致我国民众素质相对落后。

(4) 国际话语权相对微弱

随着20世纪末期苏联解体、东欧剧变的发生，社会主义运动在世界范围内遭遇重大挫折。与此同时，中国在意识形态领域开始实施不争论、韬光养晦政策，西方发达国家凭借其遥遥领先的经济和科技实力，以绝对优势把控了各个领域的国际话语权。在他们的信息的狂轰乱炸之下，世界各国的人们有意无意之间接受了他们对“民主”、“自由”、“人权”等话语的界定，以致这些价值几乎成为举世公认的价值准则，而且似乎唯有西方式的实现方式才是正确的。在这一格局之中，我国掌握的国际话语权相对微弱。对我国经济、管理、财富进行评价的权威也来自美国的《财富》、《福布斯》杂志、《金融时报》这样一些国际咨询机构评价。

所有上述这些因素严重地制约着我国的软实力。

(二) 推进文化传承、借鉴和创新

1. 提高文化软实力必须继承中华优秀传统文化

优秀传统文化凝聚着中华民族自强不息的精神追求和历久弥新的精神财富，是发展社会主义先进文化的深厚基础，是建设中华民族共有精神家园的重要支撑。要建设优秀传统文化传承体系，需加强对优秀传统文化思想价值的挖掘和阐发，加强文化遗产的保护，发挥国民教育在文化传承创新中的基础性作用和各种文化载体的重要作用，使优秀传统文化成为鼓舞人民前进的精神力量。

每一个民族在历史发展中都会形成一些恒久的理念和价值观念，这是一个民族的宝贵精神财富，是一个民族基本的价值判断和民族心理形成的重要依据。中华优秀传统文化正是中华民族的脊梁，是中华民族的灵魂，是维系中华民族繁衍生息不断强盛的精神家园，是中华文明五千年的瑰宝。中华优秀的传统文化，既体现了我们民族文化的博大精深，又展示了我们民族的性格、秉承和价值理念。它的精髓集中体现在传统文化的经典中，经过千百年的锤炼，世代相传而广受赞誉，足以说明其深厚的价值意义和无可替代的作用。中华优秀的传统文化是我国文化软实力的基因所在，我国文化软实力的提升必须注重优秀传统文化的教育和传播，加强优秀传统文化教育是增强国民对本国文化自信心的需要。当前，我国社会正处于转型期，随着经济体制改革的不断深化，社会思想文化呈现出了多元化现象。

近年来，欧美文化以压倒性的优势渗透到我国社会生活的方方面面，一些年轻人对传统文化的了解越来越少。有的人根本没用心去了解传统，就无端地蔑视、反感民族传统文化，这样做，只能脱离固有文化的土壤，变成没有根基、没有寄托的空虚的人。大力倡导传统文化经典，弘扬优秀传统文化的思想理念，在当前显得更为必要和迫切。其实，我们今天所提倡的文化精神并不抽象，它最核心的内容就是要建构积极向上的文化内容和精神境界，大力弘扬责任意识和敬业意识，这些都是传统文化人文精神中最本分的东西，必须批判性地吸收一切优秀文化遗产中有益的东西。把文化遗产中真正的精华同时代精神紧密结合起来，让优秀传统文化经典进学校、进教材、进课堂、进电视，形成崇尚经典文化、重视文明风尚的社会风气，推动学习型社会建设，构建起属于这个时代的文化家园。

中华文化的核心，植根于中华民族深层的民族精神，需要长期传承下去。文化经典教育可以激浊扬清、补偏救弊，对社会思想的健康发展起到积极的引导和促进作用。近年来，我们竭尽全力去追求现代化，现代化建设也确实为我们带来了丰硕的物质成果。但同时，科学除了造福人类之外，也有可能被滥用，带来难以掌控的危险；制度和社会的日益理性化，可能伴随着对个体的冷漠和无情；个人权利和个人自由的获得，也有可能导致物欲至上、道德沦丧。

文化的整合性告诉我们，现有文化并不一定直接地完全能够破解现代人面临的人性困惑。在现代人全新的人生难题和生存困境面前，从跨文化比较的角度去思考和探索，也许我们能从中华民族优秀传统文化中找到一些破解当下人生难题和生存困境的钥匙。优秀传统文化的传承是民族文化价值观的延续，加强优秀传统文化教育对形成良好的国民人格素质有积极作用。同时，引导全社会把阅读文化经典渗透到工作、学习、生活当中，有利于国民重新树立对传统文化的自信心。通过研读优秀传统文化书籍，吸收前人在修身处世、治国理政等方面的智慧和经验，塑高尚人格，不断提高人文素质和精神境界，从而促进我国文化软实力的提升，为我国进入经济强国做好文化储备。

2. 提高文化软实力必须推动哲学社会科学的繁荣发展

哲学社会科学发展的重要使命，就是要提升国家发展的文化软实力。这种软实力不仅在于为国家和地区发展培养人才，也在于为国家和地区发展提供思想上和理论上的指引，并因此塑造出富有吸引力和竞争力的发展道路。为了更好地提升国家发展的文化软实力，当前时期我国哲学社会科学的发展应该从三个方面加以推进：

（1）重视对传统优秀文化的传承和推陈出新

一个国家和民族的崛起首先是文明崛起。我国具有无比丰富和深厚的传统文明，包括语言、文字、历史、哲学和制度典籍等。历史上，我国也和世界不同文明有着密切交流和相互影响。对传统文化和思想传承进行系统整理和研究，是中华文明在世界上重新崛起，以及逐步加强中华文明世界影响力的基础。在此过程中，不仅应当重视对传统文化的保护，同时应当努力接续文明血脉，对传统文化推陈出新，再造出富有现代性的中华文明。对文明多样性的坚守，也正为全球文明体系的共同发展奠定基础。因此，当前我国哲学社会科学的发展，首先要求对自身传统文化有充分的把握。近年来，我国启动了若干项重大文化建设工程，如清史工程、二十四史修订点校，等等。这些项目对于全面整理国故，继承传统文化优秀思想具有重要价值，更重要的是，也对传统文化不断推陈出现，使传统文化得到现代化地再发现，接续传统文明进入现代社会，接续传统文明进入世界体系。通过具有创造性的传统文明的传承，才是中国文化软实力具有持续生命力的保证。

（2）重视对中国发展和中国问题的研究

我国哲学社会科学发展不能照搬照抄西方学术理论。西方哲学社会科学的知识背景和理论命题与中国发展的历史背景和所面对的问题是不一样的，错误地应用西方理论会带来对发展问题的误置。简单地引入西方学术界的思想理论和观点，可能会患上水土不服的毛病。这就要求在实践中检验和发展学术理论，西方的学术理论应用于中国实际，应该同中国实际相结合，实现学术理论的本土化和中国化。

伴随着中国崛起，中国研究越来越成为世界学术界的关注重点。我国正面临迅速和深刻的社会转型，在此过程中积累了丰富的实证资料和数据。因此，我国哲学社会科学发展需要对中国自身问题开展切实研究，从本土实践中总结和提炼理论观点，从本土的立场出发推动理论创新，并在此基础上形成具有中国意义的学术流派。在这个意义上，才能建设具有中国特色、中国风格和中国气派的哲学社会科学，中国的哲学社会科学才真正能够走向世界和影响世界。

（3）重视推动哲学社会科学的国际化

我国哲学社会科学要想在世界上扩展影响，需要更加平等和更加积极地参与国际学术交流和对话。推动我国哲学社会科学国际化，不仅要重视在世界推广汉语教学、重视在国际期刊发表论文、推动到国外交流访问和参加国际会议，以及重视和国外学者开展合作研究，更要对全球性重大问题表达中国学者的学术观点，以及产生具有世界性影响的思想家。推动我国哲学社会科学国际化，也不仅仅是加强和西方发达国家的学术交流，同时应重视研究其他发展中国家的发展问题，和各发展中国家及世界各国分享经验。客观地看，我国哲学社会科学在世界上的地位和影响还不大，但这方面的步伐正在展开，能力也正不断提高。哲学社会科学在中国和世界相互交流日益深化的过程中不断繁荣发展，为不断增强国家发展的文化软实力将发挥作用和做出贡献。

3. 提高文化软实力必须借鉴国外优秀文化成果

提高国家文化软实力，必须积极吸收、借鉴国外优秀文化成果，坚持以我为主、为我所用，学习借鉴一切有利于加强中国社会主义文化建设的有益经验、一切有利于丰富中国人民文化生活的积极成果、一切有利于发展中国文化事业和文化产业的经营管理理念和机制，在博采众长中不断赋予中华文化以强大生机。

不同文化之间的相互学习、互相借鉴是文化发展的必要条件。在当今世界文化交流、交融、交锋更加频繁的背景下，要正确对待和汲取中华民族传统文化和外来文化的优秀成果，以更加理性、科学的态度进行文化反思、比较、展望，继承和弘扬中华民族优秀传统文化而又体现社会主义时代精神，立足本国而又积极吸收借鉴国外文化发展的有益成果，为实现中华民族伟大复兴提供强大的精神支撑，做到坚持古为今用、洋为中用，以更加开放的胸襟、包容的心态、自信的心理、开阔的视野对待外来文化，广泛吸纳融汇世界各国优秀文化成果及其发展经验，在博采众长、兼纳百家之精华中不断赋予优秀传统文化强大生机与活力，不断增强中华民族优秀传统文化的魅力和生命力。

4. 提高文化软实力必须大力推进文化创新

文化资源不等于文化软实力，资源要成为实力，还需要一个转化过程。创新是文化的生命力所在。文化的生命力在于文化的创造力。文化创新，就是对优秀传统文化和外来有益文化进行一定的价值重构与超越，使之赋予新的时代意义和具有鲜活的生命力。要深入挖掘从文化资源转化为文化实力的能力不足的根源，始终牢牢把握正确方向，立足长远，着眼当前，不断解放思想，转变观念，不断破除影响和制约文化发展的体制机制障碍，优化文化发展的制度环境，准确把握世界文化发展趋势，及时掌握文化科技创新潮流，不断推动文化与科技的融合，抢占文化发展制高点，创造文化发展新优势，着力构建充满活力、富有效率、更加开放、有利于文化科学发展的体制机制，不断提升文化的原创能力，推进文化内容形式和方法手段的创新，增强文化的时代感和吸引力，坚持推陈出新，坚持以中华民族优秀文化传统为根基，以外来健康有益文化为补充，大力繁荣发展中国特色、中国风格、中国气派的文化精品，不断彰显中华文化强大的生命力和核心竞争力。

（三）推动中华文化走向世界

1. 实施中华文化“走出去”战略

实施中华文化走出去战略，是增强中华文化国际影响力、提高国家文化软实力和国际竞争力的重要途径。中共十六大以来，我国通过大力实施中华文化“走出去”战略，对外宣传和对外文化交流水平不断提高，更好地向世界展示了中国文明、民主、开放、进步的形象和中国人民的精神风貌，提升了国家文化软实力，为中国的发展营造了更加有利的国际舆论和文化环境。

2. 推动中华文化走向世界的措施和途径

（1）要开展多渠道、多形式、多层次对外文化交流，广泛参与世界对话，促进文化相互借鉴，共同维护文化多样性，增强中华文化在世界上的感召力和影响力

文化交流是各国人民沟通的桥梁，也是展示国家形象，提升国家软实力的重要途径。中华文化源远流长、博大精深，对世界文明进步做出了重大贡献。要加强对外文化交流，推动中华文化走向世界，更好地向世界展示中华文化，让世界了解中华文化、认同中华文化。现在，纪念孔子已经开始成为一项全球性的文化活动，孔子学院也在不胫而走。据最新资料，迄今为止，全球已建立孔子学院（包括孔子学校、孔子课堂）200多所，分布在80多个国家和地区。孔子学院已经成为传播中国文化、推广汉语教学的一个重要载体。这绝不仅仅是一种文化猎奇，而是对东方智慧、中华文化的一种新的回顾和思考。这一现象，一定要引起有关部门高度重视，国家和民间力量要齐心协力鼓励、赞助传统文化事业，把优秀文化一代代传承下去。

传播中华文化，增强中华民族的凝聚力，在世界范围内推动多种文化的交流与融合。我国有几千万海外华人华侨，他们有着强烈的爱国爱家乡的观念和感情，许多华人华侨就是出于爱国爱家乡的观念和感情来祖国投资兴业的。这是我国得天独厚的“软实力”资源。中国引进的外国直接投资大部分是海外华人的投资。海外华人那种叶落归根的向心力，正是源于中华民族世代相传的爱国观念和感情。要以优秀传统文化为纽带，增进与海外侨胞和港澳台同胞的交流，增强他们对优秀传统文化的了解和认同。我国的现代化建设，得到了海外华人华侨的大力支持，也是提升文化软实力的具体措施之一。

（2）创新对外宣传方式方法，增强国际话语权，增进国际社会对中国基本国情、价值观念、发展道路、内外政策的了解和认识

实现优秀传统文化的现代转化必须进一步加强与世界的沟通与了解，在大力弘扬优秀传统文化的基础上，更加深层次地思考和推进基于辉煌传统的新的文化创造，更加深层次地思考和推进优秀文化成果与现代传播技术的有机结合，以具有时代气息和民族特色的文化成果

树立中国文化的现代形象，在崭新的现实境遇中彰显不断创新发展的中国文化的实力和魅力。对待传统文化资源，不仅要注意挖掘继承那些适合中国人口味的、符合中国特色社会主义发展要求的优秀成分，也要注意弘扬推介那些具有世界性价值的智慧与精神财富。只有这样，中华文化才能在世界历史进程中发挥更大的作用，也只有这样，才能避免西方社会对中国文化的曲解，为中国文化影响世界提供更多的机会。

(3) 实施文化“走出去”工程，完善支持文化产品和服务“走出去”政策，不断开拓国际文化市场

文化产业是国家“软实力”的重要组成部分，要善于借文化产品同国外民间组织打交道，以传播中国文化。我国应善于同国外民间文化组织打交道，由这些组织出面向国外民众介绍真实的中国，传播中国文化，并主动进行政治游说，以期逐渐改变一些西方国家民众对中国的负面看法，影响外国对华政策。在这方面，与外国民间组织合作开发文化产品是非常有效的手段。用文化产品应对“中国威胁论”，消除西方国家部分人士对中国的敌视。

总之，中华文化源远流长、博大精深，对世界文明进步做出了重大贡献。弘扬中华优秀传统文化，增强我国文化软实力，推动中华文化走向世界，是构建良好国际环境、促进世界合作与发展的需要，是联合世界其他国家共同建设和谐世界的需要，也是中华文化自身发展的内在要求。

(四) 深化文化体制改革

在新的历史起点上深化文化体制改革、推动社会主义文化大发展大繁荣，关系实现全面建成小康社会奋斗目标，关系坚持和发展中国特色社会主义，关系实现中华民族伟大复兴。

1. 深化文化体制改革的重要性和紧迫性

丰富健康的文化生活是衡量人们生活质量的重要标志，也是实现人的全面发展的决定性因素。改革开放以来，特别是中共十六大以来，中国特色社会主义文化建设取得了历史性重大成就。建设中国特色社会主义文化，始终坚持为人民服务、为社会主义服务的方向和百花齐放、百家争鸣的方针，大力发扬广大人民群众和文化工作者的创

造精神，推动优秀文化产品大量涌现，丰富了人民精神文化生活；坚持推进文化体制改革，创新文化发展理念，解放和发展文化生产力，推动文化事业全面繁荣、文化产业健康发展，大幅度提高了人民基本文化权益保障水平，大幅度提高了文化在经济社会发展中的地位和作用；坚持发展多层次、宽领域对外文化交流格局，借鉴吸收人类优秀文明成果，实施文化“走出去”战略，不断增强中华文化国际影响力，向世界展示了我国改革开放的崭新形象和我国人民昂扬向上的精神风貌。我国文化改革发展，显著提高了全民族思想道德素质和科学文化素质、促进了人的全面发展，显著增强了国家文化软实力，为坚持和发展中国特色社会主义提供了强大精神力量。同时也要看到，中国文化领域正在发生广泛而深刻的变革，人民群众对精神文化生活提出了新的更高要求，推进文化改革发展既面临着难得的历史机遇，也面临不少新的矛盾和问题。突出矛盾和问题主要是：一些地方和单位对文化建设重要性、必要性、紧迫性认识不够，文化在推动全民族文明素质提高中的作用亟待加强；一些领域道德失范、诚信缺失，一些社会成员人生观、价值观扭曲，用社会主义核心价值体系引领社会思潮更为紧迫，巩固全党全国各族人民团结奋斗的共同思想道德基础任务繁重；舆论引导能力需要提高，网络建设和管理亟待加强和改进；有影响的精品力作还不够多，文化产品创作生产引导力度需要加大；公共文化服务体系不健全，城乡、区域文化发展不平衡；文化产业规模不大、结构不合理，束缚文化生产力发展的体制机制问题尚未根本解决；文化走出去较为薄弱，中华文化国际影响力需要进一步增强；文化人才队伍建设急需加强。推进文化改革发展，必须抓紧解决这些矛盾和问题。

总体而言，中国文化发展同经济社会发展和人民日益增长的精神文化需求还不完全适应，同推动科学发展、促进社会和谐的要求还不完全适应，同扩大对外开放的新形势还不完全适应，同科学技术迅猛发展的新形势还不完全适应。改变上述不适应的状况，根本的出路在于深化文化体制改革。

2. 深化文化体制改革的主要任务

深化文化体制改革，必须根据社会主义文化建设的特点和规律，科学界定文化单位的性质和功能，紧紧围绕加快文化体制机制改革创新、加快构建公共文化服务体系、加快发展文化产业、加强对文化产品创作生产的引导这“三加快”、“一加强”的重点任务，牢牢把握推动文化科学发展这条主线，着力破解文化发展难题，着力转变文化发展方式，促进我国文化又好又快发展。

一是加快构建有利于文化繁荣发展的体制机制。牢牢把握正确方向，建立健全党委领导、政府管理、行业自律、社会监督、企事业单位依法运营的文化管理体制和富有活力的文化产品生产经营机制，深化固有文化单位改革，健全现代文化市场体系，创新文化管理体制，发挥市场在文化资源配置中的积极作用，完善文化发展的政策保障机制，为文化繁荣发展提供强大动力。具体来说，首先要深化国有文化单位改革。以建立现代企业制度为重点，加快推进经营性文化单位改革，培育合格市场主体；其次要创新文化管理体制。深化文化行政管理体制改革，加快政府职能转变，强化政策调节、市场监管、社会管理、公共服务职能，推动政企分开、政事分开，理顺政府和文化企事业单位关系；再次是要完善政策保障机制。保证公共财政对文化建设投入的增长幅度高于财政经常性收入增长幅度，提高文化支出占财政支出比例。扩大公共财政覆盖范围，完善投入方式，加强资金管理，提高资金使用效益，保障公共文化服务体系建设和运行，等等。

二是加快构建覆盖城乡的公共文化服务体系，保障人民基本文化权益。坚持政府主导，按照公益性、基本性、均等性、便利性的要求，加强文化基础设施建设，完善公共文化服务网络，构建技术先进、传输快捷、覆盖广泛的现代传播体系，加快城乡一体化发展，保障人民群众的基本文化权益。增加农村文化服务总量，缩小城乡文化发展差距，对推进社会主义新农村建设、形成城乡经济社会发展一体化新格局具有重大意义。要以农村和中西部地区为重点，加强县级文化馆和图书馆、乡镇综合文化站、村文化室建设，深入实施广播电视村村通、文化信息资源共享、农村电影放映、农家书屋等文化惠民工程，扩大覆盖、消除盲点、提高标准、完善服务、改进管理。加大对革命老区、民族地区、边疆地区、贫困地区文化服务网络建设支持和帮扶力度。深入开展全民阅读、全民健身活动，推动文化科技卫生“三下乡”、科教文体法律卫生“四进社区”、“送欢乐下基层”等活动经常化。引导企业、社区积极开展面向农民工的公益性文化活动，尽快把农民工纳入城市公共文化服务体系。建立以城带乡联动机制，合理配置城乡文化资源，鼓励城市对农村进行文化帮扶，把支持农村文化建设作为创建文明城市基本指标。

三是加快发展文化产业，推动文化产业成为国民经济支柱性产业。坚持把社会效益放在首位、社会效益和经济效益相统一，按照全面协调可持续的要求，构建现代文化产业体系。加快发展文化产业，必须构建结构合理、门类齐全、科技含量高、富有创意、竞争力强的现代文化产业体系。要在重点领域实施一批重大项目，推进文化产业结构调整，发展壮大出版发行、影视制作、印刷、广告、演艺、娱乐、会展等传统文化产业，加快发展文化创意、数字出版、移动多媒体、动漫游戏等新兴文化产业。优化文化产业布局，发挥东中西部地区各自优势，加强文化产业基地规划和建设。加大对拥有自主知识产权、弘扬民族优秀文化的产业支持力度，打造知名品牌。发掘城市文化资源，发展特色文化产业，建设特色文化城市，形成公有制为主体、多种所有制共同发展的文化产业格局，推进文化科技创新，扩大文化消费，推动文化产业跨越式发展，使之成为新的经济增长点、经济结构战略性调整的重要支点、转变经济发展方式的重要着力点。

四是加强对文化产品创作生产的引导。贯彻为人民服务、为社会主义服务的方向和百花齐放、百家争鸣的方针，坚持以人民为中心的创作导向，立足发展先进文化、建设和谐文化，完善文化产品评价体系和激励机制，激发文化创作生产活力，提高文化产品质量，热情讴歌改革开放和社会主义现代化建设伟大实践，生动展示我国人民奋发有为的精神风貌和创造历史的辉煌业绩，为人民提供更多更好的精神食粮。首先要坚持正确创作方向。正确创作方向是文化创作生产的根本性问题，一切进步的文化创作生产都源于人民、为了人民、属于人民。必须牢固树立人民是历史创造者的观点，坚持以人民为中心的创作导向，热情讴歌改革开放和社会主义现代化建设伟大实践，生动展示我国人民奋发有为的精神风貌和创造历史的辉煌业绩；其次要重视繁荣发展哲学社会科学。坚持和发展中国特色社会主义，必须大力发展哲学社会科学，使之更好发挥认识世界、传承文明、创新理论、资政育人、服务社会的重要功能。第三要坚持马克思主义新闻观，牢牢把握正确导向，坚持团结稳定鼓劲、正面宣传为主，壮大主流舆论，提高舆论引导的及时性、权威性和公信力、影响力。第四要重视发展健康向上的网络文化。加强网上思想文化阵地建设，是社会主义文化建设的迫切任务。要认真贯彻积极利用、科学发展、依法管理、确保安全的方针，加强和改进网络文化建设和管理，加强网上舆论引导，唱响网上思想文化主旋律。最后要完善文化产品评价体系和激励机制。坚持把遵循社会主义先进文化前进方向、人民群众满意作为评价作品的最高标准，把群众评价、专家评价和市场检验统一起来，形成科学的评价标准。

第六专题　中国特色社会主义社会建设

随着我国社会经济的不断发展，中国特色社会主义事业的总体布局，由最初的社会主义经济建设、政治建设、文化建设“三位一体”发展为经济建设、政治建设、文化建设、社会建设“四位一体”，再由“四位一体”发展成为经济建设、政治建设、文化建设、社会建设、生态建设“五位一体”。五大建设互为条件、是不可分割的统一整体。经济建设、政治建设、文化建设和生态建设顺利进行的一个必要条件是稳定的社会秩序，社会建设能够通过加强社会管理，协调各方利益，化解社会矛盾，为其他建设创造一个和谐的社会环境。

一、中国特色社会主义社会建设的必要性

马克思和恩格斯的理论活动和实践活动的主题是使世界革命化，推翻资本主义制度。所以他们从不一般地谈论社会建设，也很少预见性地谈论社会主义社会建设，但是在他们关于资本主义社会现实、对“形形色色的社会主义”思潮的批判和未来社会构想中，则包含了丰富的社会建设思想。由于历史条件的局限，他们对未来社会的构想，对我们今天怎样建设社会主义不可能有周到的预见和具体的说明。但是，他们所创立的唯物史观和唯物辩证法等理论，为我们科学地理解社会主义的本质和建设社会主义的实践提供了钥匙，为我们进行社会主义社会建设提供了科学的理论依据。

（一）马克思、恩格斯、列宁社会建设理论

1. 马克思恩格斯对资本主义社会的批判

马克思恩格斯对资本主义的批判集中体现在《1844年经济学哲学手稿》、《英国工人阶级状况》、《共产党宣言》、《雇佣劳动与资本》等

著作中，其思想内容大致可以概括为以下几个方面。

第一，资本主义社会生产关系对生产力的桎梏。

马克思认为，社会是一个有机整体，它由相互联系的多种要素构成，具有一定的结构与功能，按照一定的规律而变化。社会发展的决定力量是生产力。资本主义代替封建主义，对生产力的发展起了巨大的促进作用。但是，随着生产力的发展，资本主义的基本矛盾——生产社会化和生产资料私人占有之间的矛盾也在发展。资本主义生产把从前个人的生产变为社会化的生产，即由大批人共同使用生产资料，生产从一系列的个人行为变成一系列的社会行为，社会分工越来越细，生产越来越社会化，但生产的产品不是归那些真正使用生产资料的劳动者所有，而是归生产资料所有者资本家所有。

社会化生产和资本主义所有制之间的矛盾还表现为个别企业生产的组织性和整个社会生产的无政府状态之间的对立。简单商品生产已经包含着社会生产无政府状态的萌芽，资本主义生产方式把这种无政府状态推向极端。大工业和世界市场的形成使资本家之间的斗争具有普遍性和空前激烈性。资本家为了占有更多的剩余价值，同时也在竞争规律的支配下，竭力应用科学技术的成果，不断改进机器，加强自己企业中社会化生产所具有的组织性，其结果是不断加剧整个社会生产的无政府状态。

第二，资本主义社会是人的自由全面发展受到阻碍的社会。

资本主义制度的建立，改变了封建主义的人身依附状态，具有一定的进步意义。但由于受资本主义雇佣劳动制度的剥削压迫，无产阶级虽然通过劳动使自己的本质力量对象化，却反而越来越远离人的本质。资本主义制度下的劳动不是劳动者肉体、精神上的满足，相反，是一种肉体的损伤、精神的摧残。劳动已成为劳动者外在的异己的力量。正如马克思所说“劳动为富人生产了奇迹般的东西，但是为工人生产了赤贫。劳动生产了宫殿，但是给工人生产了棚舍。劳动生产了美，但是使工人变成畸形。劳动用机器代替了手工劳动，但是使一部分工人回到野蛮的劳动，并使另一部分工人变成机器。劳动生产了智慧，但是给工人生产了愚钝和痴呆。”[1]除此之外，由于机器的推广和

① 《马克思恩格斯全集》第42卷，人民出版社1982年版，第93页。

分工的发展，无产者的劳动已经失去了任何独立的性质。工人变成了机器的简单附属品，要求他们做的只是极其简单、极其单调和容易学会的操作。同时，直接或间接剥削工人的阶级也都因为分工而被自己用来从事活动的工具所奴役。在资本主义社会谈不上人的自由而全面发展。即使是资产阶级，也由于受资本的驱使，虽然拥有生产资料和财产，也不可能真正地享有人的本质。

第三，资本主义社会是缺乏平等的社会。

马克思恩格斯肯定了资产阶级平等要求在历史上的进步作用。但是，他们又始终没有放弃过对资产阶级平等观及资本主义社会不平等现象的批判和揭露。他们认为资产阶级所谓的平等是抽象、虚伪、片面和不彻底的。资产阶级鼓吹自由平等是人类的乐园，资本主义社会人人平等，这不过是一种欺骗的谎言。资产阶级占有生产资料这一点就决定了无产阶级和资产阶级之间的平等是根本不可能的。

2. 马克思恩格斯对未来社会的构想

在马克思恩格斯关于社会建设的思想中，对未来新社会的构想具有重要地位。在1848年《共产党宣言》中，马克思恩格斯就指出了最先进的国家几乎都可以采取的各项措施，即第一，剥削地产，把地租用于国家支出；第二，征收高额累进税；第三，废除继承权；第四，没收一切流亡分子和叛乱分子的财产；第五，通过拥有国家资本和独享垄断权的国家银行，把信贷集中在国家手里；第六，把全部运输业集中在国家手里；第七，按照总的计划增加国家工厂和生产工具，开垦荒地和改良土壤；第八，实行普遍劳动义务制，成立产业军，特别是在农业方面；第九，把农业和工业结合起来，促使城乡对立逐步消灭；第十，对所有儿童实行公共的和免费的教育，取消儿童的工厂劳动。在1875年《哥达纲领批判》中，马克思指出按劳分配对不同等的劳动来说是不平等的权利，但是这些弊病，在经过长久阵痛刚刚从资本主义社会产生出来的共产主义社会第一阶段，是不可避免的。在劳动已经不仅仅是谋生的手段，而且本身成了生活的第一需要之后；在随着个人的全面发展，他们的生产力也增长起来，而集体财富的一切源泉都充分涌流之后，也就是在共产主义社会才能实现各尽所能，按需分配。

马克思、恩格斯构想的未来社会具有以下基本特征：第一，共产主义社会是在生产力高度发展基础上生产力和生产关系相互协调、和谐发展的社会。第二，共产主义社会是人与自然和谐相处、共生共存的社会。第三，共产主义社会是人与社会和谐相处、人与人平等友好团结互助的社会。第四，共产主义社会是人自身内部和谐并进、德智体美劳得到全面发展的社会。第五，共产主义社会是经济、政治、文化和社会的各个领域得到协同并进发展的社会。第六，共产主义社会是一个充满矛盾和斗争的辩证发展过程，是一个需要具备许多先决条件的漫长历史过程。

总之，“代替那存在着阶级和阶级对立的资产阶级旧社会的，将是这样一个联合体，在那里，每个人的自由发展是一切人的自由发展的条件。”[①]这是对未来社会本质特征言简意赅的概括，也是未来社会与阶级社会间最根本的区别。

3. 列宁社会主义社会建设思想

列宁是第一个将社会主义建设思想付诸实施的无产阶级领袖。列宁在把马克思和恩格斯的社会主义思想从理论变为现实的过程中，从俄国经济文化落后的国情出发，创造性地提出了社会主义建设的新思想。虽然列宁亲自领导社会主义建设的时间很短暂，但他在特定历史条件下对社会主义社会建设的理论探索和大胆实践对我国今天中国特色社会主义社会建设具有重要的启迪作用。列宁社会主义社会建设思想内容大致可以概括为以下几个方面。

第一，无产阶级应当学会管理国家。

1918年3月，随着布列斯特和约的签订，苏维埃政府赢得了暂时的喘息时间。列宁认识到无产阶级在取得国家政权后，首要的任务就是要把工作中心转移到国家管理上来。他指出：“我们布尔什维克党已经说服了俄国。我们已经夺回了俄国，为了穷人，为了劳动者，从富人手里，从剥削者手里夺回了俄国。现在我们应当管理俄国。”[②]这里所说的管理，主要是经济意义上的管理，但是苏维埃政权还未来得及管理国家，就遭到了外国武装干涉和国内战争。社会主义社会建设被迫中断。直到1920年底，新生的苏维埃政权得到初步巩固后，才有了比较长期的进行管理国家的机会。列宁再次强调必须把经济建设的任

① 《马克思恩格斯全集》第1卷，人民出版社1995年版，第294。

② 《列宁选集》第3卷，北京:人民出版社1995年版，第47页。

务提到重要地位。他说，为了彻底战胜资本主义，必须完成两个方面的任务：一方面，必须推翻剥削者的统治，建立起无产阶级的政权；另一方面，必须担负起经济建设的任务，建立新的经济关系。

第二，人民群众是社会主义社会的建设者和管理者。

十月革命之后，党和国家的工作重点从“说服俄国”转移到“管理俄国”，迫切的任务就是管理、组织和监督。列宁认为，新生的苏维埃政权所面临的重要任务就是普遍吸收所有的劳动者来管理国家。因为，社会主义不是按上面的命令创立的，也不是少数人——一个党所能实现的。“只有比先前多十倍百倍的群众亲自参加国家建设、新经济生活建设的时候。社会主义才能建成。”①人民群众不仅是革命的主力军，也是社会主义社会的建设者和管理者。一方面，只有人民群众能够表现出充分的自觉性、思想性、坚定性和忘我的精神，社会主义建设才有可靠的保证。另一方面，只有有了社会主义的制度保障，人民群众才能真正参加国家管理，才能真正发挥首创精神。因此，社会主义社会建设和管理的最主要任务之一就是要尽量广泛地发扬工人以及一切被剥削劳动者在创造性的组织工作中所表现出来的独创精神。

第三，探索社会主义社会保障的模式。

列宁对社会主义社会保障模式的探索，是以对资本主义社会保障制度的批判为前提的。他指出无产者根本不能从自己的工资中拿出一些钱去储蓄，以便在因伤残、疾病、年老、残废而丧失劳动力时，以及在资本主义生产方式必然造成的失业时使用。因此，必须彻底推翻沙皇制度，争得无产阶级自由进行阶级斗争的条件，才能实现真正符合无产阶级利益的保险改革。在此基础上，列宁提出了以国家保险为主体的社会主义社会保障模式。十月革命后，苏维埃政府立即结束了沙皇俄国时期实施的社会救济制度，撤销了社会救济部，建立了国家救济人民委员会。不久又改组为社会保障人民委员会，负责各种形式的社会帮助，支付残疾金和负责残疾者的职业培训、失业者的物质保障、红军家属的帮助等。同时，社会保障法律制度也在不断完善。仅在革命胜利后的头两年内，苏维埃政府就颁布了一系列关于职工患病、失业问题的社会保险法令以及关于社会保险机构展开工作的程序

① 《列宁全集》第28卷，北京：人民出版社1986年版，第381页。

法令。在1917年到1922年的五年内，列宁亲自审批和签署的有关劳动者社会保障问题的重要法令就有100多件。到1922年底，逐步形成了以国家保险为主的、各阶级群众广泛享受的社会保障制度。这种制度已经远远超过了资产阶级对工人阶级实施的社会保障措施，为后来其他社会主义国家从事社会建设提供了重要的实践经验。

（二）中国特色社会主义社会建设的历程

1. 社会建设的初步探索阶段

新中国成立后，特别是1956年社会主义基本制度在我国确立后，以毛泽东为核心的中共第一代中央领导集体“以苏为鉴”，开始探索本国社会主义社会建设的规律。这一时期的社会建设特点表现为：低生产力水平条件下尽力满足人民最低生活需要。1956年初，毛泽东在《论十大关系》中指出：“苏联的办法把农民挖得很苦。他们采取所谓义务交售制等项办法，把农民生产的东西拿走太多，给的代价又极低。他们这样来积累资金，使农民的生产积极性受到极大的损害。你要母鸡多生蛋，又不给它米吃，又要马儿跑得好，又要马儿不吃草。世界上哪有这样的道理！”[①]毛泽东吸收了苏联的教训，认为在一穷二白的基础上，进行社会建设首先要解决吃饭问题，认为老百姓的“吃饭问题最大”，是世界上最大的问题，只有解决吃饭这样的基本民生问题，人们才能获得政治上的自由、民主和平等。陈云指出：“农业问题，市场问题，是关系五亿多农民和一亿多城市人口生活的大问题，是民生问题。解决这个问题，应该成为重要的国策。”[②]此外，这一时期，我国还初步确立了医疗卫生制度，针对不同的群体采用了不同的医疗保障形式。

2. 社会建设的曲折发展阶段

“文化大革命”中，“左”倾思潮盲目批判所谓资产阶级和一切剥削阶级的意识形态，搞“教育革命”、“文艺革命”，号称“改革”一切不适应社会主义经济基础的上层建筑。1966年夏，毛泽东在“五七”指示中勾画了他所向往的理想社会的蓝图，要把全国各行各业办成亦工亦农、亦文亦武，逐步限制社会分工、商品生产、按劳分配和物质

① 《毛泽东文集》第7卷，人民出版社1999年版，第29—30页。

② 《陈云文选(1956—1985)》，人民出版社1986年版，第201页。

利益原则，在经济上自给自足或半自给自足的社会组织。但由于正常的社会秩序和社会运行机制遭到破坏，社会建设也失去了稳定的组织和制度基础。“文化大革命”十年浩劫给我国的经济社会发展带来了不可估量的损失，经济发展近乎停滞，社会建设也遭到严重破坏、停滞，甚至倒退。

3. 以经济建设推动社会建设的阶段

改革开放以来，社会建设的突出特点是以经济建设为中心，以经济建设推动社会建设，以发展经济的方法来解决社会问题。十一届三中全会之后，党和国家的工作重心集中于经济发展，对社会建设重视和投入相对不足，更缺乏主动进行社会建设的意识。因此，这一时期人们对社会建设的理解是，社会建设的主要目的是为了解决经济快速发展过程中出现的社会问题，为经济发展扫清障碍。1979年10月，邓小平指出：“就业问题，上山下乡知识青年回城市问题，这些都是社会、政治问题，主要还是从经济角度来解决。经济不发展，这些问题永远不能解决。所谓政策，也主要是经济方面的政策……总之，要用经济办法解决政治问题、社会问题。”[①]由于缺乏经验和条件，我国所进行的社会建设是在“服务于经济建设”的思维下推动的，仅仅是弥补性、应对性的措施，缺乏长期性的目标，主要是针对经济体制改革中出现的不协调问题，没有触及原有社会体制中的深层次问题。总之，在改革开放起步阶段，我国也进行了诸如消除贫困、建立基本的社会保障制度等社会领域的建设。但是，由于几乎集中全部力量进行经济建设，对社会建设投入相对不足，我国经济和社会两个方面的发展上，出现了“一条腿长、一条腿短”的问题。

4. 以人为本全面推进社会建设的阶段

这一时期社会建设思想最鲜明的特点是明确提出了社会建设的概念，社会建设的理论体系正式形成。进入新世纪新阶段，我国经济社会和人的面貌等发生了巨大变化。国际经验表明，一个国家和地区在实现现代化的过程中，在一定社会发展阶段，经济快速发展的时期，往往也是矛盾集中的时期。我国正处于这样一个历史发展阶段，社会

① 《邓小平文选》第2卷，人民出版社1994年版，第195—196页。

发展机遇与挑战并存。如果党和政府认清形势，举措得当，立足于新的时代现实，抓住和用好战略机遇期，就会顺利推进经济发展和社会进步。否则，会使社会问题不断积累甚至激化，不仅将导致经济徘徊或倒退，还将导致社会不稳定，阻碍社会发展。

中共十六大以来，以胡锦涛为总书记的党中央提出了包括构建和谐社会在内的一系列重大战略思想，社会建设这一概念就是伴随着和谐社会思想的提出而诞生的，它从概念提出到理论形成经历了一个逐步深化的过程。2004年12月，在中央经济工作会议上，胡锦涛提出了"坚持以人为本，努力构建和谐社会"的战略任务，强调要把人民群众迫切需要解决的问题作为工作重点，积极扩大就业，努力完善社会保障体系，逐步理顺分配关系，加快社会事业发展，维护群众利益，促进社会公平，构建和谐社会。尽管当时还没有提出"社会建设"的概念，但是和谐社会的提出标志着社会建设的思想和实践都步入了一个新的阶段。2004年9月，中共十六届四中全会通过的《关于加强党的执政能力建设的决定》，第一次提出了"社会主义和谐社会"的概念，并在部署构建社会主义和谐社会的任务时，明确提出要建立健全社会利益协调机制，妥善协调各方面的利益关系，正确处理人民内部矛盾；加强社会建设和管理，推进社会管理体制创新；促进工作机制，维护社会稳定；注重激发社会活力，促进社会公平和正义等要求。这是我们党首次明确提出社会建设的概念，表明党中央在思考如何构建社会主义和谐社会时已经纳入了社会建设等内容。

2005年2月，在中央党校举办的省部级主要领导干部提高构建社会主义和谐社会能力专题研讨班上的讲话中，胡锦涛指出："随着中国经济社会的不断发展，中国特色社会主义事业的总体布局，更加明确地由社会主义经济建设、政治建设、文化建设三位一体发展为社会主义经济建设、政治建设、文化建设、社会建设四位一体。"[①]第一次把社会建设纳入中国特色社会主义事业的总体布局。2007年10月，中共十七大提出要加强"以改善民生为重点的社会建设"，并明确规定了教育、就业、收入分配、社会保障、医疗卫生、社会管理等六大领域社

① 中央文献研究室：《十六大以来重要文献选编》（中），北京：中央文献出版社2006年版，第696页。

会建设的具体目标和任务。大会提出："社会建设与人民幸福安康息息相关。必须在经济发展的基础上，更加注重社会建设，着力保障和改善民生，推进社会体制改革，扩大公共服务，完善社会管理，促进社会公平正义，努力使全体人民学有所教、劳有所得、病有所医、老有所养、住有所居，推动建设和谐社会。"[①]2012年11月，中共十八大再次强调："加强社会建设，是社会和谐稳定的重要保证。必须从维护最广大人民根本利益的高度，加快健全基本公共服务体系，加强和创新社会管理，推动社会主义和谐社会建设。""全党全国人民行动起来，就一定能开创社会和谐人人有责、和谐社会人人共享的生动局面。"[②]

（三）现阶段我国社会主义社会建设的必要性

1. 促进经济社会协调发展

经济建设与社会建设是辩证统一的。经济建设是社会建设的前提和基础，也是社会建设的重要保障；社会建设是经济建设的重要目的，也为经济建设提供强大动力和支撑。既要高度认识经济建设的意义，认识到只有发展经济，不断增强国家经济实力，增加社会财富，才能为改善民生、加快社会建设奠定物质基础，否则，改善民生和社会建设就会变成无源之水、无本之木；又要充分认识社会建设的意义，认识到如果社会建设滞后，各方面社会矛盾就会增多，经济建设的制约因素也必然增多。在我国现代化建设过程中，在处理经济建设与社会发展的关系上，一度以经济建设推动社会建设，以发展经济的方法来解决社会问题，使得社会建设相对滞后。因此，党在十七大报告中提出，必须在经济发展的基础上，更加注重社会建设，着力保障和改善民生，努力使全体人民学有所教、劳有所得、病有所医、老有所养、住有所居，并强调加强社会建设要以改善民生为重点。社会建设与经济建设如一车两轮，只有两轮齐头并进，现代化事业才能协调持续发展。

2. 实现社会和谐稳定

社会建设的概念是随着构建社会主义和谐社会理论的提出而诞生

① 中央文献研究室：《十七大以来重要文献选编》（上），中央文献出版社2009年版，第29页。

② 胡锦涛：《坚定不移沿着中国特色社会主义道路前进，为全面建成小康社会而奋斗》，人民出版社2012年版，第34页。

的，其基本目标就是实现社会和谐。构建社会主义和谐社会的重大任务，就是要在建设中国特色社会主义的伟大实践中更加自觉地加强社会主义和谐社会建设，使社会主义物质文明、政治文明、精神文明与和谐社会建设全面发展。实现社会和谐这一目标的提出，实际上就是要彻底改变过去不均衡的社会发展模式，开始特别重视社会领域和其他领域的协调发展。

党的十七大报告指出："构建社会主义和谐社会是贯穿中国特色社会主义事业全过程的长期历史任务，是在发展的基础上正确处理各种社会矛盾的历史过程和社会结果。要通过发展增加社会物质财富、不断改善人民生活，又要通过发展保障社会公平正义、不断促进社会和谐。"①"要按照民主法治、公平正义、诚信友爱、充满活力、安定有序、人与自然和谐相处的总要求和共同建设、共同享有的原则，着力解决人民最关心、最直接、最现实的利益问题，努力形成全体人民各尽所能、各得其所而又和谐相处的局面，为发展提供良好的社会环境。"②从这里可以看出，中国共产党领导的社会主义建设，基本目标就是要努力形成全体社会成员各尽所能、各得其所而又和谐相处的局面，在使经济更加发展、民主更加健全、科教更加进步、文化更加繁荣、人民生活更加殷实的同时，使社会更加和谐。要实现这个目标，就要积极推动中国特色社会主义建设事业，在进行经济建设、政治建设和文化建设等各项建设的同时，通过加强社会建设实现社会更加和谐。因此，社会和谐稳定的实现需要社会建设的推动，社会建设的目标是实现社会和谐稳定。

二、保障和改善民生

所谓民生，就是与民众的基本生存、生活和发展直接相关的日常生活问题。可见，民生问题与人民群众的生活息息相关，直接反映着人民的基本生存、生活和发展的状况。民生不仅事关广大人民群众最关心、最直接、最现实的利益，而且影响到整个国家改革发展的大局，理当成为我国党和政府工作的重中之重。

① 编写组：《中国共产党第十七次全国代表大会文件汇编》，人民出版社2007年版，第17页。

② 编写组：《中国共产党第十七次全国代表大会文件汇编》，人民出版社2007年版，第17页。

（一）民生问题的主要表现及原因

社会主义初级阶段，我国社会的主要矛盾是人民日益增长的物质文化需要同落后的社会生产之间的矛盾。在这种生产力不发达的条件下，民生问题有着具体的内容，主要包括保护基本生存权和发展权的教育、就业、收入分配、社会保障、医疗等五个方面。具体表现为以下方面。

1. 社会保障水平不高，社会保障体系不完善

社会保障水平是指一定时期内一国或地区社会成员享受社会保障的高低程度。其计算公式为：社会保障水平=社会保障支出总额÷国内生产总值×100%。其中，社会保障支出总额是指一定时期内一国或地区实际支出的各种社会保障费用总和。在不同的国家或地区的不同时期，它包含不同的具体项目。社会保障的范围主要划分三种类型：第一，与工作相联系的保障制度，它是雇佣工人达到一定劳动工龄后，才能享有的权利。第二，普遍保障制度，即人人有份的社会保障，它的实施范围包括全体居民或公民，按照法律规定的统一标准享受保障。第三，依靠经济状况调查的保障制度，其享受对象只限于贫困的或低收入的申请人，通过经济调查确定是否享受补助或补助多少。社会保障支出是各种项目社会保障支出的总和。

表6.1 我国社会保障体系

社会保险	社会救济	社会福利	社会优抚
养老保险	城乡贫困救济	公共医疗卫生支出	国家抚恤
医疗保险	孤寡残救济	社会福利事业支出	国家补助
工伤保险	灾民救济	社会福利企业支出	优抚事业
生育保险	灾害补助	城乡社区服务	退休退役
失业保险		单位福利	军人安置
		社会津贴	军属优待

我国社会保障体系目前包括社会保险、社会福利、社会救济、社会优抚四大子项目。今后一个时期，我国社会保障事业面临着经济发展方式转变、城镇化、老龄化带来的巨大挑战，社会保障制度不完善、管理体制不规范、城乡发展不平衡等问题比较突出，社会保障体系建设的任务十分艰巨。

2. 教育发展不均衡

教育具有准公共产品属性，特别是义务教育，本身就是纯公共产品，政府有责任本着公平原则提供惠及全民的公共教育服务。与此同时，教育资源具有稀缺性，教育发展不均衡不仅会加剧教育资源分配不均衡，而且进一步造成城乡之间、地区之间、民族之间发展不平衡。目前，我国教育发展不均衡突出表现在东西、城乡发展不平衡，尤其是农民工随迁子女、农村留守儿童等弱势群体平等受教育权还没有得到有效保障等。

3. 社会就业压力大

我国是一个人口众多的发展中国家，就业问题比其他国家更为复杂，解决就业的任务更加繁重。当前，几类就业问题比较突出，一是大学生就业难问题。我国高等教育长期处于"精英化"阶段，大学生就业主要是依靠行政手段进行"统包统分"，基本上不存在就业难问题。自1999年高等学校开始大扩招后，我国高等教育开始由"精英化"阶段迈向"大众化"阶段，大学生就业难的问题逐渐凸显出来。2011届就业的大学毕业生有14.0%处于低就业状态，其中有10.4个百分点的毕业生为自愿低就业，而另有3.6个百分点的毕业生为非自愿低就业。2011届就业的本科毕业生有13.3%处于低就业状态，高职高专院校这一比例为14.6%。根据本研究之前的分析，我国2011届就业的大学毕业生约为499万人，按比例推算，2011届大学毕业生中，有约70万毕业生处于低就业状态，其中，自愿低就业毕业生约52万，非自愿低就业毕业生约18万。[①]。毕业人数再创新高，就业工作任务艰巨。二是农民工就业难问题。20世纪80年代末开始，我国大批农村富余劳动力自发地、大规模地、持续地、跨地区地向大中城镇，特别是经济较为发达的沿海城镇流动，形成了国内外广泛关注的"民工潮"。进入新世纪以来，随着城市化进程的加快和农村富余劳动力的不断增加，城市农民工的规模变得越来越庞大。农民工是全面建设小康社会的重要力量。但劳动力市场总体上供大于求的客观形势以及农民工总体素质不高、缺乏必要的职业技能，使得农民工的就业状况不容乐观。三是下岗失业人员再就业难问题。自上世纪90年代中期以来，伴随着改革

---

①麦可思：《"2012年中国大学生就业报告"主要内容》，中国教育新闻网，2012年6月11日，http://job.jyb.cn/jysx/201206/t20120611_497687.html.

的不断深化，公有制企业特别是国有企业改革力度不断加大，在我国开始出现工人大规模失业下岗的现象。下岗失业人员再就业难的原因有很多，既有下岗失业人员本身的主观原因，如就业观念比较落后，自主就业意识比较差，自身整体素质不高等。但更重要的原因是客观原因，如劳动力供大于求的矛盾突出，劳动力市场不完善，政府部门的再就业服务工作不到位，企业的社会责任意识差，社会保障制度不完善等。

4. 收入差距扩大，分配结构不合理

收入分配问题是中国特色社会主义制度的一个基本问题，关系全体人民的切身利益。改革开放以来，我国收入分配制度改革不断深化，打破了传统的平均主义、“吃大锅饭”体制，确立了以按劳分配为主体、多种分配方式并存的收入分配制度，实现了收入分配制度向适应社会主义市场经济体制的转变。实践证明，我国收入分配制度改革方向是正确的，极大地激发了全体人民的积极性、主动性和创造性，解放和发展了社会生产力，促进了经济持续快速发展，城乡居民收入不断增加，生活水平不断改善。没有收入分配制度的改革，就没有充满活力的社会主义市场经济，就没有蓬勃发展的中国特色社会主义事业。

但是，我们也要清醒地看到，由于收入分配及相关领域体制改革还不到位，特别是经济社会发展进程中不断出现新情况新变化，收入分配领域逐渐积累了一些突出问题。一是居民收入差距扩大的趋势没有根本扭转。城乡之间、地区之间、行业之间收入差距还比较大。二是在国民收入分配格局中居民收入呈下降趋势。居民收入在国民总收入中的比重、劳动报酬在初次分配中的比重下降。根据国家统计局2000—2010年资金流量表数据，劳动报酬在初次分配中的比重由53.3%下降到47.8%，在国民收入中，政府收入占比由14.5%提高到18.0%，企业收入占比由17.9%提高到21.6%，居民收入占比由67.6%下降到60.4%。[①]三是收入分配秩序不规范。部分行业企业高管收入畸高，与一般员工收入差距过大。一些领域法制不健全、政策不规范、管理不严格，各种隐性收入大量存在。另外，腐败现象还没有得到根本遏

① 编写组:《十八大报告辅导读本》，人民出版社2012年版，第300页。

制，一些权力比较集中的公共管理领域和国有企事业单位，以权谋私、权钱交易问题依然突出。

（二）保障和改善民生的基本内容和目标

加强社会建设，必须以保障和改善民生为重点。提高人民物质文化生活水平，是改革开放和社会主义现代化建设的根本目的。要多谋民生之利，多解民生之忧，解决好人民群众最关心、最直接、最现实的利益问题，在学有所教、劳有所得、病有所医、老有所养、住有所居上持续取得新进展，努力让人民过上更好生活。

1. 努力办好人民满意的教育

中华民族自古就有尊师重教的优良传统。教育寄托着人民群众对美好生活的期盼，是人民群众日益增长的物质文化需求的重要组成部分。党的十八大对新时期教育改革发展提出了新的更高要求。我们要深入实施《国家中长期教育改革和发展规划纲要（2010—2020年）》，全面推动教育事业科学发展，使教育更加符合国家经济社会发展对人才培养的需要，更加符合广大人民群众对优质教育的期盼，更加符合促进人的全面发展的目标。

第一，推动教育事业协调发展。在全面建成小康社会中，要办好学前教育，均衡发展九年义务教育，基本普及高中阶段教育，加快发展现代职业教育，推动高等教育内涵式发展，积极发展继续教育，完善终身教育体系，建设学习型社会，从而推动形成中国特色社会主义现代教育体系，维护最广大人民根本利益，实现全体人民学有所教，学有所成，学有所用，为到2020年基本实现教育现代化、基本形成学习型社会、进入人力资源强国行列而努力奋斗。

第二，大力促进教育公平。教育公平既是和谐社会的重要内容，又是和谐社会的重要基础。在充满竞争的社会中，结果不可能完全均等，但机会应该公平。在所有的机会公平中，教育机会的公平是最重要的机会公平，它是人发展起点的公平。有了公平的发展机会，社会各阶层才能正常流动，全社会才能充满活力、安定有序。党和政府要加快基本公共教育服务均等化步伐，合理配置教育资源，重点向农村、边远、贫困、民族地区倾斜，支持特殊教育，提高家庭经济困难学生资助水平，积极推动农民工子女平等接受教育，逐渐缩小教育发展中的区域差距、城乡差距和义务教育学校之间的校际差距，为所有学生开辟不同的成长成才之路。

第三，加强教师队伍建设。一个国家和地区的教育水平，根本上取决于其教师队伍的整体素质。人民群众对教育的满意程度，将更多地取决于教师队伍建设的水平。我们要以努力造就一支高素质专业化的教师队伍、造就一批教学名师和学科领军人才为目标，切实加强师德师风建设，着力提高教师教育教学能力，创新教师教育培养模式，深化教师管理制度改革，完善教师考核评价制度，提高教师的地位待遇。要着重从制度上鼓励优秀人才长期从教、终身从教，大力宣传教书育人楷模的先进事迹，进一步形成全社会尊师重教的良好氛围，为推动教育事业科学发展、办好人民满意的教育奠定坚实而可靠的基础。

2. 推动实现更高质量的就业

党和政府历来高度重视就业问题，将促进就业作为提高人民群众生活水平和生活质量的重要前提和基本途径，积极采取有效措施，缓解就业压力，探索完善了适合我国国情的就业制度。人口多，底子薄的基本国情，决定了就业压力巨大将是我国经济社会发展长期面临的突出问题之一；体制转轨的艰巨性，决定了我国必须集中精力解决好历史遗留的下岗失业人员的再就业问题；城乡二元结构的现实状况，决定了我国将长期面对农村劳动力向非农领域和城市转移问题；经济结构调整和产业升级的加快，决定了我国将长期面临调整劳动力结构和提高劳动者素质的挑战。归纳起来，我国就业形势严峻的主要表现是：就业总量压力和结构性矛盾并存，结构性矛盾将更加突出；职业培训基础比较薄弱，劳动者素质能力还不能适应转变经济发展方式和产业升级的要求；公共就业服务体系有待进一步完善，城乡基层就业服务机构、服务能力尚不能满足劳动者多元化就业需要；劳动保障监察执法和争议调解仲裁力量薄弱，劳动关系领域的突出矛盾尚需得到有效化解。因此，妥善解决就业问题，既是一项紧迫的现实任务，也是一项长期而艰巨的战略任务。

第一，完善就业方针。党的十八大报告进一步充实和完善了我国就业的方针，在坚持劳动者自主就业、市场调节就业、政府促进就业的基础上，第一次将鼓励创业纳入就业方针，并强调引导劳动者转变就业观念，鼓励多渠道多形式就业。创业是就业之源，大力弘扬创业精神，优化创业环境，使更多的劳动者成为创业者，促进创业带动就业，是促进就业的一项战略任务。落实鼓励创业的方针，就是要坚持将促进创业与推动新兴产业发展、科技创新更加紧密地结合起来，完善鼓励自主创业、自谋职业的政策体系，落实财税、金融、场地等扶持政策，改善创业和投资环境；加强创业观念教育，树立创业典型，激发创业热情，大力加强创业型城市建设，发挥典型示范作用；加强创业培训，提高创业者的创业能力，强化项目信息、政策咨询、开业指导和融资等一系列创业服务，提高创业成功率。

第二，做好重点群体就业工作。重点群体就业主要是指以高校毕业生为重点的青年就业工作和农村转移劳动力、城镇困难人员、退役军人的就业工作。做好以高校毕业生为重点的青年就业工作，就是要继续将高校毕业生就业放在就业工作首位，畅通高校毕业生在不同地区、不同单位、不同行业之间的职业通道；积极开发适合高校毕业生的就业岗位，鼓励和引导更多高校毕业生到城乡基层、中西部地区、艰苦边远地区和中小企业就业；强化对高校毕业生的就业服务，加强职业指导、培训和见习，全面提高就业能力；深入推动高等教育制度和人才培养模式改革，使高等教育更好地适应经济社会发展需要。做好农村转移劳动力就业工作，就是要坚持城乡统筹，健全城乡劳动者平等就业制度，进一步完善职业培训、就业服务、劳动维权“三位一体”工作机制，引导农村劳动力有序进城就业，鼓励就地就近就业，支持返乡创业。做好城镇困难人员就业工作，就是要进一步健全对就业困难人员的援助制度，完善各项就业援助政策，形成援助困难人员和零就业家庭就业的长效机制。做好退役军人就业工作，就是要对退役军人开展有针对性的职业技能培训，提供及时有效的职业介绍、就业指导、岗位信息等公共就业服务，落实就业创业扶持政策，促进退役军人尽快实现就业。

第三，构建和谐劳动关系。劳动关系是最基本的社会经济关系，构建和谐劳动关系是保障和改善民生、维护社会安定和谐的基础。劳动关系作为生产关系的重要组成部分，是在劳动过程中劳动者与劳动力使用者之间形成的一种社会关系。人是社会关系的总和，社会和谐首先是社会关系的和谐。而劳动关系作为一种最基本的社会关系，其状况成为社会是否和谐的晴雨表。和谐社会必定是劳动关系和谐稳定的社会，劳动关系不和谐也必然影响到全社会的和谐。从这个意义上说，和谐劳动关系是和谐社会的重要基础，而社会和谐又是劳动关系和谐的体现与保证。

3. 千方百计增加居民收入

党的十八大报告提出，到2020年实现国内生产总值和城乡居民人均收入比2010年翻一番。这是我们党根据我国经济社会发展的新形势，着眼于全面建成小康社会确定的重要目标。实现这一目标，必须坚持以经济建设为中心，推动经济持续健康发展，不断增加社会财富；在此基础上，坚持走共同富裕的道路，进一步完善按劳分配为主体、多种分配方式并存的分配制度，以千方百计增加居民收入为重点，合理调整收入分配关系，解决好收入分配差距较大问题，实现发展成果由人民共享。

第一，深化收入分配制度改革。要切实扭转居民收入在国民总收入中的比重、劳动报酬在初次分配中的比重下降趋势，合理调整国民收入分配格局。努力实现居民收入增长和经济发展同步，劳动报酬增长和劳动生产率提高同步，提高居民收入在国民收入分配中的比重，提高劳动报酬在初次分配中的比重。初次分配和再分配都要兼顾效率和公平，再分配更加注重公平。

第二，完善劳动、资本、技术、管理等要素按贡献参与分配的初次分配机制。处理好按劳分配为主体与资本、技术、管理等生产要素按贡献参与分配的关系。加大劳动报酬保护力度，以体现按劳分配在基本分配制度中的主体地位。完善资本、技术、管理等生产要素按贡献参与分配机制，进一步促进生产要素市场化改革，推动生产要素自由流动。建立规范的要素市场，更好发挥市场在要素价格形成中的基础性作用，形成主要由市场决定要素价格的机制。加强知识产权保护，保障技术成果在收入分配中的应得份额。

第三，加快健全以税收、社会保障、转移支付为主要手段的再分配调节机制。健全的再分配调节机制，对于调节收入分配关系，缩小城乡、区域和社会成员之间收入差距，促进收入分配公平具有重要作用。一是要加大对城乡贫困人口的转移支付力度。调整财政支出结构，集中更多财力用于保障和改善城乡贫困群众的基本生活。大力促进城乡基本公共服务均等化。大幅增加对“三农”的转移性支出，提高农村居民收入。大幅度增加扶贫开发投入，对不具备生存和致富条件的地区，加大移民扶贫力度。二是要进一步深化税制改革。切实减轻中低收入者纳税负担，有效调节过高收入。三是要加快健全社会保障体系。按照全覆盖、保基本、多层次、可持续的要求，健全覆盖城乡居民的基本养老、基本医疗保险制度，保障全体人民老有所养、病有所医。

第四，多渠道增加居民财产性收入。要进一步深化改革、加强立法、完善制度，有效保护居民的合法财产和财产收益。一是适度扩大存贷款利率浮动范围，逐步缩小存贷款利差，保护存款人权益。二是在加强市场监管和风险防范基础上，拓宽居民投资渠道。三是依法保障农民对承包土地占有、使用、收益等权利。按照依法自愿有偿原则，允许农民以转包、出租、互换、转让、股份合作等形式流转土地承包经营权，确保农民分享土地承包经营权流转收益。改革征地制度，缩小征地范围，提高征地补偿标准，逐步实现农村集体建设用地与国有建设用地同权同价。四是鼓励有条件的地方推进农村集体经济组织产权制度改革。

第五，规范收入分配秩序。加强收入分配领域的法制建设，建立公正合理的收入分配秩序，切实保护合法收入、增加低收入者收入、调节过高收入、取缔非法收入。

4. 统筹推进城乡社会保障体系建设

社会保障体系，历来被称为社会运行的“稳定器”和人民生活的“安全网”，是国家的一项重要社会制度，是维护社会稳定和国家长治久安的重要保障。今后一个时期，我国社会保障事业面临着经济发展方式转变、城镇化、老龄化带来的巨大挑战。统筹推进城乡社会保障体系建设应着重抓好以下几个方面：

第一，坚持全覆盖、保基本、多层次、可持续方针。全覆盖就是要根据社会保障制度的类型实现最广泛的覆盖，其中基本养老和基本医疗保障制度要覆盖城乡全体居民，工伤、失业、生育保险制度要覆盖城镇所有职业群体，实现人人享有基本社会保障的目标；保基本就是要坚持尽力而为、量力而行的原则，根据我国经济社会发展状况合理确定社会保障待遇水平，保障基本的生活需求；多层次就是要以社会救助为保底层、社会保险为主体层，积极构建以企业（职业）年金等补充社会保险和商业保险为补充层的多层次社会保障体系；可持续就是要立足制度的长远发展，统筹协调，探索建立长效机制，实现社会保障制度长期稳定运行。

第二，统筹推进城乡社会保障制度改革。统筹城乡医疗保障制度是经济社会协调发展的重要内容和全民公平医保的内在要求。进入新世纪，我国经济社会发生了重大的变化，人民收入普遍提高，而收入差距逐渐拉大，城市化、人口自由流动和就业方式多元化，使城乡的边界逐步模糊，但是城乡二元管理的社会结构依然存在，我国社会经济发展中存在着人群差异、地区差异和社会管理制度改革的滞后，同时医疗保障制度分设导致的重复参保和重复建设也造成了政府投入浪费和管理系统的效率低下。统筹城乡医疗保障制度任务迫切，但已具备了基本的条件。一是中央提出我国经济社会在新的历史时期的重要任务是统筹城乡发展、构建和谐社会，为统筹城乡医疗保障制度奠定了政策基础。二是我国已经建立社会主义市场经济体制，经济得到了快速发展，为建立完善的医疗保障制度提供了经济基础。三是十几年的医疗保障制度改革和建设积累了经验，奠定了制度和管理基础。四是一些地方的探索、实践为统筹城乡提供了工作基础。

5. 提高人民健康水平

健康是人民群众最基本的需求，也是经济社会发展十分重要的基础。在国际上，通常把反映居民健康状况的人均预期寿命作为经济社会发展综合评价的核心指标，把消除重大疾病危险作为联合国千年发展目标的重要内容。我国人民健康水平已有显著提高。2000—2010年，我国人均预期寿命从71.4岁提高到74.8岁；2002—2011年，孕产妇死亡率从10万分之51.3下降到10万分之26.1，婴儿死亡率从29.2‰下降到12.1‰，5岁以下儿童死亡率从34.9‰下降到15.6‰。[①]我国已提前实现联合国千年发展目标中关于健康的指标，居民健康水平走在发展中国家前列，但随着社会生产方式和居民生活环境快速变化，卫生发展总体上仍滞后于经济社会发展，医疗资源尤其是优质资源仍严重短缺。在新的形势下，提高人民健康水

① 编写组：《十八大报告辅导读本》，人民出版社2012年版，第308页。

平，应着重抓好以下几个方面：

第一，坚持为人民健康服务的方向。健康是促进人的全面发展的必然要求。新时期，一方面由于我国人口多、生产力不发达、发展很不平衡，全面建成小康社会、加快推进社会主义现代化，必须提高医药卫生事业的公平性、普及性和有效性，解决好广大群众的健康问题；另一方面人民群众吃穿用问题基本解决后，对健康指标的要求、对医药卫生事业的期待越来越高。因此，无论是深化改革，还是推动发展，都要始终坚持为人民健康服务的方向。

第二，坚持保基本、强基层、建机制的基本原则。我国作为世界上最大的发展中国家，人均国内生产总值仍然较低，按每人每天1美元的标准衡量还有1.2亿多扶贫对象。逐步实现人人享有基本医疗卫生服务，必须从保基本、强基层、建机制做起。保基本，就是要着眼于提高全民健康水平，保障广大群众的基本医疗卫生需求，合理确定保障标准，有效提供保障服务，逐步提高保障水平，实现广覆盖、可持续。强基层，就是要增强基层医疗卫生机构服务能力，健全基本医疗卫生服务网络，把服务的重点放在基层，把更多的财力、物力投向基层，把更多的人才、技术引向基层，引导基层机构与居民建立相对稳定的服务关系，使基层机构成为群众就医的首选。建机制，就是要建立起既体现公益性、能够增强服务能力，又有利于提高服务效率的医疗卫生体制机制，处理好政府和市场、公平和效率、激励和约束等关系，为卫生事业发展提供保障。

第三，以实现全民医保为目标，健全医疗保障体系。全民医保是我国基本医疗卫生制度的核心内容，关乎国运、利及个人、惠及子孙。世界上已有130多个国家建立了医保制度，大多数发达国家形成了覆盖全民的医保体系。我国要在全民基本医保已经初步实现的基础上，加快建立和完善覆盖城乡居民的多层次医疗保障体系。推进医保基金城乡、地区间统筹。促进基本医保与商业医保结合。发挥基本医保、大病保险、医疗救助、补充保险和公益慈善协同互补作用，解决好重特大疾病患者的因病致贫问题。

（三）保障和改善民生是推进社会建设的重点

社会建设与人民幸福安康息息相关。党的十七大报告提出要加快推进以改善民生为重点的社会建设，党的十八大报告再次指出，加强社会建设必须以保障和改善民生为重点。

1. 以人为本的具体体现

从我们党的根本宗旨看，坚持全心全意为人民服务，坚持以人为本，就必须做到发展为了人民、发展依靠人民、发展成果由人民共享，促进人的全面发展。从改革开放和社会主义现代化建设的根本目的看，我们党的一切奋斗和工作都是为了造福人民，必须多谋民生之利，多解民生之忧，解决好人民最关心最直接最现实的利益问题，加快推进以保障和改善民生为重点的社会建设，在学有所教、劳有所得、病有所医、老有所养、住有所居上持续取得新进展，努力让人民过上更好生活。从中国特色社会主义的内在要求看，坚持以人为本，就要在全体人民共同奋斗、经济社会发展的基础上加紧建设对保障社会公平具有重大作用的制度，逐步建立以权利公平、机会公平、规则公平为主要内容的社会公平保障体系，使发展成果更多更公平惠及全体人民，且朝着共同富裕方向稳步前进。

2. 促进社会和谐的重要保证

当前，我国一些影响群众生活和社会稳定的问题主要集中在民生领域：随着经济结构战略性调整不断推进，一些人员需要下岗转岗、以多种形式创业就业，越来越多的人由“单位人”变成“社会人”；随着农村生产力不断发展，大量农村富余劳动力需要转移就业，城乡流动人口大量增加；随着老龄人口的快速增长，人口老龄化正在进一步加速，相应社会养老服务明显不足；随着经济社会的发展，不平衡、不协调、不可持续的问题依然突出，地区之间、城乡之间的发展差距以及部分社会成员之间的收入分配差距依然较大，统筹兼顾各方面利益难度加大。由此所导致的城乡结构、就业结构、人口结构、分配结构等社会结构的重大变化，引发了与人民群众切身利益密切相关的社会民生问题，能否妥善解决这些问题，事关社会和谐稳定。因此，抓住保障和改善民生这个社会建设的重点，推进改善民生的制度性安排，努力满足人民群众在教育、就业、社会保障、医疗等方面的基本需求，也就抓住了解决当前社会问题的关键。

3. 全面建成小康社会的必然要求

为了实现党的十八大对全面建成小康社会提出的新的目标要求，

必须坚持经济建设、政治建设、文化建设、社会建设、生态文明建设协调发展，特别是要着力解决好经济社会发展“一条腿长、一条腿短”问题，推进经济社会协调发展，发展社会事业和改善民生。经济发展与社会发展特别是民生领域工作密切相关。我们要在经济发展的基础上更加注重社会建设，同时只有发展社会事业、做好保障和改善民生工作，才能为扩大国内需求、拉动经济增长提供不竭动力。没有社会发展与经济发展相协调，没有相应的教育、就业、社会保障等制度相配套，经济持续健康发展、全面提高人民生活也难以实现。因此，我们要按照党的十八大提出的新要求，到2020年“基本公共服务均等化总体实现。全民受教育程度和创新人才培养水平明显提高，进入人才强国和人力资源强国行列，教育现代化基本实现。就业更加充分。收入分配差距缩小，中等收入群体继续扩大，扶贫对象大幅减少。社会保障全民覆盖，人人享有基本医疗卫生服务，住房保障体系基本形成，社会和谐稳定”，努力实现“人民生活水平全面提高”。[①]

三、统筹协调社会利益关系

社会主义和谐社会，不是无差别的社会，更不是没有任何矛盾和问题的社会。加强社会建设，要遵循经济社会发展的规律，妥善处理人民内部矛盾和其他社会矛盾，协调好各方面的利益关系。

（一）妥善处理各种利益矛盾

人民内部矛盾是一个由许多具体矛盾构成的多层次、多领域、多类型的纵横交错的复杂系统。其中，利益矛盾是其他各类人民内部矛盾产生的根源，是影响和制约其他各类矛盾发展的主导性矛盾。改革开放以来，随着计划经济体制向社会主义市场经济体制转变，单一公有制形式向以公有制为主体、多种所有制经济共同发展转变，单一的按劳分配向以按劳分配为主体、多种分配方式并存的分配制度转变等，这些方面的变化引起了利益格局的深刻调整，我国社会利益关系呈现出一些新特点。

① 胡锦涛：《坚定不移沿着中国特色社会主义道路前进，为全面建成小康社会而奋斗》，人民出版社2012年版，第18页。

一是利益主体趋于多样化。改革开放以来，我国的社会阶层构成发生了前所未有的新变化。以工人阶级为例，从新中国建立到改革开放前的近30年时间里，工人阶级只划分为工人和干部两个阶层，如果把知识分子从中划分出来，也只有工人、干部和知识分子三个阶层。20世纪90年代以来，随着非公有制经济在我国的迅速发展，工人阶级也由原来的国有和集体两种公有制企业工人，向国有企业工人、集体企业工人、三资企业工人、私营企业工人和乡镇企业工人等多个基本阶层并存的结构转变。进入21世纪后，随着改革开放的纵深推进，中国工人阶级内部结构变得更为复杂，可分为国家和社会管理者阶层、企业经理人员阶层、专业技术人员阶层、城市普通工人阶层、农民工阶层、下岗失业工人阶层等众多群体。所有这些阶层，无论是在社会经济地位和利益特色方面，还是在价值取向归属感与认同感方面，都存在着明显的差异，有差异就会产生矛盾。

二是利益差距有所扩大。基尼系数是意大利统计学家基尼提出的一个定量测定收入分配差异的指标。基尼系数是介于0—1之间的数值，当基尼系数为0时，表示社会收入分配的绝对公平；当基尼系数为1时，表示社会收入的绝对不公平。基尼系数越大，表示社会收入分配差异程度越大，收入分配越不公平。按照国际惯例，基尼系数在0.2以下表示收入分配的高度平均，0.2—0.3表示收入分配的相对平均，0.3—0.4表示收入分配的比较合理，国际上通常把0.4作为收入分配的警戒线。我国的基尼系数已超过国际公认的0.4的警戒线，目前已接近0.5，全国收入最高10%和最低10%的人群收入差距达23倍之多，并且差距拉大的趋势还在继续。①

三是矛盾对抗程度有所增强。当前我国社会总体上是和谐稳定的，但随着利益主体分化、利益差距扩大等多方面因素的影响，人民群众内部的利益矛盾日渐凸显。过去人民群众内部矛盾大多是小范围和个别的，呈现的方式相对也比较温和，基本上限于在本系统或当地反映情况、上访静坐，而现有的矛盾动不动就转变成群体性事件，以堵公路、冲击党政机关等极端方式呈现，甚至出现打、砸、抢、烧等犯罪行为，严重影响社会政治稳定。

① 全国人大财经委专题调研组：《国民收入分配若干问题研究》，中国财政经济出版社2010年版，第2页。

当前利益关系出现的新特点，既反映了改革开放以来，广大人民群众在生活水平不断提高的基础上对自身利益的进一步追求，也使得协调兼顾各方面利益的难度增大。因此，需要高度重视协调各种利益关系，妥善处理各种利益矛盾。

1. 健全诉求表达机制

不同的社会阶层，不同的社会利益群体，不同的社会成员，都有各不相同的利益和利益诉求。这就必须建立健全规范的社会协商和对话机制，积极引导各个社会阶层、社会利益群体和社会成员以理性、合法的形式表达自己的利益诉求。党和政府应当为各利益主体提供充分的表达利益诉求的制度性平台，使各个利益主体的利益诉求能够通过正当的、规范的渠道进入公共决策过程中，供决策者参考和借鉴。当前，迫切而可行的：一是完善人大政协等政治制度。人民代表大会制度和政治协商会议制度是我国政治体制内的最主要的民意表达制度，在社会政治生活中发挥着无可替代的作用。这些制度为人民群众的利益诉求表达提供了基本的制度保障。二是要完善基层民主制度。落实人民群众的决策参与权、知情权和监督权，完善立法和重大决策听证制度，完善政府信息公开制度，完善监督制度，不断拓展人民群众的监督渠道，搭建公民参政议政的平台。适当增加农村人群和基层群众在各级人大、政协等组织的代表名额，让不同的利益主体都有表达自己利益诉求的平等机会。三是发挥各类媒体的作用。在规范现有各种利益表达方式和渠道的同时，更要借助现代信息技术，构建广播、电视、网络、报刊等多层次、多渠道的人民群众利益诉求表达平台，充分发挥媒体收集信息、引导舆论和社会监督等职能。

2. 健全利益协调机制

利益协调机制是指利益系统内各要素通过互相作用，达到相互渗透、相互融合、相互协调的状态，从而使利益关系有序化的机制。其内容主要包括利益调节、利益约束、利益引导和利益补偿等内容。

第一，利益调节机制。税收是调节社会利益的重要手段和工具。国家要制定科学、合理的税收制度，开展广泛、深入的宣传和教育。对高收入者的收入进行适度的调节。提高公民的纳税意识，建立和完善个人财产申报制度，严格实行代扣代缴制度，加强税收监管，运用法律、经济、行政手段对逃税者严加惩处。

第二，利益约束机制。利益约束机制主要是通过法律和道德对人们获取利益的行为进行约束。法律和道德是利益需求、利益行为的调节器和控制器。法律作为社会规范的重要形式，规定人们的行为方式，协调人们的社会关系，维持社会的基本秩序。要加强法制建设，加强对利益主体的法律约束，创造一个公平公正、合法合理的社会环境。引导人们以合法的手段和方式获取利益，防止在利益的取得过程中采取权钱交易等非法手段，减少社会利益的矛盾和冲突。道德是引导个体合理确定利益目标，选择利益行为的内在约束力量。近些年来，社会上拜金主义和极端利己主义使一些人通过各种手段最大限度地获取利益，影响了社会的良性运行和发展。因此，要加强道德建设，约束和规范人们的利益动机和利益行为，引导人们合理选择利益目标，自觉调整利益需求，科学选择利益行为，正确处理利益关系。

第三，利益引导机制。利益引导机制主要是指思想观念的引导，让人们树立起获取利益要合理、合法、公平、公正的观念，教育、引导人们正确处理个人利益与群体利益、局部利益与整体利益、眼前利益与长远利益的关系。在当前经济社会转型过程中，一些人出现了利益观念的偏差。如一些人习惯于传统的平均主义利益分配格局，对于社会利益的分化认识不足；一些人把正当的个人利益当做个人主义的东西加以批判；还有些人重利轻义，甚至唯利是图。要引导人们正视当前利益差距的合理性。没有利益差别就不可能有竞争，也不可能有资本的合理流动和社会资源的合理配置，也就难以提高效率，激发创造的活力，推动经济社会更好更快发展。因此，合理的、适度的利益差别对经济社会发展具有积极的意义。

第四，利益补偿机制。我国经济体制的转型和社会结构的变化，使得部分个人和群体的利益受损，建立合理的利益补偿机制，给利益受损的个人或集体提供一定的补偿，这对于提高社会公平、正确处理人民内部矛盾都是非常有益的。建立利益补偿机制，最主要的是确立一套与社会主义市场经济相适应的社会保障制度，如养老保险制度、失业保险制度、社会救济制度和社会福利制度等。

3. 健全利益调节机制

随着市场经济的发展，社会利益格局发生了巨大变化，社会利益群体出现分化重组。调整各利益主体之间的利益关系，要学会和善于运用经济手段调整利益关系，要学会和善于运用法律手段调处矛盾纠纷，把调处利益矛盾的工作逐步纳入法制化轨道。要善于综合运用教育、协商、调解等行之有效的解决利益矛盾的方法，减少不同利益群体之间的不公平感。

4. 健全权益保障机制

社会主义和谐社会是以人为本的社会，构建社会主义和谐社会必须以解决人民群众最关心、最直接、最现实的利益问题为重点。切实保障和实现人民群众的基本权益是构建社会主义和谐社会的重中之重。

（二）维护社会公平正义

公平指的是一种合理的社会状态，正义是对社会终极价值的追求，是对社会成员的基本道德约束。公平正义，就是社会各方面的利益关系得到妥善协调，人民内部矛盾和其他社会矛盾得到正确处理，社会公平和正义得到切实维护和实现。

1. 维护社会公平正义的重要性

第一，公平正义是立党为公、执政为民的必然要求。“立党为公，执政为民”是中国共产党在追求现代化和发展社会主义市场经济条件下的基本执政理念。其要义是党的一切行动的出发点都是为了人民的利益，党没有自己的私利，这不仅解决了党的奋斗和政府工作“为了谁”的问题，而且还包含一个“如何为”的问题。这是因为，公众、人民是分为不同社会群体和社会阶层的，理顺社会各个群体之间的关系，使社会各个阶层之间实现良性互动，构建一个和谐的社会，是我们党在现代社会和市场经济条件下最为重要的任务之一。而要想做好“如何为”的问题，就必须有个基本的规则，这个规则只能是社会公正。

第二，公平正义是我国社会主义制度的本质要求。邓小平指出，社会主义的本质，是解放生产力，发展生产力，消灭剥削，消除两极分化，最终达到共同富裕。这一论断包含两个方面：一是解放和发展生产力，极大地增加全社会的物质财富；二是逐步实现社会的公平正义，极大地激发全社会的创造活力，促进社会和谐。二者相互联系、相互促进，是统一的整体。因此，社会主义的本质决定了它应当是比以往任何社会形态都更加公平正义的社会。正如温家宝所说，“没有生产力的持久大发展，就不可能最终实现社会主义本质所要求的社会公平正义；不随着生产力的发展而相应地逐步推进社会公平正义，就不可能愈益充分地调动全社会的积极性和创造活力，因而也就不可能持久地实现生产力的大发展。”[①]

第三，公平正义是社会主义和谐社会的重要特征和内在要求。和谐社会的特征是民主法治、公平正义、诚信友爱、充满活力、安定有序、人与自然和谐相处。其中，公平正义处于十分关键的基础地位。2005年初，胡锦涛曾指出：“只有切实维护和实现社会公平和正义，人们的心情才能舒畅，各方面的社会关系才能协调，人们的积极性、主动性、创造性才能充分发挥出来。”[②]这表明，维护公平正义能够解决社会矛盾和问题，实现社会和谐，为经济社会持续协调发展创造良好的社会条件。对公平正义的忽略会影响劳动者的积极性和创造性，进而形成社会不稳定因素，影响社会的诚信友爱、安定有序、充满活力的实现。

2. 加强制度建设，保障社会公平正义

我国社会主义制度的确立为实现真正意义上的公平正义创造了根本条件，但这并不意味着公平正义就会自然而然地立即充分实现，它还需要通过经济社会的不断发展来提供物质条件和经济基础，需要通过不断完善各方面的具体制度来体现和保障。维护社会公平正义，必须逐步建立以权利公平、机会公平、规则公平、分配公平为主要内容的社会公平保障体系。

第一，坚持权利公平。权利公平是指公民不分职务、性别、种族和家庭背景差别，其合法的生存、居住、迁移、劳动就业、财产、诉讼等权利，都能通过法律、制度以及社会运行机制等方面的安排及调整得到保障、予以体现、实现平等。权利公平是社会公平的基础，体现的是社会对所有成员的“不偏袒性”，使他们在平等的起点上融入社会。因此，权利公平是机会公平、规则公平和分配公平的逻辑起点和实践起点。

① 中共中央文献研究室：《十六大以来重要文献选编》（下），中央文献出版社2008年版，第906–907页。

② 胡锦涛：《在省部级主要领导干部提高构建社会主义和谐社会能力专题研讨班上的讲话》，人民出版社2005年版，第21页。

第二，坚持机会公平。机会是指社会成员生存与发展的可能性空间。机会公平是指不同的人群和个人在生存、发展、选择和享受等方面享有公平的竞争条件，每个社会成员在统一规则的指导下享有基本相同的发展机会。它要求社会提供的各种机会对于每一个社会成员都始终均等。机会公平意味着要满足不同人的不同层次需要，它通常具有两层含义：一是生存发展的起点公平，即社会中的机会资源共享，凡是具有同样社会潜能的成员都应当拥有同样的起点，凡是具有相似动机和禀赋的人都应当有大致平等的成就前景。虽然机会作为一种资源是相对有限的，无法充分满足社会成员对于机会的需要，但社会必须从总体上给予每个人大致相同的发展机会，防止一部分人的机会被非法剥夺。二是机会实现过程、环境和条件的公平。机会作为一种抽象的资源，只有被公平地付诸特定的过程中才能转化为现实的资源和权利，即在实践中通过收入分配、利益调节、社会保障、政府施政、司法执法等切实措施，确保社会成员都能够接受教育，都能够进行劳动创造，都能够平等地参与市场竞争、参与社会生活，都能够依靠法律和制度来维护自己的正当权益。

第三，坚持规则公平。规则是社会成员共同遵守以保证社会有序发展和社会公正的制度或章程。规则公平是指国家的宪法、法律、法规和政策等等，对于每一个公民来说，都是公正与平等的，是符合公平价值观的。合理的规则是公平的社会存在形式，是对人们享有权利的规范，是一种制度性的保障，是对法的具体化。规则公平要求社会主体在参与经济和社会发展的过程中所面对的行为规范和行动准则，如法律法规、规章制度等，都必须正确地、真实地反映现实社会生活中的各种关系及其相互作用，反映经济和社会发展的趋势，体现人民群众的愿望和要求；同时在规则面前要人人平等。权利公平给了每个社会成员平等地参与经济和社会活动的权利，机会公平给了每个社会成员均等地参与经济和社会活动的机会，而规则公平使每个社会成员受着同样的行为规范的约束，在同样的规则中展开竞争，体现着过程的公平，是实现社会公平的重要环节，并为最终实现结果的公平提供了必要的保障。

第四，坚持分配公平。分配公平是社会公平正义的理想目标。分配公平是指每个劳动者都有获得正当利益和社会保障的权利，不因素质、知识、能力、性别等差异而使其政治地位、经济地位、生活享受等方面产生巨大的或本质上的差异。分配公平在其现实性上体现为人们从事各项社会活动的结果公平。在构建社会主义和谐社会的实践中，坚持分配公平，并不是搞平均主义，而是要使社会利益处于一种相对平衡的、相对平等的状态。

历史唯物主义认为，任何公平正义都是具体的历史的。所谓公平是历史的，是说公平总是受生产力的发展水平和具体的制度安排制约的，在不同的历史条件下，公平实现的方式和手段是不同的。所谓公平是相对的，是说公平不是无条件的，它总是相对某种规则或相对某种不公平状况而言的，并不是否认差别，更不是绝对平均主义。当前，我们应当从社会主义初级阶段生产力还不发达这个实际出发，建立以“四个公平”为核心的公平保障体系，这并不意味着可以立即和完全地消除一定程度的社会差别、社会不公，而是要通过一定途径、采取一定措施，比较好地驾驭和控制社会不公问题的进一步发展，逐步实现和达到整个社会的公平。

3. 促进基本公共服务均等化

基本公共服务均等化就是要确保国家和社会制定的基本公共服务政策、确立的基本公共服务制度、提供的基本公共服务的机会等对全体公民是均等的。基本公共服务是相对于非基本公共服务而言的。基本公共服务是政府回应社会基本公共需求而提供的产品和服务，非基本公共服务是指政府为回应社会更高层次的公共需求而提供的产品和服务。基本公共服务关系到公民基本的生存权与基础性的发展权，因而更为根本，政府应当承担主要的责任，在非基本公共服务中，政府有的承担主要责任，有的承担辅助和监管责任；公民一般免费享受基本公共服务，而在享受非基本公共服务时，往往需要付费；基本公共服务相对于非基本公共服务而言要更加优先发展。以教育为例，政府要优先普及和巩固九年义务教育，落实农村义务教育经费保障机制，保障农民工子女接受义务教育。在此基础上，不断完善高中阶段教育和高等教育。基本公共服务比非基本公共服务更加注重公平性。公共服务包含着公平的价值观念判断，而公共服务中对公平正义要求最强的当属基本公共服务，考察一个社会是否公平，应当优先考察其基本公共服务的均等化实现程度。

所谓均等化是一种目标追求，是一个动态过程，也是最终的分配结果。首先，均等化是一种目标。目前我国的基本公共服务处于非均等化状态，城乡之间、区域之间的基本公共服务差距较大，必须缩小城乡之间、区域之间的基本公共服务差距。从这个角度来讲，实现基本公共服务均等化，是奋斗目标。其次，均等化是一个动态过程。均等化是一个由非均等化的状态逐步走向均等化的一个动态过程。在我国，东部、中部、西部的地方政府提供公共服务的能力相差很大，这种差距不仅体现在财力上，而且体现在认识水平、人员素质、创新意识、管理能力以及制度建设能力上，这类差距不是通过增加财力、短期培训、更换操作人员就可在短期内消灭的。我们只有通过一系列有利于实现均等化的政策的实施来改变城乡之间、区域之间的这种非均等化状态。最后，均等化是分配结果的最终均等。均等化要求政府为社会公众提供最终大致均等的公共服务。

促进基本公共服务均等化的路径，主要包括以下几个方面。

(1) 转变政府职能，健全职责体系

公共服务均等化要求政府由“全能政府”向“有限政府”转变，强化自身社会管理职能和公共服务职能。与此同时，政府应健全职责体系，提高经济调节和市场监管水平。加快推进政企分开、政资分开、政事分开、政府与市场中介组织分开，调整和规范政府管理的事项，深化行政审批制度改革，减少政府对微观经济活动的干预。继续优化政府结构、行政层级、职能责任，坚定推进大部门制改革，着力解决机构重叠、职责交叉、政出多门问题。要积极推动政府职能转型，加快建设公共服务型政府，增强各级政府的社会发展自觉性，要对社会需要公共服务项目积极介入，不能有意无意缺位。加强政府制度建设，必须严格规范政府在公共服务领域中的责任，明确该管什么，不该管什么，提高政府基本公共服务的供给能力。

(2) 完善基本公共服务的多元供给机制

一要发挥政府主导优势。各级政府在基本公共服务供给中具有不可推卸的责任，在基本公共服务多元供给机制中，要求政府由原来的管制型向适应实际需要的公共服务型转变，政府需要对公共服务进行项目分类。项目分类的目的是澄清哪些服务的供给上政府有优势，哪些服务的供给上政府没有优势，市场和非政府组织的供给哪一个会更有优势。通过市场的力量改善基本公共服务的供给。二要适当的引入市场机制。引入竞争机制，建立有效的利益分享机制，激发市场主体的热情，并且保护市场投资主体的合法权益，对构建基本公共服务的多元供给机制有着重要的可行性和显示意义。三要发展非政府组织。在我国的基本公共服务供给中，政府往往按照自己的偏好或者政绩需要来决定供给的总量、结构和方式，而民众的现实需要实际上并没有得到应有的关注，造成服务的供给脱节。因此，在政府力所不及、难以有效供给基本公共服务的情况下，由非政府组织提供基本公共服务是解决问题的途径之一。

（3）建立基本公共服务检测评价体系

由于公共服务涉及的服务对象多，供给主体多，政府层次多，在服务流程、服务质量等各个方面的要求都不一样，从而影响了公共服务的规范性和公平性。因此，应该根据其要求，明确公共服务的目标、内容、对象、基本程序、资金来源、质量控制、公众参与以及绩效评估等内容，为全国各类基本公共服务的建设建立一个基本的参照体系。这个体系应该明确以下几个方面：一要确定各级政府应该提供的公共服务的范围、分类和责任分工，并明确哪些应该政府承担，哪些可以由市场或者社会组织提供，哪些应该是政府特许的，哪些可以由市场承担而政府提供相应补贴的，等等。二要根据各类公共服务的特性，分类制定服务质量和服务标准。三是制定基本公共服务政绩评估的标准，规范基本公共服务绩效评估的原则、主体、程序、指标和应用途径，用来检验基本公共服务均等化程度和公共服务的效率和质量，形成激励和约束机制。

（4）加大财政投入

实现基本公共服务均等化，资金保障是关键。必须调整和优化公共财政支出的投入，把更多财政资金投向公共服务领域，加大财政在教育、卫生、文化、就业、社会保障、生态环境、公共基础设施、社会治安等方面的投入，不断增强公共产品和公共服务的供给能力，缩小城乡间、区域间的基本公共服务差距，真正实现人人享有基本公共服务的目标。

四、深化社会体制改革，推进社会管理创新

影响深远的社会改革，事关党的执政地位的巩固，事关国家长治久安，事关社会安定有序，事关人民安居乐业。当今中国的社会改革，在指导思想上，要高举中国特色社会主义伟大旗帜，全面贯彻党的十八大精神，以邓小平理论、"三个代表"重要思想和科学发展观为指导，充分发挥政治优势、制度优势，推动中国特色社会主义社会体制自我完善和发展，为社会建设与经济建设、政治建设、文化建设、生态文明建设协调发展提供科学的行动指南。党的十八大报告指出，加强社会建设，必须加快推进社会体制改革，目标是建立"两个体制、一个体系、一个机制"，即建立社会管理体制和现代社会组织体制、基本公共服务体系和社会管理机制。

（一）社会管理体制

2004年9月，中共十六届四中全会适应我国经济社会发展的新变化，从加强党的执政能力建设与构建社会主义和谐社会的战略高度，提出了"加强社会建设和管理，推进社会管理体制创新"的要求，并明确提出要"深入研究社会管理规律，完善社会管理体系和政策法规，整合社会管理资源，建立健全党委领导、政府负责、社会协同、公众参与的社会管理格局"。①此后，党的中央全会和代表大会多次强调要构建"党委领导、政府负责、社会协同、公众参与"的社会管理格局，并对如何使其健全进行了部署。社会管理体制是社会体制的重要组成部分。党的十八大报告提出，要围绕构建中国特色社会主义社会管理体系，加快形成党委领导、政府负责、社会协同、公众参与、法治保障的社会管理体制。由社会管理格局到社会管理体系，体现了对社会管理规律探索的加深，对社会管理规律认识的升华。

1. 党委领导

"党委领导"，就是中国共产党在社会管理格局中处于核心地位。所谓核心地位，一方面，各级党委要加强领导，建立社会管理综合治

① 中共中央文献研究室：《十六大以来重要文献选编》（中），中央文献出版社2006年版，第287页。

理领导协调机制，发挥总揽全局、协调各方的作用，确保社会管理的正确方向；另一方面，要加快基层服务型党组织建设，使基层党组织能够有效地把广大党员和群团组织、社会组织、志愿者队伍凝聚起来，组织起来，把党的政治、组织优势转化为管理、服务优势，提高引领社会、组织社会、管理社会和服务社会能力。

2. 政府负责

“政府负责”，就是政府在社会管理中处于主导地位。社会管理是政府的基本职能，政府不能越位、错位、缺位。要逐步转变政府职能，健全政府职责体系，加快建设服务型政府。该由政府管的，一定要管好、管到位，不能推给市场、社会；不该政府管的，应该交给市场、社会，不能大包大揽。要整合政府资源，明确任务分工，形成各负其责、运转高效的合力。

3. 社会协同

社会管理既是对全社会的管理，也是全社会共同参与的管理。社会协同中的“社会”，是指作为社会管理主体之一的社会组织。社会协同，就是充分发挥各类社会组织的职能作用，加强政府与社会组织之间的分工、协作以及不同社会组织之间的相互配合。当前，要强化人民团体、企事业单位社会管理服务职责，促进社会组织健康有序发展，不断完善党委和政府与社会力量互联、互补、互动的社会管理服务网络。

4. 公众参与

公众的广泛参与是社会和谐稳定的基础。大量社会管理问题不能全靠政府，群众自己的事要交给群众自己去办。村（居）民自治是公众参与的基本形式。基层自治组织要发挥作用，提高群众自治能力。公众参与是公众行使人民当家作主权利的有效形式，既是公民权利的行使，又是公民义务的履行。要创造公众参与条件，拓宽公众参与渠道，健全公众参与机制，把广大群众有效动员组织起来，努力形成社会和谐人人参与、和谐社会人人共享的良好局面。

5. 法治保障

依法管理是现代社会管理的基本方式，一切管理活动都要于法有据。要全面落实依法治国基本方略，把依法管理理念根植于每位领导者、每位管理者、每位执法者的头脑中，善于用法治思维和法治方式管理社会。要加强社会管理领域立法、执法工作，各级政府要依法行政，各级执法机关要严格公正执法，努力把各项社会管理活动纳入法治轨道。要加强法治宣传教育，弘扬法治精神，使每个社会成员都自觉学法、尊法、守法和用法。

（二）基本公共服务体系

保障和改善民生，在学有所教、劳有所得、病有所医、老有所养、住有所居上持续取得新进展，是社会体制改革的出发点和落脚点。当前，人民群众对过上更好生活的要求不断增强，对加快解决民生领域突出问题的期盼不断提高，必须加快形成政府主导、覆盖城乡、可持续发展的基本公共服务体系。政府既是经济领域宏观调控的主体，也是社会领域提供公共服务的主体。同时，政府不能直接包揽公共服务供给，要实现政府与市场“两条腿”走路，动员社会组织提供公共服务，构建多层次、多样化的公共服务供给体系。要坚持城乡统筹而不是城乡有别，推进基本公共服务均等化。促进公共服务资源在城乡、区域间均衡配置，争取到2015年覆盖城乡的基本公共服务体系逐步完善，到2020年城乡区域间基本服务差距明显缩小，使发展成果更多更公平地惠及城乡群众。要进一步完善民生制度安排，加大财政投入力度，确保民生改善有制度、机制保障。解决突出民生困难，让群众看到变化、见到成效、得到实惠。同时，要从13亿人口的国情出发，实现公共服务良性循环和可持续发展。

（三）现代社会组织体制

加快形成政社分开、权责分明、依法自治的现代社会组织体制，引导社会组织健康有序发展，是党的十八大对我国社会组织建设提出的新任务和新要求

随着我国经济发展水平的不断提高和社会利益关系的日益复杂，社会组织的地位和作用更加突出，但我国社会组织的发展现状与需要其担负的使命任务相比还有很大差距。现代社会组织体制的提出，其核心要义就是规范政府与社会组织的关系，确立社会组织的地位，要坚持政社分开、管办分离，进一步转变政府职能，把能够由社会组织做的事情，通过政府委托、公助民办、购买服务等方式，交给社会组

织，提高社会资源利用效率和公共服务质量。同时，要制定和完善对社会组织服务管理的法规政策，确保其既发展得好又管理得好。要进一步强化城乡居民自治组织的自治功能，落实自我管理、自我监督、自我教育、自我服务的要求，做到民事民议、民事民办、民事民管，政府不包办代办。要理顺社区内部治理关系，健全社区自治相关制度，规范决策办事程序，形成新的既有活力又有秩序的组织体系。当前，要强化人民团体、企事业单位社会管理服务职责，促进社会组织健康有序发展，不断完善党委和政府与社会力量互联、互补、互动的社会管理服务网络。我国现行的社会组织管理体制主要是通过登记管理机关和业务主管单位双重负责、各司其职、严格把关的制度形式来实现对社会组织的监督管理，容易出现“重监督管理、轻培育发展”的体制倾向。这种登记和管理的“双轨制”，让社会组织无法摆脱对政府部门的依赖，更难以“依法自治”，不利于社会组织的发展及其作用的发挥。通过改革完善现行社会组织管理体制，重新构建政府与社会组织的关系，重构社会组织规范发展的法律体系，废除“双重管理”体制障碍，实现社会组织直接登记；变“依附”为平等的合作、伙伴关系，激发社会组织的活力。同时，社会组织应加强自我能力建设，规范行为，做好准备，通过公平竞争，成为更多公共服务的提供者。

（四）社会管理机制

推动社会体制改革，必须针对社会管理领域存在的突出问题，加快形成源头治理、动态管理、应急处置相结合的社会管理机制，既着力解决影响社会和谐稳定的突出问题，又着力从源头上、根本上预防和减少突出问题的产生，提高社会管理科学化水平。

1. 加强源头治理

加强源头治理，就是更加注重民生建设和制度建设，防止和减少社会矛盾的产生。加强源头治理，要求在加强社会管理、处置社会矛盾时关口前移，尽可能防止、减少社会矛盾和社会冲突。加强源头治理，就要全面贯彻落实科学发展观，统筹解决好经济社会发展中的突出问题，尤其是要加强民生建设，使发展成果更多更公平惠及全体人民。同时，加强制度建设，坚持依法治国，努力维护群众合法权益，维护社会公平正义。

2. 加强动态管理

加强动态管理，就要遵循客观规律，用动态发展的思路妥善处理各方面关系，及时化解社会矛盾。改革开放以来，我国社会结构、社会组织形式、社会利益格局等都发生了深刻变化，而且这一进程还在不断发展深化，社会管理面临许多新情况新问题。从实际情况看，目前我国社会管理中存在着原有的社会管理功能难以承载、过去的社会管理手段难以奏效、传统的社会管理方式难以实施等问题。这就要求我们坚持唯物辩证法，适应新形势新任务新要求，树立动态的社会管理思维和方式，健全社会矛盾排查调处机制，使社会矛盾的发生发展处于动态平衡、动态协调的良性状态，确保不积累、不蔓延、不激化、不恶化。为此，应加强对新形势下社会矛盾和问题的规律性研究，使社会管理适应经济社会发展的需要，顺应时代潮流的要求。

3. 加强应急处置

对突发事件的应对处置，体现了党委和政府的执政行政能力。当前，我国已经进入深化改革的攻坚期，前进道路上的困难、问题和风险不断增多，各种突发公共事件尤其是群体性事件时有发生，处置不好极易造成严重社会危害。同时，我国地域辽阔，自然灾害频发，这方面的突发公共事件对人民群众的生命财产安全构成严重威胁。加强应急处置，就要更加注重应急能力建设，建立健全有效应对和妥善处置突发公共事件的机制。加强和创新社会管理，就要进一步健全应急处置机制，妥善应对和处置各类突发公共事件，维护最广大人民群众的根本利益。应对处置突发事件，要高举维护群众合法权益、维护社会稳定、维护法律权威的旗帜，严格把握法律政策界限，坚持依法办事，坚持理性平和文明规范执法。要建立健全突发事件预警和应急处置机制，研究制定、完善细化各类应急预案。要把应急处置工作与从源头上解决问题结合起来，与加强舆论引导结合起来，提高对突发事件的应急处置能力和水平。

第七专题　中国特色社会主义生态建设

随着经济社会的快速发展和生态环境问题的日益严重，生态文明在现代文明中的地位日趋突出，成为现代文明发展的基本标志和本质体现。生态文明作为现代文明的基本追求，其实现是一个长期的历史过程。如何促进经济社会发展与人口资源协调发展；为什么要提出建设资源节约型、环境友好型社会；在全球气候问题上，中国如何应对？本专题通过对这些问题的研究和探讨，可以深化中国特色社会主义生态文明建设理论的研究，有助于对不同阶段、不同领域的生态文明的特点的把握和理解，推动生态文明建设的发展。

一、中国特色社会主义生态建设概述

生态环境问题是中国特色社会主义发展面临的重大课题，也是全球性的重大问题。要从中国特色社会主义事业长远发展的高度，充分认识生态文明建设的重要意义、基本内容和目标要求。

（一）生态文明的内涵

1. 生　态

生态（Eco-）一词源于古希腊文字οικοs，原意指“家”，“栖息地”或“环境”。简单地说，生态泛指一切生物的生存状态，包括各生物之间以及它们与环境之间环环相扣、密不可分的相互关系。生态学的产生最早是从研究生物个体而开始的，如今，生态学研究已经渗透到各个学科领域，“生态”一词所涉及的范畴也越来越广，人们常常用“生态”来定义很多美好的事物，如健康、美、和谐等事物均可冠以“生态”加以修饰。

2. 生态文明

生态文明是人类文明的一种新形态。这一文明形态以尊重和保护自然为前提，以人与人、人与自然、人与社会和谐共生为宗旨，以建立可持续的生产方式和生活方式为内涵，致力引导人们走持续、和谐发展的道路。建设生态文明是对传统文明状态特别是工业文明进行深刻反思形成的认识成果，也是在发展物质文明过程中保护和改善生态环境的实践成果。建设生态文明不是否定工业文明，而是强调先进的工业文明必须实现人与自然的和谐，使人们在享有现代物质文明成果的同时，又能保持和享有良好的生态文明成果。

生态文明是人类为保护和建设美好生态环境而取得的物质成果、精神成果和制度成果的总和，是贯穿于经济建设、政治建设、文化建设、社会建设全过程和各方面的系统工程，反映了一个社会的文明进步状态。

（二）中国特色社会主义生态建设理论的内容

中国特色社会主义生态文明建设理论是对马克思主义关于生态环境思想的继承和发展，是中国特色社会主义理论体系的重要组成部分。主要包括：

1. 关于建设生态文明的思想

建设生态文明是人类文明发展的必然结果，也是人类文明进一步发展的必然要求。“建设生态文明，基本形成节约能源资源和保护生态环境的产业结构、增长方式、消费模式”[①]，是党中央在新世纪新阶段提出的一个重大战略思想。早在2005年召开的人口资源环境工作座谈会上，胡锦涛就使用了“生态文明”这一术语。他提出，我国当前环境工作的重点之一便是“完善促进生态建设的法律和政策体系，制定全国生态保护规划，在全社会大力进行生态文明教育”[②]。当年年底出台的《国务院关于落实科学发展观加强环境保护的决定》也明确要求：环境保护工作应该在科学发展观的统领下“依靠科技进步，发展循环经济，

① 中共中央文献研究室：《十七大以来重要文献选编》（上），中央文献出版社2009年版，第16页。

②中共中央文献研究室：《十六大以来重要文献选编》（中），中央文献出版社2006年版，第823页。

倡导生态文明，强化环境法治，完善监管体制，建立长效机制”[①]。

2006年10月，十六届六中全会提出构建社会主义和谐社会的任务，中国特色社会主义事业的总体布局更加明确地由建设社会主义物质文明、精神文明、政治文明“三位一体”发展到建设社会主义物质文明、精神文明、政治文明和社会主义和谐社会“四位一体”。2007年10月，十七大在界定中国特色社会主义道路时仍以建设社会主义市场经济、社会主义民主政治、社会主义先进文化、社会主义和谐社会，建设富强民主文明和谐的社会主义现代化国家，来涵盖中国特色社会主义事业的总体布局。两个月后，胡锦涛在新进中央委员会的委员、候补委员学习贯彻党的十七大精神研讨班上的讲话中提出：“贯彻落实全面协调可持续的基本要求，必须按照中国特色社会主义事业总体布局，全面推进经济建设、政治建设、文化建设、社会建设，促进现代化建设各个环节、各个方面相协调，促进生产关系与生产力、上层建筑与经济基础相协调。”[②]在这次会议上，他特意就建设生态文明的理论内涵、主要工作做了具体阐发，提出建设生态文明，实质上就是要建设以资源环境承载力为基础、以自然规律为准则、以可持续发展为目标的资源节约型、环境友好型社会，但是生态文明建设至此还没有明确地与其他四项建设并列成为中国特色社会主义事业总体布局的一个重要方面。

不过，十七大在生态文明建设与其他建设的关系上作了一些探索，成为党中央后来提出相关思想的重要起点。党的十七大在十六大确立的全面建设小康社会目标的基础上，对我国发展提出了新的更高的要求，即增强发展协调性、扩大社会主义民主、加强文化建设、加快发展社会事业、建设生态文明。大会报告还详细描述了生态文明的主要目标：循环经济形成较大规模，可再生能源比重显著上升。主要污染物排放得到有效控制，生态环境质量明显改善。生态文明观念在全社会牢固树立。这实际上已经赋予生态文明建设与其他建设同等的地位。这一定位在十七大以后逐渐明确。

① 中共中央文献研究室：《十六大以来重要文献选编》（下），中央文献出版社2008年版，第86页。

② 中共中央文献研究室：《十七大以来重要文献选编》（上），中央文献出版社2009年版，第108—109页。

2008年1月，胡锦涛在中共中央政治局第三次集体学习时明确强调，贯彻落实中共十七大确定的全面建设小康社会奋斗目标的新要求，“必须全面推进经济建设、政治建设、文化建设、社会建设以及生态文明建设，促进现代化建设各个环节、各个方面相协调”[①]。对比2007年他在新进中央委员会的委员、候补委员学习贯彻党的十七大精神研讨班上讲话的相关内容，在表述基本一致的前提下，开始明确把生态文明建设与其他四项建设一起看作中国特色社会主义事业总体布局的构成部分。此后，类似的提法一再出现。如2008年9月，胡锦涛在全党深入学习实践科学发展观活动动员大会暨省部级主要领导干部专题研讨班上的讲话中强调：“我们必须走生产发展、生活富裕、生态良好的文明发展道路，全面推进社会主义经济建设、政治建设、文化建设、社会建设以及生态文明建设，努力加快实现以人为本、全面协调可持续的科学发展”[②]。2009年9月，胡锦涛在国务院第五次全国民族团结进步表彰大会上的讲话中强调，在加快少数民族和民族地区发展问题上，要“采取更加有力的措施，显著加快民族地区经济社会发展，显著加快民族地区保障和改善民生进程，全面推进民族地区社会主义经济建设、政治建设、文化建设、社会建设以及生态文明建设，维护各族人民根本利益，让各族人民共享改革发展成果”[③]。

用五个建设统摄中国特色社会主义事业的总体布局，并非意味着生态文明建设与其他四个建设是简单的并列关系。生态文明与物质文明、精神文明、政治文明和社会主义和谐社会相辅相成，不可偏废。一方面，良好的生态环境是社会生产力持续发展和人们生存质量不断提高的重要基础。一个民族的生存与发展必须依赖一定的自然环境。“如果不能有效保护生态环境，不仅无法实现经济社会可持续发展，人民群众也无法喝上干净的水，呼吸上清洁的空气，吃上放心的食物，由此必然引发严重的社会问题。”[④]我国目前经济社会发展中出现的能

① 胡锦涛：《切实贯彻全面建设小康社会奋斗目标新要求》，新华网2008年1月30日，http://news.xinhuanet.com/politics/2008-01/30/content_7530477.htm.

② 中共中央文献研究室：《十七大以来重要文献选编》（上），中央文献出版社2009年版，第570页。

③ 胡锦涛：《在国务院第五次全国民族团结进步表彰大会上的讲话》，《人民日报》2009年9月30日。

④ 中共中央文献研究室：《十六大以来重要文献选编》（中），中央文献出版社2006年版，第715—716页。

源资源瓶颈、环境污染对群众健康的危害等问题，从反面印证了生态文明建设对其他四个建设的重要意义。另一方面，建设生态文明，需要以物质文明、精神文明、政治文明和社会主义和谐社会为重要条件。这就要求我们在经济社会活动中自觉为生态文明建设提供支持和保障。中共十八大把建设生态文明作为实现全面建成小康社会奋斗目标的新要求，把“生态文明”作为全面建成小康社会的衡量标准，在经济建设、政治建设、文化建设、社会建设之后，强调加强生态文明建设，使中国特色社会主义事业总体布局从“四位一体”发展为“五位一体”。这五大建设是一个相互影响的有机整体：经济建设是根本，政治建设是保障，文化建设是灵魂，社会建设是条件，而生态文明建设是基础。只有把生态文明建设提高到应有的战略地位，把生态文明建设作为一个文明来推进，才能使经济社会真正地实现可持续发展，资源环境得到可持续利用。

因此，必须把推进现代化与建设生态文明有机统一起来，把建设资源节约型、环境友好型社会放在工业化、现代化发展战略的突出位置，加快形成节约能源资源和保护生态环境的产业结构、增长方式、消费模式；必须把宣传环境保护作为精神文明建设的重要内容，在全社会广泛开展生态文明宣传教育，引导广大干部群众牢固树立生态文明理念；必须把健全生态文明建设的体制机制作为政治文明的重要着力点，为生态文明建设提供制度保证；必须把人与自然的和谐相处作为构建社会主义和谐社会的重要方面，切实加强生态环境建设。

2. 关于统筹人与自然和谐发展的思想

自然环境是生产力的要素之一，也是生产力发展的重要基础。在我国经济高速增长对资源和环境的压力与日俱增的现实情况下，保护环境就是保护生产力。党的十六届三中全会提出，要“统筹人与自然和谐发展”，这是我国现代化建设指导思想的又一重大发展。

近代工业社会以来，人类开发利用自然资源的手段日益发达，规模不断扩大，既给人类生活带来了巨大的福祉，也造成了资源浪费和生态环境破坏的严重后果。现今，世界范围内环境保护运动的兴起，绿色经济、循环经济和无公害产业等概念的提出，可持续发展观念的建立，都是人类觉醒的表现。历史经验表明，当人类与自然处于破坏、对抗关系，以改造和征服自然为目标的时候，自然总会以特殊的方式威胁人类；当人类与自然处于平等、互利、和谐关系的时候，自然也能为人类提供祥和、良好的生存和发展环境。

改革开放以来，我国工业化和城市化进程加快，经济快速增长，全国部分地区的环境受到缓慢、持续的破坏。由于负载人口过多以及人们对土地、森林、水和矿产等资源的不合理开发利用，我国生态环境面临严峻的恶化形势：湖泊、江河、湿地面积在缩小，沙漠化、荒漠化在加剧，生物物种不断减少……生态环境的恶化不仅阻碍了社会经济的持续健康发展，而且威胁到国家的环境安全。我国每年因水质污染、大气污染、自然灾害等造成的损失高达数千亿元。

目前，我国正处于工业化中期阶段，经济高速增长对资源和环境的压力与日俱增。生态环境恶化的趋势尚未根本扭转，矛盾非常突出。2003年10月，党的十六届三中全会提出，要坚持以人为本，树立全面、协调、可持续的发展观。我国将摒弃以大量消耗资源、牺牲环境为代价的发展模式，努力走出一条科技含量高、经济效益好、资源消耗低、环境污染少、人才资源优势得到充分发挥的新型工业化路子，推动整个社会迈上科学发展道路。

新世纪、新阶段，我们要达到发展经济和环境保护的双重目标，必须统筹人与自然和谐发展，坚持在发展中保护、在保护中发展，走生产发展、生活富裕、生态良好的文明发展道路，把美好家园献给人民群众，把青山绿水留给子孙后代。

统筹人与自然和谐发展，首先要解决观念问题，反思人类干预自然的限度及其合理性基础，在全社会树立起新的生态观；要坚持以人为本，扎实解决人民群众关心的环境问题，不断满足人们改善生产生活环境和生态环境的愿望；要运用法律、经济及必要的行政手段来管理环境问题，鼓励群众积极参与和监督环保工作。从体制和长远来看，还要改革现行的国民经济核算体系，对环境资源成本和环境资源的保护服务费用进行核算，使GDP真正体现国民经济增长的净正效应。

当前，在经济全球化步伐加快的背景下，解决一国的环境问题，越来越有赖于全球范围内资源的合理利用，以及环境技术和管理经验的广泛传播。我国将在实践可持续发展战略的基础上，在更高水平和更深层次加强国际环境合作。

3. 关于实施可持续发展战略的思想

经济社会发展要有长远的战略眼光，既要考虑当前经济社会发展的需要，又要考虑子孙后代的发展需要；既要遵循经济规律，又要遵循自然规律；既要讲究经济社会效益，又要讲究生态环境效益，坚决防止急功近利的短期行为，努力实现经济社会的永续发展。

早在20世纪60年代，可持续发展的思想就已经开始受到人们的关注。进入70年代后，随着西方发达资本主义国家经济的高速增长，人类活动对环境的破坏越来越严重，国际社会对环境和发展的问题也更加重视。1972年6月，联合国召开了人类历史上第一次“人类与环境会议”。1987年，联合国在《我们共同的未来》报告中，对可持续发展的内涵做了比较系统的理论阐述，可持续发展观初步形成。1992年6月，联合国环境与发展大会提出并通过了全球的可持续发展战略——《21世纪议程》，要求各国根据本国情况，制定各自的可持续发展战略、计划和对策，人类开始跨进了一个绿色的可持续发展的新时代。

在我国，新中国成立以来，特别是改革开放以后，我国的经济社会快速发展，取得了举世瞩目的成就，但也带来了资源、环境、社会等各种问题和矛盾，为了应对和解决这些问题和矛盾，“两型社会”建设不断受到各级党委政府的重视，可持续发展的理念逐步深入人心。党的十四届五中全会和八届全国人大四次会议正式确定了将实现可持续发展作为中国今后发展的重大战略之一。党的十五大报告中明确指出要实施科教兴国战略和可持续发展战略。在随后的九届人大一次会议以及其他场合，党和政府又多次声明中国要实施可持续发展战略。进入21世纪，2003年10月召开的中国共产党十六届三中全会提出了科学发展观，并把它的基本内涵概括为“坚持以人为本，树立全面、协调、可持续的发展观，促进经济社会和人的全面发展”，坚持“统筹城乡发展、统筹区域发展、统筹经济社会发展、统筹人与自然和谐发展、统筹国内发展和对外开放的要求”①。在此，全面协调可持续发展被提升为科学发展观的基本要求。这一要求作为科学发展观的实践原则，深刻地反映了科学发展观的深刻背景，体现了对社会系统发展规

① 中国共产党第十六届中央委员会第三次全体会议公报［N］.北京：人民日报,2 003-10-15.

律的新认识，从当代系统科学发展的角度展示了科学发展观的科学内涵。

4. 关于建设“两型社会”的思想

“两型社会”指的是“资源节约型、环境友好型社会”。能源、环境，是经济社会赖以发展的两大基础性要件。现实告诉人们，以大量消耗有限的能源资源和破坏自然环境为代价换取经济发展是得不偿失的，也是人民群众所不愿意看到的，只有将“两型社会”建设和人民群众的现实需求有机地结合起来，实现人与自然和谐相处，才是构建和谐社会的内在要求。

因此，追求现代化必须处理好经济建设、人口增长与资源利用、生态环境保护的关系，坚决禁止掠夺自然、破坏自然的做法，坚决摒弃先污染后治理、先破坏后恢复的做法。要加快转变经济发展方式，把节能减排作为促进科学发展的重要抓手，加快形成节约能源资源和保护生态环境的产业结构、增长方式、消费模式，努力建设环境友好型社会。建设“两型社会”，要求我们坚持走物质文明、政治文明、精神文明、社会文明、生态文明共同发展的道路，统筹城乡发展、区域发展、经济社会发展、人与自然和谐发展、国内发展和对外开放；实现速度和结构质量效益相统一、经济发展与人口资源环境相协调，实现经济社会和谐发展。建设“两型社会”融合了可持续发展、绿色经济、循环经济、低碳经济等理念，是科学发展观在经济社会发展中的具体体现。

建设“两型社会”是生态文明建设的主要任务。推进“两型社会”建设，是生态文明建设的重要内容和有效途径。资源节约、环境友好，既是生态文明的本质特征，也是生态文明建设的内在要求，两者是一个有机整体。建设生态文明，实质上就是要建设以资源环境承载力为基础、以自然规律为准则、以可持续发展为目标的资源节约型、环境友好型社会。生态文明要求逐步形成促进生态建设、维护生态安全的良性运转机制，实现绿色发展、循环发展、低碳发展，最终实现经济与生态协调发展，这也内在地包含了建设“两型社会”的内容和要求。因此，要以“两型社会”建设为着力点推进生态文明建设。

5. 关于走文明发展道路的思想

生产发展、生活富裕、生态良好是紧密联系、辩证统一的关系。

生产发展是走文明发展道路的基础环节。离开生产发展，社会进步就失去前提，生活富裕也不可能实现。生活富裕，是走文明发展道路的重要体现。不断提高整个社会的物质和精神生活水平，使社会财富得到合理分配，使全体社会成员共享发展成果，人类文明才能不断进步。生态良好，是走文明发展道路的应有之义。遵循经济规律和自然规律，合理利用自然资源，保护和优化生态环境，坚持可持续发展，实现人与自然和谐相处，人类文明才能得到持久永续发展。

坚持文明发展道路，就是在经济社会发展过程中，把推进生产发展、实现生活富裕、保持生态良好有机统一起来，坚持以生产发展为基础，以生活富裕为目的，以生态良好为条件，努力实现社会经济系统和自然生态系统的良性循环。要按照全面协调可持续的基本要求，全面推进中国特色社会主义事业，使社会生产力特别是先进生产力不断发展，国家的经济实力和综合国力不断增强，人们生活质量和富裕程度持续提高，享有的民主权利和法制保障更加充分，精神生活和精神追求更加丰富高尚，社会更加和谐稳定和充满活力，人们在良好生态环境中生产生活。

坚持文明发展道路，是根据我国国情做出的正确抉择。我国人口众多，人均资源占有量少。其中，人均水资源占有量仅为世界平均水平的四分之一，人均耕地不到世界平均水平的二分之一，矿产资源人均占有量只有世界平均水平的二分之一。总体上，资源紧缺是我国的一个基本国情。改革开放以来，我国经济社会发展取得了举世瞩目的成就，但由于经济增长过度依赖资源消耗的传统发展模式，一些地区的发展以牺牲环境为代价，造成了比较严重的环境污染和生态破坏。发达国家上百年工业化过程中分阶段出现的环境问题，在我国已经集中出现。特别是随着我国工业化、信息化、城镇化、市场化、国际化深入发展和人口不断增长，能源、水、土地、矿产等资源短缺的问题越来越突出。坚持文明发展道路，是应对资源环境问题、实现可持续发展的必然要求，是关系中华民族生存和长远发展的根本大计。

建设生态文明，是党的十七大首次提出、十八大明确坚持的一项重要战略任务，标志着我们党进一步深化了对坚持文明发展道路的认识。自然界是包括人类在内的一切生物的摇篮，是人类赖以生存和发展的基本条件。建设生态文明是对传统文明形态特别是工业文明进行深刻反思形成的认识成果，也是在建设物质文明过程中保护和改善生态环境的实践成果。建设生态文明不是否定工业文明，而是强调先进的工业文明必须实现人与自然的和谐，使人们在享有现代物质文明成果的同时，又能保持和享有良好的生态文明成果。要充分认识实现工业化和信息化与推进生态文明建设的关系，坚持以资源承载力为基础、以自然规律为准则、以可持续发展为目标，形成节约能源资源和保护生态环境的产业结构、发展方式、消费模式，努力建设资源节约型、环境友好型社会。

坚持文明发展道路，需要把经济的发展、生活水平的提高和实现可持续发展有机统一起来。正确处理经济建设、人口增长与资源利用、生态环境保护的关系，实行最严厉的环境保护措施，为子孙后代留下充足的发展条件和发展空间。要把节能减排作为促进科学发展的重要抓手，发展环保产业，加大节能环保投入，开发和推广节约、替代、循环利用和治理污染的先进适用技术，发展清洁能源和可再生能源，建设科学合理的能源资源利用体系。努力解决影响经济社会发展特别是严重危害人民健康的突出问题，重点抓好水污染防治、城乡饮用水源安全保障、城市大气污染治理、土壤污染治理等工作，改善城乡人居环境，促进生态修复。进一步完善有利于节约能源资源和保护生态环境的法律和政策，加快形成可持续发展的体制机制。增强公众保护生态环境的自觉意识，在全社会形成爱护生态环境、保护生态环境的良好风尚。加强应对气候变化能力建设，为保护全球气候做出新贡献。

树立以人为本的科学发展观，走生产发展、生活富裕、生态良好的文明发展道路，明白无误地阐明了生产、生活、生态之间的关系和发展的根本目的。这一目的，就是满足人的全面发展的需要，包括满足人的生理、心理、文化、交往等的需要。我们不能为了满足物质方面的需要而损害其他方面的需要，不能为了GDP的增长而损害环境和健康，削弱社会全面发展和可持续发展的能力。在温饱问题基本解决后，满足人们日益增长的文化需求显得越来越重要。而且，人的文化需求不断得到满足，人口素质不断提高，将使我国的人力资源优势转化为人力资本优势，进而促进我国经济持续、快速、协调、健康发展和社会全面进步。

（三）中国特色社会主义生态建设的目标和意义

1. 生态建设的目标

中共十七大明确提出了到2020年生态建设的目标：基本形成节约能源资源和保护生态环境的产业结构、发展方式、消费模式；循环经济形成较大规模，可再生能源比重显著上升；主要污染物排放得到有效控制，生态环境质量明显改善；生态文明观念在全社会牢固树立。党的十八大报告又进一步指出：建设生态文明，是关系人民福祉、关乎民族未来的长远大计。面对资源约束趋紧、环境污染严重、生态系统退化的严峻形势，必须树立尊重自然、顺应自然、保护自然的生态文明理念，把生态文明建设放在突出地位，融入经济建设、政治建设、文化建设、社会建设各方面和全过程，努力建设美丽中国，实现中华民族永续发展。

从当前我国的基本国情来看，虽然我国地大物博，但人均资源占有量低，加上过去长期实行粗放经济增长方式，使资源、能源消耗很快，生态环境恶化问题日益突出。在这种情况下，如果我们的生态系统不能持续提供必要的资源、能源和良好的环境条件，那么物质文明的持续发展就会失去基础，进而导致整个社会文明受到威胁。因此，生态文明是人类对传统文明形态特别是工业文明进行深刻反思的成果，也是人类文明形态发展的飞跃。提出建设生态文明的战略目标，从根本上体现了我们党对新世纪新阶段我国基本国情和阶段性特征的科学判断，体现了我们党对人类社会发展规律和社会主义建设规律的深刻把握。

2. 生态文明建设的意义

建设生态文明，是关系中华民族生存和发展的根本大计。建设生态文明有利于克服资源短缺、环境污染和生态破坏造成的矛盾，实现节约发展、清洁发展、安全发展；有利于在保护自然与生态的基础上为经济社会可持续发展创造良好条件，为人民群众的生产生活创造良好环境。建设中国特色社会主义生态文明是我们党坚持以人为本、执政为民，维护最广大人民群众根本利益特别是环境权益的集中体现，是中国特色社会主义应有之义。随着经济社会的快速发展，人民群众对干净的水、新鲜的空气、洁净的食品、优美宜居的环境等方面的要求越来越高。建设生态文明，为人民群众创造良好生产生活环境，不仅是改善民生的需要，而且拓展了我国现代化建设的领域和范围。

建设生态文明，就要把文明发展的理念贯彻到生产、生活、生态各个领域，依靠科技进步，探索代价小、效益好、排放低、可持续的新路子；发挥市场机制和经济杠杆的作用，增强节约能源资源的能力；倡导科学合理的消费理念和低碳生活方式，逐步形成与国情相适应的资源节约型消费模式；综合运用法律和经济手段，形成节约能源资源的体制机制；坚持保护环境的基本国策，加大保护环境的力度，逐步改善生态环境等等。

中共十八大将生态文明建设纳入中国特色社会主义事业“五位一体”总体布局并写入党章，进一步明确了生态文明建设的目标和现实路径，体现了我们党治国方略的发展完善，标志着我们党的治国方略与时俱进，取得了符合时代精神的历史性进步。建设中国特色社会主义生态文明与科学发展在本质上是一致的，都是以尊重和维护生态环境为出发点，强调人与自然、人与人、经济与社会的协调发展，以可持续发展为依托，以生产发展、生活富裕、生态良好为基本原则，以人的全面发展为最终目标。促进经济社会发展与人口资源环境相协调，建设以资源环境承载力为基础、以自然规律为准则、以可持续发展为目标的资源节约型、环境友好型社会。新时期，我国的目标是全面建成小康社会，这就要求我们必须坚持走生产发展、生活富裕、生态良好的文明发展道路。只有实现了生态良好，全面建成小康社会才有坚实的生态基础，人与自然和谐，社会和谐才能得以实现。

推进生态文明建设，是涉及生产方式和生活方式根本性变革的战略任务，是关系人民福祉、关乎民族未来的长远大计。把生态文明建设放在突出地位，体现了尊重自然、顺应自然、保护自然的理念，也体现了我国走向社会主义生态文明新时代的决心。

二、促进经济社会发展与人口资源环境相协调

促进经济社会发展与人口资源环境相协调，是建设中国特色社会

主义生态文明的重要任务，也是解决生态环境问题的必然要求。

（一）人口资源环境问题

1. 中国人口资源环境的基本情况

中国人口众多，又处于经济社会高速发展时期，尽管从总量上看中国是世界上资源比较丰富的国家之一，但按人均水平又是一个资源十分稀缺的国家，未来发展面临着巨大资源压力。同时，由于历史原因以及在经济社会发展过程中出现的偏差，生态环境长期处于超负荷运行，各方面积累的环境问题日益突出。历史和现实的因素综合在一起，构成了中国资源环境的基本国情。发达国家上百年工业化过程中分阶段出现的各种资源环境问题在当代中国集中出现，成为制约中国经济社会发展的突出问题。

2. 中国人口资源环境问题的具体表现

中国人口资源环境问题主要有：耕地总量和人均占有量不断减少，部分重要矿产资源保障能力不足，石油、铁矿石等进口量和对外依存度迅速提高；粗放利用和破坏浪费土地、矿产资源的现象还比较突出；主要污染物排放总量大，环境突发事故增多，环境隐患增加；水资源供需矛盾尖锐，饮水安全问题突出，相当一部分城市水源污染严重；环境噪声扰民问题突出，核与辐射安全隐患不容忽视；一些环境污染相关疾病的死亡率或患病率持续上升等等。这些问题造成了巨大的经济损失，影响了正常的生产、生活秩序，影响了人民的身心健康。

（二）人口问题的基本国策

人口问题是中国的基本问题，人口多是中国的基本国情。经过长期努力，中国在控制人口方面取得了巨大成绩，但人口数量众多这一特点并没有改变；人口的自然增长率虽然不高，但由于人口基数庞大，每年新增的绝对人数仍然庞大，人口整体素质不高，受过高等教育的人口比例明显低于发达国家，对经济社会发展构成了很大压力；人口的地域分布不平衡、年龄结构不平衡、老龄化趋势加快等问题日益凸显。协调好经济发展与人口的关系，实现人口长期均衡发展，是贯彻控制人口数量、提高人口质量基本国策的要求。

1. 控制人口数量，提高人口质量

中国有13亿多人口，由于人口数量和人口增长规律等原因，控制人口数量的任务仍然十分艰巨，人口众多构成了对资源环境的巨大威胁，成为影响人均经济发展水平的主要因素。一个社会的发展，根本上有赖于人口素质提高。同发达国家相比，过去国外车多人少，国内人多车少，现在国内发达地区是车多人多，城市硬件建设虽然不比国外差，但人的素质、文明程度、法律观念、生存环境等软件差距很大。当前，中国是人口大国，却不是人力资源强国，如何把人口数量巨大的劣势转化为人力资源丰富的优势，是国家发展一大战略问题。提高人口质量，关键在于发展各类教育，把发展教育作为基本着力点，在普遍实施义务教育的基础上，实现职业教育、高等教育大众化，提高全民族科学文化素质。

2. 推动人口长期均衡发展

中国现阶段已集中显现出发达国家在200多年工业化进程中分阶段出现的人口问题。人口数量仍是未来一个时期制约中国经济社会发展的关键之一。人口素质、结构和分布问题将逐渐成为影响经济社会协调和可持续发展的重要因素。当前，中国人口工作面临的新情况新问题主要是：人口众多的国情没有改变，经济社会发展和资源环境仍然存在较大压力；劳动年龄人口在到达峰值后缓慢下降，劳动力成本趋于上升，对加快转变经济发展方式、提高人口素质提出了迫切要求；人口流动迁移活跃，城乡人口分布出现根本变化，给社会管理和人口管理带来新挑战；人口老龄化进程明显加快，出生人口性别比长期偏高，成为保持社会和谐的重大课题。

面对新形势，中国政府已把促进人口长期均衡发展纳入国家“十二五”规划的总体部署，将坚持和完善现行生育政策，切实稳定低生育水平；着力提高人口素质，加快建设人力资源强国；综合治理出生人口性别比问题，促进社会性别平等；引导人口有序迁移和合理分布，加强流动人口管理和服务；完善社会保障和养老服务体系，应对人口老龄化；建立健全家庭发展政策，切实促进家庭和谐幸福。

（三）节约资源、保护环境的基本要求

经济发展的根本目的是不断提高人民的生活水平和质量，实现经

济社会的永续发展。资源环境与以人为本、关注民生问题之间相关联，资源的适用是否具有可持续性，环境的保护是否能够为人民提供良好的生产生活条件，都关系到人民群众的切实利益，关系到人民群众的生活质量和幸福指数。

1. 遵循自然规律

恩格斯认为，人所以比其他一切生物强，是因为人“能够认识和正确运用自然规律”，“我们一天天地学会更正确地理解自然规律，学会认识我们对自然界的习常过程所作的干预所引起的较近或较远的后果。”正确认识和运用自然规律是人类力量的源泉，也是人与其他生物最本质的差别。人所以能够从其他动物中分离出来，就是因为在长期劳动中逐步形成了认识和运用自然规律的能力。在近现代社会，人们认识自然规律取得了丰硕的成果，逐步形成了门类繁多的科学技术。只有不断认识和正确运用自然规律，才能科学地而不是盲目地改造自然，从而合理有效地利用自然，减少乃至消除浪费和污染。

在现实生产生活的实践中，人们往往只是注意生产行为所引起的较近的后果，而对较远的后果缺乏预见，有些后果经过长期积累而变得相当严重时才引起关注，最终造成巨大损失，甚至难以治理和挽回。资源、生态和环境等问题在近代社会已经暴露，欧亚一些地方砍伐森林，导致水土流失和自然灾害就是如此。恩格斯对这些问题曾给予富有远见的关注，告诫人们要学会预见和控制生产行为干预自然所引起的较远的后果。联想当今世界面临的一系列环境问题，重温恩格斯的教诲和告诫，人们应当有所启示和感悟。革命导师说过：“我们不要过分陶醉于我们人类对自然界的胜利。对于每一次这样的胜利，自然界都对我们进行报复。每一次胜利，起初确实取得了我们预期的结果，但是往后和再往后却发生完全不同的、出乎预料的影响，常常把最初的结果又消除了。”[①]这一著名论断已经成为关于人与自然关系的经典言论。

2. 转变指导思想

现代人为改造自然所取得的成就而感到自豪是可以理解的。但是，这些成就的取得并不意味着人类战胜了自然。所谓战胜或胜利，

① 《马克思恩格斯选集》第4卷，人民出版社1995年版，第383页。

通常是相对于战败或失败而言，既然要实现人与自然和谐相处，就应当改变长期以来形成的征服和战胜自然的观念。不应在人与自然之间人为地构造战胜和战败的关系。事实上，人们改造自然的一切成就都是在自觉或不自觉地遵循自然规律的前提下取得的，没有理由说是战胜了自然。何况这些成就往往存在对自然和社会的负面影响，最终或多或少招致自然的报复。恩格斯当年所分析的美索不达米亚、希腊、小亚细亚和欧洲一些地方破坏自然而遭受报复的情况，同现代社会的情况相比，可谓小巫见大巫。由于世界各国特别是少数发达国家大量排放各种温室气体和消耗臭氧的化学物质，导致全球温室效应增强和臭氧层破坏，危及整个人类生存和发展，迫使人类不得不通过国际协议来减少温室气体和消耗臭氧物质的排放；一些杀虫剂和化学物质研制成功时，曾被人们誉为重大发明，并大量使用，后来被发现会严重破坏自然，危害人的自身，不得不禁止使用；一些国家和地区实行“先污染后治理”的发展模式，各种污染物大大超过环境承载限度，不得不投入并消耗巨大的人力物力财力来治理污染，实际上在很大程度上抵消了经济发展的成果，甚至得不偿失；国内一些地方毁林开荒，导致土地荒漠化，最终不得不退耕还林。这类事例不胜枚举。上述种种说明，当经济发展与节约资源、保护环境发生矛盾和冲突时，必须把节约资源、保护环境放在优先考虑的位置，实现经济发展指导思想上的根本性转变。

三、建设资源节约型、环境友好型社会

建设资源节约型、环境友好型社会是中共十七大提出的要求，是解决生态环境问题、实现文明发展的必然选择。党的十八大将资源节约型、环境友好型社会建设取得重大进展列入了全面建成小康社会的新要求之中，将其与经济持续健康发展、人民民主不断扩大、文化软实力显著增强、人民生活水平显著提高等经济、政治、文化、社会目标并置。

（一）“两型社会”基本内涵

1. 资源节约型社会

资源节约型社会，是指以能源资源高效率利用的方式进行生产、

以节约的方式进行消费为特征的社会体系。它不仅体现了经济发展方式的转变，更是一种全新的发展模式。它要求在生产、流通、消费的各个环节，在经济社会发展的各个方面，以节约使用能源和提高能源资源利用效率为核心，以节能、节水、节材、节地、资源综合利用为重点，以尽可能少的资源消耗，获得尽可能大的经济和社会效益，从而保障经济社会的可持续发展。

2. 环境友好型社会

环境友好型社会，是人与自然和谐发展的社会，通过人与自然的和谐来促进人与人、人与社会的和谐。具体来说，它是一种以人与自然和谐相处为目标，以环境承载能力为基础，以遵循自然规律为核心，以绿色科技为动力，倡导环境文化和生态文明，追求经济、社会、环境协调发展的社会体系。

中国坚持什么样的发展理念、选择什么样的发展战略，将决定中国未来的发展前途。没有发展，就不可能摆脱贫困、实现温饱、迈向小康，但发展代价过于沉重又势必导致发展的不可持续。建设资源节约型、环境友好型社会，是根据中国国情和可持续发展要求作出的正确选择。

（二）建设“两型社会”基本途径

1. 实施可持续发展战略

可持续发展思想从提出到现在不过半个世纪，作为一个新的发展观是顺应时代的变化、社会经济发展的需要而产生的，它为人类发展指出了一条环境与发展相结合的道路，为保护环境和资源，实现经济社会同人口、资源和环境协调发展提供了一个全新的思想模式。可持续发展，就是既要考虑当前发展的需要，又要考虑未来发展的需要，不能以牺牲后代人的利益来满足当代人的利益。它有两个基本点：一是必须满足当代人的需求，否则他们就无法生存；二是今天的发展不能损坏后代人满足其需求的能力，即要将今天的发展和明天的发展统一起来。其实质是把经济发展与节约资源、保护环境紧密联系起来，实现良性循环。

可持续发展是科学发展观的本质属性。传统的发展观，偏重于物质财富的增长，忽视人的全面发展和社会的全面进步；简单地把GDP

的增长作为衡量经济社会发展的核心指标，忽视人文的、资源的、环境的指标；单纯地把自然界看做是人类生存和发展的索取对象，忽视自然界首先是人类赖以生存和发展的基础。在传统的发展模式下，人类虽然积累了丰富的物质财富，但也为此付出了巨大的代价。资源浪费、环境污染、生态破坏越来越严重，人们的生活水平和质量并没有随着经济的增长而相应地持续提高，甚至相反，危及到未来的生存和发展。因此，创新陈旧的发展观念，走可持续发展之路势在必行，也是人类必须应对的严峻课题。

新世纪新阶段，科学发展观的提出为我国经济社会的发展提供了强大思想武器，指明了前进的方向。科学发展观第一要义是发展，核心是以人为本，基本要求是全面协调可持续，根本方法是统筹兼顾。可持续发展是科学发展观基本内涵的核心要求。所以，树立和落实科学发展观就是要使我国的发展真正实现资源、环境与社会经济相协调的可持续发展。与此同时，只有坚持以人为本，用科学发展观统一思想、统领工作，才能以最小的资源环境代价谋求经济社会最大程度的发展，走上一条科技先导型、资源节约型、环境友好型的经济发展之路，实现可持续发展。

必须清醒地看到，我国当前存在的资源、环境、人口等问题已经成为经济社会持续健康发展的重要制约因素。不下大力气解决好这些问题，就不可能实现可持续发展战略，不可能实现全面建成小康社会的奋斗目标，更不可能贯彻好、落实好科学发展观。因此，转变发展理念，破除以物为本、片面追求GDP增长的陈旧发展观，尽快实现向以人为本、全面协调可持续的科学发展观转变，是摆在我们面前的首要任务，也是衡量我们工作成效的重要标准。

必须加快发展方式的转变。传统的发展方式，包括经济增长方式和生活消费方式都具有明显的破坏性，一方面实现了生产进步、人民生活水平的改善，另一方面又付出了沉重的资源环境代价。转变发展方式要在正确的发展理念指导下，选择正确的发展道路，创新科学的发展模式，实质上是解决如何科学发展的问题。在增长方式上，要由粗放型的经济增长向集约型的经济增长转变，由高投入、高消耗、高排放、低效益向低投入、低消耗、低排放、优结构、高效益的增长方式转变。在消费方式上，要由奢侈型的消费方式向绿色消费方式转变。在经济结构上，要注重需求结构调整，实现投资、消费、出口协调拉动经济增长；要注重优化产业结构，实现一、二、三产业协调发展；要注重资源的有效利用，大力开发再生资源，尽快形成循环经济形态。

必须加快发展机制的完善。实现可持续发展，必须处理好经济发展、资源利用与环境保护三者之间的关系，解决好资源有限和环境容量对经济发展的制约。当务之急是建立能够反映市场供求关系、稀缺程度以及环境治理等外部成本的资源类产品价格形成机制。要完善自然资源有偿使用制度，加快用水、用地、用电和排污交易制度建设，使利益相关者和受影响者共同分担由于资源开采所带来的影响。要全面实施主要污染物排放总量控制，完善污染物和废弃物有偿排放制度、污染排放权交易制度。要加快构建生态补偿机制，体现谁开发谁保护、谁利用谁补偿、谁破坏谁恢复、谁受益谁付费的生态保护原则，共同维护人人共享的生态环境。

2. 推动节能减排

以节能减排为抓手体现了以人为本、全面协调可持续的科学发展观内涵，是加快建设“两型社会”、提高生态文明水平的必然选择。党的十七届五中全会审议通过的“十二五”规划建议指出，面对日趋强化的资源环境约束，必须增强危机意识，树立绿色、低碳发展理念，以节能减排为重点，健全激励和约束机制，加快构建资源节约、环境友好的生产方式和消费模式，增强可持续发展能力。

节能减排有广义和狭义定义之分。广义而言，节能减排是指节约物质资源和能量资源，减少废弃物和环境有害物（包括“三废”和噪声等）排放；狭义而言，节能减排是指节约能源和减少环境有害物排放。推动节能减排，首先要加大节能环保投入，发展环保产业。进一步做好节能减排、环境保护工作，还要鼓励科技创新，加快构建节约能源资源的技术支撑体系。要加大投入，集中力量研究开发提高能源资源利用效率的技术，进一步增强对资源节约和循环利用关键技术的攻关力度，重点开发一批有重大推广意义的资源节约和综合利用技术，努力实现关键技术的重大突破，并高度重视这些技术在资源开发利用领域的应用，坚持引进技术与消化、吸收、创新相结合，依靠科技进步和创新，构建起资源节约的技术支撑体系。要努力解决影响经济社会发展特别是严重危害人民健康的突出问题，重点抓好水污染防治、城乡饮用水源安全保障、城市大气污染治理、土壤污染治理等。改善城乡人居环境，促进生态修复。

3. 发展循环经济

循环经济是指按照生态规律利用自然资源和环境容量，把清洁生产和废弃物的综合利用融为一体，实现物质不断循环利用的新经济形态和经济发展模式。它主要是通过对传统行业的技术改造，最大限度地减少资源消耗和废物排放。发展循环经济是推进结构调整，转变经济增长方式，建立资源节约型和环境友好型社会，走新型工业化道路的重要手段和途径，是落实科学发展观的具体实践。

发展循环经济是缓解资源约束矛盾的根本出路。中国经济面临着城市化加快、经济增长势头强劲并由重化工产业主导、就业压力巨大、资源供给短缺、环境污染总量增大等一系列挑战，资源和环境两大“瓶颈”凸显出来。到2020年，只有实现以GDP衡量的单位经济产出污染排放总量降低到2000年水平的1/4以下，生态环境的产出效率提高到2000年水平的4倍以上，才能保证生态环境有所好转。

发展循环经济是从根本上减轻环境污染的有效途径。当前，我国生态环境仍存在总体恶化的趋势，环境污染状况日益严重。水环境每况愈下，大气环境不容乐观，固体废物污染日益突出，城市生活垃圾无害化处理率低、农村环境问题严重。大量事实表明，水、大气、固体废弃物污染的大量产生，与资源利用水平密切相关，同粗放型经济增长方式存在内在联系。据测算，我国能源利用率若能达到世界先进水平，每年可减少二氧化硫排放400万吨左右；固体废弃物综合利用率若提高1个百分点，每年就可减少约1000万吨废弃物的排放；粉煤灰综合利用率若能提高20个百分点，就可以减少排放近4000万吨，这将使环境质量得到极大改善。大力发展循环经济，推行清洁生产，可将经济社会活动对自然资源的需求和生态环境的影响降低到最小程度，从根本上解决经济发展与环境保护之间的矛盾。

循环经济是新型工业化的重要载体，甚至是灵魂，循环经济做好了，新型工业化就入门了。因为新型工业化不仅需要通过发展高新技术产业，用高新技术产业改造传统产业，提升产业结构。同时，必须用循环经济模式发展高新技术产业，改造传统产业。当然，高新技术产业也有资源消耗和污染问题。从这个意义上说，循环经济是新型工业化的高级形式，其在国家战略中具有重要地位。

4. 加强宣传教育

宣传教育，转变观念是“两型社会”建设的基础。环境宣传教育以提高全民环境素质为重要目标，是推动科学发展的基础性工作。环境问题产生的原因，归结起来无外两点，一是发展不足，二是发展不当。我们要通过宣传教育，在广大党员、干部、公众头脑中牢固树立起人与自然和谐共生的科学发展理念，切实提高全民环境素质，使之转化为领导干部想问题做决策的指导思想，转化为公众日常生活的行为准则和自觉行动。

推进生态文明建设需要得到全社会的广泛认同、共同参与和大力支持。通过加强宣传、教育和培训，大力弘扬人与自然和谐相处的价值观，增强公众保护生态环境的自觉意识，牢固树立生态文明与可持续发展理念，提倡从我做起，使生态文明建设成为每个家庭和每个公民的自觉行动。资源节约、环境友好“两型社会”建设是一项系统工程，应该做好打“持久战”的准备。节约资源、保护环境是永恒主题，宣传教育要从娃娃抓起，要争取将节约资源、保护环境的内容进教材、进课堂、进学校。中国的成人群体中对节约资源、保护环境的意识令人担忧，而孩子是国家和家庭的未来，在学校应加强这方面的教育，让孩子从小树立节约资源、保护环境的理念，并反过来影响、监督家长的行为习惯。

新时代呼唤新理论，新理论指导新实践。建设生态文明的战略思想一经广大人民群众掌握，必将产生巨大的物质力量和丰硕成果，百花齐放、千帆竞发的推进态势正在全面形成。在科学发展观指引下，我们一定能够早日实现经济的绿色转型，让人民群众享受山清水秀天蓝地绿的美好生态环境。

5. 完善体制机制

体制机制带有根本性、全局性、稳定性和长期性。节约资源、保护环境不仅要解决发展观念的认识问题，还必须在实践中形成促进可持续发展的体制机制。要建立和完善职能有机统一、运转协调高效的生态环保综合管理体制。建立健全法律法规体系，加强规划和政策引导，综合运用财税、价格等经济杠杆，建立健全生态补偿机制，深化资源性产品价格改革，完善资源环境经济配套政策。抓紧制定实施生态文明目标指标体系和考核办法，纳入地方党委政府绩效考核。要加强基本国情、基本国策和有关法律法规的宣传教育，促进全社会牢固树立生态文明观念。

进一步做好节能减排、环境保护工作，要不断强化责任，完善相关体制机制，努力形成有利于节能减排和环境保护的长效机制。要建立和完善节能减排指标体系、监测体系和考核体系，进一步健全涵盖全社会的能源生产、流通、消费、区域间流入流出及利用效率的统计指标体系和调查体系，完善年耗能万吨标准煤以上企业能耗统计数据网上直报系统。要加强能源统计巡查，对能源统计数据进行监测。要完善主要污染物排放统计和监测办法，改进统计方法，完善统计和监测制度，完善污染物排放数据网上直报系统和减排措施调度制度，对国家监控重点污染源实施联网在线自动监控，构建污染物排放三级立体监测体系，向社会公告重点监控企业年度污染物排放数据。要建立健全项目节能评估审查和环境影响评价制度，完善项目节能评估和审查制度。要强化重点企业节能减排管理，加强对重点企业节能减排工作的检查和指导，进一步落实目标责任，完善节能减排计量和统计，组织开展节能减排设备检测。

四、中国应对全球气候问题的主张

全球环境和气候问题关系人类生存和发展，越来越成为国际经济政治发展的一个重大问题。在全球环境和气候问题上，发达国家欠下了许多的历史债务，发展中国家也遇到了严峻的现实挑战。

（一）生态环境问题与南北问题

1. 南北国家的分歧

工业革命以来，在人类物质生产取得巨大发展的同时，以高投入、高耗能、高消费为特征的工业文明，对地球资源的索取超出了合理的范围，对生态环境和全球气候造成了严重的破坏。当今世界的发达国家，在其工业化初期和中期阶段，无不走过一条先污染后治理的传统工业化发展道路。随着人类对自身与自然关系的反思和认识的日益深刻，加强环境和生态保护，走可持续发展的文明发展道路成为人类社会的共识。

目前，全球生态环境问题，特别是气候问题，经常要与南北问题，尤其是南方的发展问题联系在一起。如在环境保护的责任、资金和技术的共享、环境与发展的关系等问题上，南北国家存在着严重分歧。发达国家片面强调环境保护而忽视发展中国家经济发展的特殊需要，认为发展中国家工业化过程是造成环境问题的根源之一，同时回避自己在造成今日环境污染问题上的责任，不愿意在资金和技术上向发展中国家提供援助。而发展中国家强调自身经济发展、人民生活水平提高的重要性，认为只有逐步发展经济，才能解决环境问题，强调发达国家是当前工业生产的主要进行者，其能源与资源的消耗大大超过发展中国家的水平，对全球环境的恶化负有主要的责任，发达国家应当向发展中国家提供足够的环保资金与技术，为解决全球性环境保护问题做出应有的贡献。因此，随着国际环境合作的发展，生态环境问题与南北问题、发展问题的关系日趋紧密，这使得生态环境问题在国际政治议事日程中地位日趋凸现出来。

气候问题是一个关系到全球每个国家的问题，需要各国共同努力来解决。发达国家作为污染排放大国对于全球气候问题的产生负有主要责任，应当在气候问题的解决中扮演主要而积极的角色，推动形成一个具有运作效力的国际条约来约束和限制污染的排放。但这并不意味着发展中国家就可以置身事外。气候变化的影响是全球性的，发展中国家也不能在发展的过程中忽视环境的代价。如果不认真对待这个问题，未来人类必将为今天的短视行为付出惨痛的代价。

2. 加强全球合作的必要性和紧迫性

气候和环境问题涉及某些国家的生死存亡。首当其冲的是诸如马尔代夫、巴布亚新几内亚、图瓦卢等所谓的沿海“小岛国家”。作为全球气候变化的最大受害者，对这些国家来说，已初露危机端倪的极端气候、环境事件是其无法逃避、生死攸关的头等大事。重大季节性风暴的侵袭或极地冰盖消融导致的海平面升高，都有可能使这些环境脆弱的小国在未来几十年中面临消失、灭顶之灾。除了这些或将受到生死打击的小岛国家之外，还有 些中等，甚至地区性、全球性大国同样面临着因气候变化而导致的种种灾难的威胁。前者如中等国家荷兰，这个欧洲低地国家的GDP总量位于世界排名的第12位前后，人均GDP更是处于世界最高水平之列，但就是这样一个经济发达、社会富裕的西欧强国，同样面临着由于气候变暖、海平面上升而可能导致的“灭顶之灾”。为了生存，荷兰早在13世纪就开始了“围海造田”的筑坝拦海进程，但全球气候变化使这个填海国家的脆弱性暴露无遗，未来可能发生的海平面升高、海水倒灌等灾难将对其生存与发展造成巨大的打击。后者如南亚大国孟加拉国，这个总人口超过1.38亿、农村人口占据其中80%的贫困国家被公认为受全球气候变暖严重威胁的最落后发展中国家之一。实际上，最近几十年间，孟加拉国时常遭受季节性风暴、洪水泛滥和海水倒灌导致的重大灾难，本已落后的国民经济发展陷入更大的困境。

除以上几种情况外，在经济高度发展、工业化大规模集中的时代，气候灾难对某些环境脆弱性国家造成的直接、间接损害与工业文明之前的农耕社会相比呈级数增长态势，其原因在于，在工业基础设施高度完备的某些沿海地区，极端气候与自然灾害在单位时间内对高度密集人口和工业发展成就的破坏是不可估量的。人口大国往往具备成为强大国家的内在基因，但在气候和环境灾害面前，却常常受到最为严重的打击。在这方面，即使超级大国美国也几度为极端气候灾害所威胁。2005年8月，卡特里娜飓风登陆美国路易斯安那州和密西西比州，致使数以万计的房屋被淹没，数十万户家庭断电，给美国造成巨额的经济损失。此外，气候、环境问题导致的国家存亡忧患还会以由此带来的国内动荡、国际施压的方式表现出来。在一定程度上，能否有效应对气候、环境灾难已成为衡量一国执政合法性的重要指标。布什政府因在2005年卡特里娜飓风登陆36小时内无所作为而广受批评；南亚的洪水灾害给缅甸、2009年莫拉克台风对我国台湾地区的行政部门等都造成了不小的执政压力。2012年印度、孟加拉国等国多地发生多起洪水和泥石流灾害，造成大量人员财产损失。有报道称，季风引发的一次强降雨在印度东北部造成124人死亡，600万人因洪灾被迫离开家园，200多万人无家可归。印度官方表示，这是自1998年以来最严重的洪水。孟加拉国也称，该国遭遇数年来最严重的暴雨袭击。非洲大陆则饱受干旱之困，很多河流湖泊干涸，西非波澜壮阔的塞内加尔河现在变成涓涓细流，入海口海水倒灌形成大片盐碱地。科学家预测，未来几十年，受大西洋和印度洋快速升温影响，非洲旱情将更趋严重，持续时间更长。据肯尼亚《民族报》近日报道，联合国难民署指出，目前非洲受干旱等影响，受灾人口高达2.96亿。联合国日前警告说，严重的旱情或使索马里重蹈去年大规模饥荒的覆辙，届时索马里将会陷入另一场人道主义危机，超过300万人急需援助。

极端天气频发直接影响了各国经济发展。东盟2011年10月首次发布的《东盟国家减灾融资和保险》报告称，东盟地区平均每年因自然灾害而遭受的损失约为46亿美元，约占该地区国内生产总值（GDP）的0.3%。

墨西哥2011年第四季度到2012年上半年间遭遇了该国70年一遇的大范围极旱，导致粮食作物歉收、畜牧业下滑，据估计将造成该国GDP损失6%。加勒比共同体预测说，如果再不采取措施降低极端天气发生频率，到2025年该地区各国的GDP将因此损失5%，到2100年增至75%之多，这包括考虑海平面上升对沙滩的侵蚀引起旅游业下滑和基础设施毁坏等成本。

可见，气候和环境问题的确关系到某些国家的立国之本、执政之基。在人类活动高度密集、工业文明空前发展的今天，如何有效防止由全球气候变化而带来的国家灾难，已成为这些国家不得不赋予极端重要性的国事议程。

因此，解决全球环境和气候问题必须加强全球合作。环境问题具有公共性、后发性和不可逆性，一旦产生环境危害，往往很难控制，最终将危及全球所有国家。保护环境是全人类面临的共同使命。世界各国都应认识解决全球环境和气候问题的必要性和紧迫性。坚持“共同但有区别的责任”这一国际上公认的解决气候问题的基本准则，在环境利益和责任特别是历史责任和现实责任分配方面做出合理安排。世界各国都应根据自身发展水平，承担共同但有区别的责任；应本着对人类、对未来高度负责的态度，尊重历史，立足当前，着眼长远，务实合作，在世界范围内促进可持续发展。

（二）中国在全球气候问题上的作用

1. 中国始终是解决问题的建设性力量

随着中国经济的高速发展和世界影响力的不断扩大，国际社会对中国承担更多全球责任的期待大大提升。中国要成为一个被国际社会普遍承认的负责任的大国，表现之一就是参与提供全球公共产品。应对全球气候变化是最大的全球性公共产品之一，中国参与气候变化问题谈判是中国尝试参与甚至主导构建国际制度新框架的重要平台。国际社会的期待对中国来说既是压力也是动力，使中国在新的国际形势下需要以更积极的姿态参与国际气候合作，并发挥关键性作用。

由于中国对全球气候变化的影响日益显著，国际社会对中国在应对气候变化问题中的政策和立场越来越关注。中国经济的快速发展，导致中国的碳排放量近年来迅速增加，已超过美国成为全球最大排放国。因此，国际上普遍认为，中国的减排效果对全球控制气候变化的进程具有决定性的作用，中国的一举一动都牵动着全世界的目光。西方国家出于自身的政治、经济的利益考量，把控制气候变化、发展清洁能源与国家安全联系起来，渲染"中国环境威胁论"、"中国责任论"。目前，国际上就中国与全球气候变化相关的众多谈判议题中，最突出的焦点问题之一就是中国总量减排温室气体的承诺。这一问题事关中国经济发展的生命，是中国的底线。2009年底，哥本哈根气候会议达成的《哥本哈根协议》，维持了中国政府坚持承担与发达国家"共同但有区别的责任"，奠定了今后国际气候谈判在联合国框架内和《框架公约》及《京都议定书》轨道上运行。

2. 中国政府的举措和贡献

中国始终是解决全球环境问题、应对全球气候变化十分重要的建设性力量。中国政府高度重视全球气候变化问题，以高度负责任的态度，积极建设性地参与应对气候变化国际谈判，加强与各国在气候变化领域的多层次磋商和对话，努力推动各方就气候变化问题凝聚共识，为推动建立公平合理的应对气候变化国际制度做出了积极贡献。

发达国家今天享有的高度发达的经济，都经过了二氧化碳高排放的过程。而中国如今二氧化碳的人均排放量仅相当于英美1900–1907年的水平；中国的人均GDP也仅达到部分发达国家1960年的水平。种种数据表明，排放问题就是发展问题。若大规模减排，中国将面临对能源结构的大规模改革，这注定要投入大量人力物力。在改革的过程中，我国还要采取各种方式来弥补大量减少碳基能源所带来的能源不足。总之，未来中国的发展将受到能源和环境的双重约束。

中国作为发展中的社会主义国家，在全球环境和气候问题上始终承担着自己应负的责任。中国政府坚持同国际社会加强合作，发布了《中国应对气候变化国家方案》，把应对气候变化和绿色低碳发展放到更重要的位置，积极实施可持续发展战略，积极建设资源节约型、环境友好型社会，实现经济发展与人口、资源、环境相协调，走生产发展、生活富裕、生态良好的文明发展道路，为保护全球环境和控制全球气候变化做出了积极地贡献。

第八专题 中国共产党的建设

中国共产党是中国特色社会主义事业的领导核心，在领导中国特色社会主义事业建设和发展的过程中，自身建设和发展也取得了巨大成就。长期以来，特别是改革开放以来，党的建设取得了哪些成果，新世纪新阶段又面临着哪些挑战，为什么要提出以及怎样提高党的建设科学化水平。这些都是党在长期执政和改革开放条件下必须着力解决的关键问题，本专题试图就此做些探讨。

一、中国共产党的建设概述

中国共产党自成立以来，坚持把马克思主义基本原理同中国具体实际相结合，始终高度重视和加强自身建设，为领导中国人民取得革命、建设、改革的伟大胜利奠定了组织保障。实践证明，没有中国共产党就没有新中国，就没有中国特色社会主义。

（一）中国共产党的性质、宗旨和领导地位

党的性质，是党的建设的重大问题，事关党的自身能否巩固发展及其事业的兴衰成败，是一个政党区别于其他政党的本质属性。中国共产党的党章明确规定："中国共产党是中国工人阶级的先锋队，同时是中国人民和中华民族的先锋队，是中国特色社会主义事业的领导核心，代表中国先进生产力的发展要求，代表中国先进文化的前进方向，代表中国最广大人民的根本利益。党的最高理想和最终目标是实现共产主义。"这是我们党在新的历史阶段，对党的性质所作的历史定位和最高概括，更加符合党的历史和现实状况，更加符合时代要求，为新时期进一步推进党的建设奠定了理论基础。中国共产党的宗旨是全心全意为人民服务。中国共产党的领导地位是在长期的中国革命、

建设和改革实践中逐步形成和巩固起来的，是历史和人民的选择。

1. 中国共产党是工人阶级、中国人民和中华民族的先锋队

中国共产党是中国工人阶级的先锋队，同时是中国人民和中华民族的先锋队。这两句话是在正确分析中国社会发展规律、正确认识中国共产党的历史地位和历史使命，在总结历史和现实经验的基础上得出的科学结论，是对党的性质的高度概括。表明我们党一方面要毫不动摇地坚持中国工人阶级先锋队性质，以巩固党的阶级基础，另一方面又要毫不动摇地坚持中国人民和中华民族先锋队性质，以扩大党的群众基础。“两个先锋队”的统一体现了党的先进性，增强了党的影响力、凝聚力和战斗力，是党在新时期按照“三个代表”重要思想和科学发展观要求，加强党的建设和探索执政规律的必然选择。

首先，中国共产党是中国工人阶级的先锋队。中国共产党以工人阶级为自己的阶级基础，这是由党的阶级性和先进性规定的，也是在正确分析中国社会发展规律和认识无产阶级的历史地位和历史使命基础上得出的科学结论。中国工人阶级是现代中国最进步的阶级，除了具备世界工人阶级的一般特点外，还具有自身的特殊优点。中国共产党是马克思主义同中国工人运动相结合的产物，集中代表和体现了中国工人阶级的特点和优点，代表了中国工人阶级的根本利益。作为工人阶级政党的中国共产党是工人阶级的一部分，但它不是工人阶级的一般部分，而是工人阶级最先进的、最觉悟的部分，是工人阶级的先锋队。

其次，中国共产党是中国人民和中华民族的先锋队。中国共产党自成立伊始即肩负着阶级和民族的双重使命，不仅代表中国工人阶级的利益，而且代表中国人民和整个中华民族的利益，不仅要为实现工人阶级的利益而奋斗，而且要为中国人民和中华民族的利益而奋斗。这是由中国共产党的性质和最终目标决定的。中国共产党成立后，不仅毅然担负起领导中国革命、实现民族独立和人民解放的历史使命，而且在每一个重大历史转折关头，都以民族利益为重，起到了中华民族先锋队的模范作用。执政以后，中国共产党始终以实现国家富强和民族复兴为己任，带领全国各族人民为建设富强、民主、文明、和谐的社会主义现代化国家作出了不懈的努力。可以说，成为中国人民和中华民族的先锋队，是中国共产党作为马克思主义执政党的内在要求和实现中华民族伟大复兴的必然选择。

中国共产党始终成为中国工人阶级的先锋队与自觉成为中国人民和中华民族的先锋队是一个统一的整体。“两个先锋队”相统一的基础就是始终保持党的先进性。“中国工人阶级的先锋队”着眼于党的阶级基础及其先进性，反映的是党与工人阶级之间的本质关系；“中国人民和中华民族的先锋队”着眼于党的群众基础及其先进性，反映的是党与中国人民和中华民族之间的本质关系。

2. 全心全意为人民服务是中国共产党的根本宗旨

全心全意为人民服务，是由中国共产党的工人阶级先锋队性质和人民群众的历史地位决定的。中国共产党是以马克思主义为指导的中国工人阶级的先锋队、中国人民和中华民族的先锋队，始终全心全意地为人民的利益而奋斗，除了工人阶级和最广大人民群众的利益，没有自己特殊的利益。毛泽东曾指出：“共产党是为民族、为人民谋利益的政党，它本身决无私利可图。”[①]胡锦涛在党的十八大报告中把“坚持以人为本、执政为民，始终保持党同人民群众的血肉联系”作为全面提高党的建设科学化水平的八个基本要求之一，强调“为人民服务是党的根本宗旨，以人为本、执政为民是检验党一切执政活动的最高标准”[②]。人民群众是我们的力量之源和胜利之本，没有人民群众的支持和拥护，党的事业和工作就是无源之水、无本之木，也无从发展。保持与人民群众的血肉联系，是党取得成功的根本保证，也是巩固党执政地位的现实需要。可以说，一部中国共产党的历史，就是一部为最广大人民群众的根本利益而奋斗的历史。

3. 中国共产党的领导地位

中国共产党的领导地位是历史的选择和人民的选择，是在长期的中国革命、建设、改革实践中逐步形成并巩固起来的，顺应了中国经济社会发展的历史需要，具有不以人的主观意志为转移的历史必然性。中国共产党的产生及其在中国革命和建设事业中的地位，是同中国人民寻求民族解放和民族复兴道路紧密联系在一起的。近代以来，中国人民为了拯救国家和民族的危亡，同帝国主义、封建主义和官僚

① 《毛泽东选集》第3卷，人民出版社1991年版，第809页。

② 胡锦涛：《坚定不移沿着中国特色社会主义道路前进，为全面建成小康社会而奋斗》，人民出版社2012年版，第50–51页。

资本主义等反动势力进行了不屈不挠的斗争，但是无论是太平天国农民革命运动还是地主阶级洋务派的自强运动，无论是资产阶级改良派的戊戌维新运动还是资产阶级革命派的辛亥革命都无一例外地失败了。领导中国革命的任务历史性地落到了中国无产阶级先锋队——中国共产党的身上。中国共产党成立后，中国人民在中国共产党的领导下实现了空前团结，并取得了新民主主义革命的胜利。新中国成立后，在中国共产党的领导下，中国经济社会快速发展、国家日益强盛、人民的社会地位和生活水平显著提高。经过90多年的艰苦奋斗，中国共产党“团结带领全国各族人民，把贫穷落后的旧中国变成日益走向繁荣富强的新中国，中华民族伟大复兴展现出光明前景”[①]。只有中国共产党才能领导中国人民取得民族独立、人民解放和社会主义的胜利，才能开创中国特色社会主义道路，实现民族振兴、国家富强和人民幸福。没有共产党就没有新中国，没有共产党就没有今天社会主义现代化所取得的举世瞩目的成就，就不能建设和发展中国特色社会主义。这是中国人民从长期奋斗历程中得到的最基本最重要的结论。

中国共产党对国家和社会的领导主要是政治、思想和组织领导，即按照党的理论、路线和纲领，通过制定大政方针，提出立法建议，推荐重要干部，进行思想教育，发挥党组织和广大党员的先锋模范作用，实现党的领导。

（二）中国共产党的执政党建设理论

中国共产党已经成为一个长期执掌全国政权的大党。执政60多年来，党始终团结带领全国各族人民不懈奋斗，战胜各种艰难险阻，在实现国家富强、人民幸福、中华民族伟大复兴的道路上取得了举世瞩目的辉煌成就，中国的面貌、中国人民的面貌发生了历史性变化，中国共产党的面貌也发生了历史性变化。发生这一深刻变化的原因之一，就是党坚持以马克思主义为指导，创立和不断丰富发展了执政党建设理论，并用以指导党的建设实践，努力保持和不断发展党的先进性，不断提高党的领导能力和执政水平，从而始终站在时代前列，带领人民不断开创事业发展新局面。

---

① 胡锦涛：《坚定不移沿着中国特色社会主义道路前进，为全面建成小康社会而奋斗》，人民出版社2012年版，第1页。

1. 关于推进伟大事业与伟大工程的思想

新时期，不断推进党的建设伟大工程和党领导的伟大事业是历史和人民赋予党的重大使命。对于中国共产党来说，推进党的建设伟大工程从来不是一件独立的事情，它始终围绕着党领导的伟大事业展开，始终服务于党领导的伟大事业。坚持把推进党领导的伟大事业同推进党的建设伟大工程紧密结合起来，坚持党的建设为党领导的伟大事业服务，保证党始终成为社会主义事业的坚强领导核心。这是我们党在领导革命、建设、改革的伟大事业中，不断加强和改进党的自身建设的一条宝贵经验。

90多年来，中国共产党主动适应不同历史时期的中心任务，根据党的队伍的实际状况，紧紧围绕和服务党领导的伟大事业，按照党的政治路线，围绕党的中心任务，朝着党的建设目标，卓有成效地开展了党的建设工作，为抓好发展这个党执政兴国的第一要务、建设富强民主文明和谐的社会主义现代化国家、坚持和发展中国特色社会主义提供了坚强的政治和组织保证。

中国革命是在半殖民地半封建的社会条件下进行的，以毛泽东为核心的党的第一代中央领导集体，坚持把马克思主义基本原理同中国革命实际相结合，开辟了农村包围城市、武装夺取政权的正确道路，并紧紧围绕新民主主义革命的历史任务，努力在一个工人阶级人数较少、农民占人口多数的东方大国，建设一个能担负起领导重任的工人阶级政党。1939年，毛泽东在总结中国革命斗争的经验时，把统一战线、武装斗争和党的建设一起列为战胜敌人的三大法宝，并把党的建设称为“伟大的工程”。他指出，密切联系党的政治路线建设党是无产阶级政党建设的一条根本规律。党在长期革命斗争中形成的理论联系实际、密切联系群众以及批评与自我批评等优良传统和作风，保证了党始终走在时代前列，同人民群众在一起，成为带领人民实现民族独立和人民解放的中流砥柱。

新中国成立前后，为适应党的工作重心的转变，党从多方面加强自身建设。毛泽东告诫全党要做到“两个务必”，提出加强学习、“学会原来不懂的东西”[①]等任务。为此，全党有计划地开展干部理论教育

① 《毛泽东选集》第4卷，人民出版社1991年版，第1439页。

和高中级干部轮训，提高了党员、干部的素质。随后，又在党内开展了以重点解决思想不纯和组织不纯问题为主题的整风运动。这些加强党的建设的措施，为巩固新生的人民政权，在“一穷二白”的基础上建立独立的比较完整的工业体系和国民经济体系，提供了重要的思想和组织保证。党的八大制定的正确路线和方针政策，提出的坚持民主集中制和集体领导制度等加强党的建设重大措施，为党领导全国人民展开大规模社会主义经济建设，提供了可靠保障。

十一届三中全会以后，我们党顺应时代潮流和人民愿望，在拨乱反正的基础上，重新确立了党的实事求是的思想路线，把党和国家工作重点转移到经济建设上来，成功地开辟了中国特色社会主义道路。邓小平在科学回答“什么是社会主义、怎样建设社会主义”这一基本问题的同时，提出“执政党应该是一个什么样的党，执政党的党员应该怎样才算合格，党怎样才叫善于领导”①的重大问题，强调要坚持和改善党的领导，更加注重党的制度建设等重要思想，形成了邓小平执政党建设理论。

面对改革开放和发展社会主义市场经济的新任务、新考验，以江泽民为核心的党的第三代中央领导集体在科学判断党所处的历史方位的基础上，提出了“三个代表”重要思想，指出越是改革开放，越要加强党的领导、搞好党的建设；中国共产党是中国工人阶级的先锋队，同时是中国人民和中华民族的先锋队，要不断增强党的阶级基础和扩大党的群众基础；坚持用时代发展的要求审视自己，以改革创新的精神加强和完善自己；必须解决好提高党的领导水平和执政水平、提高拒腐防变和抵御风险能力这两大历史性课题。在党内开展“三讲”等集中教育活动，使党的建设得到全面加强，保证我们党经受住各种风浪的考验，始终走在时代前列，成为建设中国特色社会主义的坚强领导核心。

党的十六大以来，以胡锦涛为总书记的党中央从新世纪新阶段的实际出发，适应全面建设小康社会的新要求，提出科学发展观等重大战略思想，推动了经济社会又好又快发展；提出以改革创新精神全面推进党的建设新的伟大工程，以党的执政能力建设、先进性和纯洁性

①《邓小平文选》第2卷，人民出版社1994年版，第276页。

建设为主线，确立了党的思想建设、组织建设、作风建设、反腐倡廉建设和制度建设“五位一体”的新格局，提出了党的建设科学化的重大命题和重要任务。党的建设理论创新、实践创新、制度创新取得了丰硕成果，党的先进性和纯洁性得到加强，党的领导水平和执政能力不断提高，为全面建设小康社会、实现社会主义现代化开辟了广阔前景。

90多年来，我们党正是由于坚持围绕党的中心任务加强自身建设，保证了党在不断推进伟大事业中，赢得广大人民群众的支持和拥护，保证了党在艰难困苦中不断发展壮大，永葆马克思主义政党的先进性和纯洁性。90年的实践证明，党的建设必须紧紧围绕党领导的伟大事业和伟大工程进行，为实现党的奋斗目标和纲领路线服务，这是党的建设的一条根本原则，也是马克思主义政党建设的客观规律。

2. 关于把思想理论建设放在首位的思想

“坚持把思想理论建设放在首位，提高全党马克思主义水平”，是党的十七届四中全会总结60年执政党建设全部实践得出的一个基本经验。这条经验与其他经验一样，既体现和深化了对党执政规律、社会主义建设规律、人类社会发展规律的认识，也是进一步加强和改进新形势下党的建设必须遵循的一条重要指导原则。

首先，思想理论建设是党的根本建设。党的先进性和纯洁性首先就体现为思想理论的先进性和纯洁性。这种思想理论的先进性和纯洁性主要体现为两个方面：一是把马克思主义作为我们立党立国的根本指导思想，并把马克思主义基本原理同中国革命、建设和改革实践结合起来，不断推进马克思主义中国化，实现党的指导思想的与时俱进。毛泽东思想、邓小平理论、“三个代表”重要思想和科学发展观等重大战略思想就是马克思主义中国化的理论成果。二是坚持用马克思主义、毛泽东思想和中国特色社会主义理论体系武装全党，统一全党思想。理论创新和理论武装共同构成党的思想理论建设，是保持党的思想理论先进性和纯洁性的基础工作。加强党的执政能力建设必须坚持以马克思主义理论为指导，创新执政理论。思想理论建设是保持党的先进性和纯洁性、促进党的执政能力建设的首要工作。

其次，思想建党是我们党一大特点和优良传统。我们党从一开始就是一个以马克思主义为行动指南、以共产主义为奋斗目标、代表中国最广大人民利益的马克思主义政党。但是，要在半殖民地半封建社会的旧中国，在工人阶级人数很少，农民和其他小资产阶级占人口的绝大多数的历史条件下，把我们党建设成为无产阶级先锋队，就必须坚持用马克思主义武装全党，克服党内的非无产阶级思想。以毛泽东为主要代表的中国共产党人，经过长期实践，在延安整风时期就形成了一套完整的建党学说，并构成了毛泽东思想的重要组成部分。把思想理论建设放在首位，着重从思想上建党，是它的核心和精华所在。改革开放以来，以邓小平为主要代表的中国共产党人，也极为关注如何加强党的思想理论建设的问题。他根据不同时期出现的各种复杂情况，就这一问题做过大量深刻、精辟的论述。以江泽民为主要代表的中国共产党人，也把思想理论建设放在特别重要的地位，强调从思想上建党，是我们党能够保持工人阶级先锋队性质、不断提高战斗力的重要保证和基本经验。以胡锦涛为主要代表的中国共产党人，同样特别重视党的思想理论建设。党的十六大之后，我们党加强思想理论建设，着力用马克思主义中国化最新成果武装全党。同时，紧密结合新世纪新阶段国际国内形势的发展变化，不断推进马克思主义中国化，创造性地提出了科学发展、社会和谐等一系列重大战略思想。可以说，我们党在革命、建设和改革中不断发展壮大，与创造、坚持、运用、丰富和发展把思想理论建设放在首位的经验是分不开的。这是总结长期历史经验得出的一个基本结论。

最后，思想理论建设在党的建设五位一体总体布局中具有基础地位。党的十七大确立了党的思想建设、组织建设、作风建设、制度建设和反腐倡廉建设五位一体的总体布局。在这个总体布局中，党的建各个方面是相互联系、相互渗透、相辅相成，构成了一个不可分割的整体。其中，党的思想建设是党的根本建设，具有“铸魂”作用，为党的组织建设、作风建设、制度建设和反腐倡廉建设提供思想基础。它直接规定和制约着其他建设。思想是行动的先导，理论是实践的指南。党在思想理论上的创新和提高，是推动党和国家各项事业发展的保证。离开了思想理论建设，党的组织建设、作风建设、制度建设就无从谈起，就失去了前提和基础，就没有了可靠的保证。当然，思想理论建设也会受到其他建设的影响和制约，但思想理论建设解决的是思想意识问题，特别是全党的精神、灵魂问题，这一建设在党的建设中具有前提性和根本性。

总之，把党的思想理论建设放在首位就是要坚持党的思想路线，坚持真理、修正错误，不断推进马克思主义中国化、时代化、大众化，坚持用马克思主义中国化最新成果武装全党、教育人民，建设马克思主义学习型政党，提高全党的马克思主义水平，提高运用科学理论改造主观世界和客观世界的能力，使党的理论和实践始终体现时代性、把握规律性、富于创造性。

3. 关于加强党的执政能力建设、先进性和纯洁性建设的思想

党的十八大报告指出，全党必须牢牢把握党的执政能力建设、先进性和纯洁性建设这条主线，全面推进党的建设新的伟大工程。这是新形势下党的建设的总体要求和根本思路，为进一步加强和改进党的建设指明了努力方向，提出了检验标准。

党的执政能力建设是党执政后的一项根本建设。我们党作为马克思主义政党，始终高度重视执政能力建设问题。毛泽东同志在新中国建立前夕，就强调要做到“两个务必”，警惕资产阶级“糖衣炮弹”的袭击，提高做经济工作的本领，学会自己不懂的东西。邓小平同志针对改革开放的新形势，明确提出了“执政党应该是一个什么样的党，执政党的党员应该怎样才合格，党怎样才叫善于领导”[①]的问题。江泽民同志创立了“三个代表”重要思想，强调要按照“三个代表”要求，全面深入地加强和改进党的建设，使我们党在世界形势深刻变化的历史进程中始终走在时代前列，在应对国内外各种风险考验的历史进程中始终成为全国人民的主心骨，在建设中国特色社会主义的历史进程中始终成为坚强的领导核心。胡锦涛同志强调，我们党是执政党，党的各方面建设，最终都要体现到巩固党的执政地位、提高党的执政能力上来。党的十六大明确把加强党的执政能力建设、提高党的执政能力和执政水平作为新时期党的建设的重要任务，党的十六届四中全会通过的《中共中央关于加强党的执政能力建设的决定》，全面部署了加强党的执政能力建设的各方面工作。可以说，党执政后的全部实践活动，都是围绕着执政展开，都是围绕着提高执政水平、完成执政使命来进行的，都是围绕着科学执政、民主执政、依法执政来要求

① 《邓小平文选》第2卷，人民出版社1994年版，第276页。

的。执政能力建设是党自身建设的一个重要组成部分，贯穿于党的建设各个方面。

党的先进性、纯洁性建设是加强和改进党的建设的根本任务和永恒课题。先进性和纯洁性是马克思主义政党的本质属性，是马克思主义政党的生命所系、力量所在。处于执政地位时，党的先进性和纯洁性集中体现在党的执政活动中。党要承担起人民和历史赋予的重大使命，必须认真研究自身建设遇到的新情况新问题，在领导改革发展中不断认识自己、加强自己、提高自己。胡锦涛同志指出："任何政党的兴衰存亡，归根结底取决于它在推动历史前进中的作用，取决于人民群众对这种作用的认可程度。"[①]党的先进性和纯洁性是党存在和发展的根本依据，是党赢得人民信赖和拥护的根本条件。我们党之所以能够执政并且执好政，根本原因就在于党能够始终代表中国先进生产力的发展要求，代表中国先进文化的前进方向，代表中国最广大人民的根本利益，始终站在引领中国社会发展进步的前列，因而对广大人民群众具有极大的感召力、凝聚力。世界上一些大党老党失去政权的教训表明，一个党失去了先进性，不论叫什么名称，不论拥有多么强大的手段，都会走向衰败甚至消亡。可以说，党的建设的一切活动，归根到底都是为了保持党的先进性和纯洁性；党的执政地位的巩固，归根到底要靠自身理论、路线、纲领、政策和实践的先进性；抓住了先进性和纯洁性建设，就抓住了党的建设的根本，抓住了加强党的执政能力建设、巩固党的执政地位的关键。党的先进性和纯洁性是历史的、具体的，既是一以贯之的，又是与时俱进的，是随着形势和任务的变化而不断丰富和发展的。我们党的三代中央领导集体都高度重视党的先进性建设，并在理论与实践的结合上进行了长期探索，形成了一系列重要思想。以胡锦涛同志为总书记的党中央明确提出了加强党的先进性和纯洁性建设的重大战略思想，在全党开展保持共产党员先进性和纯洁性教育活动，正是基于对不断解决好这个重大课题的战略思考，标志着我们党对共产党执政规律和自身建设规律的认识达到了新的高度。

党的执政能力建设和先进性、纯洁性建设紧密联系、相互促进，

① 中共中央文献研究室：《十六大以来重要文献选编》（中），中央文献出版社2006年版，第615页。

内在地统一于党的建设新的伟大工程和中国特色社会主义伟大事业之中。先进性和纯洁性建设是执政能力建设的基础和前提，离开了党的先进性和纯洁性，党的执政基础不可能巩固，执政能力不可能提高。开展党的先进性和纯洁性建设，就是要通过全面推进思想建设、组织建设、作风建设、反腐倡廉建设和制度建设，充分发挥党的领导作用、充分发挥基层党组织的战斗堡垒作用，充分发挥广大党员的先锋模范作用，使党的理论和路线方针政策顺应时代发展的潮流和我国经济社会发展进步的要求，反映全国各族人民的利益和愿望，使我们党保持与时俱进的品质、始终走在时代前列，不断提高执政能力、巩固执政地位、完成执政使命。执政能力建设是先进性和纯洁性建设的现实要求和具体体现。党的执政能力是执政条件下党的先进性和纯洁性的现实体现。一个执政党，如果不能通过提高执政能力完成执政使命，就不可能促进社会的发展与进步，也就谈不上保持和发展先进性和纯洁性。

因此，我们必须按照党的十八大报告的要求，在新的发展阶段，坚持把党的执政能力建设、先进性和纯洁性建设作为主线，全面推进党的思想建设、组织建设、作风建设、反腐倡廉建设和制度建设，增强自我净化、自我完善、自我革新、自我提高的能力，建设学习型、服务型、创新型的马克思主义执政党，确保党始终充满创造力、凝聚力、战斗力，始终成为中国特色社会主义伟大事业的坚强领导核心。

4. 关于立党为公、执政为民的思想

全心全意为人民服务，是我们党的根本宗旨。教育全党同志始终坚持党的根本宗旨，坚持立党为公、执政为民，党的建设各项工作充分体现党的根本宗旨，是60多年执政党建设的重要经验，也是加强和改进党的建设必须遵循的重要指导原则。

60多年来，从新中国成立之初恢复国民经济、涤荡旧中国污泥浊水，到进行社会主义革命和建设，再到实行改革开放、发展社会主义市场经济，尽管我们党经历过这样那样的曲折，始终不变的就是全心全意为人民服务的宗旨，矢志追求的就是国家独立、民族解放和人民幸福。经过执政60多年特别是改革开放30多年来的不懈奋斗，我国的经济实力和综合国力不断增强，国际威望和影响力不断提高，各族人民的政治地位空前提升，物质生活水平不断改善，精神生活日益丰富。这些举世瞩目的历史性成就表明，我们党是无愧全国各族人民重托的执政党，是始终坚持立党为公、执政为民的马克思主义政党。

坚持立党为公、执政为民，是伴随党完成历史使命全过程的不变理念，是党的建设的不变主题。现在，我们党处于长期执政的地位，面对社会利益格局深刻调整的环境，能否正确看待和运用手中的权力，能否始终保持同人民群众的血肉联系，能否自觉维护和充分实现最广大人民的根本利益，是全党同志必须经受的重大考验。党的建设坚持立党为公、执政为民，最重要的就是把实现好、维护好、发展好最广大人民的根本利益作为党全部工作的出发点和落脚点，组织和动员全党同志紧紧依靠人民群众始终不渝地为中国人民和中华民族的根本利益而奋斗。制定和实施各项方针政策，必须统筹兼顾，妥善处理各方面的利益关系，努力使党的方针政策更好地体现人民群众的利益。检验党的建设成效，这是最重要的标准。

要把立党为公、执政为民贯彻到党的建设各个方面。在思想建设上，要坚持用马克思主义及其中国化理论成果武装党员干部头脑，使之牢固确立辩证唯物主义和历史唯物主义世界观和方法论，始终做到心里装着人民、工作依靠人民、一切为了人民，做到权为民所用、情为民所系、利为民所谋，为人民群众诚心诚意办实事、尽心竭力解难事、坚持不懈做好事。在组织建设上，要加大在工人、农民中发展党员力度，重视在高知识群体、在大学生等各领域优秀青年中发展党员，积极做好在非公有制经济组织、新社会组织中发展党员工作；注重从工人、农民、知识分子中培养选拔干部，通过正确的选人用人导向，引导广大干部特别是领导干部心系群众、服务群众，从而不断增强党的阶级基础、扩大党的群众基础。在党风廉政建设上，要弘扬和培育密切联系群众的优良作风，严肃查处以权谋私、与民争利、损害群众利益的各种不正之风和腐败现象。在制度建设上，要进一步建立健全各级党政机关、党员干部服务群众、联系群众的具体制度。

5. 关于以改革创新精神加强党的建设的思想

党的十七大根据新的形势和任务，提出要以改革创新精神全面推进党的建设新的伟大工程，并作出了坚持“一条主线”、突出“五个重点”、明确“一个目标”、抓好“六项任务”的总体部署。这一总体部署，涵盖了党的建设的各个方面，是党的建设的总的要求，为进一步加强党的建设指明了方向，是全面推进党的建设新的伟大工程的行动纲领。对此，近年来全党深刻领会，全面把握，并切实贯彻落实到党的建设的各项工作之中。

为什么要以改革创新精神加强党的建设呢?

首先是顺应时代发展潮流，实现自我发展的需要。当今时代是一个以改革创新为显著特征的时代，和平与发展成为时代主题，世界多极化不可逆转，经济全球化深入发展，综合国力竞争日趋激烈，新情况、新事物层出不穷。面对改革创新的时代潮流，我们党如果不以改革创新的精神发展自己，就必然要落伍甚至被时代所淘汰。

其次是更好地完成执政使命的必然要求。经过几十年来的不懈努力，我们党领导的中国特色社会主义伟大事业取得了举世瞩目的成就。但必须清醒地看到，进入新世纪新阶段，我国的发展面临新的挑战。党要克服前进中的风险和困难，带领人民不断开创事业发展的新局面，必须以改革创新的精神加强自身建设，增强党的创造力、凝聚力和战斗力，使党始终成为中国特色社会主义事业的坚强领导核心。

最后是解决自身建设问题的需要。改革开放以来，我们党坚持以改革创新的精神推进自身建设，以求真务实的作风推动党的建设各项工作的落实，党的执政能力建设和先进性建设进一步加强，为改革开放和现代化建设提供了坚强的组织保证。但也应当看到，我们在取得成绩的同时，还存在一些问题和不足。比如，党的执政能力同新形势新任务还不完全适应；一些基层党组织软弱涣散；少数党员干部作风不正，形式主义、官僚主义问题比较突出，奢侈浪费、消极腐败现象仍然比较严重，等等。要从根本上解决这些问题，必须把改革创新精神贯彻到党的自身建设的实践中去。

如何落实以改革创新精神加强党的建设?

从根本上说，就是要使党始终成为中国特色社会主义事业的坚强领导核心，确保党对各项工作的正确领导。因此，我们所要改革的，是党的自身建设和党的工作不适应、不符合新形势新任务的地方和环节；我们所要创新的，是党的具体领导体制、执政方式、组织方式、活动方式和思维方式等。这样的改革创新，决不是要改变党的性质、宗旨、指导思想和奋斗目标，也决不是要改掉党的根本组织制度和领导地位，更不是改掉党的政治优势和优良传统。这些根本的方面，不仅不能改变，而且必须结合新的实际赋予新的时代内涵，在新的实践中长期坚持。通过这样的改革和创新，进一步全面加强党的建设，使党始终保持与时俱进的品质，始终走在时代前列，使党的全部工作始终符合时代要求和人民期待。

要以坚定理想信念为重点加强思想建设。思想理论建设是党的根本建设，党的理论创新引领各方面创新。要按照建设学习型政党的要求，紧密结合改革开放和现代化建设的生动实践，用中国特色社会主义理论体系武装全党，提高广大党员干部用科学理论分析和解决实际问题的能力。要深入学习贯彻科学发展观，全面把握其科学内涵和精神实质，增强贯彻科学发展观的自觉性和坚定性，着力转变不适应不符合科学发展观的思想观念，着力解决影响和制约科学发展观的突出问题。要加强党员干部的理想信念教育和思想道德建设，使广大党员干部成为实践社会主义核心价值体系的模范，做共产主义远大理想和中国特色社会主义共同理想的坚定信仰者、科学发展观的忠实执行者、社会主义荣辱观的自觉实践者、社会和谐的积极促进者。

要以造就高素质党员、干部队伍为重点加强组织建设。党员、干部是中国特色社会主义伟大事业的骨干力量。必须把提高领导水平和执政能力作为各级领导班子建设的核心内容抓紧抓好，努力把各级领导班子建设成为坚定贯彻党的理论路线方针政策、善于领导科学发展的坚强领导集体。要努力形成干部选拔任用的科学机制，进一步完善体现科学发展观和正确政绩观要求的干部考核评价体系。要进一步扩大干部工作中的民主，增强民主推荐、民主测评的科学性和真实性。要坚持正确用人导向，提高选人用人公信度，把政治坚定、能力突出、作风过硬、群众信任、善于领导科学发展的优秀干部选拔到各级领导岗位上来。要按照加强党的先进性建设的要求，全面巩固和发展先进性教育活动成果，着力抓好党员队伍建设，坚持不懈地提高党员素质，拓宽党员服务群众渠道，使党员真正成为牢记宗旨、心系群众的先进分子。

要以保持党同人民群众的血肉联系为重点加强作风建设。优良的党风是凝聚党心民心的巨大力量。要始终坚持马克思主义的群众观点，牢记全心全意为人民服务的宗旨，做到权为民所用、情为民所系、利为民所谋。要以求真务实作风推进各项工作，多做打基础、利长远的事。要加强调查研究，反对形式主义、官僚主义，反对弄虚作假。要倡导勤俭节约，反对奢侈浪费，始终保持人民公仆的政治本色。全党同志特别是领导干部要讲党性、重品行、作表率，以优良的党风促政风带民风。

要以健全民主集中制为重点加强制度建设。民主集中制是增强党的创新活力、巩固党的团结统一的重要保证。要认真落实党员权利保障条例，尊重党员主体地位，保障党员民主权利。要鼓励和支持基层党组织积极探索扩大党内民主多种实现形式，为党的工作注入生机和活力。要按照积极推进党内民主建设、着力增强党的团结统一的要求，在发展基层党内民主方面积极探索。要实行党的代表大会代表任期制，完善党的地方各级全委会、常委会工作机制，推行地方党委讨论决定重大问题和任用重要干部票决制。要改革党内选举制度，改进候选人提名制度和选举方式等，切实把制度建设贯穿于党的建设的各个方面。

要以完善惩治和预防腐败体系为重点加强反腐倡廉建设。要充分认识反腐败斗争的长期性、复杂性和艰巨性，把反腐倡廉建设放在更加突出的位置。要坚持标本兼治、综合治理、惩防并举、注重预防的方针，建立健全惩治和预防腐败体系，在坚决惩治腐败的同时，更加注重治本，更加注重预防，更加注重制度建设，拓展从源头上防治腐败工作领域。要以强化预防、及时发现、严肃纠正为重点，加强对干部选拔任用工作全过程的监督，有效预防和治理选人用人上的不正之风。要严格执行党风廉政建设责任制，加强廉政文化建设，完善巡视制度，建立健全决策权、执行权、监督权既相互制约又相互协调的权力结构和运行机制。

6. 关于党要管党、从严治党的思想

坚持党要管党的原则和从严治党的方针，是我们党从长期执政党建设实践中得到的重要认识和结论，也是加强和改进新形势下党的建设必须长期坚持的重要指导原则。

治国必先治党，治党务必从严。执政党的建设和管理，比非执政党建设和管理要艰难得多。对此，我们党始终保持清醒的认识。党的八大就从加强思想教育、健全制度、加强监督等方面阐述了党要管党、从严治党的思想。党的十一届三中全会以后，我们党坚持党要管党、从严治党，制定了党内政治生活的若干准则，颁布了新党章，开展了整党，严肃整治党内不正之风，把党要管党、从严治党落到实处。党的十三届四中全会以后，我们党总结经验教训，反复强调党要管党、从严治党，建立健全党建工作责任制，开展“三讲”、保持共产党员先进性和纯洁性、深入学习实践科学发展观等集中教育活动，持续开展反腐败斗争，党的创造力、凝聚力、战斗力显著增强。历史经验告诉我们，党要管党须臾不可懈怠，从严治党一刻不可背离。

现在，我们党执掌全国政权已经60多年，从受到外部封锁和计划经济条件下领导国家建设，到对外开放和发展社会主义市场经济条件下领导国家建设，党所处的社会环境发生了很大变化，党的自身状况也发生了很大变化。党员队伍不断发展壮大，结构不断优化，素质逐步提高，党组织的覆盖面不断扩大，使我们党展现出蓬勃的生机和活力，同时对党员进行教育、管理、监督的难度也增加了，落实党要管党、从严治党的任务比过去任何时候都更为繁重和紧迫。

坚持党要管党，要求在全党特别是各级党员领导干部中形成抓好党建是本职、不抓党建是失职、抓不好党建是不称职的共识，全面落实党建工作责任制，健全党委统一领导、部门齐抓共管、一级抓一级、层层抓落实的党建工作格局，不断增强党建工作的整体合力。坚持从严治党，最根本的就是要严格按党章办事、按党的制度和规定办事。这要贯穿于党的思想建设、组织建设、作风建设、制度建设和反腐倡廉建设的各方面工作中，切实体现到对各级党组织、广大党员和干部进行教育、管理、监督等各个环节中去，不断解决党内存在的问题，特别是从严抓好各级领导班子和党员领导干部。要坚决摒弃那种对错误思想不批评、对错误行为不纠正的“好人主义”，切实改变执纪不严、失之于宽、失之于软的现象，完善各种监督形式和监督机制。切实加强制度建设，做到用制度管权、用制度管事、用制度管人。特别是要旗帜鲜明、坚持不懈地开展反腐败斗争，切实做到为民、务实、清廉。

二、党的建设面临的新课题新考验

面对风云变幻的国际形势，面对艰巨繁重的国内改革发展稳定任务，中国共产党要团结带领全国各族人民在新的历史起点上继续前进，必须认真分析和把握党的建设面临的形势和任务，不断加强和改进党的建设。

（一）党的建设面临的“四个考验”

党的建设是党领导的伟大事业不断取得胜利的重要法宝。加强党的建设，必须直面党所面临的挑战。胡锦涛在纪念建党90周年的讲话中指出，全党必须清醒地看到，在世情、国情、党情发生深刻变化的新形势下，提高党的领导水平和执政水平、提高拒腐防变和抵御风险能力，加强党的执政能力建设和先进性建设，面临许多前所未有的新情况新问题新挑战，执政考验、改革开放考验、市场经济考验、外部环境考验是长期的、复杂的、严峻的。这“四大考验”实际上在党的十七届四中全会已经提出，党的十八大报告再次要求全党必须克服这“四大考验”。这表明我们党对自身所面临的挑战有了高度自觉和高度清醒。

执政的考验。我们党经过漫长的革命，付出了无数的牺牲，才成为在全国执政的党。正是因为执政，党发挥社会主义制度集中力量办大事的优势，带领中国人民取得了社会主义现代化建设的巨大成就，从根本上改变了中国人民和中华民族的前途命运，不可逆转地结束了近代以后中国内忧外患、积贫积弱的悲惨命运，不可逆转地开启了中华民族不断发展壮大、走向伟大复兴的历史进军，使具有5000多年文明历史的中国面貌焕然一新，中华民族伟大复兴展现出前所未有的光明前景。

同时也应该看到，无产阶级政党夺取政权不易。执政后，要执好政，尤其是长期执好政更为不易。因为执政，所以存在权力的诱惑，致使党内反腐败的难度增大；因为执政，造成官僚主义、文牍主义和等级主义泛滥；因为执政，民众对党的期望就高，这又容易成为矛盾的焦点；等等。中国古代之所以会发生周期性的王朝更替，一个很重要原因就是历代王朝都没有经受住执政的考验。苏联东欧剧变的一个重要原因，就是这些国家共产党没有经受住执政的考验。我们党作为一个马克思主义政党，是能够经受执政的考验的，但前提是必须不断提高党的领导水平和执政水平，提高拒腐防变和抵御风险的能力。

当前，我们党面临着长期执政所带来的一系列新的重大课题，诸如：面对社会主义民主政治的深入发展，如何坚持科学执政、民主执政、依法执政，创新执政理念、转变执政方式，为人民掌好权、执好政；面对人们思想活动独立性、选择性、差异性日益增强，如何巩固马克思主义在意识形态领域的指导地位；面对我国社会空前变革中社会阶层分化、价值观念多样、利益诉求多元、社会矛盾凸显的情况，如何激发全社会的创造活力，把各方面力量凝聚起来，有效维护社会稳定、促进社会和谐；等等，所有这些，都要求中国共产党必须从容应对并有效解决。

改革开放的考验。党的十八大强调，“改革开放是坚持和发展中国特色社会主义的必由之路。”[①]我国过去30多年的快速发展靠的是改革开放，我国未来发展也必须坚定不移地依靠改革开放。新时期最鲜明的特点是改革开放。改革开放是党在新的历史条件下领导人民进行的新的伟大革命，是决定当代中国命运的关键抉择。只有改革开放才能发展中国、发展社会主义、发展马克思主义。

但是，改革开放也给党的建设带来巨大挑战。随着改革开放的深入和社会主义市场经济体制的建立，党所处的环境和条件与过去相比发生了很大的变化。社会经济成分、组织形式、就业方式、利益关系和分配方式日益多样化，各种思想文化相互激荡，经济、社会生活出现了许多未曾遇到的新情况，党员队伍也发生了重大变化。社会经济成分多样化冲击着党的执政基础；社会组织形式的多样化，使人们选择多样；就业方式多样化、生产方式和生活方式多样化，促进人们自主意识、竞争意识、效率意识、民主意识和权利意识大大觉醒，致使人们思想活动独立性、选择性、多变性和差异性明显提高；物质利益和分配方式的多样化，使得群众自主性增强，对党的依赖性减弱；等等。面对改革开放日益呈现出的新旧矛盾、长期性矛盾和阶段性矛盾、可以预料和难以预料的矛盾相互交织的复杂局面，排除来自“左”和右的各种干扰，坚定不移地继续推进改革开放，进一步解放和发展生产力，是党执政面临的重大课题和根本任务。改革开放是一场新的伟大革命，党要领导和推进这场革命，自身必须坚强有力。

① 胡锦涛：《坚定不移沿着中国特色社会主义道路前进，为全面建成小康社会而奋斗》，人民出版社2012年版，第14页。

市场经济的考验。把社会主义制度和市场经济结合起来，建设社会主义市场经济，是中国共产党在人类社会发展史上的一次伟大创举。改革开放以来，特别是1992年邓小平“南方谈话”和党的十四大确立“建设社会主义市场经济体制”的改革目标以来，市场经济作为一种有效的配置资源的方式，使中国社会发生了翻天覆地的变化，使中国改革取得了巨大的成就，大大加速了中华民族复兴的进程，使中国特色社会主义焕发了前所未有的活力。

但是，我们也应清醒地看到，我国的社会主义市场经济是一种新型市场经济，没有现成的经验可以借鉴，没有固定的模式可以照搬。一切都是“摸着石头过河”。这必然会使党的建设遭遇各种突出矛盾和问题。同时，市场经济的存在和发展不可避免地带有一定的自发性和盲目性，有其负面性。市场经济强化了人们的功利性，激发了人们的趋利本能；市场经济强化了成本意识，增强了党建活动的成本；市场经济的交换原则延伸到党内，容易引起权力市场化，导致拜金主义、享乐主义和极端个人主义等。

因此，如何在不断完善社会主义市场经济体制的基础上，既发挥好市场经济在资源配置中的基础性作用，又发挥社会主义制度的优越性；既能实现党对社会主义市场经济的领导，又能始终保持党的先进性和纯洁性，仍然是我们党需要不断探索和回答的重大课题。

外部环境的考验。中国的前途命运日益紧密地同世界的前途命运联系在一起。党要领导好国内建设，就一刻也不能忽视外部环境的影响，一刻也离不开对世界形势发展变化的准确判断。伴随着全球化进程的加快和我国改革开放进程的不断深化，我国已经改变了过去的半封闭局面，融入了世界现代化的大潮。改革开放以来，我国充分享受到走向世界的好处，最大限度地利用了外部的资源、市场、技术和人才，促进了我国的快速发展。

当前，我国发展的外部环境总体上是有利的，但也要看到，随着世界多极化、经济全球化的深入发展，国际金融危机影响深远，综合国力竞争和各种力量较量更趋激烈，不稳定不确定因素增多，特别是西方资本主义国家对我国“西化”和分化的图谋未变。党面临着西方资本主义政治制度的颠覆、渗透的压力。此外，随着互联网的发展，国内群众更容易接受外来信息，用比较和挑剔的眼光看待党，也给我们党执政地位的巩固带来严峻挑战。

如何以更加敏锐的眼光洞悉发展先机，始终保持清醒的头脑，统筹国内国际两个大局，牢牢掌握发展的战略主动权；如何既积极领导参与国际合作和竞争，又有效抵制西方敌对势力的渗透破坏，维护国家安全，为中国的改革和发展创造一个良好的外部环境，是党面临的重大考验。

（二）党的建设面临的“四个危险”

党的建设是党领导的伟大事业不断取得胜利的重要法宝。新中国成立后，特别是改革开放以来，我们党根据自身历史方位和中心任务的变化，不断提高领导水平和执政水平、提高拒腐防变和抵御风险的能力，取得了巨大成绩。当前，我们党的建设状况、党的领导水平和执政水平、党员队伍素质总体上同党所肩负的历史使命是相适应的。但是，毋庸讳言，党内也的确存在着不少不适应新形势新任务新要求、不符合党的性质和宗旨的问题。胡锦涛在建党90周年的讲话中，对世情、国情、党情深刻变化后党的建设所面临的严峻形势作出了精辟的概括，指出我们党的建设除了面临“四个考验”外，还存在精神懈怠、能力不足、脱离群众、消极腐败等“四个危险”。这“四个危险”是党在长期执政条件下自身建设存在的突出问题，也显示落实党要管党、从严治党的任务比以往任何时候都更为繁重、更为紧迫。这“四个危险”，在我们的党员、干部中都不同程度地存在着，有的甚至还比较突出。

精神懈怠的危险。坚定理想信念，坚守共产党人精神追求，始终是共产党人安身立命的根本。对马克思主义的信仰，对社会主义和共产主义的信念，是共产党人的政治灵魂，是共产党人经受住任何考验的精神支柱。形象地说，理想信念就是共产党人精神上的“钙”，没有理想信念，理想信念不坚定，精神上就会“缺钙”，就会得“软骨病”。现实生活中，一些党员、干部出这样那样的问题，说到底是信仰迷茫、精神迷失。我们党领导革命、建设和改革的经验证明：革命精神是非常宝贵的，没有革命精神就没有革命行动。中国共产党之所以能够从成立之初的几十个人发展成为拥有8000多万名党员的大党，之所以能够克服和战胜前进途中一个又一个艰难险阻，百折不回，之所以能够领导中国革命、建设和改革取得伟大胜利和巨大成就，团结带领人民在追求中华民族伟大复兴的“中国梦”的道路上奋勇前进，靠的就是革命理想和信念的支撑。

但是，精神倦怠的危险在我们党内，在我们一些同志的身上确实存在着，主要表现为精神不振，思想消沉，暮气沉沉，追求享乐，生活奢靡，等等。这些人想到的不是工作而是娱乐，不是奉献而是索取，不是党和国家大局利益而是个人和小团体利益。对歪风邪气不敢抵制，不愿承担责任，工作上推诿塞责、揽功诿过，等等。

因此，如何避免精神懈怠、始终保持积极进取的精神状态，是摆在我们党面前的一个重大而紧迫的问题。全党同志一定要讲党性、重品行、作表率，坚决克服安于现状、贪图享乐、不思进取、不爱学习、理想信念动摇、缺乏忧患意识的思想，坚定理想信念，始终为中国特色社会主义伟大事业、为人民不懈奋斗。

能力不足的危险。在国际国内复杂形势下，中国特色社会主义事业发展呈现出许多前所未有的新趋势新特点，面临着许多前所未有的新情况新问题，做好工作的艰巨性、复杂性、挑战性更加突出，对领导者的素质、能力的要求越来越高。应对复杂多变的国际形势，把握改革发展稳定大局，做好方方面面的工作，对我们的本领提出了新的要求。民主革命时期，毛泽东就曾经号召全党要加强学习，克服“本领恐慌”。习近平在中央党校建校80周年庆祝大会暨2013年春季学期开学典礼上的讲话中，结合党面临的严峻形势和复杂局面，再次强调当前我们党也面临着新一轮的“本领恐慌”。他指出：“从总体上看，与今天我们党和国家事业发展的要求相比，我们的本领有适应的一面，也有不适应的一面。特别是随着形势和任务不断发展，我们适应的一面正在下降，不适应的一面正在上升。如果不抓紧增强本领，久而久之，我们就难以胜任领导改革开放和社会主义现代化建设的繁重任务。”“很多同志有做好工作的真诚愿望，也有干劲，但缺乏新形势下做好工作的本领，面对新情况新问题，由于不懂规律、不懂门道、缺乏知识、缺乏本领，还是习惯于用老思路老套路来应对，蛮干盲干，结果是虽然做了工作，有时做得还很辛苦，但不是不对路子，就是事与愿违，甚至搞出一些南辕北辙的事情来。这就叫新办法不会用，老办法不管用，硬办法不敢用，软办法不顶用。我看这种状态，在党内相当一个范围、相当一个时期都是存在的。”①

因此，全党同志特别是各级领导干部，都要有本领不够的危机感，都要努力增强本领，克服能力素质不高，应对复杂局面能力不强，工作主动性、积极性和创造性不够等问题，不断提高领导改革开放和现代化建设的能力和本领。只有全党本领不断增强了，“两个一百年”的奋斗目标才能实现，中华民族伟大复兴的“中国梦”才能梦想成真。

脱离群众的危险。密切党群、干群关系，保持同人民群众的血肉联系，始终是我们党立于不败之地的根基。一个政党，一个政权，其前途和命运最终取决于人心向背。如果我们脱离群众、失去人民拥护和支持，最终也会走向失败。我们党90多年的发展史也证明，党的根基在人民、血脉在人民、力量在人民。密切联系群众是我们党的最大政治优势，脱离群众是我们党执政后的最大危险。

当前，一些党员干部宗旨意识不强，官本位思想严重，具体表现就是为人民服务的意识不强，没有真正树立起以人为本、执政为民的理念；因为当了官、掌了权，拉开了和人民群众之间的距离，高高在上，脱离群众，官不大，架子不小；因为脱离群众，就会脱离实际，不讲原则、不负责任、言行不一、弄虚作假，最终导致官僚主义和形式主义，破坏党与人民群众的血肉联系。

因此，全党要切实落实党的十八大提出的“开展以为民务实清廉为主要内容的党的群众路线教育实践活动”②，要适应新形势下群众工作新特点新要求，深入做好组织群众、宣传群众、教育群众、服务群众工作，虚心向群众学习，诚心接受群众监督，始终植根人民、造福人民，始终保持党同人民群众的血肉联系，始终与人民心连心、同呼吸、共命运。要从人民伟大实践中汲取智慧和力量，办好顺民意、解民忧、惠民生的实事，纠正损害群众利益的行为，着力解决人民群众反映强烈的突出问题，保证活动取得实效。

消极腐败的危险。消极腐败是危害党的肌体健康的毒瘤。坚决反

① 习近平：《在中央党校建校80周年庆祝大会暨2013年春季学期开学典礼上的讲话》，《人民日报》3013年3月3日第2版。

② 胡锦涛：《坚定不移沿着中国特色社会主义道路前进，为全面建成小康社会而奋斗》，人民出版社2012年版，第51页。

对腐败、建设廉洁政治，保持党的肌体健康，始终是我们党一贯坚持的鲜明政治立场。党风廉政建设，是广大干部群众始终关注的重大政治问题。近年来，一些国家因长期积累的矛盾导致民怨载道、社会动荡、政权垮台，其中贪污腐败就是一个很重要的原因。大量事实告诉我们，腐败问题越演越烈，最终必然会亡党亡国！

消极腐败现象在我们党内也客观存在着，并且有愈演愈烈之势。这主要表现在：一些党员干部法治意识、纪律观念淡薄，不依法办事，甚至以权压法；一些党员干部官僚主义作风严重；跑官要官、买官卖官现象严重；部门利益压倒一切，追求部门局部利益，变相实现小团体或少数领导个人的利益，导致“权力衙门化”、“衙门权力利益化”和行政领域的“法人犯罪”现象，助长了行业垄断、地方保护主义；铺张浪费、奢靡享乐的风气盛行，一些干部贪吃享乐、提升办公条件档次的愿望强烈，以致与公款消费共生的铺张浪费成为党内难以祛除的风气；选用人才上的“任人唯亲”和宗派主义；等等。这些消极腐败现象严重削弱了党的创造力、凝聚力和战斗力，严重影响党的执政地位的巩固和执政使命的实现，必须引起警惕，抓紧加以解决。

面对“四个考验”和“四个风险”，全党必须认识到，加强和改进新形势下党的建设，是全党的重大政治责任，不断增强党的执政能力和始终保持党的先进性是全党面临的最紧迫的任务。

（三）加强党的执政能力建设和先进性建设

历史和现实表明，党的先进性和党的执政地位都不是一劳永逸、一成不变的，过去先进不等于现在先进，现在先进不等于永远先进；过去拥有不等于现在拥有，现在拥有不等于永远拥有。全党必须居安思危，增强忧患意识，常怀忧党之心，恪尽兴党之责，勇于变革、勇于创新，永不僵化、永不停滞，继续推进党的建设新的伟大工程，确保党在世界形势深刻变化的历史进程中始终走在时代前列，在应对国内外各种风险和考验的历史进程中始终成为全国人民的主心骨，在发展中国特色社会主义的历史进程中始终成为坚强的领导核心。

1. 加强党的执政能力建设

党的执政能力，就是党提出和运用正确的理论、路线、方针、政策和策略，领导制定和实施宪法和法律，采取科学的领导制度和领导方式，动员和组织人民依法管理国家和社会事务、经济和文化事业，有效治党治国治军，建设社会主义现代化国家的本领。

执政能力建设是党执政后的一项根本建设。党的历任领导都高度重视党的执政能力建设，领导全党紧紧围绕提高领导水平和执政水平、提高拒腐防变和抵御风险的能力这两大历史性课题，着重从思想和作风、体制和机制、方式和方法、素质和本领等方面加强和改进，有力地推动了党和国家各项事业的发展。

以毛泽东为核心的党的第一代中央领导集体，不仅领导党确立了执政地位，中国建立了社会主义制度，而且对执政党如何才能提高执政能力进行了积极探索，积累了宝贵的经验，提出了一系列有关加强执政党能力建设的思想。毛泽东指出，中国共产党由革命党到执政党的地位的根本转变，一方面给党创造了更好的为人民服务的新条件，同时也更容易使党内滋生官僚主义、命令主义、骄傲自满等不良风气。为此，在新中国成立前夕，毛泽东就谆谆告诫全党："夺取全国胜利，这只是万里长征走完了第一步。……中国的革命是伟大的，但革命以后的路程更长，工作更伟大，更艰苦。这一点现在就必须向党内讲明白，务必使同志们继续地保持谦虚、谨慎、不骄、不躁的作风，务必使同志们继续地保持艰苦奋斗的作风。"①"两个务必"是中国共产党对"能不能长久执政，能不能为人民执好政"这一历史性课题作出的科学回答，也是我们党开始探索执政道路和执政规律的历史新起点。为了加强党的执政能力，毛泽认为关键在于提高广大党员干部的素质，推动党员干部掌握科学的思想方法、工作方法和领导方法，坚持从实际出发制定和执行正确的政策和策略，坚持民主集中制的原则。

以邓小平为核心的党的第二代中央领导集体，不仅成功开启了中国改革开放的大幕，开创了中国特色社会主义发展新道路，而且更加注重党的执政能力建设。邓小平在认真总结和深刻反思历史上我们党加强执政能力建设经验与教训的基础上，继续从理论和实践上探索执政党建设。他认为执政党能力建设问题是个大问题，"不好好研究这个问题，不解决这个问题，坚持不了党的领导，提高不了党的威信。"②邓小平指出，共产党执政后，社会主义革命和建设都需要党的领导，

①《毛泽东选集》第4卷，人民出版社1991年版，第1439–1440页。
②《邓小平文选》第2卷，人民出版社1994年版，第271页。

所以必须聚精会神抓党的建设，要努力改善党的领导，改善党的工作状况、组织状况，改革党和国家的领导制度。邓小平关于党的执政能力建设的主要思想有：在党的领导问题上，既旗帜鲜明地坚持党的领导，又提出坚持党的领导必须改善党的领导；在指导思想问题上，强调既不丢老祖宗又要讲新话，把坚持和发展马克思主义相统一；在思想建设和制度建设问题上，既重视思想建设的优良传统，又强调制度建设更具有根本性；在思想政治工作问题上，既强调革命精神的作用，又重视物质利益的作用；在干部队伍建设问题上，既把革命化放在首位，又提出了年轻化、知识化的新要求；在党风廉政建设问题上，既强调执政党党风建设事关党的生死存亡，又坚信共产党能够依靠自己的力量自觉抵制腐败；在反对党内错误倾向问题上，既提出要警惕右，又强调主要是防“左”等。此外，邓小平还阐明马克思主义执政党自身建设的根本价值取向是全心全意为人民服务。

以江泽民为核心的党的第三代中央领导集体，针对国际国内形势的新变化，准确把握党的历史方位的根本变化，发扬与时俱进的理论品格，对加强党的执政能力建设、提高党的领导水平和执政水平，提出了一系列创造性的思想。首先，强调要把党的执政能力建设始终放在重要位置。面对20世纪80年代末90年代初国际国内局势发生的重大变化，江泽民指出，应对政治风云的变幻，我们党最重要的责任就是把自己的党建设好。我们的事业最终能否取得成功，很大程度上取决于我们党的领导水平和执政能力。其次，强调在建设社会主义市场经济条件下，必须全面推进党的建设新的伟大工程，努力探索一条坚持和改善党的领导的新路，必须紧紧围绕党的中心任务，紧紧围绕在新的历史条件下“建设一个什么样的党，怎样建设党”这个基本问题，进一步解决提高党的执政能力和领导水平、提高拒腐防变和抵御风险的能力这两大历史性课题，把我们党建设成为用邓小平理论武装起来、全心全意为人民服务、思想上政治上组织上完全巩固、能够经受住各种风险、始终走在时代前列、领导全国人民建设中国特色社会主义的马克思主义政党。最后，强调我们党是中国工人阶级的先锋队，同时是中国人民和中华民族的先锋队，是中国特色社会主义事业的领导核心，必须始终代表中国先进生产力的发展要求，代表中国先进文化的前进方向，代表中国最广大人民的根本利益。我们党是最高纲领和最低纲领的统一论者，全党要把最高纲领和最低纲领统一于建设中国特色社会主义的伟大实践中。

以胡锦涛为总书记的党中央领导集体，把提高党的执政能力与全面推进中国特色社会主义伟大事业、实现中华民族伟大复兴历史使命联系起来，与始终保持党的先进性、纯洁性联系起来，深化了我们党对执政能力建设问题的认识。继2004年6月胡锦涛在中共中央政治局第14次集体学习会上强调加强党的执政能力建设后，同年9月，党的十六届四中全会通过的《中共中央关于加强党的执政能力建设的决定》在总结我们党执政55年的主要经验的基础上，第一次明确提出了加强党的执政能力建设的指导思想、总体目标和主要任务。2009年党的十七届四中全会作出的《中共中央关于加强和改进新形势下党的建设若干重大问题的决定》，根据世情国情党情的深刻变化对党的建设提出的新要求，提出了"提高党的建设科学化水平"这个重大命题和重大任务。2012年党的十八大再次强调必须"全面提高党的建设科学化水平"，"全党要增强紧迫感和责任感，牢牢把握加强党的执政能力建设、先进性和纯洁性建设这条主线，坚持解放思想、改革创新，坚持党要管党、从严治党，全面加强党的思想建设、组织建设、作风建设、反腐倡廉建设、制度建设，增强自我净化、自我完善、自我革新、自我提高能力，建设学习型、服务型、创新型的马克思主义执政党，确保党始终成为中国特色社会主义事业的坚强领导核心。"①胡锦涛指出："提高党的执政能力，关键在于搞好党的建设，不断增强党的创造力、凝聚力、战斗力。必须坚持党要管党、从严治党的方针，紧密联系治国理政的实践，全面加强和改进党的思想、组织、作风和制度建设。"②具体来说，必须做到：

第一，必须坚持用邓小平理论、"三个代表"重要思想和科学发展观武装全党，不断提高马克思主义理论水平。坚持把党的思想理论建设放在首位，大力弘扬理论联系实际的学风，增强把马克思主义基本原理同中国具体实际相结合的能力，提高全党的理论思维和战略思维

① 胡锦涛：《坚定不移沿着中国特色社会主义道路前进,为全面建成小康社会而奋斗》，人民出版社2012年版，第49—50页。

② 中共中央文献编辑委员会：《中共中央关于加强党的执政能力建设的决定》，人民出版社2004年版，第31—32页。

水平，在全党开展以实践科学发展观为主要内容的保持共产党员先进性和纯洁性教育活动，学习贯彻党章，坚定理想信念，坚持党的宗旨，增强党的观念，发扬优良传统，保持党员队伍的先进性和纯洁性。

第二，必须深化干部人事制度改革，建设一支善于治国理政的高素质干部队伍。坚持党管干部的原则，全面贯彻革命化、年轻化、知识化、专业化的方针。坚持党管人才、德才兼备和任人唯贤的基本原则，把各方面优秀人才集聚到党和国家的各项事业中来。

第三，必须按照政治坚定、求真务实、开拓创新、勤政廉政、团结协调的要求，把各级领导班子建设成为坚强的领导集体。

第四，必须加强和改进党的基层组织建设，使党的基层组织真正成为贯彻中国特色社会主义理论体系的组织者、推动者、实践者。

第五，必须坚持和健全民主集中制，增强党的团结和活力。发展党内民主，是政治体制改革和政治文明建设的重要内容。全党同志必须自觉坚持党员个人服从党的组织、少数服从多数、下级组织服从上级组织、全党各个组织和全体党员服从党的全国代表大会和中央委员会的原则，坚决维护党的团结统一，维护中央权威，严肃党的纪律，保证政令畅通。

第六，必须大兴求真务实之风，保持党同人民群众的血肉联系。立党为公、执政为民。加强思想教育，健全相关制度，提高执政效率，真正做到为民、务实、清廉。

第七，必须加强党风廉政建设，深入开展反腐败斗争。党风廉政建设和反腐败工作是党和国家的重要工作，也是党的建设新的伟大工程的重要组成部分，是加强党的执政能力建设的重要内容。

第八，必须不断增强党在新的历史条件下科学判断形势的能力、驾驭市场经济的能力、应对复杂局面的能力、依法执政的能力和总揽全局的能力。

加强党的执政能力建设的过程，既是不断提高党的执政能力的实践过程，也是不断把实践经验上升为理论、深入把握执政规律的过程。党的执政理论建设是一项系统工程，要坚持马克思主义执政理论与我们党执政的具体实践相结合，在总结历史经验和现实经验的基础上，开展全面、系统、深入的研究，不断完善我们党的执政理论体系，努力把党的执政能力建设建立在对客观规律的深刻认识和自觉运用的基础之上。

总之，我们党在领导人民治国理政的长期实践中，进行了艰辛的探索，取得了举世瞩目的执政成就，积累了丰富的执政经验。这些经验是几代中国共产党人经过长期探索和实践得来的，要始终不渝地坚持和充分加以运用，并在实践中不断丰富和发展。同时，由于我国的历史文化、社会制度、发展水平与其他国家不同，对世界上其他政党执政的一些做法和措施，不能照抄照搬，但对它们在治国理政方面的有益做法，要研究和借鉴，以开阔眼界，打开思路，更好地从世界政治经济发展的大格局中把握加强党的执政能力建设的规律。

新时期，加强党的执政能力建设的总体目标是：通过全党共同努力，使党始终成为立党为公、执政为民的执政党，成为科学执政、民主执政、依法执政的执政党，成为求真务实、开拓创新、勤政高效、清正廉洁的执政党，带领全国各族人民实现国家富强、民族振兴、社会和谐和人民幸福。

新时期，加强党的执政能力建设的主要任务是：不断提高驾驭社会主义市场经济的能力、发展社会主义民主政治的能力、建设社会主义先进文化的能力、构建社会主义和谐社会的能力、应对国际局势和处理国际事务的能力。新世纪新阶段，党的执政能力建设要立足现实、着眼长远，抓住重点、整体推进，不断研究新情况、解决新问题、创建新机制、增长新本领，使党的执政方略更加完善、执政体制更加健全、执政方式更加科学、执政基础更加巩固。

2. 加强党的先进性建设

党的先进性建设是马克思主义政党加强自身建设的永恒课题。先进性是马克思主义政党的根本特征，也是马克思主义政党的生命所系、力量所在。中国共产党自成立以来，之所以能够在各种政治力量的长期斗争和反复较量中脱颖而出，不断发展壮大，成为执掌全国政权的党，最根本的就在于始终保持了马克思主义政党的先进性。

尽管毛泽东时代并没有明确提出“党的先进性建设”这个概念，但是不断加强党的先进性建设却贯穿于毛泽东党建思想的始终。正如邓小平后来指出的那样，关于党的建设，“马克思、恩格斯讲得不多，列宁有个完整的建党的学说……把列宁的建党学说发展得最完备的是毛泽东同志”。他“对于建立一个什么样的党，党的指导思想是什么，党的作风是什么，都有完整的一套。正是由于毛泽东同志在延安整风中建立了完整的建党学说，并且用这个学说来教育我们全党、全军和人民，使我们建立了这么一个好的党。”①

毛泽东党建思想关于加强党的先进性建设理论主要有：①着重从思想上加强党的建设，保持党的工人阶级先锋队的性质。认为我们党之所以具有先进性，首先和主要的，就在于它是最先进的阶级——工人阶级的政党，是这个阶级的先锋队。只有明确坚持党的工人阶级先锋队性质，我们才能更好地理解党所处的历史地位和所肩负的崇高使命，把握马克思主义建党学说的精髓，保证党的建设沿着正确的轨道前进。但是，在工人阶级很少而战斗力很强，农民和其他小资产阶级占人口大多数的国家，建设一个具有广泛群众性的、马克思主义的工人阶级政党，是极其艰巨的任务。毛泽东主要从加强党的思想建设和开展积极的思想斗争两个方面着手成功地解决了这个问题。他说：“掌握思想教育，是团结全党进行伟大政治斗争的中心环节。如果这个任务不解决，党的一切政治任务是不能完成的。”②在党内“需要展开一个无产阶级对非无产阶级的思想斗争”③。②密切联系党的政治路线和党的斗争任务，推进党的建设的伟大工程。我们党要领导革命和建设事业走向胜利，必须正确地制定和贯彻执行党的政治路线。加强党的先进性建设的一个重要的目的，就是为了保证党的正确的政治路线的制定和贯彻执行，以便胜利地完成党面临的斗争任务，就是为了处理好党的最高纲领同当前阶段纲领的关系，把坚持党的崇高理想同坚持从当前的实际出发有机地结合起来，就是为了发挥党员的先锋模范作用。③牢记全心全意为人民服务的宗旨，坚定不移地走群众路线。工人阶级的利益在根本上是同广大人民群众的利益一致的。中国共产党作为工人阶级的先锋队，它不仅代表工人阶级的利益，而且代表整个中华民族和广大中国人民的利益。毛泽东强调全心全意为人民服务是我们党的根本宗旨，也是我们党区别于其他政党的一个显著标志，党的先进性源于广大人民群众，需要接受各方面的监督。④健全民主集中制，发扬党内民主。党的民主集中制是党的根本的组织原则和组织

① 《邓小平文选》第2卷，人民出版社1994年版，第44页。

② 《毛泽东选集》第3卷，人民出版社1991年版，第1094页。

③ 《毛泽东选集》第3卷，人民出版社1991年版，第875页。

制度。坚持民主集中制对于调动全党的积极性，团结和凝聚全党的力量，保持和发扬党的先进性，实现党面临的任务，具有重要的意义。毛泽东指出："必须在党内施行有关民主生活的教育，使党员懂得什么是民主生活，什么是民主制和集中制的关系，并如何实行民主集中制。这样才能做到：一方面，确实扩大党内的民主生活；又一方面，不至于走到极端民主化，走到破坏纪律的自由放任主义。"[①]

邓小平在领导全党开辟中国特色社会主义事业新道路和推进党的建设新的伟大工程的征程中，始终重视党的先进性建设。他立足于党肩负的历史任务，全面、深刻地论述了在长期执政和改革开放条件下加强党的先进性建设的重要意义、时代要求、判断标准、根本目标和指导思想，阐明了党的先进性建设与改善党的领导、提高党的领导水平的内在统一关系，并以改革的精神在实践中探索了一条政治建设、思想建设、组织建设、作风建设相互促进，制度建设贯穿其中的党的先进性建设成功之路，丰富和发展了马克思列宁主义、毛泽东思想关于党的建设的理论，对党的先进性建设的理论与实践作出了杰出的历史性贡献。其主要思想有：①必须注意研究新情况，解决新问题，推进理论创新，不断丰富和发展马克思主义，这是保持党的先进性的灵魂。邓小平指出："一个党，一个国家，一个民族，如果一切从本本出发，思想僵化，迷信盛行，那它就不能前进，它的生机就停止了，就要亡党亡国。"[②]②必须始终保持坚定的理想信念，这是保持党的先进性的精神支柱。邓小平指出："在我们最困难的时期，共产主义的理想是我们的精神支柱，多少人牺牲就是为了实现这个理想"。[③]现阶段，建设中国特色社会主义是共产党人的共同信念。只有牢固树立坚定的理想信念，才能自觉地抵制资本主义腐朽思想和生活方式的侵蚀。"没有这种精神文明，没有共产主义思想，没有共产主义道德，怎么能建设社会主义？党和政府愈是实行各项经济改革和对外开放的政策，党员尤其是党的高级负责干部，就愈要高度重视、愈要身体力行共产主义思想和共产主义道德。"[④]③必须始终坚持党的根本宗旨和群众路

① 《毛泽东选集》第2卷，人民出版社1991年版，第529页。
② 《邓小平文选》第2卷，人民出版社1994年版，第143页。
③ 《邓小平文选》第3卷，人民出版社1993年版，第137页。
④ 《邓小平文选》第2卷，人民出版社1994年版，第367页。

线，这是党的先进性的根本要求。人民群众的拥护和支持是我们党的力量源泉和胜利之本，是保证党取得执政资格和执政地位的根基。邓小平告诫全党："如果哪个党组织严重脱离群众而不能坚决改正，那就丧失了力量的源泉，就一定要失败，就会被人民抛弃。"[①]④必须加强基层党组织建设和党员队伍建设，这是党的先进性的基础工程。充分发挥基层党组织的战斗堡垒作用是党的先进性建设的重要目标。党的先进性最终要体现在党员的先进性上。坚持党要管党，切实加强对党员的教育、管理和监督，这是保持党员先进性的根本措施；党员，尤其是党的各级干部要自觉加强党性修养，这是保持党员先进性的重要途径。⑤必须加强反腐败斗争和制度建设，这是党的先进性的内在要求和制度保障。邓小平指出，执政党的党风关系到党的生死存亡。如果不严重注意，我们的党和国家确实要发生会不会"改变面貌"的问题，确实有失败的危险。只有坚决反对腐败，端正党风，才能维护党的纯洁性，体现党的先进性。制度建设更带有根本性、全局性、稳定性和长期性。邓小平指出，"我们过去发生的各种错误，固然与某些领导人的思想、作风有关，但是组织制度、工作制度方面的问题更重要。这些方面的制度好可以使坏人无法任意横行，制度不好可以使好人无法充分做好事，甚至会走向反面。"[②]必须建立健全民主集中制等各方面的制度和法律，使这种制度和法律不因领导人的改变而改变，不因领导人的看法和注意力的改变而改变。

江泽民高度重视处于新的历史方位中的党的先进性问题，对党如何适应新形势新任务的要求在路线纲领、奋斗目标、领导体制、工作机制、干部队伍、党员素质等方面始终保持和发展先进性，提出了一系列重要思想。"三个代表"重要思想，赋予党的先进性鲜明的时代内涵，高度概括了执政党保持先进性最根本的问题。其要求是我们党保持先进性、始终成为建设中国特色社会主义坚强领导核心的基本要求。江泽民系统阐明了党的先进性的衡量标准和实践依据，强调党的先进性是具体的、历史的，必须放到推动当代中国先进生产力和先进文化的发展中去考察，放到维护和实现最广大人民根本利益的奋斗中去考察，归根到底要看党在推动历史前进中的实际作用。江泽民关于

① 中共中央文献研究室：《邓小平论党的建设》，人民出版社1990年版，第428页。

② 《邓小平文选》第2卷，人民出版社1994年版，第333页。

党的先进性理论主要有：①必须坚持党的工人阶级先锋队性质。江泽民从我国经济社会发展的实际特别是我国社会阶层构成发生新变化的实际出发，明确提出我们党要始终成为中国工人阶级的先锋队，同时成为中国人民和中华民族的先锋队。这是对党的性质的新表述。一方面，无论党的地位、环境和历史任务如何变化，党的工人阶级先锋队性质不能改变，坚持全心全意依靠工人阶级的根本方针不能改变；另一方面，我们党还代表着中国最广大人民的根本利益，肩负着实现中华民族伟大复兴的庄严使命，忠诚地为中国人民和中华民族的根本利益而奋斗。江泽民"两个先锋队"的思想，体现了继承与创新的统一、党的阶级性与群众性的统一。②必须始终抓住党员队伍这个主体，充分依靠全体党员共同努力。江泽民反复强调，要切实加强和改进对党员的教育和管理，提高素质，增强党性，使党员成为推动经济社会发展的先进分子，只有把保持和发展党员队伍的先进性这个基础工程抓好了，广大党员的先进性意识增强了，保持党的先进性就有了强大而不竭的动力源泉。③必须坚持从严治党的方针。江泽民指出，我们党的性质、党在国家和社会生活中所处的地位、党肩负的历史使命，要求我们治国必先治党，治党务必从严。必须把从严治党的要求全面贯彻于党的思想、组织、作风和制度建设的各方面工作，体现到对各级党组织和广大党员、干部进行教育、管理、监督等各个环节中去，并为此提出了"五条要求"[①]。

党的十六大以来，以胡锦涛为总书记的党中央全面总结了我们党加强先进性建设的历史经验，根据时代发展的要求和形势任务的变化，鲜明地提出了加强党的先进性建设这一科学命题。胡锦涛认为加强党的先进性建设，是加强和改进党的建设的长期任务和永恒课题。他指出："抓住了先进性建设，就抓住了党的建设的根本。"[②]我们要充分运用党的建设的历史经验，及时总结党的建设的新鲜经验，深化对加强和改进新形势下党的建设的规律性认识，继续以改革创新精神全

① 五条要求是：要严格按照党章办事，按党的制度和规定办事；要对党员特别是领导干部严格要求、严格管理、严格监督；要在党内生活中讲党性、讲原则，开展积极的思想斗争，弘扬正气，反对歪风；要严格按照党章规定的标准发展党员，严肃处置不合格党员；要严格执行党的纪律，坚持在纪律面前人人平等。

② 中共中央文献研究室：《十六大以来重要文献选编》（中），中央文献出版社2006年版，第615页。

面加强和改进党的建设，不断推进党的先进性建设。其主要思想有：①必须深刻认识和充分运用坚持马克思主义基本原理同中国具体实际相结合、坚持科学理论指导、坚定不移走自己道路的历史经验，始终把马克思主义作为自己的指导思想，坚持解放思想、实事求是、与时俱进，坚持用马克思主义立场观点方法观察当今世界、观察当代中国，准确把握时代脉搏，不断推进马克思主义中国化时代化大众化，使党的理论和实践始终体现时代性、把握规律性、富于创造性，使党的路线方针政策不断与时俱进，保证党始终站在时代发展的前列和中国社会发展进步的潮头。②必须深刻认识和充分运用紧紧依靠人民群众、诚心诚意为人民谋利益、从人民群众中汲取前进力量的历史经验，坚持立党为公、执政为民，坚持以人为本，把最广大人民根本利益作为党全部工作的出发点和落脚点，深入做好群众工作，办好顺民意、解民忧、惠民生的实事，不断实现好、维护好、发展好最广大人民根本利益，使党始终得到人民群众的支持和拥护。③必须深刻认识和充分运用自觉加强和改进党的建设、不断增强党的创造力凝聚力战斗力、永葆党的生机活力的历史经验，坚持党要管党、从严治党，紧紧围绕党的中心任务，以改革创新精神全面推进党的思想建设、组织建设、作风建设、反腐倡廉建设和制度建设，着力加强党的执政能力建设和先进性建设，不断解决好提高党的领导水平和执政水平、提高拒腐防变和抵御风险能力这两大历史课题，不断提高党的建设科学化水平。④必须努力形成永葆党的先进性的长效机制。建立健全保持先进性的长效机制，是确保先进性教育活动成效的重大举措，也是党的先进性建设的长期任务。永葆党的先进性，必须在创新体制、健全制度、完善载体、落实责任上下功夫。创新是建立长效机制的根本动力。要尊重基层的首创精神，积极寻找新的历史条件下做好党员经常性教育管理的方法和途径，努力探索使广大党员长期受教育、永葆先进性的长效机制，要立足当前、着眼长远，坚持继承，大胆创新，讲求系统配套，注重务实管用，搞好建章立制，确保落实到位。

当前，加强党的先进性建设，就是要通过推进思想建设、组织建设、作风建设、反腐倡廉建设和制度建设，使党的理论和路线方针政策合乎时代发展的潮流、顺应我国社会发展进步的要求、反映全国各族人民的利益和愿望，使各级党组织不断提高创造力、凝聚力、战斗力，始终发挥领导核心作用和战斗堡垒作用，使广大党员不断提高自身素质，始终发挥先锋模范作用，使党不断提高执政能力、巩固执政地位、完善执政使命。要把保持和发展党的先进性体现在善于治国理政上，体现在不断发展先进生产力、发展民主政治、发展先进文化、构建和谐社会、实现最广大人民的根本利益上，必须以党的先进性建设推动科学发展观的贯彻落实，使党始终保持旺盛的生机和活力。

三、提高党的建设科学化水平

提高党的建设的科学化水平，是对党的执政党建设理论的继承和发展，也是对世情、国情、党情新变化提出挑战和考验的深刻回应，为在新形势下全面推进党的建设新的伟大工程指明了努力的方向。

（一）全面推进党的建设新的伟大工程

中国共产党要在进行社会主义现代化建设的全过程中始终实施坚强的领导，在广阔深刻的历史性变革中始终坚持工人阶级先锋队的性质和全心全意为人民服务的宗旨，在激烈的国际斗争中始终掌握主动权，就必须继续锲而不舍地加强自身建设，把推进党的建设新的伟大工程视为自己的神圣责任。

1. 党的建设是全面的自身建设

党的建设是全面的自身建设，主要包括思想建设、组织建设、作风建设、反腐倡廉建设和制度建设等方面。在新的历史条件下，要把党建成思想上政治上组织上完全巩固、能够经受住各种风险、始终走在时代前列、领导全国人民建设中国特色社会主义的马克思主义政党，必须全面推进党的建设的新的伟大工程。

党的思想建设、组织建设、作风建设、反腐倡廉建设和制度建设“五位一体”的总体布局，是一个不可分割的整体，相互间既各有侧重又彼此联系，统一于党的建设新的伟大工程和中国特色社会主义伟大事业。党的思想建设是党的根本性建设，为党的组织建设、作风建设、反腐倡廉建设和制度建设提供思想基础；党的组织建设为党的思想建设、作风建设、反腐倡廉建设和制度建设提供组织保证；党的作风建设、反腐倡廉建设关系党的形象和肌体健康，既为党的建设提供纪律和作风保障，又反映党的思想建设、组织建设、制度建设的成效；党的制度建设为党内生活提供运行机制，为党的思想建设、组织建设、作风建设、反腐倡廉建设提供切实有效的制度保证。

2.推进党的建设新的伟大工程的主要任务

推进党的建设新的伟大工程的主要任务是：以坚定理想信念为重点加强思想建设，以造就高素质党员干部队伍为重点加强组织建设，以保持党同人民群众的血肉联系为重点加强作风建设，以完善惩治和预防腐败体系为重点加强反腐倡廉建设，以健全民主集中制为重点加强制度建设。

党的十八大报告指出，对马克思主义的信仰，对社会主义和共产主义的信念，是共产党人的政治灵魂，是共产党人经受住任何考验的精神支柱。为此，首先要抓好思想理论建设这个根本，学习马克思列宁主义、毛泽东思想和中国特色社会主义理论体系，推进学习型党组织建设，教育引导党员、干部矢志不渝地为中国特色社会主义共同理想而奋斗。其次要抓好党性教育这个核心，学习党的历史，弘扬党的优良传统和作风，教育引导党员、干部牢固树立正确的世界观、权力观、事业观，坚定政治立场，明辨大是大非。最后要抓好道德建设这个基础，教育引导党员、干部模范践行社会主义荣辱观，讲党性、重品行、作表率，做社会主义道德的示范者、诚信风尚的引领者、公平正义的维护者，以实际行动彰显共产党人的人格力量。

党的十八大强调，坚持和发展中国特色社会主义，关键在于建设一支政治坚定、能力过硬、作风优良、奋发有为的执政骨干队伍，通过造就高素质党员、干部队伍加强党的组织建设。这是对新形势下加强党的组织建设提出的新要求，为我们加强和改进党的建设指明了方向。党员是党的肌体的细胞和党的活动的主体。造就高素质的党员，坚持不懈地提高党员素质，是由党员在基层党组织中所起的作用决定的。干部队伍是党和国家事业的骨干，是党的纲领路线方针政策的制定者和执行者，是党的先进性建设的组织者和实践者。党的思想、组织、作风和制度等各项建设需要干部队伍组织实施，党的路线方针政策需要干部队伍制定并贯彻执行，各级党组织的创造力、凝聚力、战斗力和领导核心作用需要以干部队伍为骨干来提高和发挥，广大党员的素质需要干部队伍在加强党员教育管理中提高，他们的先锋模范作用需要在干部队伍的表率和示范作用下发挥。

党的十八大强调，为人民服务是党的根本宗旨，以人为本、执政为民是检验党一切执政活动的最高标准，党必须始终保持同人民群众的血肉联系。这是对新时期加强党的作风建设提出的新要求，为我们加强和改进党的建设指明了方向。一个政党是否先进，很重要的是通过其性质和宗旨来衡量的。党的作风是党的性质、宗旨的外在表现，直接体现着党的形象，关系着人心向背，关系着党和国家的生死存亡，关系着中国特色社会主义事业的兴衰成败。在革命、建设和改革的不同时期，我们党一直高度重视作风建设，这是党不断取得胜利的重要法宝。我们党最大的政治优势是密切联系群众，执政后最大的危险是脱离群众。只有切实加强作风建设，坚持群众路线，才能密切党同人民群众的血肉联系，赢得人民群众的衷心拥护和支持，党的工作才会顺利开展；反之，放松作风建设，党的工作就会停滞不前，甚至出现倒退。

党的十八大强调，反对腐败、建设廉洁政党，是党一贯坚持的鲜明政治立场，是人民关注的重大政治问题，必须完善惩治和预防腐败体系，加强反腐倡廉建设。这一重大命题和要求，丰富和发展了党的反腐倡廉理论，深化了党对反腐倡廉工作规律的认识，进一步回答了当前和今后一个时期党风廉政建设和反腐败斗争坚持什么、抓什么、怎么抓的问题，为深入推进反腐倡廉建设指明了方向。优良的党风是凝聚党心民心的巨大力量。加强党的作风建设迫切要求深入开展反腐倡廉建设。中国共产党的性质和宗旨，决定了党同各种消极腐败现象是水火不相容的。坚决惩治和有效预防腐败，关系人心向背和党的生死存亡，是党必须始终抓好的重大政治任务。建立健全与社会主义市场经济体制相适应的教育、制度、监督并重的惩治和预防腐败体系，是党中央作出的重大战略决策。这就要求我们在开展反腐倡廉建设中，必须坚持标本兼治、综合治理、惩防并举、注重预防方针，全面推进惩治和预防腐败体系建设，做到干部清正、政府清廉、政治清明。加强反腐倡廉教育和廉政文化建设。坚决惩治腐败是我们党执政能力的重要体现，有效预防腐败更是我们党执政能力的重要标志。在坚决惩治腐败的同时，要进一步提高有效防治腐败的能力，巩固和发展反腐倡廉建设的成果。

党的十八大强调，党内民主是党的生命。要坚持民主集中制，健全党内民主制度体系，以党内民主带动人民民主。这反映了我们党对执政党建设规律的深刻认识，体现了以改革创新精神加强党的建设的新要求，对于新形势下坚持和完善民主集中制原则，不断提高党的制度化建设水平，全面推进党的建设新的伟大工程，具有重要的现实意义。制度建设是党的建设中带有全局性、稳定性、长期性的根本性建设。在党的制度建设中突出健全民主集中制这个重点，坚持以健全民主集中制为重点加强制度建设，深刻体现了马克思主义建党思想的基本原则，深刻反映了党的制度建设的本质要求。党内民主是党的生命。只有按照民主集中制的要求加强党的制度建设，才能使党的各项制度体现党的建设客观规律的要求，形成正确处理党内关系的制度化、规范化准则，形成又有集中又有民主，又有纪律又有自由，又有统一意志又有个人心情舒畅的生动活泼的政治局面，实现全党在马克思主义思想统一基础上的组织统一和行动一致。党的建设的实践反复证明：民主集中制是维系党的生命的根本原则和根本制度，什么时候坚持了这个原则和制度，什么时候我们党就坚强团结，党的事业兴旺发达就有了根本的制度保证；反之，民主集中制执行得不好，党是可以变质的，国家也是可以变质的，社会主义也是可以变质的。

3. 必须以改革创新精神研究和解决党的建设面临的重大理论和实践问题

改革创新是增强党的创造力、凝聚力、战斗力的必由之路。坚持用时代发展的要求审视自己，以改革创新精神加强和完善自己，是党始终保持马克思主义政党本色、永不脱离群众和具有蓬勃活力的根本保证，也是改革开放以来党领导的事业和党的建设不断取得成就和进步的关键所在。

首先，改革创新是党顺利完成肩负的执政使命的现实需要。中国特色社会主义事业是改革创新的事业。党领导的中国特色社会主义伟大事业，要靠党的建设新的伟大工程来保证。我们党作为领导中国特色社会主义伟大事业的马克思主义政党，要始终保持蓬勃生机和旺盛活力，始终成为中国特色社会主义事业的坚强领导核心，始终站在时代前列团结带领人民不断开创事业发展新局面，党的建设必须与时俱进，党的工作必须改革创新。这是新的形势下坚持和改善党的领导、加强党的执政能力建设和先进性建设的关键所在。其次，改革创新是党正确应对新课题新考验的现实需要。我们党在全国长期执政，积累了治国理政和加强自身建设的宝贵经验，但也容易使一些党员、干部产生惰性和脱离群众的倾向。党领导的改革开放既给党注入巨大活力，也使党面临许多前所未有的新课题新考验。我们党已经拥有8200多万名党员，新党员数量大量增加，新老干部队伍交替不断进行，一大批年轻干部走上领导岗位，这给党不断增添了新鲜血液，也使党的自身建设任务比过去任何时候都更为繁重。世情、国情、党情的发展变化，决定了以改革创新精神研究和解决党的建设面临的重大理论和实践问题的紧迫性。最后，改革创新是党解决自身建设存在问题的现实需要。改革开放以来，我们把党的建设新的伟大工程同党领导的伟大事业结合起来，以改革创新的思路谋划和推进党的建设，以求真务实的作风抓好党的建设各项工作的落实，党的执政能力建设和先进性建设进一步加强，党的理论创新、实践创新的能力和水平进一步提高，党同人民群众的关系进一步密切，党组织的创造力、凝聚力、战斗力进一步增强，为改革开放和现代化建设提供了坚强的政治和组织保证。但是，我们党的建设在取得巨大成绩的同时，也还存在一些问题和不足。比如，党的执政能力同新形势新任务不完全适应；一些基层党组织软弱涣散；少数党员干部作风不正，形式主义、官僚主义问题比较突出，奢侈浪费、消极腐败现象仍然比较严重，等等。解决新问题需要新办法，开拓新局面需要新举措。要从根本上解决这些存在的问题，就必须把改革创新精神落实到研究和解决党的建设面临的重大理论和实践问题之中，在党的建设中更加注重理论创新、实践创新以及体制机制和制度的创新，以改革的思路寻求解决问题的新途径新举措，以创新的精神健全和完善各项制度和办法，使党更好地成为中国特色社会主义的领导核心，成为全面建设小康社会的组织者、实践者、推动者、引领者，更好地完成党所肩负的执政使命。

以改革创新精神研究和解决党的建设面临的重大理论和实践问题，是对加强和改进党的建设提出新的更高要求，充分体现了我们党准确把握时代潮流和世界大势，对中国特色社会主义事业是改革创新事业的认识进一步深化，对领导这一改革创新事业的执政党建设规律的认识进一步深化，为新世纪新阶段全面推进党的建设新的伟大工程提供了指导原则。

（二）提高党的建设科学化水平的目标任务

党的建设的科学化，是我们党加强自身建设一贯坚持的理想追求。在新的历史条件下，提高党的建设科学化水平，在根本上就是要不断把握和自觉运用马克思主义执政党建设规律，努力在以科学理论指导党的建设、以科学制度保障党的建设、以科学方法推进党的建设上见到实效。

1. 必须推进马克思主义中国化、时代化、大众化，提高全党思想政治水平

理论上的成熟是政治上坚定的基础，理论上的与时俱进是行动上锐意进取的前提，思想上的统一是全党步调一致的重要保证。必须按照建设马克思主义学习型政党的要求，把学习作为一种精神追求，深入学习和掌握马克思列宁主义、毛泽东思想，深入学习和掌握中国特色社会主义理论体系。

党的十七届六中全会深刻总结历史经验，科学分析当前形势，提出了推进马克思主义中国化、时代化、大众化的重大命题。这是着眼于坚持和巩固马克思主义在意识形态领域指导地位、着眼于不断为党和国家事业发展提供强有力的理论指导、着眼于增强科学理论教育引导群众作用作出的重大部署，既具有重大的理论意义，也具有重大的实践意义。

经济全球化的深入发展，把世界各国的前途命运日益紧密地联系在一起。当代马克思主义不可能离开人类必须共同面对的世界性课题、离开各国人民创造的优秀文明成果而独立发展。马克思主义作为一种先进的、开放的思想体系，总是与世界最新科技成果相联系，总是通过回答时代课题获得新认识，总是在吸收人类优秀文明成果过程中得到丰富发展。因此，必须紧密结合时代特征，准确把握时代主题，积极回应时代挑战，创造马克思主义理论的新范畴、新论断，用富有时代气息的鲜活语言，用适合当今社会的表达方式，更好地阐明对当今世界经济、政治、文化等重大问题的主张和看法。必须密切关注世界文明的发展趋势，重视从世界与中国的双重维度去观察、思考和解决问题，积极借鉴世界各国包括资本主义国家创造的一切有益文明成果，善于吸收不同文明中科学、进步的合理成分，使马克思主义在海纳百川、博采众长中不断焕发新的生机和活力。必须站在现代科技发展的最前沿，敏锐把握科学技术重大突破给经济社会乃至人们思维方式带来的深刻影响，善于运用最新的科学思想和科技素材拓宽马克思主义的视野，丰富马克思主义的内涵。

经过30多年的改革开放，我国经济社会取得长足发展，无论是经济实力、军事实力，还是人民生活、国际地位，都得到了大幅度提升。但总体上说，我国仍处于并将长期处于社会主义初级阶段的基本国情没有变，人民群众日益增长的物质文化需要同落后的社会生产之间的矛盾这一社会主要矛盾没有变，我国仍然是世界上最大的发展中国家的国际地位没有变。把握中国国情是马克思主义中国化、时代化、大众化的基础，必须坚持从社会主义初级阶段这个最大实际出发，立足中国国情，研究解决中国革命、建设和改革的实际问题，不断为推动党和国家事业发展提供强有力的理论指导。马克思主义中国化、时代化、大众化也是与中华文化交汇的过程，中华文化积淀着中华民族的最深层的精神追求，必须认真汲取其蕴藏的智慧和养分，融合中华民族的价值取向和思维方式，把马克思主义理论与中华民族的思维模式、价值取向、行为方式结合起来，使马克思主义具有中华文化的特质、打上中华民族的烙印。

推进马克思主义中国化、时代化、大众化，必须以改革发展稳定中的实际问题、以我们正在做的事情为中心，着眼于马克思主义理论的实际运用，着眼于对实际问题的理论思考，着眼于新的实践和新的发展，研究解决实践提出的、干部群众普遍关心的重大理论和实际问题，在实践中丰富和发展中国特色社会主义理论体系。要坚持把推进马克思主义中国化、时代化、大众化同推动社会重大现实问题的解决结合起来，同解决关系国计民生的现实矛盾结合起来，同指导实际工作结合起来，同研究解决人民最关心最直接最现实的利益问题、本地区本部门改革发展稳定中的重大问题、党的建设突出问题结合起来，努力使理论成果更好地转化为治国理政的方针政策，转化为国家的法律法规，转化为各级党委政府的工作思路。当前，特别要紧密联系应对国际金融危机、保持经济平稳较快发展这个工作大局和首要任务，深入研究国际金融危机的形成原因、发展趋势，深入研究国际金融危机扩散和蔓延的基本态势、演变过程和长期发展趋势，深入研究金融危机对我国经济社会发展以及对世界经济、政治格局带来的深刻影响，全面把握和创造性地贯彻落实中央的一系列重大决策部署，切实提高战略思维、创新思维、辩证思维能力，使学习的过程成为有效应对危机和挑战、在战胜风险困难中实现新的更大发展的过程。

人民群众的伟大实践是理论创新的源头活水，是推进马克思主义中国化、时代化、大众化的根本途径。必须坚持实践第一的观点，善于用创新的理论指导新的实践。建设和发展中国特色社会主义是中华民族实现富强、走向复兴的必由之路，也是我们不断推进马克思主义中国化的实践源泉。这一伟大实践中不断涌现的各种先进典型和成功经验，蕴涵着丰富的思想养分。我们要善于从多彩的实践活动中、火热的社会生活中、人民群众的创造中汲取营养，善于把基层党组织和人民群众创造的新鲜经验升华为理论成果，在实践中不断丰富科学理论的内涵。正确的理论不仅来自于实践，而且接受实践检验并随着实践的发展而发展。我们既要从实践发展的需要出发，对马克思主义科学原理和科学精神进行准确的把握和运用，又要结合新的经验、新的创造，在回答和解决实际问题中推进理论创新。

2. 必须坚持五湖四海、任人唯贤，坚持德才兼备、以德为先的用人标准

政治路线确立之后干部就是决定因素。坚持五湖四海、任人唯贤，是我们党的性质和宗旨的必然要求。必须以更宽的视野、更高的境界、更大的气魄，广开进贤之路，坚持把干部的德放在首要位置，让所有优秀干部都能为党和人民贡献力量，让各类人才都拥有广阔的创业平台、发展空间，形成人才辈出、人尽其才、才尽其用的生动局面。

胡锦涛在建党90周年纪念大会上的讲话中指出："在新的历史条件下提高党的建设科学化水平，必须坚持五湖四海、任人唯贤，坚持德才兼备、以德为先的用人标准，把各方面优秀人才集聚到党和国家事业中来。""中国特色社会主义道路能不能越走越宽广，中华民族能不能实现伟大复兴，要看能不能不断培养造就大批优秀人才，更要看能不能让各方面优秀人才脱颖而出、施展才华。"①这一讲话内涵深刻，

① 胡锦涛：《在庆祝中国共产党成立90周年大会上的讲话》，《人民日报》2011年7月2日，第2版。

从党的先进性的根本点、提高党的建设科学化水平的高度，为我们在新的历史条件下党的干部队伍建设和人才工作指明了方向。

坚持五湖四海、任人唯贤是党的性质和宗旨的必然要求。在选人用人上，是坚持五湖四海、任人唯贤，还是眼光狭隘、任人唯亲，是区分马克思主义政党与非马克思主义政党的重要标准。中国共产党除了人民利益，没有自己的特殊利益。党的性质和宗旨，决定了我们党在选人用人上能够做到五湖四海、任人唯贤，能够克服一切选人用人的狭隘偏私和局限，用崇高的事业感召人才、培养人才、造就人才，为一切忠于人民、扎根人民、奉献人民的人们提供施展才华的宽广舞台。90多年来，我们党在深刻总结历史经验基础上逐步形成、并且一经形成便始终坚持的五湖四海、任人唯贤这一崇高原则，为我们党赢得人才优势、赢得人民拥护提供了重要保证，也是我们党领导革命、建设和改革谱写一个又一个光辉篇章的一条重要经验。在我们党的历史上，曾经有过王明、张国焘等搞宗派主义而导致革命严重受损的教训，建国初期也曾出现过高岗、饶漱石反党联盟试图分裂党的阴谋，但总体来说，我们党从来就没有真正形成过这一派那一派，搞宗派主义从来就不得成功。毛泽东曾指出，我们都来自五湖四海，为了一个共同的革命目标，走到一起来了。他强调，所有干部都是一个父母生的，都是党的宝贵财富。他在中共七大上说明中央委员会选举方针时进一步提出，要不要照顾各个方面？也就是所谓要不要照顾山头的问题。他明确回答，要照顾才好。因为中国革命的实际造就了许多山头。有山头不是坏事，坏的是山头主义、宗派主义。邓小平也指出，要能容忍各方面、团结各方面，这是一个关键，但是不能搞小团体、小圈子。“小圈子那个东西害死人呐！很多失误就从这里出来，错误就从这里犯起。”[①]改革开放以来，我们党深刻总结中外政党执政兴衰的历史经验，认为一个地方、一个单位，如果小圈子盛行，势必正气不彰、人心不齐、事业不振。强调要坚持任人唯贤，坚持公道正派，反对任人唯亲；按照革命化、年轻化、知识化、专业化方针选拔干部；深化干部人事制度改革，完善干部选拔任用机制；坚持德才兼备、以德为先用人标准。事实反复证明，坚持五湖四海、任人唯贤的方针对

① 《邓小平文选》第3卷，人民出版社1993年版，第301页。

于开创群英荟萃、人才辈出的生动局面，使党的事业始终充满蓬勃朝气，起到极大促进作用，是有效防止选人用人不正之风，不断增强党的凝聚力创造力战斗力的重要保证。

"德才兼备"，是我们党选人用人的一贯要求。早在新民主主义革命时期，毛泽东同志就提出了任人唯贤的用人路线，并身体力行，一贯坚持德才兼备的干部标准。几十年的实践证明，这条德才兼备的用人标准是科学的、正确的。德与才是辩证统一的。在新的形势下，我们党不仅坚持"德才兼备"，还特别强调"以德为先"，这是一个十分鲜明的用人导向，这样做，就抓住了干部队伍建设的关键，具有很强的现实针对性。对于党的领导干部来说，是否德高望重，不仅关系到个人的修养素质，而且更关系到人民福祉、国家兴衰。"德"的核心就是党性，加强党性修养是每个领导干部改造主观世界的终生课题。以"德"为先，要求我们的干部始终具有坚定的理想信念，自觉践行为人民服务的宗旨，对党和人民事业高度负责，保持清正廉洁的政治本色。在新的形势下，德才兼备的标准，就是既包括在政治方向、政治立场上的表现，也包括思想道德品质上的状况；既是指理论素养、科学文化素养和专业知识，也是指胜任岗位职责的领导才能。深入贯彻落实科学发展观，建设中国特色社会主义，是当代中国共产党人的历史使命和目标追求。"德才兼备"必须符合科学发展观提出的"以人为本、执政为民"的要求。

3. 必须坚持以人为本、执政为民理念

以人为本、执政为民是党的性质和全心全意为人民服务根本宗旨的集中体现，是指引、评价、检验党一切执政活动的最高标准。必须始终把人民利益放在第一位，把最广大人民的根本利益作为一切工作的出发点和落脚点，使党获得最广泛最可靠最牢固的群众基础和力量源泉。

党的90多年发展历程表明，源于人民、植根人民、服务人民，是我们党永远立于不败之地的根本。我们必须始终把人民利益放在第一位，使我们的工作获得最广泛最可靠最牢固的群众基础和力量源泉。90多年来，我们党的发展之所以能够由小到大，之所以能够战胜强大的敌对势力，之所以能够在犯错误后还能够得到人民的支持、拥护，关键就在于始终坚持群众观点，始终把人民利益放在第一位。具体来说：一是依靠人民群众。相信谁、依靠谁、为了谁，是否站在最广大人民群众的立场上，是区分唯物史观和唯心史观的分水岭，也是判断马克思主义政党的试金石。“人民，只有人民，才是创造世界历史的动力。”[①]二是关心人民群众。三是为人民用好权。一切权力都属于人民，人民是权力的主人。在我国社会主义改造基本完成之际，毛泽东就及时警告，我们一定要警惕，不要滋长官僚主义作风，不要形成一个脱离人民的贵族阶层。他说：“我们的权力是谁给的？是工人阶级给的，是贫下中农给的，是占人口百分之九十以上的广大劳动群众给的。”[②]执政党必须为人民掌好权，慎用权，用好权，自觉地接受人民监督。

坚持以人为本、执政为民，始终牢记我们党全心全意为人民服务的宗旨。任何时候都要把人民利益放在第一位，始终与人民心连心、同呼吸、共命运、始终依靠人民推动历史前进。要做到发展为了人民，发展依靠人民。这是我们做好一切工作的根本出发点和落脚点。坚持问政于民、问需于民、问计于民，从人民伟大实践中汲取智慧和力量。坚持实干富民、实干兴邦，敢于开拓，勇于担当，多干让人民满意的好事实事。坚持艰苦奋斗、勤俭节约，下决心改进文风会风，着力整治慵懒散奢等不良风气，坚决克服形式主义、官僚主义，以优良党风凝聚党心民心、带动政风民风。当前，有少数领导干部以权谋私、与民争利，甚至有一些损害群众利益的行为。有一些地方出现了上访、群体性事件，其中一个原因就是群众反映的合理诉求没有得到有效地解决，群众的合法权益没有得到很好地维护。解决好这些问题，消除不满情绪，就要求每一个党员干部都必须牢固树立全心全意为人民服务的思想，和以人为本、执政为民的理念，真正把群众的利益放在心上，切实采取维护群众利益的实际行动。群众利益无小事，检验党员干部是否真心实意地为人民谋利益，是否密切联系群众，不是看口头上怎么说，而是要看是否真正把群众利益放在心上，是否能够密切联系群众，是否在工作中依靠群众，办事情的出发点是不是为了群众，落脚点是否真正有利于群众。要在注重人民群众长远利益、

① 《毛泽东选集》第3卷，人民出版社1991年版，第1031页。

② 中共中央文献研究室：《建国以来毛泽东文稿》第12册，中央文献出版社1998年版，第581页。

根本利益的前提下，从人民群众最关心最直接最现实的利益问题入手，从柴米油盐酱醋茶、衣食住行教医保，到安定稳定、生态环境等方面入手，着力解决好人民群众的实际利益、具体利益。只有在不断解决老百姓最关心、最直接、最现实的利益问题的过程中，“以人为本、执政为民”的理念才能真正找到支点，落到实处，赢得民心。

4. 必须坚持标本兼治、综合治理、惩防并举、注重预防的方针，深入开展党风廉政建设和反腐败斗争

腐败是人民的公敌，是党和国家的大敌。坚决惩治和有效防御腐败，关系人心向背和党的生死存亡，是党必须始终抓好的重大政治任务。必须警钟长鸣，充分认识反腐败斗争的长期性、复杂性、艰巨性，以更加坚定地信心、更加坚决的态度、更加有力的举措推进惩治和预防腐败体系建设，坚定不移把反腐败斗争进行到底。

我们党历来坚决反对腐败，对腐败分子从不手软，尤其是自20世纪90年代初以来，面对消极腐败现象蔓延的势头，党中央提出了加大反腐败工作力度、坚决惩治腐败的要求，把工作侧重点放在预防和遏制上。党的十五大提出要坚持标本兼治、综合治理的方针，逐步加大治本的力度。党的十六大以后，我们党适时提出要坚持标本兼治、综合治理、惩防并举、注重预防的方针，建立健全与社会主义市场经济体制相适应的教育、制度、监督并重的惩治和预防腐败体系，颁布了《建立健全教育、制度、监督并重的惩治和预防腐败体系实施纲要》，以通过教育、完善制度、强化监督，建立健全拒腐防变教育的长效机制、反腐倡廉制度体系、权力运行监控机制。党的十八大从事关党和国家生死存亡的高度，强调反腐倡廉必须常抓不懈，拒腐防变必须警钟长鸣，进一步明确了反腐倡廉建设的目标，即“要坚持中国特色反腐倡廉道路，坚持标本兼治、综合治理、惩防并举、注重预防方针，全面推进惩治和预防腐败体系建设，做到干部清正、政府清廉、政治清明。”①并就反腐倡廉建设进行了部署，即加强反腐倡廉教育和廉政文化建设；各级领导干部特别是高级干部必须自觉遵守廉政准则，严格执行领导干部重大事项报告制度，既严于律己，又加强对亲属和身边工作人员的教育和约束，绝不允许搞特权；严格规范权力行使，加

① 胡锦涛：《坚定不移沿着中国特色社会主义道路前进，为全面建成小康社会而奋斗》，人民出版社2012年版，第54页。

强对领导干部特别是主要领导干部行使权力的监督；深化重点领域和关键环节改革，健全反腐败法律制度，防控廉政风险，防止利益冲突，更加科学有效地防治腐败；加强反腐败国际合作；严格执行党风廉政建设责任制；健全纪检监察体制，完善派驻机构统一管理，更好发挥巡视制度的监督作用；始终保持惩治腐败高压态势，坚决查处大案要案，着力解决发生在群众身边的腐败问题。不管涉及什么人，不论权力大小、职位高低，只要触犯党纪国法，都要严惩不贷。

5. 必须推进党的建设制度化、规范化和程序化

建设好、管理好一个有几千万党员的大党，制度更带有根本性、全局性、稳定性、长期性。必须始终把制度建设贯穿于党的思想建设、组织建设、作风建设和反腐倡廉建设的全过程，坚持突出重点、整体推进，继承传统、大胆创新，构建内容协调、程序严密、配套完备、有效管用的制度体系。胡锦涛在庆祝中国共产党成立90周年大会上的讲话中指出："在新的历史条件下提高党的建设科学化水平，必须坚持用制度管权管事管人，健全民主集中制，不断推进党的建设制度化、规范化、程序化。"[①]这一重要论述进一步强调了党的制度建设在党的建设中的重要地位，提出了在新的历史条件下以制度建设科学化保障党的建设科学化的重要任务，也明确了推进党的制度建设科学化的目标要求。

首先，制度化、规范化、程序化是党的建设科学化的重要保障。我们党90多年的发展历程表明，建设好、管理好一个有几千万党员的大党，制度建设至关重要，必须始终把制度建设贯穿于党的思想建设、组织建设、作风建设和反腐倡廉建设之中，不断推进党的建设制度化、规范化和程序化。其次，推进党的建设的制度化、规范化和程序化是巩固党的执政地位的重要保证。制度建设是其他各项建设的载体、支撑，通过加强制度建设，推进党的建设制度化、规范化、程序化，可以为党提供一个稳定的、规范化的活动方式和工作方式，为党内生活提供有效规范的运行机制，使党的执政方略不因领导人的变化而变化，不因领导人的看法和注意力的改变而改变，为党的思想建设、组织建设、作风建设和反腐倡廉建设提供制度保障和行动规范，

① 胡锦涛：《在庆祝中国共产党成立90周年大会上的讲话》，《人民日报》2011年7月2日，第2版。

从而确保党的正确领导的连续性和稳定性，以提高党的执政能力，巩固党的执政地位，实现党的执政使命。再次，当前影响党的建设制度化、规范化和程序化的消极因素还存在。这主要表现在制度规划缺乏严密性和系统性，存在“制度打架”现象；制度设计缺乏科学性和针对性，存在“制度脱节”现象；制度修订缺乏预见性和创新性，存在“制度落伍”现象；制度落实缺乏权威性和可操作性，存在“制度漂浮”现象；制度目标缺乏公正性和公开性，存在“制度错位”现象，等等。

推进党的建设制度化、规范化、程序化的目的，就是按照党章的根本要求，树立党的建设的科学理念、明确建设思路、突出重点任务，建立起规范党内各种关系、保证党内民主及正常生活、有利于党的领导作用实现的制度和机制，使党的建设和党的工作逐步实现制度化、规范化、程序化。

第九专题　当代中国与世界

中国的发展离不开世界，建设中国特色社会主义需要和平稳定的国际环境和开展对外交流合作。世界的繁荣稳定也离不开中国。在当今世界处于大发展大变革大调整的背景下，如何理解和平与发展仍是当今时代的主题？如何把握当代中国与世界关系的历史性变化？新世纪新阶段的中国应走什么样的发展道路？实行什么样的国际战略和外交政策？正确认识这些问题，对于消除国际社会对中国发展的担忧，为中国特色社会主义的发展创造良好的国际国内环境具有重要的意义。

一、当今世界的时代特征

时代是指人类社会发展过程中的不同的历史阶段。时代特征是指与特定的历史发展阶段相适应的国际政治经济关系的基本状态，以及由世界的基本矛盾所决定、反映的主要特征和基本发展趋势。对时代特征的判断是一个国家制定各项路线、方针、政策的客观依据。

（一）和平与发展是当今时代的主题

时代主题是指在一定历史时期内国际社会所面临的主要矛盾和主要问题，具有全球性、长期性特点。随着各时代主要矛盾和根本任务的演变，时代主题也相应发生变换。

1. 中国共产党人对时代主题的认识过程

新中国成立后，中国长期继承列宁关于时代的判断，认为当时处于战争与革命的时代。对战争时代的判断基于当时紧张的周边形势，1950年6月，朝鲜战争爆发，随后中国人民志愿军抗美援朝；1965年3月，美国直接出兵越南，中国支援越南抗美；1969年3月，中苏爆发珍宝岛战争，苏联在中国北方陈兵百万。对革命时代的判断基于二战后民族解放运动的蓬勃发展，近百个国家获得独立。毛泽东认为，“第二次世界大战后，美帝及其追随者不断地发动侵略战争，各国人民不断地用革命战争打败侵略者。新的世界大战的危险依然存在，各国人民必须有所准备。”[①]进而指出世界大战不可避免，而且迫在眉睫，要立足于早打、大打、打核战争。这种关于时代的认识对内政外交产生深刻的影响，对外是战争准备，备战备荒，“一边倒”的外交政策；对内是无产阶级专政下的继续革命。这一系列方针、政策达到了维护国家主权和领土完整的成果，但由于过分强调战争的威胁，也造成了许多不良后果，国内阶级斗争日益扩大化，没有集中精力进行经济建设，没有抓住世界范围内产业转移的机遇推进中国现代化。

20世纪70年代末，邓小平发展了马克思主义的时代观，明确提出世界的核心问题已由“战争与革命”转变为“和平与发展”。此时，战争与革命的世界形势已经褪去，亚非拉被压迫民族和国家基本上完成了反帝反殖的民族解放运动，以经济和科技竞争为核心的综合国力竞争成为各国主要竞争形式。1971年10月，中国恢复了在联合国的合法席位。1979年1月，中美正式建交。中国周边紧张局势得以缓解。邓小平在1977年12月提出：“如果第三世界和第二世界的统一战线搞好了，战争就可以延缓。”[②]1985年6月，邓小平进一步指出：“世界战争的危险还是存在的，但是世界和平力量的增长超过战争力量的增长……由此得出结论，在较长时间内不发生大规模的世界战争是有可能的，维护世界和平是有希望的。”[③]从“延缓”到“可以避免”，邓小平的时代观有了进一步的发展。

邓小平不仅关注和平问题，而且认为发展也是当今世界的核心问题。邓小平指出，“这个问题在目前十分突出。发达国家越来越富，相对的是发展中国家越来越穷”[④]，“现在世界上真正大的问题，带全球性的战略问题，一个是和平问题，一个是经济问题或者说发展问题。和平问题是东西问题，发展问题是南北问题。概括起来，就是东西南

① 中共中央文献研究室：《毛泽东思想年谱（1921—1975）》，中央文献出版社2011年版，第945页。

② 中共中央文献研究室：《邓小平年谱（1975—1977）》上卷，中央文献出版社2004年版，第247页。

③《邓小平文选》第3卷，人民出版社1993年版，第127页。

④《邓小平文选》第3卷，人民出版社1993年版，第56页。

北四个字。南北问题是核心问题。”[①]依据邓小平的判断，1987年10月，中共十三大报告中明确了“和平与发展是当代世界的主题”。依据这一国际形势的判断，我国实施了以经济建设为中心，实行改革开放，推行和平外交政策，韬光养晦、有所作为，促进世界的和平与发展等国家发展战略。

20世纪90年代初，在东欧剧变的背景下，邓小平仍指出：国际形势“不能看成一片漆黑。不能认为形势恶化到多么严重的地步。”[②]后来，苏联解体，东西关系不复存在，但他仍然强调：“世界和平与发展这两大问题，至今一个也没有解决。”[③]世界和平增强了，但是霸权主义仍是和平与发展的主要障碍，因而必须致力于反对霸权主义，强权政治，建立公平、合理、平等的国际经济政治新秩序。1992年10月，江泽民在中共十四大报告中坚持认为和平与发展是当代世界两大主题。1997年9月，江泽民在中共十五大报告中明确使用了“时代主题”的概念，指出“和平与发展是当今时代的主题。”[④]

进入新世纪，国际局势发生了冷战结束以来最深刻的变化。霸权主义和强权政治有了新的表现，非传统安全威胁更趋突出，不稳定因素有所增加。但从总体上看，和平与发展作为时代主题没有改变。2002年11月，中共十六大报告再次强调和平与发展仍是当今时代的主题，并从各国人民的愿望、世界多极化和经济全球化趋势发展等角度对和平与发展的时代主题进行了阐述，认为“要和平、求合作、促发展已经成为时代主流”，在“和平”、“发展”概念基础上提出了“合作”的理念。报告同时认识到，和平与发展存在着严重威胁和挑战，“不公正不合理的国际政治经济旧秩序没有根本改变。影响和平与发展的不确定因素在增加。传统安全威胁和非传统安全威胁的因素相互交织，恐怖主义危害上升。霸权主义和强权政治有新的表现。民族、宗教矛盾和边界、领土争端导致的局部冲突时起时伏。南北差距进一步扩大。世界还很不安宁，人类面临着许多严峻挑战。”[⑤]

---

① 《邓小平文选》第3卷，人民出版社1993年版，第105页。

② 《邓小平文选》第3卷，人民出版社1993年版，第354页。

③ 《邓小平文选》第3卷，人民出版社1993年版，第383页。

④ 中共中央文献研究室：《十五大以来重要文献选编》上册，人民出版社2000年版，第41页。

⑤ 中共中央文献研究室：《十六大以来重要文献选编》上册，中央文献出版社2005年版，第36页。

中共十六大以来，胡锦涛进一步丰富了时代主题的内涵，认为“当今世界正处在大变革大调整之中。和平与发展仍然是时代主题，求和平、谋发展、促合作已经成为不可阻挡的时代潮流。”得出这一判断依据是：“世界多极化不可逆转，经济全球化深入发展，科技革命加速推进，全球和区域合作方兴未艾，国与国相互依存日益紧密，国际力量对比朝着有利于维护世界和平方向发展，国际形势总体稳定。”[①]以胡锦涛为代表的中国共产党人对和平与发展的挑战也有着清醒的认识，认为“世界仍然很不安宁。霸权主义和强权政治依然存在，局部冲突和热点问题此起彼伏，全球经济失衡加剧，南北差距拉大，传统安全威胁和非传统安全威胁相互交织，世界和平与发展面临诸多难题和挑战。”[②]

2. 和平与发展仍是当今时代的主题

关于和平与发展是否还是时代主题的论断经历了两次较大的争论。一次是上世纪八九十年代的苏东剧变之后，第二次是1999年5月，以美国为首的北约轰炸中国驻南联盟大使馆之后。学术界和报刊舆论主要有两点质疑：其一，邓小平将和平与发展界定为“两大问题”，而不是主题；[③]其二，和平与发展只是我们单方面的良好愿望而已，根本不存在。[④]争论的核心在于“和平与发展”是客观事实还是奋斗目标。

当今时代，以美国为首的西方国家更多的采取军事手段加大对外干涉，先后干涉伊拉克、利比亚等国事务。尤其是我国当前的国际环境出现了新形势，美国高调推行所谓亚太地区“战略再平衡”，加大对亚太地区的外交和军事投入，唆使日本、菲律宾、越南等国在中国东海、南海地区不断制造事端，对我国周边的和平与稳定造成不小冲击。和平与发展是否仍是当今时代的主题受到严峻挑战。

以美国为首的西方国家的对外军事干涉均基于自身国家利益和价

① 中共中央文献研究室：《十七大以来重要文献选编》上册，中央文献出版社2009年版，第35页。

② 中共中央文献研究室：《十七大以来重要文献选编》上册，中央文献出版社2009年版，第35-36页。

③《世界知识》编辑部：《反思：一年来的“和平与发展”大辩论》，《世界知识》2000年第15期。王金存：《世界进入了“和平与发展的时代”吗?》，《世界经济与政治》1999年第7期。

④ 张文木：《台湾问题与中国前途》，《战略与管理》1999年第5期。

值的考虑，而大规模的地区战争或世界战争并不符合其意愿，因此世界战争是可以避免的。中国周边风波不断的另一重要原因在于一些国家对中国崛起的疑虑、紧张和担忧。例如，由于亚太地区越来越成为世界上最具发展活力和潜力的地区，亚太地区的战略地位继续上升，加上中国的崛起，美国为了维护其传统优势地位，于是牵制、遏制和防范中国的持续发展，成为其全球战略调整的主要考虑和目标。1997年5月，美国的《四年防务评估报告》就把俄罗斯和中国视为“潜在的全球对手”。2000年上半年，美国国防部向各大司令部下发的《美国新军事战略》，将美国的战略部署重点开始转向亚洲，且把中国确定为“美国未来的头号对手”。2001年9月的《四年防务评估报告》，不再视俄罗斯为美国的敌人，认为欧洲已经相对安全，今后的军事战略重点是亚洲，因为美国将在东亚地区面临“某个拥有庞大资源的军事竞争者的挑战”，直指中国。2006年2月的《四年防务评估报告》称中国是“最具有和美国进行军事竞争的潜力”的新兴大国。[①]2010年2月，美国的《四年防务评估报告》认为，中美关系“未来并不确定……为审慎起见，美国将防范另一种可能性，也就是说，即使通过合作方式，也可能无法防止（中美）破坏性竞争和冲突”，[②]明确提到中国是企图“阻塞通道”的潜在对手。2012年的《美国空军全球进入战略》赤裸裸的宣称，“为遏制预想的‘潜龙’中国，应在位于被称为‘龙巢’的西太平洋地区的菲律宾，打造‘扼龙’基地。”[③]从2002年至今，美国“美中经济与安全评估委员会”每年度向美国国会提交有关中美关系的报告，竭力宣扬中国的军事和经济威胁。

对于日本、菲律宾、越南等国来说，出于一种焦虑心理，增加了对中国的猜忌，担心中国崛起后将以强硬手段来改变现状，因而加大对域外大国的借重，想在中国完全复兴前大捞一把。我国周边不稳定的局势并不是一种常态。中国与周边国家相互依存日益紧密，在经济上互为重要贸易伙伴，政治上以相互协调合作为主，安全上共同应对非传统安全挑战。

---

① 丁刚：《美国防务报告的变与不变》，《人民日报海外版》2006年2月6日第1版。

② 杨晴川：《美国〈四年防务评估报告〉直指中国和伊朗》，新华网，2010年2月20日。http://news.xinhuanet.com/mil/2010-02/20/content_13013846.htm.

③ CCTV-世界周刊：《新闻年鉴·世界2012》，央视网，2013年1月1日。http://news.cntv.cn/2013/01/01/VIDE1357054021815482.shtml.

当今世界正在发生深刻复杂变化，国际局势发展的基本态势是总体和平、局部战争，总体缓和、局部紧张，总体稳定、局部动荡。国际大环境总体上对我国发展有利，我国发展长期向好趋势没有改变。中国与周边国家摩擦增加的状况只是我国周边环境正在发生结构性重大变化的表现之一，说明和平与发展不是已经实现的世界状况，和平与发展这两大问题还没有得到根本解决，仍然面临诸多难题和挑战。正如十八大报告中所指出："世界仍然很不安宁。国际金融危机影响深远，世界经济增长不稳定不确定因素增多，全球发展不平衡加剧，霸权主义、强权政治和新干涉主义有所上升，局部动荡频繁发生，粮食安全、能源资源安全、网络安全等全球性问题更加突出。"[①]

十八大报告还准确地分析了"和平与发展仍然是时代主题"的依据，即"世界多极化、经济全球化深入发展，文化多样化、社会信息化持续推进，科技革命孕育新突破，全球合作向多层次全方位拓展，新兴市场国家和发展中国家整体实力增强，国际力量对比朝着有利于维护世界和平方向发展，保持国际形势总体稳定具备更多有利条件。"[②]改革开放以来，我国长期坚持开放合作的发展，自身的经济实力和国际影响力日益提升，已成为世界经济的重要力量，中国与各方利益汇合点将进一步集聚和扩大。因此，和平与发展仍是当今时代的主题。

（二）当今世界处于大发展大变革大调整时期

当今国际形势正发生极为深刻而复杂的变革，总体形势朝着大发展的方向迈进，体系大变革、格局大调整，我们正在面临一个新的时代。

1. 世界多极化

20世纪90年代，冷战的结束意味着战后国际体系转型的开始。当前，国际力量对比悄然变化，美国实力下降，新兴大国整体崛起势头增强，国际力量对比正朝着相对均衡的方向发展。

① 胡锦涛：《坚定不移沿着中国特色社会主义道路前进，为全面建成小康社会而奋斗》，人民出版社2012年版，第46页。

② 胡锦涛：《坚定不移沿着中国特色社会主义道路前进，为全面建成小康社会而奋斗》，人民出版社2012年版，第46页。

美国受国际金融危机的冲击，软硬实力都明显受挫，经济增速放缓明显，长期以来美国金融体系稳定的神话被打破，美元地位持续下降，美国已经没有能力独霸世界，更难独自解决诸如反恐、防核扩散、气候变暖、环境恶化等国际性难题，与其他大国的综合实力差距持续缩小。

改革开放30多年来，中国在经济、政治、科技及军事等方面实力迅速增强，其中，GDP年均以近10%的速度增长，2010年经济总量位居世界第二；欧盟作为一个有着27位成员国的政治和经济共同体，经济总量已超过美国，在债务危机的“倒逼”下，欧盟一体化进程深入发展；近年来，俄罗斯逐渐恢复元气，经济获得恢复性增长，俄国正在利用其军事、资源等优势重新崛起；日本利用经济科技优势，地域上向海外扩展利益、领域上力图谋求政治军事大国地位；印度、巴西等新兴国家群体性崛起，世界多极化趋势更加明朗。近年来，新兴大国联合自强意识增强，合作机制不断发展，积极倡导构建多极世界的声音越来越强。

但是，世界多极化趋势的发展仍有曲折，金融危机造成日本困难重重，新兴大国也受到一定的冲击，欧洲主权债务危机仍有愈演愈烈之势；美国一超地位仍难以替代，其科技、人才、军事实力仍然独傲全球，仍然掌握着国际话语权。

2. 经济全球化

20世纪90年代，经济全球化快速发展，一是全球范围内的市场化趋向改革，为经济全球化奠定了体制基础，消除了经济体制上的障碍；二是信息技术的飞速发展，使企业的跨国经营越来越便利，推动着国际贸易、跨国投资和国际金融迅速发展；三是跨国公司的发展促进了生产、贸易、金融的国际化进程。当前，经济全球化已经成为世界经济发展的必然趋势，主要表现为国际间的贸易壁垒不断消除、各国经济间的相互依赖性增强、商品流通不断增速、跨国企业不断发展、生产要素在全球范围进一步自由流动和优化配置。

从关税及贸易总协定（GATT）到世界贸易组织（WTO），全球性的贸易组织在不断壮大。1948年，临时性的国际贸易组织——关贸总协定成立，倡导多边贸易自由化，缔约国大幅度削减关税，世界贸易增长十几倍。1995年，世界贸易组织开始运作，成为永久性国际贸易组织，以平等待遇为宗旨，奉行非歧视、更开放、可预测和高透明等基本原则。当前拥有156个成员国，俄罗斯于2012年8月22日正式成为世界贸易组织成员，世贸组织由此覆盖98%的国际贸易。

区域经济一体化是经济全球化的主要表现形式之一，世界上有三大区域经济合作区，即1993年成立的欧盟（European Union）、1994年成立的北美自由贸易区（NAFTA）、2010年启动的中国—东盟自由贸易区（CAFTA）。同时，由美国主导的《跨太平洋战略经济伙伴关系协定》（TPP）发展迅速，目前已有十个成员国。此外，中日韩自贸区谈判也再次启动，中日韩自贸区涉及经济总量14万亿美元，占全球经济的五分之一。2012年11月，东盟十国与中国、日本、韩国、印度、澳大利亚、新西兰的领导人共同发布了《启动〈区域全面经济伙伴关系协定〉（RCEP）谈判的联合声明》，正式启动这一覆盖16个国家的自贸区建设进程，RCEP覆盖的经济总量将达20万亿美元，约占全球经济的三分之一。

当然，经济全球化是一把“双刃剑”，市场机制作用下的机会倍增和风险倍增同时并存。此外，随着2008年以来金融危机影响的深入，国际贸易保护主义有所抬头，经济全球化步伐放缓。

3. 科学技术酝酿新突破

科学技术是第一生产力，每一次科技革命都推动生产力发生巨大的飞跃，给人类的生产方式和生活方式带来深刻的影响。18世纪60年代至19世纪40年代，第一次科技革命使人类步入蒸汽时代；19世纪70年代至20世纪初，第二次科技革命使人类进入电气时代；20世纪四五十年代开始的第三次科技革命使人类进入信息时代。

当前，伴随着全球性金融危机的持续发展，各种压力加速了科技创新的步伐，新的科学发现、新的技术突破以及学科交叉融合进一步加快，宇宙科学、基本物质科学、地球科学、生命科学、非线性科学等科学前沿不断深化，纳米及新材料技术、现代制造及工程技术、电子和信息技术、生物技术、能源和环保技术、空间技术等技术突破蓄势待发。

4. 思想文化交流交锋新特点

随着现代传媒信息的发展和交往的扩大，国家民族间的文化壁垒得以突破，国际文化交流日益活跃，不同文明之间相互认同感得到增强，文化的交融得以加速，使世界日益成为一个有机联系的整体。

思想文化交锋深刻复杂，作为综合国力重要组成部分的文化软实力，越来越成为各国竞争的关键领域。思想文化领域霸权主义、强权政治仍然盛行，西方发达国家利用其经济、科技等方面的强势所形成的话语霸权，在全球推销西方主流文化及其价值观念。但自从国际金融危机爆发后，资本主义制度发展的问题日益突出，“华盛顿共识”及其相关理念名声扫地。与此同时，“北京共识”展现了发展模式的多样性，中国发展道路得到越来越多国家的重视和肯定。

5. 国际新安全问题日益突出

在和平与发展的时代背景下，传统安全危险相对降低，但国际上各种非传统安全问题日益突出，安全威胁日趋多样化，对世界的和平与发展提出了新挑战。面对全球性挑战，任何一国都不能独自应对，需要各国加强协调合作共同应对。

国际恐怖主义：由于民族矛盾、领土争端、宗教和文化价值观的冲突滋生了国际恐怖主义，恐怖主义造成了社会的不安，破坏了世界的和平与发展。“9·11”事件后，十年全球反恐并没有消除恐怖主义产生的根源，恐怖主义的威胁并没有根本好转。在“后拉登时代”，恐怖主义继续发展蔓延并不断变化调整，组织上出现了分散化、草根化和个体化现象，袭击手段也不断翻新，一些东南亚、南亚和西欧国家面临的恐怖主义威胁一度上升。

金融危机：最近15年来，国际性金融危机此起彼伏，1997年东南亚金融危机、2007年美国次贷危机、2009年欧洲主权债务危机接踵而至。金融危机破坏力极大，全球经济大幅下滑，经济增长受到打击，出现经济萧条，甚至有的国家因此引发社会混乱或国家政治局面的动荡。

粮食安全：由于人口增长、耕地减少、异常天气增多、病虫害加剧等带来粮食减产，生物能源同时挤占粮食种植资源，全球粮食消费量多年来一直高于产量，造成国际粮价持续高位运行，全球粮食储备连续下降。2010年，全球遭受长期饥饿的人口为9.25亿，非洲和中东地区是粮食严重缺口地区。

能源资源安全：由于全球人口的增长、环境气候的变化，水资源日益短缺，围绕水资源的冲突愈演愈烈。随着工业革命以来对能源需求的急剧增大，同时，世界能源分布严重失衡，石油主要分布在中东地区和俄罗斯等国，而消费主要为欧美和亚太地区，各大国争夺能源日趋激烈。并且，石油、天然气和煤炭等能源都具有不可再生性，这些能源终有一天枯竭，能源紧缺时期将会来临。

网络安全：随着全球信息化水平的不断提高，互联网在世界各国经济社会发展中的影响日益扩大，为世界经济社会又好又快的发展提供了强大的动力。但与此同时，当代经济发展和社会生活又严重依赖网络，网络攻击、信息窃取、病毒传播等安全事件和违法犯罪活动频发，网络安全问题日益突出。

气候变化：目前的气候变化，主要是由于工业革命以来人类活动特别是发达国家工业化过程的经济活动改变了全球大气组成，导致气候变化问题越来越突出。主要表现为全球气候变暖、酸雨和臭氧层破坏等，其中全球气候变暖是目前最迫切的问题，导致冰川消融、气象灾害、粮食减产、海平面上升、自然生态系统破坏等极端严重问题。

二、当代中国同世界关系的历史性变化

随着中国特色社会主义道路的开辟和前进，中国同世界的关系发生了历史性的变化。准确定位当代中国同世界的关系，有利于我国在大发展大变革大调整的时代特征中更加清醒地认识自己在国际社会中的角色、地位和作用，有利于我国找到更为有效的对外战略途径。

（一）中国与世界联系日益紧密

改革开放30多年来，中国实现了从封闭半封闭到全面开放的历史性转变。当前中国同外部世界相互交融和依存的程度前所未有，开放中实现了自身的发展繁荣，同时又以自身的发展繁荣促进了世界的发展进步。

1. 中国的发展离不开世界

中国的历史发展证明，只有开放兼容，国家才能繁荣发展，闭关锁国必然导致愚昧落后，而且愈发展愈开放，愈落后愈封闭。秦汉之际，中国加强与周边国家交往，开辟了著名的丝绸之路；隋唐时代，中国开放规模和范围继续扩大，与亚、非地区许多国家建立了广泛的

经济文化联系，成为世界各国经济文化交流的一个中心，创造了“贞观之治”和“开元盛世”；宋元明时期，中国海外贸易大规模发展，郑和下西洋加强了中国与亚、非各国的经济文化交流，西方传教士来华沟通了中西文化，中国封建社会达到鼎盛时期；晚清时期，由于中国实行闭关锁国政策，锁住了自身的发展，导致中国陷入落后挨打的局面。新中国成立以后，特别是中共十一届三中全会以来，中国对外开放获得全面的发展，形成全范围、多领域的对外开放格局，从而推动了中国经济的高速发展，中华民族伟大复兴的夙愿逐渐变成现实。

当今的世界是开放的世界，国际分工日益向纵深发展，开放已成为当今世界的大趋势。我国是一个发展中的社会主义国家，中国的发展离不开世界，离不开世界总体和平、周边总体稳定这样的大环境，离不开对外来资源、资金、管理、技术及人类社会所创造的一切文明成果的吸收借鉴。

只有积极参与国际合作，中国的发展道路才会越走越宽广。随着工业化的发展，我国对能源的消费与日俱增，进口资源能弥补我国资源的不足，中国资源对外依存度快速增长，石油、天然气、铁矿、铜矿等资源有超过一半来自进口。吸收和利用外资，对我国国民经济的发展、经济结构的转变、税收收入的增长等方面都起了重要的作用，是我国加速实现工业化和现代化的重要举措。改革开放以来，中国累计使用外商直接投资超过1.1万亿美元。引进先进技术设备为我所用是落后国家赶超经济发达国家的必然选择，发展中国家通过引进外国的先进技术并消化吸收再创新，可以迅速缩小与技术先进国家的差距。我国技术发展仍以引进吸收再创新为主，对欧美、日本等国的技术型产品还将长期依赖。改革开放30多年以来，对外经贸合作始终是我国经济增长的重要动力，从1978年到2012年，我国进出口总额从206亿美元增长到38668亿美元，中国2012年外贸对外依存度达到47%，[①]目前是世界第二大贸易国和第一大出口国。

2. 世界的繁荣稳定也离不开中国

（1）中国是世界经济的稳定器，全球经济复苏的新引擎

改革开放30多年来，中国经济增长对世界经济的发展有着重大的

① 外贸依存度：指一国的进出口总额占该国国民生产总值或国内生产总值的比重。

贡献。中国经济总量占世界的份额已由1978年的2.3%提高到2011年的10.4%，对世界经济增长的贡献率超过20%，居于世界第一位。

第一，中国成为应对金融危机的重要力量。百年不遇的国际金融危机造成了全球经济的衰退，我国为了应对危机冲击，及时调整政策，实施积极的财政政策和适度宽松的货币政策，形成全面应对国际金融危机的一揽子计划，经济运行中的积极因素不断增多，应对国际金融危机取得了积极成效。中国作为最大的发展中国家和世界最大新兴经济体，保持自身经济稳定和发展，本身就是对世界经济的复苏做出了重要贡献。

同时，中国应对金融危机采取的措施，不仅对本国经济，而且对区域经济乃至世界经济都产生了积极影响。中国在面临巨大困难的形势下，保持了人民币汇率的基本稳定，并按照主动性、可控性、渐进性原则稳步推进人民币汇率形成机制改革。中国积极参与应对国际金融危机的国际合作，理性地推动了国际金融体系的改革。中国是世界经济的稳定器，领航着全球经济的复苏。

第二，中国为全球贸易增长作出重大贡献。改革开放30多年来，中国对外贸易实现了跨越式发展。1978年，中国货物进出口总额只有206亿美元，在世界货物贸易中排名第32位，所占比重不足1%。2012年，中国货物进出口总额达到38668亿美元，比1978年增长了186倍，其中，出口总额20489亿美元，进口总额18178亿美元，连续四年成为世界货物贸易第一出口大国和第二进口大国。

中国对外贸易的持续发展带动了周边及各贸易伙伴经济的繁荣复苏。中国对外贸易的发展提高了世界各国的国民福利，中国依靠劳动力成本优势、较强的产业配套和加工制造能力、不断提高的劳动生产率，逐渐发展成为世界工业品的主要生产国和出口国，物美价廉的中国商品给世界各国人民带来了实惠，满足了国际市场多样化需求。中国在全球制造业环节的规模经济优势和加工成本优势，部分地消化了上游生产要素的价格上涨，起到了抑制全球通货膨胀、提高贸易伙伴消费者实际购买力的作用。中国对外贸易的发展为世界各国提供了广阔的市场。2001年加入世界贸易组织十年来，中国平均关税水平从15.3%降至9.8%，中国货物进口总额扩大了约5倍，年均增长约20%，中国迅速扩张的进口已成为世界经济增长的重要推动力，为贸易伙伴扩大出口创造了巨大市场空间。2009年，世界货物贸易进口量下降12.8%，中国进口量却增长2.9%，是世界主要经济体中唯一保持增长的国家。中国进口的持续增长，支撑了许多受危机冲击国家的出口，刺激了全球大宗商品市场需求。目前，中国已是日本、韩国、澳大利亚、东盟、巴西、南非等国家和地区第一大出口市场，是欧盟的第二大出口市场，是美国和印度的第三大出口市场。

（2）中国的积极对外援助推动了全球减贫进程

据2011年4月发表的《中国的对外援助》白皮书数据，截至2009年底，中国累计对外提供援助金额达2562.9亿元人民币，其中无偿援助1062亿元，无息贷款765.4亿元，优惠贷款735.5亿元。截至2009年底，中国累计向161个国家以及30多个国际和区域组织提供了援助，经常性接受中国援助的发展中国家有123个，其中亚洲30个、非洲51个、拉丁美洲和加勒比18个、大洋洲12个、东欧12个。中国对外援助主要有8种方式：成套项目、一般物资、技术合作、人力资源开发合作、援外医疗队、紧急人道主义援助、援外志愿者和债务减免。截至2009年底，中国共帮助发展中国家建成2000多个与当地民众生产生活息息相关的各类成套项目，涉及工业、农业、文教、卫生、通讯、电力、能源、交通等多个领域。中国对外援助的主要对象是低收入发展中国家。在援助领域分布中，中国重点关注受援国的民生和经济发展，努力使援助更多地惠及当地贫困群体。上述援助推动了全球减贫进程。目前，中国与世界各国一道，正为努力实现联合国千年发展目标而奋斗。

中国对最不发达国家的市场开放程度也是另外一种形式的援助。截至2010年7月，中国已经对原产于建交国中36个最不发达国家的4700多个税目商品实施进口零关税，约占全部税则税目的60%。中国已承诺将继续扩大对已建交的最不发达国家的给惠范围，使实施零关税商品达到全部税则税目的97%。零关税措施促进了最不发达国家对中国的出口。自2008年以来，中国一直是最不发达国家第一大出口市场。2010年，中国来自最不发达国家的货物进口总额比上年增长58%，约占这些国家出口总额的四分之一。

（3）中国是维护世界和平与稳定的中坚力量

我国积极参与联合国的维和行动。改革开放以来，中国作为联合国常任理事国之一，一贯支持并积极参与符合《联合国宪章》精神的维和行动。累计向联合国23项维和行动派出各类人员约2万余人次，是派出维和人员最多的联合国安理会常任理事国，也是缴纳联合国维和摊款最多的发展中国家。出色完成了联合国赋予的监督停火、隔离冲突、扫雷排爆、修路架桥、运送物资、卫勤保障等各类维和任务。中国军队还积极参与当地社会重建，并给予无私的人道主义援助。

我国积极参与亚丁湾、索马里海域护航行动，迄今已派出12批31艘次舰艇，截至2012年7月30日，为447批4734艘中外船舶提供了安全保护。中国积极参加国际灾难救援行动，2002年以来共向26个受灾国提供了32次总价值超过12亿元人民币的救灾物资，中国海军医院船出访亚非拉9国，提供医疗服务3.2万人次，中国军队向22个国家提供了扫雷援助，帮助受援国消除战争遗患，维护民众的生命财产安全。

中国积极参与地区和国际安全合作，努力推动热点问题的和平解决，为维护地区和国际和平稳定奔走呼号，在推动朝核问题六方会谈、寻求外交手段解决伊核问题、反对外来干涉叙利亚问题、调停苏丹问题等中发挥了重要作用。

（二）中国的国际地位不断提升

国际地位是指一个国家在国际体系中所处的位置，是该国在与其他国际行为主体相互联系、相互作用而形成的国际力量对比结构中的状态。社会主义初级阶段的基本国情决定了我国仍是世界上最大的发展中国家，同时，我国的国际地位和影响力在不断上升。

1. 中国国际地位不断提升的表现及特点

30多年的改革开放，极大地增强了中国的综合国力，中国的国际地位也得到显著提高，中国越来越成为世界上举足轻重的重要大国。

（1）中国综合国力显著增强

改革开放30多年来，我国经济实力显著增强。第一，宏观总量上，中国国内生产总值（GDP）于2010年第二季度超过日本成为世界第二大经济体，2012年的GDP达到519322亿元，中国也是世界最大外汇储备国。第二，生产贸易上，2009年，中国制造业产值达到世界总量的17%，超过美国的16%，2003年至2011年间，中国货物进出口贸易年均增长21.7%，2011年中国进出口贸易总额36420.6亿美元，居世界第二位，已经连续3年成为世界最大贸易出口国和第二大贸易进口国，外贸出口额和进口额占世界货物出口和进口的比重分别为10.4%和9.5%。第三，资本流动上，2011年，中国外商直接投资（FDI）流入量增长8%，达到1240亿美元，位居世界第二位，FDI流出量达651亿美元，位居世界第九。第四，人民币的国际地位上，随着美国的量化宽松政策和日元、欧元在金融危机后的势微，人民币的国际化趋势日益明显、影响力迅速提升。

除经济实力外，中国的军事、科技、软实力也持续上升。军事上，军事投入持续增加，军事活动范围不断扩大，中国首艘航母交接入列，第二种隐形战斗机歼-31和军用运输机运-20成功首飞。科技上，基础研究有了质的提高，建成了门类齐全的学科体系，截至目前学科领域综合排名上升到世界第六名，建设了38个先进的重大科技基础设施和384个国家重点实验室等骨干研究基地，研发人员位居世界第二，专利申请数量达到世界第四位，航天等重大科研领域取得突破性的进展，是载人航天三大国之一。软实力方面，通过举办中国文化年活动和孔子学院在世界各地区的设立，促进了中国文化走向世界；中国发展模式也得到越来越多的发展中国家和发达国家的认可，成为不少国家试图仿效的样板。

（2）中国积极参与全球治理

15世纪中期以后，随着新大陆的发现，世界开始连为一体。1840年鸦片战争后，中国开始被动地卷入全球化的浪潮，从古代的世界经济中心沦为边缘地位。随着列强的不断侵略，中国一步步沦为半殖民地半封建社会，整个中国近代史就是被欺凌、受屈辱的历史。新中国成立以后，浓厚的意识形态思维方式长期影响了中国与他国的交往。

改革开放以来，中国积极融入国际社会，参与全球治理，逐渐从世界舞台的边缘走向中心，成为世界事务的决策大国之一。同时，努力承担与自身发展水平及国力相适应的国际责任，深入参与国际政治经济秩序的调整，积极引导国际体系和国际格局朝着更加公正、合理的方向发展。

1971年10月，中国恢复联合国合法席位，从政治上融入世界。2011年，中国应缴纳联合国常规会费为8446万美元，分摊比率为3.189%，比1999年的0.97%提高了两倍多。2010年，中国负担的维和摊款达205亿美元，是缴纳维和摊款最多的发展中国家，这一切都显示出中国以更加积极的姿态活跃在国际舞台上。

1978年底，中国开始实行改革开放。2001年12月，中国加入世界贸易组织，逐渐从经济上融入世界。2010年，中国在世界银行和国际货币基金组织中的投票权和份额皆上升至第三位，在世界银行中的投票权从2.77%提高到4.42%，在国际货币基金组织中的份额从3.72%升至6.39%，投票权也从3.65%升至6.07%。2008年2月，中国经济学家林毅夫被任命为世界银行副行长兼首席经济学家。2011年7月，中国人民银行原副行长朱民正式出任国际货币基金组织副总裁。2012年3月，中国籍雇员林建海担任国际货币基金组织秘书长。

中国积极倡导并参与各种全球治理机制，共参加了100多个政府间国际组织，在各种国际组织中的地位和作用越来越重要。在金融危机不断深化的背景下，二十国集团（G20）峰会这一全球新的经济治理平台开始运行，胡锦涛主席出席了从2008年11月到2012年6月的所有七次峰会，并在会上发表了重要讲话。中国努力在G20中发挥着建设性的作用，G20机制正取代八国集团（G8）成为国际经济治理的主要平台。作为全球新兴市场国家领头羊的中国、巴西、俄罗斯、印度、南非五国，被世人称为金砖五国。中国、巴西、俄罗斯、印度于2008年首次举行外长会晤，2009年发展成为领导人峰会，2010年12月，南非加入峰会，金砖四国（BRIC）发展成为金砖国家（BRICS）。"金砖国家"已经形成以领导人峰会为主渠道，经济、政治等多方面合作的国家合作机制，成为完善全球经济治理的有效平台。2001年4月，中国主导并发起成立了"博鳌亚洲论坛"作为非政府、非营利性的国际组织，目前已成为亚洲及其他大洲有关国家政府、工商界和学术界就亚洲及全球重要事务进行对话的高层次平台。2001年6月，中国、俄罗斯、哈萨克斯坦、吉尔吉斯斯坦、塔吉克斯坦和乌兹别克斯坦六国组成上海合作组织（SCO），另有蒙古、伊朗、巴基斯坦、印度和阿富汗五个观察员国，致力于成员国之间的互相信任与睦邻友好，维护和保障地区的和平、安全与稳定，建立民主、公正、合理的国际政治经济新秩序，并举行和平使命军演、天山反恐演习等活动。

(3) 有关方面对中国的借重与合作日益加强

在全球事务中，有关国家和方面对中国的借重和需求显著上升。

近年来，在应对国际金融危机、改革国际经济金融、反对恐怖主义、防止核武器扩散、反海盗、缓和朝鲜半岛局势等全球及地区性问题上，国际社会越来越感受到没有中国发挥作用是不行的，中国话语权大幅度提升。

中国是世界经济增长的重要引擎，中国的发展成为世界的机遇，给世界带来巨大的市场、资金和广阔的合作空间。特别是在全球金融危机期间，中国成为应对金融危机的重要力量。中国坚持人民币不贬值，为危机国家提供援助，同时中国经济继续保持高速增长，向世界传达“中国信心”，国际社会高度评价中国在应对金融危机过程中的积极姿态和果断行动。中国成为各国应对危机、实现复苏的借重力量。欧洲主权债务危机发生后，中国继续以负责任的方式、在力所能及的范围内，支持欧盟、国际货币基金组织及欧洲央行等为应对欧洲债务问题所作的努力，参与国际社会对欧洲和欧元区的支持行动；美国经济增长乏力，在市场等方面需要中国的支持；东盟等周边各国借助自贸区等平台分享中国发展的机会，在经济发展上借重中国。

2. 提升中国国际地位的机遇与挑战

(1) 国际体系转型是中国国际地位变化的历史机遇

冷战结束后，由于经济全球化的发展、新兴大国的整体崛起、全球性问题的挑战等多方面的原因，国际体系加速转型，多极化发展趋势日益明显。美国的霸权地位相对衰落，新兴经济体全体崛起，突破了西方国家主导下的国际体系，把中国推向了世界舞台的中央。国际体系的加速调整也为后发国家冲击现存秩序起到缓冲作用，有利于作为新兴大国的中国崛起。中国积极融入当前国际体系，同时成为国际体系的建设者，推动国际体系转型，建设更加公正、合理的国际新秩序，从而为中国的和平发展创造良好的国际环境。

当前国际体系转型是合作转型。冷战结束后，经济复苏、气候变化、防止核武器扩散等非传统安全问题突出，传统治理体制发生改变，已经不能仅靠实力均衡来维持和平。世界各国无法单独解决全球问题，需要国家间的合作来谋求共同安全，实现共同发展。美国主导的霸权体系相对衰落，其全球治理也需要中国，对中国的遏制能力相对下降。

当前国际体系转型是和平转型。经济全球化将世界各国交织在一起，世界多极化有利于制约美国的单极霸权企图。同时，各种对话和合作机制日益发展，这构成中国和平发展的国际环境，有利于避免以往传统大国崛起的战争模式。

（2）中国特色社会主义是提升中国国际地位的内在动力

2004年5月，乔舒亚·库柏·雷默发表《中国已经发现自己的经济共识》一文，首次提出“北京共识”概念。之后，关于“中国经验”、“中国模式”的讨论兴起。随着西方自由资本主义模式受到金融危机冲击而影响力和吸引力下降，中国特色社会主义发展道路受到更多推崇，这条道路也必然能继续推动中国的发展，为中国赢得发展话语权，不断提升国际地位。

中国特色社会主义，总依据是社会主义初级阶段，总布局是五位一体，总任务是实现社会主义现代化和中华民族伟大复兴。中国特色社会主义，既坚持了科学社会主义基本原则，又根据时代条件赋予其鲜明的中国特色，以全新的视野深化了对共产党执政规律、社会主义建设规律、人类社会发展规律的认识，从理论和实践结合上系统回答了在中国这样人口多底子薄的东方大国建设什么样的社会主义、怎样建设社会主义这个根本问题，使我们国家快速发展起来，使我国人民生活水平快速提高起来。

（3）霸权主义和强权政治是提升中国国际地位的根本挑战

美国各个时期的国家安全战略均体现了霸权主义和强权政治的特点。虽然美国的国家安全战略在各个时期不断调整转型，但仅仅是手段上发生变换，追求的目标都是继续维护美国的全球霸权地位，其中包含防范和遏制中国。1994年7月，克林顿政府发表《国家参与和扩展安全战略》，明确提出要由美国来领导世界，在世界范围内扩展市场经济制度、美国的价值观念和世界自由民主力量的战略目标。2002年9月，布什政府颁布《美国国家安全战略》报告，正式将“先发制人”战略确定为美国国家安全战略的核心，提出恐怖主义和大规模杀伤性武器是美国当前面临的主要威胁，将维护美国的军事安全置于对外战略的首位，奉行单边主义。2010年，奥巴马政府颁布的《美国国家安全战略》，虽然强调以国际合作取代过去的“单边主义”，但仍然不放弃对中国军力发展的监控和中国人权的“指手画脚”。

美国的霸权主义和强权政治对中国发展的阻碍主要体现在两个方

面：第一，意识形态方面。以美国为首的西方国家一直推销其价值观念，借人权问题向中国施加压力，企图剥夺中国人民按照自己国情选择社会制度和发展道路的权利。虽然中国的实力上升，但是由于意识形态、社会制度和价值观念等因素的影响，西方国家仍戴着有色眼镜看待中国。第二，独霸世界方面。改革开放30多年以来，中国经济迅速发展，综合国力显著提升，特别是2010年第二季度中国成为世界第二大经济体，美国开始视中国为主要威胁，并采取一系列遏制措施：经济上逼迫人民币升值，军事上重返亚太等。

（4）中国威胁论和中国责任论是提升中国国际地位的主要威胁

中国在和平发展过程中承受了各种压力，主要有中国威胁论和中国责任论，手段分别是“棒杀”和“捧杀”，即直接挤压我国发展空间或者拔高我国实力、要求中国履行力所不及的责任，目的都是遏制中国，结果是恶化了中国的发展环境。

中国威胁论由来已久。早在19世纪末，欧美国家就炮制出了所谓的“黄祸论”，宣扬中国等黄色人种对西方白色人种的威胁。20世纪中期至90年代，以美国为首的资本主义阵营从冷战出发，妖魔化中国，宣传中国为“好战的红色恶魔”。20世纪90年代之后，伴随冷战的结束和中国的快速崛起，一些西方国家和周边国家仍用“零和”思维来宣扬“中国威胁论”。中国威胁论有了新的表现形式。美国为首的西方国家要继续维持其霸权地位，竭力对中国进行遏制。同时，中国周边国家恐惧于中国的迅速崛起，虽然在经济上借重于中国，但在安全上疑虑中国，与美国加强安全合作。除了军事威胁论，还有经济威胁、能源威胁和科技威胁等论调。

随着中国国力的不断提升，中国责任论逐渐兴起。2005年，美国国务卿赖斯提出，希望中国成为全球伙伴，能够并愿意承担与其能力相称的国际责任。2006年3月，美国《国家安全战略报告》明确指出中国要做一个负责任的利益相关者。同年10月，欧盟委员会发表《欧盟与中国：更密切的伙伴、增长的责任》一文，要求中国在国际体系中承担富有挑战性的责任。国际金融危机爆发后，西方舆论更是要求中国负起全球经济失衡的责任，认为世界上出现的问题皆由中国引起。以美国为首的西方国家要求中国分担超出我国能力和发展阶段的国际责任，在人民币汇率、贸易顺差、能源消费、碳排放、气候变化等方面按照西方的意图调整方向。目的是西方国家试图让中国对他们负责，为国际金融危机来“买单”，同时达到抑制中国发展的目的。

三、坚定不移走和平发展道路

中国与世界关系紧密，在国际舞台上走和平发展道路，能有效地优化外部发展环境，更好地统筹国内国际两个大局，调动一切积极因素，为中国特色社会主义建设创造良好的国内国际条件。

（一）和平发展道路的提出及特征

中国多次向世界宣示，中国始终不渝地走和平发展道路，在坚持自己和平发展的同时，致力于维护世界和平，积极促进世界各国共同繁荣和发展。

1. 中国走和平发展道路的必然性

经过新中国成立60多年特别是改革开放30多年来的发展，中国综合国力日益增强，正在实现中华民族的伟大复兴。为了消除外界疑虑，更明确地表达国家崛起趋势，2003年11月，中共中央党校原常务副校长、中国改革开放论坛理事长郑必坚在博鳌亚洲论坛年会上的演讲中首次提出“中国和平崛起”这一命题。此后，中国领导人开始用“和平崛起”来表达中国的发展道路。2003年12月，温家宝总理在哈佛大学发表题为《把目光投向中国》的演讲，阐述了中国坚持和平崛起的战略思想。2003年12月，胡锦涛在纪念毛泽东诞辰110周年座谈会上的讲话中指出，坚持中国特色社会主义道路，就要坚持走和平崛起的发展道路。

为了进一步完善和发展“和平崛起”的提法，减少发展的阻力，从2004年起，“和平崛起”的提法逐渐淡化，演变为“和平发展”的认识。2004年4月，胡锦涛在博鳌亚洲论坛的开幕式上，发表题为《中国的发展亚洲的机遇》演讲，首次提出“和平发展”的理念，指出：“中国将坚持和平发展的道路，高举和平、发展、合作的旗帜，同亚洲各国共创亚洲振兴的新局面，努力为人类和平与发展的崇高事业作出更大贡献。”[①]2005年3月，温家宝总理在十届人大会三次会议上所作

① 胡锦涛：《中国的发展 亚洲的机遇——在博鳌亚洲论坛2004年年会开幕式上的演讲》，《人民日报》2004年4月25日第1版。

的《政府工作报告》中指出："中国社会主义现代化建设道路是一条和平发展的道路"，[①]标志着和平发展正式成为我国的国家战略。2005年9月，胡锦涛在联合国成立60周年首脑会议第二次全体会议上发表题为《努力建设持久和平、共同繁荣的和谐世界》的讲话，指出："中国将坚定不移地高举和平、发展、合作的旗帜，坚定不移地走和平发展道路。"[②]2005年11月，胡锦涛在访问英国的讲演中全面阐述了中国和平发展道路的内容。同年12月，国务院新闻办公室发表《中国的和平发展道路》白皮书，向世界阐明了新世纪中国的发展道路。2011年9月，国务院新闻办公室又发布《中国的和平发展》白皮书，再次重申了中国对和平发展道路的选择，全面阐述中国和平发展道路的要义，进一步明确了中国和平发展的国际战略定位以及对外方针政策。2012年11月，中共十八大报告指出：中国将继续高举和平、发展、合作、共赢的旗帜，坚定不移致力于维护世界和平、促进共同发展。中国将始终不渝走和平发展道路，坚定奉行独立自主的和平外交政策。

中国选择和平发展道路具有必然性。第一，和平发展是中国历史文化的传统。中国文化自古就认为世界应是一个和谐整体，这一观念深深影响了中华民族的思想和行为，成为中国人处理人与人、人与自然乃至国与国关系的重要价值观。中国人民历来崇尚"和而不同"、"以和为贵"的理念，以和谐精神凝聚家庭、敦睦邻里、善待他人。和谐文化培育了中华民族热爱和平的民族禀性，追求和谐、珍视和平历来是中华民族基本的价值取向和行为准则。近代中国长期遭受外来侵略，深知和平之珍贵、发展之重要，重获独立和解放的中国人民更不会将苦难再强加于人。

第二，和平发展是中国基本国情的要求。我国仍处于并将长期处于社会主义初级阶段，人民日益增长的物质文化需要同落后的社会生产之间的矛盾仍是社会主要矛盾，我国仍是世界最大发展中国家。我国经济发展中不全面、不平衡、不可持续问题依然严峻，中国人民生活水平还不高，社会保障体系还很不完善，与发达国家相比还有很大

① 温家宝：《2005年政府工作报告》，中华人民共和国中央人民政府，2006年2月16日。http://www.gov.cn/test/2006-02/16/content_201218.htm.

② 胡锦涛：《努力建立持久和平、共同繁荣的和谐世界——在联合国成立60周年首脑会议上的讲话》，《人民日报》2005年9月16日第1版。

差距。这就决定了中国始终需要和平稳定的国际环境，以集中力量推进现代化，集中精力解决发展和民生问题。即使中国将来强大起来，和平依然是发展的基本前提。

第三，和平发展是顺应世界潮流的选择。和平与发展的时代主题不可动摇，求和平、谋发展、促合作的时代潮流不可阻挡。与此同时，世界多极化、经济全球化深入发展，文化多样化、社会信息化持续推进，科技革命孕育新突破，全球合作向多层次全方位拓展，各国形成“你中有我、我中有你”的相互依存关系。全球性挑战成为世界主要威胁，人类共同安全问题日益突出，任何国家都不可能单独解决这些问题。要和平不要战争，要发展不要贫穷，要合作不要对抗，推动建设持久和平、共同繁荣的和谐世界，是各国人民共同愿望。

第四，和平发展是应对“中国威胁论”的现实要求。随着中国的快速发展和地位提升，各种“中国威胁论”不绝于耳，这给中国带来了巨大的安全压力，也损害了中国的国家形象，恶化了中国的发展环境。中国坚定不移走和平发展道路，加强国际合作，有利于塑造良好的国家形象，消弭“中国威胁论”的影响。

2. 和平发展道路的特征

中国的和平发展道路有着显著的特征，主要表现在：

第一，科学发展。通过科学发展来促进和保障和平，以科学发展观作为经济社会发展的指导思想，坚持发展是硬道理，坚持把发展作为党执政兴国的第一要务；坚持以人为本，发展是为了人民、发展依靠人民、发展成果由人民共享；坚持全面协调可持续发展，全面推进经济建设、政治建设、文化建设、社会建设和生态文明建设，促进现代化建设各个环节、各个方面相协调；坚持统筹兼顾，正确认识和妥善处理经济社会发展中的重大关系，充分调动全社会的发展积极性。

第二，自主发展。中国的发展将基点放在依靠自己的力量上，发展是自己内生需求，而不是外在压力；发展方式是独立自主，自力更生，发展不应当也不可能依赖外国，而是要依靠广阔的国内市场、充足的劳动力资源和雄厚的资金积累，以及改革带来的机制创新。中国不通过掠夺别国发展自己，也不把问题和矛盾转嫁给别国。自主发展与对外开放在本质上是统一的，是实行对外开放的基础和前提。

第三，开放发展。中国历史正反两方面的经验教训证明，坚持开放发展具有必然性和必要性。中国的发展离不开世界，世界的繁荣稳定也离不开中国。面对经济全球化的趋势，把坚持独立自主同参与经济全球化结合起来，统筹好国内国际两个大局，利用两个市场、两种资源，走出一条以开放促发展、促改革的道路。当前中国不断提高对外开放的水平，对外开放呈现出全方位、多层次、宽领域的新格局。

第四，和平发展。中国通过维护世界和平发展自己，又通过自身发展维护世界和平。中国的发展不是自私自利、损人利己、我赢你输的发展，中国不把问题和矛盾转嫁别国，更不会通过侵略他国来发展自己，对他国、对世界决不是挑战和威胁。中国决不会称霸，决不搞扩张。中国不会做现有国际秩序的挑战者，不搞输出“革命”，也不会把自己的意志强加于人。中国越发展，对世界和平与发展就越有利。

第五，合作发展。国际社会始终存在竞争和矛盾，各国应该在良性竞争中取长补短，不断寻找合作机会，扩大合作领域，拓展共同利益。中国坚持以合作谋和平、以合作促发展、以合作化争端，充分发挥中国的比较优势和后发优势，积极参与国际合作，充分利用国内国际两种资源、两个市场，扩大和深化同各国利益的汇合点，致力于同国际社会一道携手应对日益增多的全球性挑战，协力解决关乎世界经济发展和人类生存进步的重大问题，开创同各国互利共赢的新局面。

第六，共同发展。当今世界各国相互依存日益加深，只有实现世界各国共同发展，世界和平稳定才有坚实基础和有效保障。中国在国际关系中弘扬平等互信、包容互鉴、合作共赢的精神，坚持奉行互利共赢的开放战略，把中国的发展与世界的发展联系起来，把中国人民利益同各国人民共同利益结合起来，以更加积极的姿态参与国际事务，发挥负责任大国作用，积极推动建立和平、稳定、公正、合理的国际新秩序，共同应对全球性挑战。共同发展是顺应各国相互依存日益深化、人类命运共同体意识不断增强的时代潮流，反映了中国人民和世界人民的共同心愿。

（二）和平发展道路的路径

中国倡导并致力于同世界各国一道推动建设持久和平、共同繁荣的和谐世界。在新世纪新阶段，中国将继续高举和平、发展、合作、共赢的旗帜，坚定不移地致力于维护世界和平、促进共同发展。

1. 和平发展道路的国际战略

我国国际战略的基本原则体现在：在国际关系中弘扬平等互信、包容互鉴、合作共赢的精神，共同维护国际公平正义。平等互信，就是要遵循联合国宪章宗旨和原则，坚持国家不分大小、强弱、贫富一律平等，推动国际关系民主化，尊重主权，共享安全，维护世界和平稳定。包容互鉴，就是要尊重世界文明多样性、发展道路多样化，尊重和维护各国人民自主选择社会制度和发展道路的权利，相互借鉴，取长补短，推动人类文明进步。合作共赢，就是要倡导人类命运共同体意识，在追求本国利益时兼顾他国合理关切，在谋求本国发展中促进各国共同发展，建立更加平等均衡的新型全球发展伙伴关系，同舟共济，权责共担，增进人类共同利益。

政治上相互尊重、平等协商，共同推进国际关系民主化。国家不分大小、强弱、贫富，都是国际社会平等成员，都应受到国际社会尊重。维护联合国在世界事务中的核心地位，遵循联合国宪章宗旨和原则，恪守国际法和公认的国际关系准则。各国内部事务应由本国人民自己决定，世界上的事情应由各国平等协商，各国平等参与国际事务的权利应得到尊重和维护。中国将始终不渝地走和平发展道路，坚定奉行独立自主的和平外交政策；坚决维护国家主权、安全、发展利益，决不会屈服于任何外来压力；根据事情本身的是非曲直决定自己的立场和政策，秉持公道，伸张正义；主张和平解决国际争端和热点问题，反对动辄诉诸武力或以武力相威胁，反对颠覆别国合法政权，反对一切形式的恐怖主义；反对各种形式的霸权主义和强权政治，永远不称霸，永远不搞扩张。

经济上相互合作、优势互补，共同推动经济全球化朝着均衡、普惠、共赢方向发展。努力建立公正、公开、合理、非歧视的多边贸易体制，使经济全球化成果惠及世界各国、携手落实联合国千年发展目标，使21世纪成为人人享有发展成果的世纪。中国将始终不渝奉行互利共赢的开放战略，通过深化合作促进世界经济强劲、可持续、平衡增长。中国致力于缩小南北差距，支持发展中国家增强自主发展能力；加强同主要经济体宏观经济政策协调，通过协商妥善解决经贸摩擦；坚持权利和义务相平衡，积极参与全球经济治理，推动贸易和投资自由化、便利化，反对各种形式的保护主义。

文化上相互借鉴、求同存异，尊重世界多样性，共同促进人类文明繁荣进步。不同文明之间的对话、交流、融合，汇成了人类文明奔流不息的长河。文明存在差异，但没有优劣之分。各种文明都包含有人类发展进步所积淀的共同理念、共同追求。在多样性中求同一，在差异中求和谐，在交流中求发展，是人类社会应有的文明观。大力提倡不同文明间对话和交流，消除意识形态偏见和隔阂，使人类社会一天比一天和谐和睦，让世界更加丰富多彩。中国主张超越意识形态差异，摒弃冷战思维，坚持包容互鉴，尊重和维护世界文明的多样性，促进文明间的对话和合作。

安全上相互信任、加强合作，坚持用和平方式而不是战争手段解决国际争端，共同维护世界和平稳定。中国主张通过协商对话增进信任、减少分歧、化解纠纷，避免使用武力或以武力相威胁，反对侵略扩张，反对霸权主义和强权政治。奉行防御性的国防政策，加强国防建设的目的是维护国家主权、安全、领土完整，保障国家和平发展。发展不结盟、不对抗、不针对第三方的军事合作关系，推动建立公平有效的集体安全机制和军事互信机制。坚持开放、务实、合作的理念，深化国际安全合作。支持按照公正、合理、全面、均衡的原则，实现有效裁军和军备控制，维护全球战略稳定。同时，中国坚决维护国家核心利益。中国的核心利益包括：国家主权，国家安全，领土完整，国家统一，以及中国宪法确立的国家政治制度和社会大局稳定、经济社会可持续发展的基本保障等。

环保上相互帮助、协力推进，共同呵护人类赖以生存的地球家园。我国大力推进生态文明建设，把生态文明建设放在突出地位，融入经济建设、政治建设、文化建设、社会建设各方面和全过程，努力建设美丽中国，实现中华民族永续发展。坚持节约资源和保护环境的基本国策，优化国土空间开发格局，全面促进资源节约，加大自然生态系统和环境保护力度，加强生态文明制度建设。中国加强环保国际合作，首创“中国环境与发展国际合作委员会”模式，参加了所有国际环境公约的谈判，加入了30多项国际环境公约，并且以认真负责的态度严格履行签署的公约。中国积极开展双边和区域环境合作，签订环境合作协定，建立良好的合作关系，以周边国家为重点的区域合作框架初步形成。我国坚持共同但有区别的责任原则，尊重各国根据本国国情和自身发展状况所选择的可持续发展道路，主张发达国家应更多地承担全球环境保护责任。

2. 和平发展道路的方针政策①

坚持独立自主的和平外交政策。中国人民坚持自己选择的社会制度和发展道路，不允许外部势力干涉中国内政。坚持在和平共处五项原则基础上，同所有国家发展友好合作，不同任何国家和国家集团结盟，不以社会制度和意识形态异同决定国家关系的亲疏。尊重各国人民自主选择社会制度和发展道路的权利，不干涉别国内部事务，反对以大欺小、以强凌弱，反对霸权主义和强权政治。坚持通过求同存异、对话协商解决矛盾分歧，不把自己的意志强加于人。坚持从中国人民的根本利益和世界人民的共同利益出发，根据事情本身的是非曲直确定立场和政策，秉持公道，伸张正义，在国际事务中积极发挥建设性作用。中国充分尊重各国维护本国利益的正当权利，在积极实现本国发展的同时，充分顾及他国正当关切和利益，绝不做损人利己、以邻为壑的事情。把中国人民的利益同世界各国人民的共同利益结合起来，扩大同各方利益的汇合点，同各国各地区建立并发展不同领域不同层次的利益共同体，推动实现全人类共同利益，共享人类文明进步成果。

倡导互信、互利、平等、协作的新安全观。中国倡导互信、互利、平等、协作的新安全观，寻求实现综合安全、共同安全、合作安全。第一，注重综合安全。在新的历史条件下，传统安全威胁和非传统安全威胁相互交织，安全内涵扩展到更多领域。国际社会需要强化综合安全观念，坚持综合施策、标本兼治，携手应对人类面临的多样化安全挑战。第二，追求共同安全。在经济全球化条件下各国命运休戚与共，国际社会应增强共同安全意识，既要维护本国安全，又要尊重别国安全关切。要摒弃冷战思维和同盟对抗，通过多边合作维护共同安全，协力防止冲突和战争。充分发挥联合国在维护世界和平与安全方面的作用，建立公平有效的共同安全机制。第三，促进合作安全。战争和对抗只会导致以暴易暴的恶性循环，对话和谈判是解决争端的唯一有效和可靠途径。要以合作谋和平、以合作保安全、以合作

① 此处资料引用于中华人民共和国国务院新闻办公室：《中国的和平发展》，新华网，2011年9月6日。http://news.xinhuanet.com/politics/2011-09/06/c_121982103.htm.

化干戈、以合作促和谐，反对动辄使用武力或以武力相威胁。

秉持积极有为的国际责任观。作为世界上人口最多的发展中国家，中国把自己的事情办好，本身就是对世界负责任最重要的体现。作为国际社会负责任的国家，中国遵循国际法和公认的国际关系准则，认真履行应尽的国际责任。中国以积极姿态参与国际体系变革和国际规则制定，参与全球性问题治理，支持发展中国家发展，维护世界和平稳定。各国国情和发展阶段不同，应按照责任、权利、实力相一致的原则，着眼本国和人类共同利益，从自身国力出发，履行相应国际义务，发挥建设性作用。随着综合国力的不断增强，中国将力所能及地承担更多国际责任。

奉行睦邻友好的地区合作观。中国同周边各国积极开展睦邻友好合作，共同推动建设和谐亚洲。主张地区间各国相互尊重、增进互信、求同存异，通过谈判对话和友好协商解决包括领土、海洋权益争端在内的各种矛盾和问题，共同维护地区和平稳定。密切经贸往来和互利合作，推进地区经济一体化进程，完善现有区域次区域合作机制，对其他区域合作构想持开放态度，欢迎地区外国家在促进地区和平与发展中发挥建设性作用。中国不谋求地区霸权和势力范围，不排挤任何国家，中国的繁荣发展和长治久安对周边邻国是机遇而不是威胁。中国将始终秉承自强不息、开拓进取、开放包容、同舟共济的“亚洲精神”，永做亚洲其他国家的好邻居、好朋友、好伙伴。

（三）和平发展道路的意义

中国的和平发展道路表现为：既通过维护世界和平发展自己，又通过自身发展维护世界和平；既依靠自身力量和改革创新实现发展，又坚持对外开放和学习借鉴别国长处；顺应经济全球化和区域经济一体化发展潮流，寻求与各国互利共赢和共同发展；同国际社会一道努力，推动建设持久和平、共同繁荣的和谐世界。随着时间的推移，和平发展道路已经并将进一步显示出积极的理论意义和现实意义。

1. 和平发展道路的世界意义

第一，打破了“国强必霸”的大国崛起传统模式，为国际社会提供一种全新的发展模式。

(1) 对传统社会主义道路的突破

苏联建立了世界上第一个社会主义国家，但随着国力日益强大，对外关系中奉行大国沙文主义。具体表现在：其一，通过雅尔塔会议等一系列国际会议，建立雅尔塔体系，与美国划分势力范围。其二，吞并周边国家领土。通过苏芬战争、苏波战争等，吞并波兰东部、罗马尼亚等地区。其三，在世界范围内与美国争霸，特别是赫鲁晓夫和勃列日涅夫时期，苏联与美国进行激烈军备竞赛，争夺世界霸权。其四，以支援革命名义，对广大发展中国家扩张和渗透。1979年，支持越南侵略柬埔寨；同年，直接出兵侵占阿富汗。其五，在国际共产主义运动内部，干涉他国内政。将东欧视为势力范围，对东欧国家全面控制，坚称任何形式的反苏表现都是同无产阶级国际主义不相容的，粗暴干涉他国共产党内部事务。1948年，打击南斯拉夫；1968年，绑架捷克斯洛伐克领导人；1969年，挑起中苏边界纠纷，先后侵犯中国黑龙江省珍宝岛和新疆铁列克提地区。

苏联的上述霸权主义政策使世界社会主义运动遭受严重挫折，而中国特色社会主义的发展成就，对朝鲜、越南、古巴等社会主义国家产生极大吸引力，这些社会主义国家纷纷抛弃苏联的发展模式，效仿中国追求适合自己国情的发展道路。

(2) 对资本主义道路的超越

地理大发现之后，葡萄牙、西班牙、英国等老牌的资本主义列强陆续对美洲、亚洲和非洲进行殖民掠夺。正如马克思所指出的："资本来到世间，从头到脚，每个毛孔都滴着血和肮脏的东西。"[①]最早进行远洋冒险的是葡萄牙和西班牙，二者通过暴力进行赤裸裸的掠夺。1494年，经教皇仲裁，葡萄牙和西班牙签订了在世界上划分势力范围的"托德西利亚斯条约"，规定以亚速尔群岛和佛德角群岛以西100里格的子午线为分界线，该线以东的一切土地划归葡萄牙，以西的一切土地归西班牙。葡萄牙拿到了东方，西班牙得到了美洲。葡萄牙利用坚船利炮占领了从大西洋到印度洋的50多个海上战略要地，垄断了世界上主要的商船航线。到16世纪末，世界金银总产量约83%为西班牙占有。经过欧洲各国的劫掠，到1570年，美洲大陆原住民印第安人减

① 马克思：《资本论》第1卷，人民出版社1975年版，第829页。

少了90%。英国通过战争进行扩张，从16—18世纪先后打败了西班牙、荷兰和法国。1588年，英国击败西班牙“无敌舰队”；1652—1674年，英国先后对荷兰发动三次战争，并取得胜利；1756—1763年，英国发动了与法国争夺北美和印度的七年战争，再次取得胜利。经过几百年的侵略扩张，英国称霸世界，成为“日不落帝国”。

德国和日本的崛起和战争紧密相连，二者都通过强化军国主义，挑战现存国际体系。德国是第一次世界大战和第二次世界大战的策源地，给各国人民带来了巨大的灾难。日本在明治维新以后，也采用了通过战争来促进发展的崛起模式。1876年，日本强迫朝鲜签订《江华条约》；1879年，日本吞并琉球，改名为冲绳；1894年，日本侵略中国，挑起中日甲午战争；1904年，日俄发生争夺中国东北的战争；1910年，日本正式吞并朝鲜；1914年，日本参加第一次世界大战；1931年，日本发动侵华的“九一八事变”；1937年，日本制造卢沟桥事变，全面侵华；1941年，日本偷袭美国珍珠港。

美国在崛起过程中奉行霸权主义。1823年，提出“门罗主义”，宣称“美洲是美洲人的美洲”，将美洲视为自己的殖民地；1899年，在中国抛出“门户开放”政策，试图扩大在中国的势力范围；二战以后，通过雅尔塔体系，与苏联在世界范围内划分势力范围；冷战时期，与苏联争夺霸权；冷战结束后，奉行单边主义，试图打造单极世界。在此期间，美国操纵或者绕开联合国，先后发动侵略朝鲜、侵略越南、入侵阿富汗、入侵伊拉克、空袭利比亚等战争，干涉他国内政更是屡见不鲜。

（3）创造人类和平发展的新模式

传统大国崛起一般都经历战争和霸权等过程，但各国国情千差万别，世界上不存在最好的、万能的、一成不变的发展模式，唯有适合本国国情的发展道路。中国的和平发展道路形成于、立足于本国国情，不以霸权为归宿，既不谋求霸权，也不挑战霸权，强调科学发展、自主发展、开放发展、和平发展、合作发展和共同发展，致力于维护世界的和平与稳定，努力促进世界的发展与繁荣。中国的和平发展道路对当前新兴国家的发展具有较强的理论价值和现实指导意义，创造了人类和平发展的新模式。

第二，有助于促进世界和平与稳定，推动世界发展与繁荣。

建设持久和平、共同繁荣的和谐世界是世界各国人民共同愿望，是中国的对外战略目标。2005年4月，胡锦涛参加亚非峰会时首次提出了“和谐世界”的理念，提出：亚非国家“要成为相互借鉴、取长补短的合作伙伴……推动不同文明友好相处、平等对话、发展繁荣，共同构建一个和谐世界。”[①]同年9月，胡锦涛在联合国成立60周年首脑会议上发表《努力建设持久和平、共同繁荣的和谐世界》的重要讲话，全面阐述了“和谐世界”的深刻内涵。2007年中共十七大报告和2012年中共十八大报告都重申了这一主张。

（1）大力维护世界和平稳定

当前世界仍然很不安宁，国际安全风险呈现多元化趋势。地区热点和局部冲突频繁发生，西亚、北非局势持续动荡；霸权主义、强权政治和新干涉主义有所上升，美国利用所谓“保护的责任”，通过反对派来更迭利比亚政权，在亚太推行再平衡战略，搅动亚太地区局势；非传统安全领域的威胁不断上升，粮食安全、能源资源安全、气候变化、重大自然灾害等全球性问题影响世界的稳定。

中国的和平发展有助于维护世界的和平稳定。中国的和平发展，有利于推动国际秩序朝着更加公正合理的方向发展，有利于世界格局趋于平衡并向稳定方向发展，有利于遏制霸权主义和强权政治，促进国际关系民主化。中国的和平发展也有利于周边地区的稳定与发展。由于历史和地缘环境等因素，中国周边安全环境具有复杂性和不稳定特点。中国妥善处理与周边国家海洋权益和领土主权争议，在涉钓鱼岛、黄岩岛等外交斗争中坚定捍卫领土主权，致力于维护周边和平稳定。

（2）大力推动各国共同发展

当前世界经济复苏不稳定、不确定因素增多。欧债危机愈演愈烈，各种形式的保护主义盛行，世界经济增速明显降低。各国发展不平衡加剧，全球经济治理机制滞后。中国经济快速发展给世界各国带来了巨大的发展机遇，为国际社会带来更大的合作空间。中国始终不渝奉行互利共赢的开放战略，通过深化合作促进世界经济强劲、可持续、平衡增长。中国致力于缩小南北差距，支持发展中国家增强自主

① 中共中央文献研究室：《十六大以来重要文献选编》（中），中央文献出版社2006年版，第850–851页。

发展能力。中国将加强同主要经济体宏观经济政策的协调，通过协商妥善解决经贸摩擦。中国坚持权利和义务相平衡，积极参与全球经济治理，推动贸易、投资自由化和便利化，反对各种形式的保护主义，继续以自己的发展促进地区和世界共同发展。

2. 和平发展道路的国内意义

人类只有一个地球，各国共处一个世界。中国只有高举和平、发展、合作的旗帜，坚定不移地走和平发展的道路，才能为夺取中国特色社会主义新胜利创造和平的国际环境和有利的外部条件。

中国坚持在和平共处五项原则基础上全面发展同世界各国的友好合作。通过改善、发展同发达国家的关系，拓宽合作领域，妥善处理分歧，推动建立长期稳定健康发展的新型大国关系。坚持与邻为善、以邻为伴，巩固睦邻友好，深化互利合作，努力使自身发展更好惠及周边国家。加强同广大发展中国家的团结合作，共同维护发展中国家正当权益，支持扩大发展中国家在国际事务中的代表性和发言权，永远做发展中国家的可靠朋友和真诚伙伴。

通过走和平发展道路，中国同各大国关系总体保持稳定，极大地改善了与周边国家的关系，进一步深化了与广大发展中国家的传统友谊，为延长重要战略机遇期、全面建成小康社会争取了稳定、有利的国际环境。和平发展道路能够缓解我国崛起中的失衡现象，为我国的发展营造稳定的内部和外部环境。中国公开、坦诚地向国际社会阐明和平发展的对外战略，有助于塑造良好国际形象，有助于增进世界各国人民对中国的认知，破除“中国威胁论”，从而赢得世界的理解、信任和尊重。几十年来的实践证明，中国走和平发展道路是正确而明智的选择，没有任何理由加以改变。

参考文献

[1]《马克思恩格斯选集》第1—4卷，人民出版社1995年版。

[2]《列宁选集》第1—4卷，人民出版社1995年版。

[3]《毛泽东选集》第1—4卷，人民出版社1991年版。

[4]《邓小平文选》第1—3卷，人民出版社1993、1994年版。

[5]《江泽民文选》第1—3卷，人民出版社2006年版。

[6]《三中全会以来重要文献选编》(上、下)，人民出版社1982年版。

[7]《十二大以来重要文献选编》(上、中、下)，人民出版社1986—1988年版。

[8]《十三大以来重要文献选编》(上、中、下)，人民出版社1991—1993年版。

[9]《十四大以来重要文献选编》(上、中、下)，人民出版社1996—1999年版。

[10]《十五大以来重要文献选编》(上、中、下)，人民出版社2000 2003年版。

[11]《十六大以来重要文献选编》(上、中、下)，中央文献出版社2005—2008年版。

[12]《十七大以来重要文献选编》(上、中)，中央文献出版社2009—2011年版。

[13] 编写组：《关于建国以来党的若干历史问题的决议注释本》(修订)，人民出版社1985年版。

[14] 中共中央文献研究室：《邓小平论党的建设》，人民出版社1990年版。

[15] 中共中央文献研究室：《江泽民论党的建设》，中央文献出版社2001年版。

[16] 胡锦涛：《坚定不移沿着中国特色社会主义道路前进，为全面建成小康社会而奋斗》，人民出版社2012年版。

[17]《红旗》杂志理论教育编辑室：《怎样学习党的十二大报告》，红旗出版社1982年版。

[18] 编写组：《为胜利实现十三大任务而奋斗》，人民出版社1992年版。

[19] 编写组：《十四大报告辅导读本》，人民出版社1992年版。

[20] 编写组：《十五大报告辅导读本》，人民出版社1997年版。

[21] 编写组：《十六大报告辅导读本》，人民出版社2002年版。

[22] 编写组：《十七大报告辅导读本》，人民出版社2007年版。

[23] 编写组：《十八大报告辅导读本》，人民出版社2012年版。

[24] 编写组：《十八大党章学习读本》，人民出版社2012年版。

[25]《中共中央关于加强和改进新形势下党的建设若干重大问题的决定》，人民出版社2009年版。

[26]《中共中央关于推动文化大发展大繁荣若干重大问题的决定》，人民出版社2011年版。

[27] 中共中央宣传部：《邓小平同志建设有中国特色社会主义理论学习纲要》，学习出版社1995年版。

[28] 中共中央宣传部：《"三个代表"重要思想学习纲要》，学习出版社2003年版。

[29] 中共中央宣传部：《科学发展观学习读本》，学习出版社2008年版。

[30] 中共中央宣传部理论局：《中国特色社会主义理论体系学习读本》，学习出版社2009年版。

[31] 中共中央组织部、宣传部、编译局：《马列主义经典著作选编学习导读》，学习出版社2011版。

[32] 中共中央文献研究室：《邓小平年谱（1975—1997）》（上、下），中央文献出版社2005年版。

[33] 中共中央文献研究室：《江泽民论有中国特色社会主义（专题摘编）》，中央文献出版社2002年版。

[34] 中共中央文献研究室：《江泽民思想年谱（1989—2008）》，中央文献出版社2010年版。

［35］编写组：《中国特色社会主义理论与实践研究》，高等教育出版社2012年版。

［36］编写组：《毛泽东思想和中国特色社会主义理论体系概论》(2010年修订版)，高等教育出版社2012年版。

［37］聂运麟主编：《中国特色社会主义理论体系研究》，人民出版社2011年版。

［38］王伟光主编：《中国特色社会主义理论体系研究》，人民出版社2012年版。

［39］李君如主编：《中国特色社会主义理论道路研究》，人民出版社2012年版。

［40］闫志民主编：《中国特色社会主义理论发展史》，人民出版社2012年版。

［41］中央纪委宣教室：《贯彻落实党的十八大反腐倡廉精神读本》，中国方正出版社2013年版。

［42］编写组：《十七届六中全会辅导读本》，中国方正出版社2011年版。

［43］高新民、张希贤：《中国共产党建设史》，中共中央党校出版社2009年版。

［44］张静如主编：《中国共产党历届代表大会：一大到十八大》(上、中、下)，河北人民出版社2012年版。

［45］顾海良主编：《马克思主义发展史》，中国人民大学出版社2009年版。

［46］严书翰：《中国特色社会主义史论研究》，中共中央党校出版社2012年版。

［47］程伟礼：《中国特色社会主义思想史》，学林出版社2009年版。

［48］宁先圣等：《社会主义核心价值体系与当代社会思潮》，社会科学文献出版社2011年版。

［49］中共中央组织部、宣传部、编译局：《马列主义经典著作选编学习导读》，学习出版社2011版。

后　记

中共十八大是在我国改革开放关键时期召开的一次党的代表大会，是承前启后、继往开来，凝心聚力、攻坚克难，坚定不移沿着中国特色社会主义道路前进，为全面建成小康社会而奋斗的历史盛会。大会报告指出，中国特色社会主义是中国共产党和中国人民历经千辛万苦，付出各种代价，奋斗、创造和积累的根本成就，从根本上改变了中国人民和中华民族的前途命运，是当代中国发展进步的根本方向。

深入学习、宣传和研究中国特色社会主义理论与实践问题，是当今中国马克思主义理论工作者的责任和使命。为贯彻落实中共十八大精神，努力提高自身理论素养和教学水平，积极发挥理论研究服务于经济社会发展的功能，我们这些长期在高校从事中国特色社会主义理论与实践教学和研究工作的中青年学者合作撰写了《中国特色社会主义理论与实践若干专题研究》。具体分工是：高正礼（第一专题），蔡胜（第二、九专题），周端明、蔡敏（第三专题），夏琼（第四、六专题），曹钰（第五、七专题），张正光（第八专题）。全书由高正礼修改定稿。

书稿承蒙教育部高等学校研究生思想政治理论课教学指导委员会委员、合肥工业大学马克思主义学院院长、博士生导师黄志斌教授的指导并作序。书稿撰写参考、借鉴了学术界的研究成果。书稿出版获得安徽省高校思想政治理论课“质量工程”项目基金资助，得到安徽师范大学出版社社长张传开教授、总编汪鹏生先生的关心，责任编辑郭行洲为书稿的顺利出版付出了辛勤的劳动。在此一并表示由衷的感谢！

由于我们的水平有限，书中难免存在不当和错误，恳请读者批评指正！

编　者

2013年4月26日